TRIBUTAÇÃO AMBIENTAL

Instrumento de Concretização de Políticas Públicas e Realização de Princípios e Objetivos Fundamentais da República

Marco Antônio Ruzene
Advogado. Professor. Doutor em Direito Tributário
Mestre em Direito das Relações Econômicas Internacionais.

TRIBUTAÇÃO AMBIENTAL

Instrumento de Concretização de Políticas Públicas e Realização de Princípios e Objetivos Fundamentais da República

De acordo e atualizado com a Emenda Constitucional n. 132/2023 e com a Lei Complementar n. 214/25

LACIER

LACIER
Lacier Livraria e Editora
www.livrarialacier.com.br

Rua Doutor Quirino, 808 – Centro
CEP 13015-081 – Campinas, SP – Brasil

Agosto, 2025

Diretor: *Lacier José de Rezende*
Coordenação editorial: *Peter Fritz Strotbek*
Projeto de capa: *Q Comunicação*
Projeto gráfico e editoração eletrônica: *The Best Page*

Ficha Catalográfica

Dados Internacionais de Catalogação na Publicação (CIP)
(Câmara Brasileira do Livro, SP, Brasil)

R987t Ruzene, Marco Antônio.
Tributação ambiental : instrumento de concretização de políticas públicas e realização de princípios e objetivos fundamentais da república : de acordo e atualizado com a emenda constitucional n. 132/2023 e com a lei complementar n. 214/25 / Marco Antônio Ruzene. — 1. ed. Campinas, SP : Lacier Editora, 2025.
288 p. ; 17 x 24 cm.

ISBN 978-65-5275-017-4

1. Direito Tributário ambiental — Brasil. 2. Meio ambiente — Legislação — Brasil. 3. Impostos — Brasil. 4. Tributos ambientais. I. Título.

CDU 349.6:336.22(81)

Índices para catálogo sistemático:
Direito tributário — Brasil
Angela Schmidt da Rosa – Bibliotecária – CRB-14/1171

Nota do Autor

Este livro é fruto da minha tese de Doutorado em Direito pela Pontifícia Universidade Católica de São Paulo cuja arguição pública da Defesa de Tese ocorreu em 15.05.2020. Consiste este trabalho na análise da estrutura e repertório das normas jurídicas tributárias e ambientais que podem integrar um futuro subsistema independente do direito tributário ambiental, capaz de influenciar e contribuir para a implantação e desenvolvimento de políticas públicas de Estado aptas a defender e preservar o meio ambiente ecologicamente equilibrado para a atual e as futuras gerações, ampliando as oportunidades de inclusão social, conferindo plenitude ao princípio fundamental da dignidade da pessoa humana e realizando a medida do possível os objetivos da República Federativa do Brasil.

Contudo, quando já estava em pleno andamento o projeto para transformar a tese em um livro acessível e interessante para um público mais amplo, os debates sobre uma reforma tributária ganharam corpo e ao final do ano de 2023, foi aprovada a reforma tributária sobre o consumo, resultando na Emenda Constitucional n. 132, de 20 de dezembro de 2023 e, no dia 16 de janeiro de 2025, a Lei Complementar n. 214/2025.

Desse modo, atualizamos todo o trabalho para adequá-lo às mudanças promovidas pela Emenda Constitucional n. 132/2023 e Lei Complementar n. 214/2025 em nosso Sistema Tributário Nacional, especialmente porque esta foi a reforma tributária mais relevante aprovada pelo Congresso Nacional após a promulgação da Constituição Federal de 1988 e trouxe importantes inovações relacionadas à defesa do meio ambiente e a cidadania fiscal, que além de apresentarem uma completa aderência ao nosso trabalho, reforçaram ainda mais a nossa tese e confirmaram conceitos que já havíamos desenvolvido.

Por fim, não poderia deixar de expressar minha gratidão ao meu orientador, Prof. Dr. Tácio Lacerda Gama, que me aceitou como orientando em um momento difícil da vida, guiando cada etapa do trabalho com paciência e rigor acadêmico. Sua confiança e incentivo constantes foram fundamentais para a realização da pesquisa e elaboração da obra, bem como suas orientações seguras e generosidade em compartilhar seu vasto conhecimento foram essenciais para transformar uma ideia inicial em uma contribuição que, espero, reverberará positivamente tanto na academia quanto na prática jurídica. A ele, meu sincero agradecimento.

Nota do Autor

Sumário

Prefácio

Orientar Marco Antônio Ruzene foi uma experiência rara: a de acompanhar alguém que alia solidez teórica, sensibilidade prática e compromisso público com igual intensidade. Sua trajetória, longa e consistente, fala por si: doutor e mestre em Direito Tributário pela PUC-SP, com uma carreira de quase três décadas no magistério e na advocacia de alto nível, reconhecida em todo Brasil, Marco construiu um perfil raro no meio jurídico — técnico, reflexivo e comprometido.

Neste trabalho, o autor retoma e aprofunda um conceito que tivemos a oportunidade de desenvolver juntos: a função tributária ambiental como instrumento de realização de políticas públicas. Na ocasião, explorávamos os limites e possibilidades do Sistema Tributário anterior à Emenda Constitucional n. 132/2023, à luz dos princípios da Ordem Econômica. Hoje, com a reforma tributária e a nova redação do § 3º do art. 145 da Constituição, essa tese ganha corpo e força normativa. A defesa do meio ambiente foi alçada ao patamar de princípio estruturante do sistema tributário — um reconhecimento que confirma e amplia o caminho que já vínhamos trilhando.

O meio ambiente, aqui, não é tratado como uma abstração intocável ou um dado natural fixo. Ao contrário: Marco sustenta com precisão que se trata de uma realidade construída, relacional, em que a proteção ambiental se realiza nas interações humanas com os bens naturais e sociais, sempre a partir da centralidade da dignidade da pessoa. Por isso, os tributos ambientais não são apenas mecanismos arrecadatórios, mas instrumentos de transformação e justiça social — garantias de que o Estado possa cumprir sua função de assegurar o mínimo existencial a todos.

Há também neste livro uma importante atualização doutrinária. A análise da Emenda Constitucional n. 132/2023 é feita com rigor e clareza, sempre articulada à noção de cidadania fiscal, conceito que o autor trabalha com propriedade, propondo uma visão de sistema tributário voltada ao bem comum, à sustentabilidade e à inclusão. Este mesmo rigor se estendeu à análise da Lei Complementar n. 214/2025, com uma importante visão sobre os novos tributos com função ambiental.

Marco Antônio Ruzene entrega, portanto, um trabalho maduro, tecnicamente preciso e intelectualmente comprometido com os desafios do nosso tempo. Como professor e orientador, não posso deixar de registrar o orgulho por ver florescer uma obra com esse nível de densidade e responsabilidade social. Como leitor, agradeço pela contribuição ao pensamento tributário brasileiro.

São Paulo, 1º de junho de 2025.

Tácio Lacerda Gama
Professor Livre-docente de
Direito Tributário da PUC-SP.
Presidente do IAT. Advogado.

Capítulo 1

Introdução

O sistema jurídico brasileiro tem sua base no sistema romano-germânico, onde há uma clara valorização do chamado *jus scriptum*, ou seja, do direito escrito, que é vertido em linguagem e se manifesta por meio dos enunciados escritos.

Partindo do pressuposto de que os textos escritos são apenas os suportes físicos para o intérprete, reforçamos o conceito de que o intérprete do direito é que dá às normas jurídicas seus significados. Ou, como afirmou Ricardo Maurício Freire Soares,[1] "as normas jurídicas nada dizem, somente passando a dizer algo quando são exprimidas pelo hermeneuta".

Fazendo essa mesma análise sob o ponto de vista da semiótica e da linguística, estamos de acordo com aqueles que entendem que a interpretação jurídica nada mais é do que atribuir sentido às normas jurídicas. Da mesma forma que a hermenêutica jurídica, além da busca pelo sentido e alcance dos signos de linguagem, constrói o sentido da norma, como afirma Humberto Eustáquio César Mota Filho:

> (...) na interpretação de uma norma busca-se o sentido e o alcance da norma, em sua dimensão técnica. Já na hermenêutica jurídica, adiciona-se à interpretação a construção do sentido da norma, seja ele sintático, semântico ou pragmático, nesse sentido, diz-se que a hermenêutica é um estudo dos processos de interpretação que aprecia a dimensão científica do direito.[2]

O presente trabalho enfrenta uma das grandes questões da hermenêutica jurídica, que é o constante embate entre a vontade do legislador (*voluntas legislatoris*) ou a vontade da lei (*voluntas legis*), que também é conhecida como subjetivismo e objetivismo.

Estamos tratando das referências que o hermeneuta pode adotar em seu trabalho de interpretação. Se for a referência subjetiva, o hermeneuta caminhará ao lado do

(1) SOARES, Ricardo Maurício Freire. *Hermenêutica e interpretação jurídica*. 4. ed. São Paulo: Saraiva Educação, 2019. p. 42.

(2) MOTA FILHO, Humberto Eustáquio César. *Introdução ao princípio da capacidade contributiva*. Rio de Janeiro: Forense, 2006. p. 11.

legislador que produziu a norma, adotando como referencial o subjetivismo, a intenção daquele ao criar a norma. Por outro lado, quando a postura adotada for objetiva, visando encontrar a vontade da lei para atribuir-lhe significado atual, que corresponda ao tempo e à cultura do momento em que vive, o referencial é o objetivismo.

Neste trabalho adotamos o referencial objetivista, a vontade da lei, por entender que o direito é dinâmico e deve se adaptar ao momento, à realidade social e aos valores da sociedade em que vivemos, posto que são os valores atuais que norteiam todas as ações do Poder Público, dos indivíduos em suas relações privadas e em suas relações com o Estado.

Nesse contexto é que adotamos como premissa o fato de que a norma não nasce, ou melhor, não é introduzida no sistema jurídico já com um significado prévio. O significado da norma será conferido pelo intérprete.

Reconhecendo que o Direito é um objeto cultural, criado pelo Homem para o Homem, resultado da realidade que o circunda, desenvolvemos nosso trabalho com o olhar voltado também para um Direito até certa medida estável, como deve ser, porém mais crítico e menos abstrato, em que os interesses da coletividade são verdadeiramente apreciados e considerados, em conjunto com a construção teórica.

É lapidar a lição de Carlos Maximiliano(3) sobre a função do Direito, a qual transcrevemos em razão de sua atualidade, especialmente se considerarmos que a obra foi escrita pela primeira vez em 1925:

> O Direito suscita de modo indireto e diretamente ampara a atividade produtiva, tutela a vida, facilita e assegura o progresso; não embaraça o esforço honesto, o labor benéfico, a evolução geral. Nasce na sociedade e para a sociedade; não pode deixar de ser um fator do desenvolvimento da mesma. Para ele não é indiferente a ruína ou a prosperidade, a saúde ou a moléstia, o bem-estar ou a desgraça. Para isso, até mesmo no campo do Direito Privado, encontra hoje difícil acolhida, tolerada apenas em sentido restrito, nos casos excepcionais de disposições claríssimas, a antiga parêmia, varrida há muito do Direito Público e filha primogênita da exegese tradicional, rígida, geométrica, silogística — *Fiat justitia, pereat mundus*: "Faça-se justiça, ainda que o mundo pereça".
>
> A interpretação sociológica atende cada vez mais às consequências prováveis de um modo de entender e aplicar determinado texto; quanto possível busca uma conclusão benéfica e compatível com o bem geral e as ideias

(3) MAXIMILIANO, Carlos. *Hermenêutica e aplicação do direito*. 21. ed. Rio de Janeiro: Forense, 2017. p. 154-155.

> modernas de proteção aos fracos, de solidariedade humana. Faça-se justiça, porém de tal sorte que o mundo prossiga a rumo dos seus altos destinos.
>
> (...)
>
> O Direito é um meio para atingir os fins colimados pelo homem em atividade; a sua função é eminentemente social, construtora; logo não mais prevalece o seu papel antigo de entidade cega, indiferente às ruínas que inconsciente ou conscientemente possa espalhar.

Posta a condição como nos posicionaremos diante do objeto de estudo, cumpre abordar agora algumas questões sobre o tema.

Um dos grandes desafios da atualidade enfrentado pelas nações é equilibrar desenvolvimento econômico(4) com defesa e preservação do meio ambiente, estimulando pesquisas, medidas e processos produtivos sustentáveis, consumo consciente e, em casos específicos, ações voltadas ao impedimento ou redução dos danos ambientais já causados ou em curso.

Apesar de as nações terem diversos instrumentos ao seu alcance para enfrentar esse desafio, os instrumentos tributários são as ferramentas que vamos abordar neste trabalho, conscientes de que é a conjugação desses instrumentos com tantos outros existentes, que realmente alcançarão o tão almejado equilíbrio entre desenvolvimento econômico e sustentabilidade ambiental.

A indagação fundamental que responderemos é se temos efetivamente um subsistema do direito tributário ambiental com estrutura e repertório capazes de assegurar aos cidadãos brasileiros e estrangeiros residentes no Brasil, o direito fundamental ao meio ambiente ecologicamente equilibrado, bem como e em que medida esses elementos se relacionam com a política pública nacional do meio ambiente, de forma que garanta a preservação e defesa do meio ambiente para a atual e as futuras gerações.

O caminho que vamos percorrer começará pela análise dos elementos que compõem o sistema jurídico e seus subsistemas.

No percurso enfrentaremos questões como o conceito e a natureza do bem jurídico ambiental tutelado pelo direito tributário, com suporte nos estudos já realizados pelo direito penal ambiental.

---

(4) Segundo Édis Milaré, "A exploração desastrada do ecossistema planetário, de um lado, e a ampliação da consciência ecológica e dos níveis de conhecimento científico, de outro lado, produziram mudanças de natureza técnica e comportamental que, embora ainda tímidas, vêm concorrendo para superar a falsa antinomia 'proteção do meio ambiente x crescimento econômico'. Na realidade, começou-se a trabalhar melhor o conceito de desenvolvimento, que transcende o de simples crescimento econômico, de modo que a verdadeira alternativa excludente está entre desenvolvimento harmonizado e mero crescimento econômico". *Direito do ambiente*, p. 149.

Outros elementos que integram a estrutura e o repertório do que pode vir a ser compreendido como um subsistema do direito tributário ambiental, tais como princípios, regras de competência, espécies tributárias, entre outros, também serão objeto de estudo.

Analisaremos a tributação ambiental com o olhar voltado à forma como a tributação participa da política pública ambiental e em que medida contribui para a realização do princípio fundamental da dignidade da pessoa humana e dos objetivos da República.

Aliás, na esteira do constructivismo lógico-semântico, vamos atribuir significados a enunciados prescritivos já existentes, sem mexer nas estruturas, o que nos permite afirmar que nossas construções interpretativas ocorrerão preferencialmente nos planos semântico e pragmático, mas sem prescindir de um olhar atento para o mundo atual em que vivemos e para o futuro que se apresenta diante de nós e das futuras gerações. Nesse caso, é o contexto influenciando na interpretação do texto.

Deixaremos o conceito ambiental econômico e desenvolvimentista em segundo plano para dar espaço ao conceito ambiental social e sustentável, o que também nos levará a repensar a importância que o art. 170, VI, da Constituição Federal de 1988, recebe até então da doutrina, como um dos principais fundamentos norteadores da instituição dos chamados tributos ambientais, pelo menos até o advento da Emenda Constitucional n. 132/2023.

A possibilidade real e concreta da escassez total ou parcial de diversos bens ambientais naturais, culturais, artificiais, entre outros, todos essenciais para a saudável qualidade de vida da atual e das futuras gerações, será considerada e contraposta à existência predominante de tributos ambientais sem importância econômica arrecadatória e meramente indutores de condutas, chamados de extrafiscais.

Avaliaremos se neste cenário, tributos ambientais com característica fiscal, arrecadatória, não merecem maior espaço e importância na sustentação de um bem maior, que é o direito à vida digna, em uma sociedade mais livre, justa e solidária, que se desenvolva e erradique a pobreza e marginalização de seu interior, reduzindo desigualdades sociais e regionais, promovendo o bem de todos sem nenhuma espécie de preconceito ou outras formas de discriminação.

Estudaremos o sistema do direito positivo brasileiro e a jurisprudência nacional, com pequenas incursões em alguns instrumentos e normas ambientais estrangeiras e recomendações de entidades multilaterais, como a Organização para a Cooperação e Desenvolvimento Econômico — OCDE.

Os princípios e normas constitucionais relacionadas ao meio ambiente e aos tributos serão analisados para que possamos, na sequência, reduzir o tema aos instrumentos tributários utilizados para a preservação e defesa do meio ambiente ecologicamente equilibrado, de forma que nosso recorte dentro do sistema e objeto específico da tese fique concentrado nos tributos com vocação ambiental ou naqueles instrumentos tributários que se aproximam da tutela do meio ambiente.

Mas antes de fazermos essa redução temática, cuidaremos de alguns conceitos importantes e da distribuição das competências material e legislativa em matéria ambiental, evoluindo para a competência tributária.

Aí terá chegado o momento de analisarmos as espécies tributárias e os tributos propriamente ditos que atualmente têm um viés ambiental ou se caracterizam como instrumento para a defesa e preservação do meio ambiente.

Não deixaremos, ainda, de analisar a relação dos tributos com a política pública ambiental.

Ao final de todo esse percurso, após o contato com as diversas estruturas e repertórios tributários e ambientais, estaremos aptos a responder a indagação principal deste trabalho: existe ou não um subsistema do direito tributário ambiental?

1.1. Método de pesquisa

Apesar de já termos indicado rapidamente a nossa opção metodológica, é importante tecermos mais algumas considerações a respeito do método, especialmente porque ele revela a postura que o intérprete adotará diante do objeto de estudo, permitindo que o leitor possa compreender o caminho que será percorrido e como o será.

Nesse sentido, tomaremos o Direito como um sistema de linguagem construído artificialmente e que pode ser analisado e estudado como fenômeno da semiótica.

A importância da linguagem para a teoria da comunicação é destacada por Clarice von Oertzen de Araujo: "hoje já se tornou pacífica a conclusão de que a linguagem é o mais importante sistema de signos (sistema semiótico), pois é a partir dele que outros sistemas de comunicação se constroem, uma vez que a linguagem verbal é a única que comporta a possibilidade de seu uso para falar de outros sistemas de signos".(5)

E o método escolhido para este trabalho é o constructivismo lógico-semântico, que nos conduzirá pelas Teorias da Linguagem, nos auxiliando no estudo da relação entre a linguagem e as significações.

No dicionário de Filosofia de Nicola Abbagnano,(6) encontramos a seguinte definição de semiótica:

> Na filosofia contemporânea, E. Morris utilizou o conceito de Semiótica como teoria da semiose (v), mais do que do signo, dividindo a Semiótica em

(5) ARAUJO, Clarice von Oertzen de. *Semiótica do direito*. São Paulo: Quartier Latin, 2005. p. 17.

(6) ABBAGNANO, Nicola. *Dicionário de filosofia*. 3. ed. rev. e ampl. 2. tir. São Paulos: Martins Fontes, 1999. p. 870.

três partes, que correspondem às três dimensões da semiose: semântica, que considera a relação dos signos com os objetos a que se referem; pragmática, que considera a relação dos signos com os intérpretes; e sintática, que considera a relação formal dos signos entre si.

Afirma Aurora Tomazini de Carvalho: "Semiótica é a Teoria Geral dos Signos, é a ciência que se presta ao estudo das unidades representativas do discurso. Por ser materializado em linguagem, cuja unidade elementar é o signo, a Semiótica aparece como uma das técnicas mediante a qual o direito positivo pode ser investigado".[(7)]

Entendemos que esse método é aquele que mais nos aproxima do estudo do sistema jurídico como objeto estático e dinâmico, também, condições essenciais de estudo para conhecimento do fenômeno jurídico de forma ampla.

Aliás, um sistema que se renova, que se transforma a cada instante é um sistema dinâmico. Diferente do sistema estático, que dá ao estudioso do direito a possibilidade de estudar a estrutura do sistema, sem essa dinâmica da movimentação do sistema.

Assim Aurora Tomazini de Carvalho cuida do tema:

> O direito vive em constante movimentação, transformando-se a cada instante. Toda vez que surge uma nova lei, que um juiz produz uma sentença, que um ato administrativo é publicado, que o Presidente da República emite um decreto, que particulares realizam contratos, o sistema se renova.
>
> (...)
>
> Numa análise estática congelamos o direito positivo, as relações entre suas normas são surpreendidas em determinado instante, sem preocuparmo-nos com a movimentação do sistema. Já na análise dinâmica observamos o sistema em movimento, acompanhando suas transformações ao longo de certo intervalo de tempo.[(8)]

Hans Kelsen[(9)] também cuida da estática e dinâmica no Direito, afirmando que existem esses dois tipos de sistemas de normas com base na natureza de seu fundamento de validade. No tipo estático, as condutas dos indivíduos são orientadas pelo conteúdo da norma fundamental geral que abrange as normas particulares dela derivadas. No tipo dinâmico, a norma fundamental estabelece apenas a instituição de um fato que gera normas

---

(7) CARVALHO, Aurora Tomazini de. *Curso de teoria geral do direito:* o constructivismo lógico-semântico. São Paulo: Noeses, 2014. p. 170-171.

(8) *Curso de teoria geral do direito*: o constructivismo lógico-semântico, p. 646-647.

(9) KELSEN, Hans. *Teoria pura do direito.* Trad. João Baptista Machado. 8. ed. São Paulo: WMF Martins Fontes, 2009. p. 217.

ou a atribuição de poder a uma autoridade legislativa, indicando como as normas do sistema devem ser criadas.

Aprofundando sua lição sobre normas estáticas, Kelsen(10) afirma que todas as normas de um ordenamento estático estão contidas na norma fundamental pressuposta e podem ser deduzidas logicamente dela, do geral para o particular. Essa norma fundamental fornece tanto o fundamento quanto o conteúdo de validade das normas deduzidas.

Voltando às normas dinâmicas, Kelsen assevera o seguinte:

> O tipo dinâmico é caracterizado pelo fato de a norma fundamental pressuposta não ter por conteúdo senão a instituição de um fato produtor de normas, a atribuição de poder a uma autoridade legisladora ou — o que significa o mesmo — uma regra que determina como devem ser criadas as normas gerais e individuais do ordenamento fundado sobre esta norma fundamental.(11)

E arremata com a ideia de que uma norma pertence a um ordenamento baseado em uma norma fundamental devido à forma como é criada, e não por seu conteúdo específico. A norma fundamental fornece apenas o fundamento de validade, enquanto o conteúdo das normas é determinado pelos atos das autoridades competentes designadas por essa norma fundamental.(12)

Por fim, após as reflexões acima, Kelsen se ocupou também com os fundamentos de validade de uma ordem jurídica, concluindo que o ordenamento jurídico é um sistema normativo dinâmico, no qual uma norma é válida pela forma como é criada, não pelo seu conteúdo específico. Portanto, faz parte do sistema legal se for criada de acordo com a norma fundamental. Isso significa que qualquer conteúdo pode ser considerado legal e não há conduta humana excluída de ser regulamentada por uma norma legal.

Sobre esse tema, assim discorreu:

> O sistema de normas que se apresenta como uma ordem jurídica tem essencialmente um caráter dinâmico. Uma norma jurídica não vale porque tem um

(10) Como todas as normas de um ordenamento deste tipo já estão contidas no conteúdo da norma pressuposta, elas podem ser deduzidas daquela pela via de uma operação lógica, através de uma conclusão do geral para o particular. Esta norma, pressuposta como norma fundamental, fornece não só o fundamento de validade como o conteúdo de validade das normas dela deduzidas através de uma operação lógica (*Teoria pura do direito*, p. 218).

(11) *Teoria pura do direito*, p. 219.

(12) Uma norma pertence a um ordenamento que se apoia numa tal norma fundamental porque é criada pela forma determinada através dessa norma fundamental – e não porque tem um determinado conteúdo. A norma fundamental apenas fornece o fundamento de validade e já não também o conteúdo das normas que formam este sistema. Esse conteúdo apenas pode ser determinado através de atos pelos quais a autoridade a quem a norma fundamental confere competência e as outras autoridades que, por sua vez, recebem daquela a sua competência, estabelecem as normas positivas deste sistema. (*Teoria pura do direito*, p. 219-220)

> determinado conteúdo (...), mas porque é criada por uma forma determinada (...). Por isso, e somente por isso, pertence ela à ordem jurídica cujas normas são criadas de conformidade com esta norma fundamental. Por isso, todo e qualquer conteúdo pode ser Direito. Não há qualquer conduta humana que, como tal, por força do seu conteúdo, esteja excluída de ser conteúdo de uma norma jurídica
>
> (...)
>
> Se se pergunta pelo fundamento de validade de uma norma pertencente a uma determinada ordem jurídica, a resposta apenas pode consistir na recondução à norma fundamental desta ordem jurídica, quer dizer: na afirmação de que esta norma foi produzida de acordo com a norma fundamental.[(13)]

E de acordo com esses conceitos todos acima colacionados, tomaremos o Direito como um sistema de linguagem para estudarmos as relações entre os signos e seus significados, na forma estática e dinâmica. A estática nos conduzirá pelos caminhos da forma de incorporação da norma pelo sistema, permitindo analisar o processo de sua produção original. Já a dinâmica nos levará para o campo das condutas interpessoais, dos efeitos que as normas produzem no interior do sistema.

E talvez um dos aspectos mais interessante dessa investigação seja a introdução dos bens ambientais no sistema jurídico e a transformação pela qual passa seu conceito diante da praticamente inesgotável materialidade e imaterialidade do bem jurídico em questão.

Mas pela natureza do objeto de estudo que escolhemos, percorreremos esse caminho analisando o que há de comum entre as normas ambientais e as tributárias no plano constitucional e infraconstitucional, já destacando que ambas devem respeitar o princípio da dignidade da pessoa humana e perseguir os objetivos da República Federativa do Brasil.

Promoveremos um diálogo entre as normas do direito ambiental constitucional, as normas tributárias constitucionais, princípios específicos de cada área, tudo para sustentar nossa tese e as respectivas conclusões.

Isso não significa que daremos ao presente trabalho um caráter multidisciplinar. Essa não é nossa proposta.

Mas é impossível construir uma tese e mesmo uma releitura sem analisar como foram criadas e introduzidas no sistema do direito positivo as regras relacionadas com os temas deste trabalho: tributação e meio ambiente. Nossa proposta é investigar como

(13) *Teoria pura do direito*, p. 221.

as normas ambientais e tributárias se articulam dentro do sistema constitucional e seus efeitos.

Mas para não nos perder no percurso interpretativo, nos propomos a analisar esse sistema estático e dinâmico do direito como um sistema de linguagem, composto por signos e significações.

Assim, o objeto da nossa interpretação inicial serão os textos prescritivos, suportes físicos das normas jurídicas. Diante desses enunciados prescritivos, plano da expressão do texto, é que iniciaremos a interpretação para, num segundo momento, exercitando nossa subjetividade, atribuirmos conteúdo significativo (significações, sentidos) aos enunciados. Até aqui teremos percorrido metade do "percurso gerador de sentido".(14)

Nossa interpretação terá continuidade mediante o agrupamento de diversos enunciados até formarmos normas jurídicas, "estas sim, expressões completas de significação deôntico-jurídica"(15) e, finalmente, os vínculos de coordenação e subordinação entre as normas jurídicas, para compor o sistema normativo.

Todo esse caminho será percorrido para, ao final, "estruturar essas normas contidas num estrato de linguagem".(16)

Paulo de Barros Carvalho descreve esse percurso da seguinte forma:

> Seguindo esta construção exegética e partindo da premissa da unicidade do texto jurídico-positivo que se pode alcançar os quatro subsistemas pelos quais se locomovem obrigatoriamente todos aqueles que se dispõem a conhecer o sistema jurídico normativo: a) o conjunto de enunciados, tomados no plano da expressão; b) o conjunto de conteúdos de significação dos enunciados prescritivos; c) o domínio articulado de significações normativas; e, d) os vínculos de coordenação e de subordinação que se estabelecem entre as regras jurídicas.(17)

E assim, as conclusões exaradas neste trabalho serão resultado das significações que o contato com os textos do direito positivo causarem no espírito deste intérprete.

Mas o contexto também ocupa importante papel no processo interpretativo, pois não há texto (suporte físico) sem contexto, o que nos permite fazer dois tipos de análise

---

(14) Esta é uma expressão muito utilizada por Paulo de Barros Carvalho. In: *Direito tributário* — linguagem e método, p. 184.

(15) CARVALHO, Paulo de Barros. *Direito tributário* — linguagem e método. 4. ed. rev. e ampl. São Paulo: Noeses, 2011. p. 184.

(16) *Direito tributário* — linguagem e método, p. 186.

(17) *Direito tributário* — linguagem e método, p. 186.

em nosso processo de interpretação: uma análise interna, exclusivamente sobre os procedimentos e mecanismos responsáveis pela sua estrutura, e outra externa (contexto não jurídico).

Isso também nos leva pelo caminho da intertextualidade, caracterizando o dialogismo, relação de sentido entre dois textos, segundo Aurora Tomazini de Carvalho. Aliás, assim se manifesta a autora sobre a intertextualidade:

> Qualquer relação dialógica é denominada intertextualidade. O direito positivo, como texto, relaciona-se cognoscitivamente com outros sistemas (social, econômico, político, histórico, etc.) que também são linguísticos. Há, nesse sentido, uma intertextualidade externa (contexto não jurídico) muito importante, pois, apesar do foco da análise jurídica não recair sobre seu contexto histórico-social, é esta relação dialógica que molda as valorações do intérprete.

Dessa forma, texto e contexto nos permitem falar em análise linguística e extralinguística, razão pela qual além do texto do direito positivo, também faremos uma análise do momento histórico em que o nosso processo de interpretação está sendo realizado, atentos às manifestações e anseios da sociedade brasileira em relação ao tema que é objeto de nosso trabalho.

Nosso percurso gerador de sentido consiste em reduzir o discurso produzido pelo legislador para regras jurídicas.

Diz Paulo de Barros Carvalho: "vê-se que os enunciados prescritivos ingressam na estrutura sintática das normas na condição de proposição-hipótese (antecedente) e de proposição-tese (consequente)".(18)

Nosso trabalho investigativo, fundado no contato com a linguagem do direito, tem como método a semiótica, enquanto teoria geral dos signos, análise semiótica que se realizará em três planos: o sintático, o semântico e o pragmático.

Os planos de investigação são assim descritos por Paulo de Barros Carvalho:

> O plano sintático é formado pelo relacionamento que os símbolos linguísticos mantêm entre si, sem qualquer alusão ao mundo exterior ao sistema. O semântico diz respeito às ligações dos símbolos com os objetos significados, as quais, tratando-se da linguagem jurídica, são os modos de referência à realidade: qualificar fatos para alterar normativamente a conduta. E o pragmático é tecido pelas formas segundo as quais os utentes da linguagem

(18) *Direito tributário* — linguagem e método, p. 193.

a empregam na comunidade do discurso e na comunidade social para motivar comportamentos.[19]

E assim os resume a autora Aurora Carvalho: "Em suma, o ângulo sintático conduz a uma análise estrutural, o semântico a uma análise conceitual (de conteúdo) e o plano pragmático a uma análise do uso da linguagem jurídica".[20]

Importante destacar que o método que escolhemos tem, em seu ato de interpretar, dois importantes princípios que o regem: intertextualidade e inesgotabilidade.

Intertextualidade implica a intensa conversação entre os diversos textos, no diálogo entre as mensagens presentes, passadas e futuras. Essa conversação não tem fim, é inesgotável. Daí a natureza do segundo princípio, que carrega a noção de que a interpretação é infinita.[21]

Ainda assim é importante destacar que inesgotabilidade não significa ausência de limites para a interpretação, uma vez que a limitação é naturalmente imposta pelo próprio texto, que dele não pode fugir o intérprete em seu trabalho de construção de sentido.

E nosso trabalho se caracteriza pelo intenso diálogo principalmente entre mensagens tributárias e ambientais, embora não se esgote nelas, em uma demonstração da presença da intertextualidade no percurso da nossa interpretação e, também, da interdisciplinaridade estritamente jurídica entre essas áreas do direito, também chamada interdisciplinaridade interna.

Enfim, nos posicionaremos diante da lei, tomada em sua todas as suas espécies e acepção ampla, como os veículos introdutores de normas em nosso sistema do direito positivo. E a partir disso, realizaremos nossa interpretação para construir o sentido das normas jurídicas, tomada como "juízo implicacional construído pelo intérprete em função da experiência no trato com esses suportes comunicacionais", conforme Paulo de Barros Carvalho.[22]

Esse, portanto, o nosso percurso interpretativo.

---

(19) *Direito tributário* — linguagem e método, p. 202.

(20) *Curso de teoria geral do direito*: o constructivismo lógico-semântico, p. 171.

(21) Paulo de Barros Carvalho é quem utiliza e desenvolve essa ideia de interpretação infinita. In: *Direito tributário* — linguagem e método, p. 196-197.

(22) *Direito tributário* — linguagem e método, p. 187.

Capítulo 2

Sistema e Subsistemas no Direito Positivo Brasileiro

2.1. Sistema jurídico

Sistema jurídico é um conjunto de proposições jurídicas prescritivas delimitadas por outras proposições jurídicas prescritivas. Dentro do sistema jurídico, as proposições se articulam de modo harmonioso e ganham maior ou menor aderência, de acordo com suas especificidades. E quando determinadas proposições jurídicas se articulam de forma mais intensa e aderente, em razão da especificidade de suas proposições, formam um subsistema.

Dentro desse conceito, temos a Constituição Federal como o sistema jurídico do direito positivo, a qual estabelece as proposições jurídicas prescritivas e delimita o campo de atuação, articulação e interseção entre as demais proposições jurídicas.

Assim é que os ramos do direito se tornam subsistemas dentro do sistema maior delimitado pela Constituição Federal, ou seja, é na Constituição Federal que todas as normas, constitucionais e infraconstitucionais, encontram sua validade.

Há subsistemas com poucas normas que se articulam e outros com campo de aderência e articulação maior. Nesses últimos casos, encontramos novas proposições dentro de um subsistema ainda mais específico.

A doutrina costuma indicar que o sistema jurídico só passou a existir a partir da norma hipotética fundamental, de Hans Kelsen. Essa norma hipotética fundamental é aquela que dá validade a todo o sistema. Segundo Tácio Lacerda Gama, "as normas que integram um sistema jurídico qualquer estão unidas pela circunstância de ter um mesmo fundamento de validade. Esse aspecto faz com que toda e qualquer norma esteja, direta ou indiretamente, vinculada às demais".[23]

---

(23) GAMA, Tácio Lacerda. *Competência tributária:* fundamentos para uma teoria da nulidade. 2. ed., rev. e ampl. São Paulo: Noeses, 2011. p. 143.

Mas também adverte Tácio[(24)] que vinculação não se confunde com conexão, uma vez que dentro do próprio sistema podemos nos deparar com normas válidas, vigentes e eficazes mas que não têm conexão entre si, ou seja, são normas que, dependendo da situação de fato concreta, a aplicação de uma viola o que prescreve a outra norma, surgindo as antinomias ou conflito de normas.

O fato de algumas normas serem conflitantes, não retira seu caráter de validade e vínculo com o sistema, apenas exige critérios para afastar e superar as antinomias.

Contudo, nossa questão aqui não são as antinomias. O que nos interessa é analisar se do ponto de vista pragmático podemos realmente falar na existência de um subsistema do direto tributário ambiental. Será que o conjunto atual de normas jurídicas tributárias com vocação direta ou indireta para a defesa e proteção do meio ambiente ecologicamente equilibrado nos permite afirmar que temos de fato um subsistema do direito tributário ambiental?

A busca dessa resposta passa pela análise mais detalhada dos elementos que compõem o sistema e os subsistemas.

Tércio Sampaio Ferraz apresenta o conceito de sistema como um conjunto ordenado:

> Quando falamos em sistema, pensamos, imediatamente, em ordem, em conjunto, em todo, em ordenação. Isto é, a palavra "sistema" tem, no vocabulário de todo dia, pelo menos dois sentidos que nos foram fornecidos pela tradição.
>
> De um lado, nós entendemos essa palavra como nexo. Trata-se de uma reunião de coisas, de elementos quaisquer que sejam, um conjunto. Quando falamos em sistema pensamos num conjunto.
>
> Entendemos, então, a palavra "sistema" como nexo, como coisas interligadas.
>
> De outro lado, a usamos no sentido de "método", quando dizemos, por exemplo, "ser sistemático", significando com isso "ser metódico" (1996, p. 6).

Já escrevia sobre sistema Ruy Barbosa Nogueira, em sua tese para concurso de livre-docência na Faculdade de Direito da Universidade de São Paulo, em 1963:[(25)]

> Assim como o conjunto de normas ou princípios explícitos ou implícitos que regula u'a mesma relação da vida humana, forma um instituto jurídico,

(24) *Competência tributária*: fundamentos para uma teoria da nulidade, p. 143-144.

(25) NOGUEIRA, Ruy Barbosa. *Da interpretação e da aplicação das leis tributárias*. Tese para concurso de livre-docência da cátedra de Direito tributário na Faculdade de Direito da Universidade de São Paulo. São Paulo: 1963. p. 17.

> também os institutos da mesma natureza, ligados que estão pelo campo comum de sua ação, formam o conteúdo de cada ramo do Direito, pois se entrelaçam, compondo um sistema normativo específico.
>
> No dizer de RUDOLF STAMMLER, 'sistema é uma unidade articulada e exauriente. Tratar sistematicamente u'a matéria equivale a penetrar em sua essência por meio de um método fixo, observadas três características: 1ª Tomar quantas particularidades se apresentem, como partes de um todo condicionado por um ponto-de-vista unitário; 2ª Estabelecer a devida relação hierárquica entre as diferentes partes; 3ª Ordená-las de modo que possam abarcar todas as possibilidades concebíveis'.

Paulo de Barros Carvalho leciona que, genericamente, sistema é um "plexo racional de enunciados, orientadores do raciocínio que vai nos conduzir à inteligência dos numerosos comandos prescritivos"(26) e, num sistema jurídico, "as normas jurídicas formam um sistema, na medida em que se relacionam de várias maneiras, segundo um princípio unificador: trata-se do direito posto, que aparece no mundo integrado numa camada de linguagem prescritiva",(27) revelando a característica de unidade do sistema.

Maria Helena Diniz fez diversas considerações, inclusive de origem etimológica e histórica, ao cuidar do conceito de sistema.(28) E, ao final, construiu o seguinte conceito de sistema jurídico:

> O sistema jurídico é o resultado de uma atividade instauradora que congrega os elementos do direito (repertório) especificados por seus atributos

(26) *Direito tributário* — linguagem e método, p. 215.

(27) *Direito tributário* — linguagem e método, p. 218.

(28) Mas o que seria sistema? O vocábulo sistema é de origem grega, significando aquilo que é construído (*syn-istemi*), isto é, uma totalidade, cujas partes, na sua articulação, apontam para uma ordem. Platão, Aristóteles e os estóicos empregaram-no, os primeiros no sentido de algo organizado e os segundos para designar ação tecnicamente planejada e racional. Os romanos não utilizaram o termo. A palavra só surgiu por volta dos séculos XVI e XVII com a teoria da música e com a teologia, impondo-se no século XVIII, com o jusnaturalismo, e na ciência em geral, pois Christian Wolff falava em sistema como *nexus veritatum*, apoiando-se na correção formal e na perfeição da dedução. Lambert, nos *Fragmentos de sistemalogia*, estabelecia o sistema como um conceito geral e abstrato, em que o todo é a soma das partes e em si mesmo fechado, onde as suas relações com as partes e as relações das partes entre si estavam determinadas por regras próprias. Sendo que, para Kant, esse todo não seria a soma das partes, mas as precede de algum modo, não permitindo composição e decomposição sem a perda da unidade central, distinguindo o sistema da mera agregação. Hegel e Eisler empregam o vocábulo "objetivamente" como interdependência totalizante e ordenada de partes, onde a determinação das partes pelo todo ou do todo pelas partes varia de concepção para concepção, e "logicamente", como ordenação de uma pluralidade de conhecimentos numa totalidade do saber, aproximando, assim, o termo "sistema" à ideia de "método", sendo que até hoje a palavra "sistemático" é tomada muitas vezes no sentido de "metódico". Heck liga o sistema à noção de ordem. A palavra "sistema" toma conta da terminologia científica no século XVIII e passa para o XXI. 5 Fácil é perceber que "sistema" é um todo organizado racionalmente e planejado metodicamente, portanto significa nexo, uma reunião de elementos, e método, um instrumento de análise. A sistematização é uma operação lógica que estabelece um nexo entre os elementos do direito, que constituem o objeto da análise do jurista, para dar uma unidade.

(validade e eficácia), estabelecendo relações entre eles (estrutura), albergando uma referência à mundividência que animou o elaborador desse sistema, projetando-se numa dimensão significativa.(29)

Sistema é um conjunto de elementos reunidos de forma estruturada, que se conectam entre si sob um referencial comum, sob um princípio unificador e, que se relacionam entre si mediante relações de coordenação e subordinação.(30)

Lourival Vilanova também destaca a ordem do sistema, afirmando que "sistema implica ordem, isto é, uma ordenação das partes constituintes, relações entre as partes ou elementos. As relações não são elementos do sistema. Fixam, antes, sua forma de composição interior, sua modalidade de ser estrutura".(31)

Mas essa ordem, organização do sistema, se inicia com uma proposição fundamental básica. Todas as normas necessariamente devem ser reconduzidas a uma proposição fundamental do sistema. E tudo o que vem antes dessa proposição é meramente factual, é história pré-jurídica, dogmaticamente irrelevante.(32)

Ou seja, em um sistema temos um conjunto de proposições normativas cujas estruturas internas se interligam e implicam outras proposições, que assim vão se constituindo uma em parte da outra até formar a estrutura do próprio sistema e, também, dos subsistemas. Tudo isso, formalmente, é um conjunto.

---

e modo que o sistema não é uma realidade, é o aparelho teórico, mediante o qual se pode estudá-la. É, por outras palavras, o modo de ver ou de ordenar, logicamente, a realidade, que não é sistemática. Todo o sistema é uma reunião de objetos de seu estudo e seus atributos ou elementos (repertório) relacionados entre si, conforme certas regras (estrutura) que variam de concepção para concepção (p. ex. para Kelsen o repertório seria a norma, e a estrutura, a regra de infra-supra ordenação, visto que a norma inferior retira a sua validade da norma superior, dando origem ao sistema piramidal. Os adeptos de Kelsen constroem, portanto, um sistema de estrutura piramidal, por vislumbrarem uma hierarquia entre as normas, visto que estas se ligam por regras infra-supra ordenação, pois as normas inferiores retiram sua validade das superiores, que dão competência a alguém para positivá-las e indicam o processo de elaboração dessas normas). A descrição do sistema envolve uma opção jusfilosófica. O que dá coesão ao sistema é sua estrutura. Esse sistema será fechado quando a introdução de um novo elemento o obrigar a mudar as regras, ou seja, a estrutura, e a elaborar, uma nova regra: P. ex. o jogo de xadrez é um sistema fechado, por que se inventarmos uma peça nova ao lado do cavalo, um burro, exemplificadamente, teremos que criar uma regra nova que diga como é que o burro anda: de costas, ou se pode pular como o cavalo etc. O sistema fechado é completo porque contêm uma norma que regula todos os casos e retrospectivo, uma vez que se refere a fatos que circunscreveu. Será aberto quando se pode encaixar um elemento estranho sem necessidade de modificar a sua estrutura, p. ex, poder-se-ia citar a língua portuguesa, na qual podemos utilizar uma palavra pertencente ao repertório de outro sistema sem alterar a estrutura gramatical, dentro de um certo limite, como na frase: "Leasing é uma modalidade contratual". Porém, se empregassem quatro vocábulos ingleses e um português, haveria quebra da estrutura do sistema linguístico português. Isto porque há um certo limite para a abertura do sistema. O sistema aberto é incompleto e prospectivo, porque se abre para o que vem, não alterando suas regras. In: *Revista de Direito Brasileira*, São Paulo, v. 13, n. 6, p. 90.

(29) DINIZ, Maria Helena Diniz. "Sistematização: problema central da ciência jurídica". In: *Revista de Direito Brasileira*, São Paulo, v. 13, n. 6, p. 90.

(30) *Curso de teoria geral do direito*: o constructivismo lógico-semântico, p. 128-129.

(31) VILANOVA, Lourival. *As estruturas lógicas e o sistema de direito positivo*. 4. ed. São Paulo: Noeses, 2010. p. 135.

(32) *As estruturas lógicas e o sistema de direito positivo*, p. 125.

No interior do sistema, uma norma dá origem a outra, num encadeamento de normas que têm a mesma proposição como fundamento. Segundo Lourival Vilanova, esse encadeamento é a expressão do "princípio da continuidade normativa no interior do sistema jurídico".(33)

Assim, em um sistema temos proposições normativas que derivam de outras proposições normativas, em uma cadeia de continuidade normativa formada por normas que pertencem ao sistema e são homogêneas entre si.

Desse encadeamento de normas se apresentam outras características do sistema, como a pertinencialidade e a homogeneidade normativa de suas partes integrantes, bem como a unidade do sistema.

E tratando sobre unidade e homogeneidade afirma Paulo de Barros Carvalho que a Constituição Federal é que dá "caráter unitário ao conjunto, e a multiplicidade de normas, como entidades da mesma índole, lhe confere o timbre da homogeneidade".(34)

O repertório de um sistema é o mais variado possível na medida em que é formado por proposições normativas que se referem e podem referir a qualquer fato do mundo. As referências são o mais variadas possível.

Considerando toda essa variedade de repertório, o que confere a unidade do sistema não são as mesmas matérias, mesmos temas, ou uma "região de objetos" como diz Lourival Vilanova.(35)

O repertório é resultado de atos de valoração que selecionam fatos do mundo para se constituírem nos suportes objetivos de pressupostos das normas jurídicas.

Todas essas inúmeras proposições variadas em conteúdo são unidas pelo fundamento de validade que cada uma tem com o todo. E o que dá essa unidade interna formal ao direito positivo é a Constituição Federal.

Lourival Vilanova, por sua vez, diz que "o que confere homogeneidade a todas as regras de Direito Positivo é a sua normatividade. O ponto de partida é normativo: a norma fundamental, para tomarmos o modelo kelseniano de explicação. Consiste essa homogeneidade estrutural no modo constante de relacionar os dados ou elementos (fatos e condutas) da experiência. Se o relacionamento segue o esquema de causa/efeito, temos natureza; se o nexo é de dever-ser (dado A, deve ser B), temos a imputação".(36) Em outros termos, podemos afirmar que a homogeneidade das normas jurídicas é sintática, o que dá a elas a característica de juízo de validade.

---

(33) *As estruturas lógicas e o sistema de direito positivo*, p. 126.

(34) *Direito tributário* — linguagem e método, p. 218.

(35) *As estruturas lógicas e o sistema de direito positivo*, p. 128.

(36) *As estruturas lógicas e o sistema de direito positivo*, p. 127.

Outra característica do sistema é a pertinencialidade das normas que o compõem, ou seja, elas têm que manter uma relação de pertinência com ele, isto é, há de ser válida: "inseridos, portanto, dentro dessa autoconstitutividade da realidade deôntica, um mandamento qualquer só adquire *status* de jurídico por pertencer a determinado sistema de direito positivo e o critério de pertinência é exatamente o sinal decisivo de sua validade. Uma norma "N" é válida no sistema jurídico "S" se, e somente se, pertencer a esse conjunto, o que significa admitir que foi produzida por órgão previsto pelo sistema, consoante procedimento específico nele também estipulado".(37)

Portanto, a pertinencialidade a um sistema existe se pudermos relacionar a forma normativa com as fontes de criação do Direito.

Igualmente importante é a compatibilidade das normas no interior do sistema.

Lourival ensina que, segundo L.S. Stebbing, é imprescindível para a existência de um sistema a compatibilidade das partes constituintes do sistema. E assevera: "Compatíveis ou incompatíveis são as proposições através das quais os fatos do mundo ingressam na ordem do conhecimento. Por isso mesmo, em sentido estrito, o sistema existe onde as partes são proposições e entre elas há relações que as agrupam num todo consistente, interiormente coerente".(38)

E esse requisito de compatibilidade ganha ainda mais importância quando analisamos o repertório (ou fatos do mundo social que foram juridicizados) e as relações entre si quando se organizam e agrupam num subsistema consistente e coerente.

Por fim, resta abordar as relações de coordenação e subordinação que ocorrem dentro do sistema.

Assim, os elementos do sistema são as normas jurídicas que se encontram em relação de subordinação e coordenação. A subordinação é caracterizada pelos critérios de fundamentação e derivação das normas, tanto quanto à matéria, à forma e ao processo. Já a coordenação ocorre por critérios semânticos e pragmáticos, com uma norma complementando o sentido da outra.(39)

Em outras palavras, subordinação nada mais é do que hierarquia. Segundo Paulo de Barros Carvalho, hierarquia é mais do que uma característica, é um axioma do sistema, ao lado do axioma da validade: "sem hierarquia não há sistema de direito, pois ninguém poderia apontar o fundamento de validade das unidades componentes, não se sabendo

(37) *Direito tributário* — linguagem e método, p. 227.

(38) *As estruturas lógicas e o sistema de direito positivo*, p.135.

(39) *Direito tributário* — linguagem e método, p. 218.

qual deva prevalecer. Uma regra há de ter, para desfrutar de juridicidade, seu fundamento em outra que lhe seja superior".(40)

Diz ainda Paulo de Barros Carvalho sobre a hierarquia: "As normas se conjugam de tal modo que as de menor hierarquia buscam seu fundamento de validade, necessariamente, em outras de superior hierarquia, até chegarmos ao patamar da Constituição, ponto de partida do processo derivativo e ponto de chegada do esforço de regressão".(41)

Relação de coordenação ocorre entre normas no mesmo plano. O pressuposto dessa relação é a coexistência das normas e autolimitação recíproca, visto que nesse plano, uma norma completa o sentido da outra.

A coordenação já se caracteriza segundo critérios semânticos e pragmáticos. E como afirma Aurora Tomazini de Carvalho, "semanticamente as normas se complementam em razão da matéria e pragmaticamente, em razão da forma".(42)

E essa complementação é tarefa do intérprete, que realiza essa operação na medida em que vai estabelecendo vínculos entre normas jurídicas.

Destacadas as características do sistema, podemos afirmar então que sistema é um conjunto de normas – válidas, homogêneas e compatíveis – organizadas e interligadas de forma estruturada pelas relações de coordenação e subordinação que ocorrem entre essas mesmas normas segundo um princípio unificador que dá unidade ao sistema.

Passaremos agora à análise das características dos subsistemas.

2.2. Subsistemas

É comum pensarmos na ideia de subsistema como ramo autônomo do Direito. Porém, quando falamos em autonomia de um subsistema qualquer do Direito, não podemos esquecer que essa autonomia é meramente didática, uma vez que nenhum subsistema, seja ele qual for, existe fora da totalidade do sistema jurídico.

Aurora Tomazini de Carvalho(43) trata dessa falsa autonomia dos ramos do Direito, destacando que o surgimento dos ramos "nada mais são do que recortes epistemológicos realizados para reduzir a complexidade do objeto". E conclui:

> Os 'ramos' (cortes realizados no direito positivo), por serem epistemológicos, não interferem na composição do sistema, apenas criam uma especialidade para a Ciência, não tendo o condão de criá-la juridicamente, pois o direito

(40) *Direito tributário* — linguagem e método, p. 223

(41) *Direito tributário* — linguagem e método, p. 225.

(42) *Curso de teoria geral do direito*: o constructivismo lógico-semântico, p. 644.

(43) *Curso de teoria geral do direito*: o constructivismo lógico-semântico, p. 155.

positivo é um sistema uno e indecomponível. Todas as normas jurídicas encontram-se relacionadas entre si, de forma que, tentar isolar regras jurídicas, como se prescindissem da totalidade do conjunto, seria ignorar o direito enquanto sistema.

E seguindo essa mesma linha de pensamento, vale citar o conceito de subsistema de Celso Antonio Bandeira de Mello, o qual afirma que "há uma disciplina jurídica autônoma quando corresponde a um conjunto sistematizado de princípios e normas que lhe dão identidade diferenciando-a das demais ramificações do Direito".(44)

Mas admitindo que ao menos didaticamente, podemos falar em autonomia de alguns ramos do direito, jamais podemos usar o signo "independente" em relação a qualquer subsistema.

Nessa esteira de raciocínio, Edivaldo M. Boaventura cita o italiano Rocco para apresentar as características que julga necessárias para que uma disciplina jurídica seja considerada autônoma:

> Para Rocco, uma disciplina jurídica pode ser considerada autônoma, mas não independente, nas seguintes condições: "1) primeiramente, quando se apresenta suficientemente ampla com bastante extensão de matéria para que mereça um estudo adequado; 2) em segundo lugar, torna-se necessário que tenha doutrinas homogêneas, dominadas por conceitos gerais, comuns e distintos dos demais aplicados a outras disciplinas; e 3) por último, é preciso que possua métodos próprios, isto é, procedimentos especiais para a abordagem dos temas e problemas que constituem objeto das suas investigações." Em síntese, extensão da matéria, doutrinas homogêneas e métodos próprios são requisitos essenciais para a autonomia.(45)

Isto posto, temos que partir em busca das características próprias de um subsistema que lhe confiram a sua identidade. E nesse percurso, além das características gerais do sistema que acabamos de tratar, um subsistema deve possuir outras, que em nosso entendimento são as seguintes: delimitação de campos de atuação; lei geral; normas decorrentes de construções doutrinárias assimiladas pela jurisprudência, consolidando conceitos, competências e fixando limites; institutos próprios; normas articuladas de forma operativa e eficiente, criando condições para classificação, tipificação e sistematização

---

(44) BANDEIRA DE MELLO, Celso Antonio. *Elementos de direito administrativo*. São Paulo: Revista dos Tribunais, 1984. p. 3.

(45) BOAVENTURA, Edivaldo M. "Um ensaio de sistematização do direito educacional". *Revista de Informação Legislativa*: Brasília, ano 33, n. 131 jul./set. 1996, p. 41.

dos fatos relevantes(46) no mesmo período do tempo e no mesmo espaço; repertório próprio significativo integrado por princípios próprios consolidados, normas e conceitos que lhe confiram identidade; e, normas com conteúdo compatível de modo a se agruparem num todo consistente, interiormente coerente.

Ou seja, a noção de subsistema também traz em seu interior a mesma ideia de unidade, estrutura, conjunto ordenado com elementos internos organizados e interligados mediante relações de coordenação e subordinação. Um subsistema também deve ter repertório próprio.

O surgimento de um subsistema é resultado de uma exigência natural da sociedade, como decorrência do próprio sistema e de outros subsistemas já existentes. Ele decorre da necessidade de modernização, adaptação e variação do sistema como um todo, voltado a atender às necessidades da sociedade em determinado espaço e tempo. É resultado da soma de experiências (política, econômica e jurídica), construções doutrinárias e jurisprudência de nossos tribunais.

Um subsistema se inclui em um conjunto maior que é o sistema do direito positivo estatal (de um Estado-Nação). Ainda assim, mesmo sendo parte integrante de um único todo, é fundamental que existam linhas divisórias entre os subsistemas, ainda que seja difícil de determiná-las diante da existência de princípios e normas comuns mas que em casos de conflitos, antinomias, são resolvidos por meio dos métodos de solução de controvérsias.

Uma dessas linhas é estabelecida pelas normas de competências. Pelo princípio federativo que impera em nosso país, as pessoas políticas possuem competências e autonomias próprias que devem ficar explícitas em um subsistema autônomo do Direito. E isso nos leva a encontrar em um subsistema, a distribuição de competências estatais.

Um subsistema deve ter uma lei geral — ou várias — que cumpra o papel de mecanismo de ajuste, articulação e organização das relações de coordenação entre os elementos que o integram, "(...) calibrando a produção legislativa ordinária em sintonia com os mandamentos supremos da Constituição de 1988".(47)

Reforçando essa mesma ideia, temos a lição de Lourival Vilanova, segundo o qual a sistematização do Direito "provém do legislador, no sentido amplo da palavra, ou das fontes normativamente indicadas no ordenamento para produzir regras de conduta na espécie de um todo de regras jurídicas"(48).

---

(46) Conforme lição de Maria Helena Diniz. Artigo: "Sistematização: problema central da ciência jurídica". *Revista de Direito Brasileira,* São Paulo, SP, v. 13, n. 6, p. 89.

(47) *Direito tributário* — linguagem e método, p. 229.

(48) *As estruturas lógicas e o sistema de direito positivo*, p. 140.

Nesse sentido, a sistematização de um subsistema provém de um ato de vontade do legislador que responde ao anseio da sociedade, e não de um ato de conhecimento.(49)

Corrobora esse entendimento o fato de que a Constituição Federal, norma que dá unidade ao sistema, não traz em seu bojo todas as normas que já garantem a existência de um subsistema qualquer. Parte considerável desse trabalho de construção foi delegado para o legislador ordinário.

Um exemplo de Lourival Vilanova ilustra bem essa afirmação:

> Com diferença de grau, é o que se dá também no Direito público federal: da Constituição federal não se obtém toda a diferenciação normativa das leis federais, das Constituições estatais e das leis estaduais. Há um *quantum* de homogenia coexistindo com um *quantum* de heterogenia numa estrutura federal de Estado (o princípio da simetria e princípio da dissimetria de Pontes de Miranda): o *quantum* de simetria não pode ir além de certo ponto sem o Estado federal desfazer-se em Estado unitário; o *quantum* de dissimetria não pode ir além de certo ponto sem o Estado federal desfazer-se numa pluralidade de Estados soberanos.(50)

Um subsistema também é construído com normas que são decorrentes de construções doutrinárias que foram repercutidas e assimiladas pela jurisprudência, representando amadurecimento do debate sobre os temas de seu interesse, no caso, o tributário ambiental, no interior da sociedade, além de consolidar conceitos, competências e fixar limites para interpretação e aplicação das normas.

Institutos próprios hão de existir no subsistema para lhes assegurar efetividade, funcionalidade, rapidez e previsibilidade nas respostas exigidas pela sociedade. E institutos desse jaez precisam passar também por processos de amadurecimento, evolução e construção legislativa.

Obviamente, quando falamos em previsibilidade, estamos tratando a questão do ponto de vista da estabilidade e da segurança jurídica, no sentido de que o sistema de um modo geral e os subsistemas, especificamente, devem possuir ferramentas e mecanismos que permitam alcançar soluções dentro do sistema ou subsistema, e não fora, garantindo-se a estabilidade da ordem jurídica e social.

---

(49) Sobre essa questão, afirma Lourival Vilanova: "Por isso, o sistema que se encontra no Direito positivo é uma imperfeita construção normativa, não uma construção teorética ou epistemológica. A sistematização num código, ou no todo do ordenamento (limite típico-ideal) provém de ato-de-vontade, não de ato-de-conhecimento, para usar terminologia kelseniana". Obra citada, p. 140-141.

(50) *As estruturas lógicas e o sistema de direito positivo*, p. 143.

Um subsistema deve estar plenamente apto a garantir aos cidadãos esse pragmatismo mediante a existência de proposições articuladas que o realizem.

Um subsistema se caracteriza, também, pela existência de definições e princípios próprios consolidados, os quais têm a virtude de agrupar elementos dispersos no sistema mas que podem integrar um mesmo repertório, conferindo-lhe identidade.

Lourival Vilanova, escrevendo sobre o direito do trabalho, afirmou que a forma de sistematizar um conjunto de normas dispersas é através da fixação de princípios gerais para o ramo de estudo.

> É necessário reunir o disperso, verificar as interconexões de normas, suas implicações, seus desdobramentos, indo até os denominados princípios gerais: as normas cuja generalidade permite inter-relacionar um determinado subdomínio do Direito. Essa generalidade tem graus. Pode alcançar princípios gerais válidos para todo o ordenamento.
>
> A implicitude de tais princípios — nem sempre se descobrem, ou se ostentam limpidamente — não os torna menos positivos: são normas implícitas de direito positivo. Por outro lado, a sistematização dá forma harmônica ao todo, eliminando as contradições normativas (...) A sistematização normativa dá ao intérprete ou ao aplicador de norma os meios para preencher os vazios normativos.[51]

Ainda Lourival Vilanova:

> Ora, tudo isso se obtém, de uma parte, com esse mínimo de coordenação normativa que é a consolidação. Por outra parte, obtém-se com o auxílio da ciência do direito. É justamente a ciência jurídica que fornece os conceitos fundamentais para recolher o material disperso em classes, em tipos, em categorias. Com esses quadros de referência, podemos destacar, no subdomínio Legislação Educacional, se há ou não subjetividade de direito, fato jurídico, fonte normativa, normas de organização e normas de conduta, normas substantivas e normas processuais; se há relações jurídicas, quais os objetos das relações jurídicas, quais as normas sancionadoras, qual a hierarquia das normas e, correspectivamente, qual a hierarquia existente nos órgãos legislativos, nos órgãos administrativos, nos órgãos técnico-administrativos. Podemos, ainda, distinguir qual a porção de direito educacional estadual e municipal, como, enfim, se reportam as competências numa estrutura federativa, e que órgãos exercem as competências de ordem material, especial, funcional, pessoal.[52]

---

(51) VILANOVA, Lourival. Direito Educacional: ementário jurisprudencial. *Mensagem*, Fortaleza, n. 8, p. 53, 1982/1983, p. 89.

(52) *Direito Educacional:* ementário jurisprudencial, p. 85-86.

De tudo que foi exposto até aqui podemos afirmar que o subsistema do direito tributário ambiental deverá ser composto por um conjunto de normas, princípios, institutos, técnicas, instrumentos e jurisprudência próprios que disciplinem o comportamento do Estado e dos indivíduos na criação e utilização de instrumentos tributários para a preservação e defesa dos bens ambientais e do meio ambiente ecologicamente equilibrado e saudável, para a presente e as futuras gerações.

Na sequência deste trabalho buscaremos no sistema jurídico brasileiro esses requisitos que acabamos de citar para, ao final, encontrando-os ou não, responder a indagação central deste trabalho: já temos no sistema jurídico nacional um subsistema do direito tributário ambiental?

Nosso estudo seguirá com fundamento em algumas premissas, sobre as quais passamos a discorrer.

Princípios, valores e direitos fundamentais ambientais precisam se valer dos instrumentos tributários para que sejam pragmaticamente realizáveis e não mera utopia ou desejos de difícil realização.

Pensar em um direito tributário ambiental como subsistema ou ramo autônomo do Direito reforça a noção de que a existência de subsistemas não implica divisão do sistema em compartimentos isolados, pelo contrário, reforça o caráter de completude do sistema como um todo. A divisão permite estudos mais profundos de conceitos e institutos. Ou como diz Maria Helena Diniz:

> O agrupamento sistemático dos elementos do direito, de forma coerente é tarefa básica do jurista. Por isso se pode afirmar que o direito não é um sistema jurídico, mas uma realidade que pode ser analisada de modo sistemático pela ciência do direito.
>
> É indubitável que a tarefa mais importante do jurista consiste em apresentar o direito sob uma forma ordenada ou sistemática, por meio da qual se tende a facilitar seu conhecimento, bem como seu manejo por parte dos indivíduos que estão submetidos a ele, especialmente pelos que o aplicam (2016, p. 91).

Esse subsistema tributário ambiental deve ser regulador das atividades do Poder Público e dos particulares, relacionados aos tributos como instrumentos de preservação e defesa do meio ambiente, como dispõem expressamente o art. 145, § 3º, e o art. 225 da Constituição Federal. Também deve prover os cofres públicos de recursos para atender às necessidades das políticas ambientais e reparar danos causados ao meio ambiente.

Capítulo 3

Conceito de Meio Ambiente e os Bens Ambientais

3.1. Meio ambiente: Conceitos

A tutela do meio ambiente não é exclusiva do direito ambiental, que não prescinde de outras áreas do direito para bem cumprir essa missão de forma ampla e satisfatória. Mas nem sempre foi assim, pois as preocupações com o meio ambiente passaram realmente a ser consideradas pelo direito a partir das décadas de 1970 e 1980.

Antes disso, o bem ambiental era tratado como um bem particular, cuja proteção, preservação e utilização ficavam sob a tutela do proprietário do bem.

Mas nas referidas décadas a humanidade começou a perceber que a degradação do planeta de uma forma geral, o esgotamento de alguns bens naturais, a extinção de diversas espécies, a contaminação de água e alimentos, o aquecimento do planeta, entre tantas outras consequências, passaram a representar riscos para a vida saudável da humanidade, especialmente para as gerações vindouras.

Diante disso cresceram as preocupações com o meio ambiente e a sua tutela jurídica. E foi por esses motivos que, em apertada síntese, o direito ambiental começou a ganhar corpo aqui no Brasil, a partir e como decorrência do direito administrativo.

Foi nos grandes princípios do direito administrativo que o direito ambiental encontrou inicialmente seus fundamentos.

Na medida em que o bem ambiental passa a integrar a categoria de bem público, deixando de ser apenas uma preocupação privada, cresce também a presença do Estado na tutela ambiental. Daí a influência inicial dos princípios clássicos do direito administrativo, que em um segundo momento foram transformados para se adaptarem e adequarem à função administrativa ambiental do Estado, que ganhou sua maior expressão e relevância a partir da Constituição Federal de 1988, que definitivamente destacou a grande importância do meio ambiente, catapultando-o à condição de direito fundamental do homem.

Essa rápida incursão pelo surgimento do direito ambiental como disciplina relevante para o direito já dá os primeiros sinais da complexidade do tema, sobretudo quando a questão se trata de definir o que é meio ambiente e quais são os bens jurídicos ambientais tutelados pelo direito.

É esse o caminho que passaremos a percorrer agora, com o objetivo de definir quais os bens jurídicos ambientais tutelados pelo direito tributário, mas já reconhecendo que esse é um tema que ainda carece de aprofundamento de estudos e amadurecimento no âmbito tributário.

Iniciaremos pelo conceito de meio ambiente.

Quando analisamos a Constituição Federal de 1988 sob o enfoque dos índices temáticos, observamos que são inúmeros e variados os temas que tratam de questões ambientais, seja de forma direta ou indireta.

Nesse sentido, podemos afirmar que esse conjunto de normas que versam sobre o meio ambiente, de forma direta ou indireta, constitui o subsistema do direito ambiental brasileiro, cujos princípios estão consagrados na Carta Magna de 1988.

Por isso não podemos iniciar nenhuma abordagem sobre o tema proposto sem definir o que é meio ambiente.

No Brasil, há uma definição de meio ambiente no art. 3º, inciso I, da Lei n. 6.938/81,(53) segundo a qual meio ambiente é "o conjunto de condições, leis, influências e interações de ordem física, química e biológica, que permite, abriga e rege a vida em todas as suas formas". Contudo, essa definição estava restrita aos bens naturais.

Com o advento da Constituição Federal de 1988, especialmente o art. 225, esse conceito foi ampliado.

Parte dos doutrinadores já admitiu também essa ampliação no alcance do conceito de meio ambiente, como podemos observar na afirmação de Vladimir Passos de Freitas:(54)

> Meio ambiente, na visão moderna, vem sendo entendido não apenas como as modificações que o homem nela vem introduzindo. Assim, é possível classificar o meio ambiente em natural, que compreende a água, a flora, o ar, a fauna, e cultural, que abrange as obras de arte, imóveis históricos, museus, belas paisagens, enfim tudo o que possa contribuir para o bem-estar e a felicidade do ser humano.

---

(53) Art. 3º Para os fins previstos nesta Lei, entende-se por:

I – meio ambiente, o conjunto de condições, leis, influências e interações de ordem física, química e biológica, que permite, abriga e rege a vida em todas as suas formas;

(54) FREITAS, Vladimir Passos de. *A constituição federal e a efetividade das normas ambientais*. 2. ed. rev. São Paulo: Editora Revista dos Tribunais, 2002. p. 93.

José Afonso da Silva[55] aponta três aspectos do meio ambiente: artificial, cultural e natural, fazendo uma ressalva em relação ao meio ambiente do trabalho, o qual ele insere dentro do ambiente artificial.

Ainda que exista uma tendência espontânea do ser humano em relacionar a noção de meio ambiente apenas ao meio ambiente natural, na doutrina já existe consenso de que este não é o melhor entendimento.

O conceito de meio ambiente não pode ficar restrito às ideias de flora e fauna, mas deve incluir o solo, a água, o ar, o clima, a paisagem, a interação entre todos esses bens além dos bens materiais e do patrimônio cultural. Nessa linha de pensamento mais extensiva, ele também inclui o meio ambiente do trabalho, ao lado do meio ambiente natural, artificial e cultural, como os quatro aspectos do meio ambiente.

O art. 225 da Constituição Federal estabelece que o meio ambiente natural engloba não apenas a flora e a fauna, mas também o ar atmosférico, a água, o solo, o patrimônio genético e a zona costeira.

Da mesma forma, o meio ambiente cultural abarca o patrimônio cultural, turístico, arqueológico, científico, artístico, paisagístico e paleontológico. Quanto ao meio ambiente artificial, este inclui os equipamentos urbanos, os edifícios comunitários, arquivos, registros, bibliotecas, pinacotecas, museus e instalações científicas ou militares. Por fim, o meio ambiente do trabalho visa garantir a proteção do trabalhador em seu ambiente laboral, conforme as normas de segurança estabelecidas.

Mas esse debate a respeito dos aspectos do meio ambiente fica em segundo plano quando observamos que, mais importante do que essa classificação é reconhecer que a tutela jurídica do meio ambiente está voltada à proteção da vida.

E o reconhecimento da relevância do meio ambiente, como valor fundamental, vem ganhando cada vez mais importância na doutrina, como demonstra Guilherme Costa Câmara,[56] citando ensinamento do português Jorge de Figueiredo Dias:

> Deveras, em texto urdido há mais de 30 anos, o Autor encimado direcionou devida atenção e adequada ênfase à relevância do ambiente enquanto valor fundamental e, simultaneamente, estrutura imprescindível ao livre desenvolvimento dos indivíduos no seio social, defendendo a legitimidade da intervenção penal, mormente tendo em vista o elevado interesse comunitário na preservação — designadamente "nas sociedades dos nossos dias" — de um "meio de vida são", que alçapremou à categoria de "bem jurídico em sentido

(55) SILVA, José Afonso. *Direito ambiental constitucional.* 9. ed. atual. São Paulo: Malheiros, 2011. p. 21.

(56) CÂMARA, Guilherme Costa. *O direito penal do ambiente e a tutela das gerações futuras:* contributo ao debate sobre o delito cumulativo. Rio de Janeiro: Lumen Juris, 2016. p. 391.

próprio e autônomo, que reclama a intervenção protectora do direito penal" contra intoleráveis condutas antiambientais.

O mesmo Guilherme Costa Câmara entende que para fins penais, deve ser usada uma concepção restrita de meio ambiente para definir o bem jurídico tutelado. E essa concepção é delimitada ao meio ambiente natural apenas. De acordo com esse pensamento é que Câmara constrói o seguinte conceito de ambiente para fins penais: "os fundamentos da vida como a água, ar e solo que constituem, juntamente com os elementos biológicos fauna e flora, o entorno natural em que se desenvolve a vida do homem".(57)

Ele reconhece que seu conceito é deveras restrito e sem "ornamentos", mas justifica sua posição em razão da dificuldade que encontra em enxergar no patrimônio histórico, artístico, turístico, paisagístico e arquitetônico, partes integrantes do sistema total do ambiente natural, bem como o fato de esses mesmos bens não serem fundamentos básicos da vida e nem desempenharem papel relevante para o equilíbrio ecológico.

Em que pese a relevância desses argumentos, entendemos que há uma questão que deixou de ser abordada: e onde é que a vida acontece? Não nos parece que acontece no ar, no solo, na água, na flora e tampouco na fauna. E por esee motivo, entendemos que o bem jurídico ambiental, para efeitos tributários, deve ter um conceito mais amplo.

Ricardo Luis Lorenzetti distingue o direito ao meio ambiente, que é um direito subjetivo dos indivíduos, e a tutela do meio ambiente dos bens ambientais, que é um bem coletivo. Conclui essa distinção afirmando que "a primeira é uma ideia antropocêntrica e prévia ao paradigma ambiental, porque olha para a totalidade a partir do sujeito; a segunda é uma noção geocêntrica, concentrada no bem coletivo e típica do ambientalismo".(58)

Lorenzetti afirma que o conceito de meio ambiente tem evoluído mas ainda assim suscita muitas dúvidas. Ele faz menção ao conceito restritivo que inclui apenas os bens naturais, como água, solo, ar, fauna, flora etc.; cita o conceito um pouco mais abrangente, que agrega os bens culturais, como o patrimônio histórico. Trata, ainda, da versão mais ampla, que inclui problema de política social, como pobreza, moradia e qualidade de vida. Recusa a ideia de enumeração de elementos materiais posto que sempre haverá algum elemento material a ser incluído bem como os elementos imateriais, como as paisagens ou o patrimônio histórico.(59)

---

(57) *O direito penal do ambiente e a tutela das gerações futuras*: contributo ao debate sobre o delito cumulativo, p. 403.

(58) LORENZETTI, Ricardo Luis. *Teoria do direito ambiental.* Tradução de Fábio Costa Morosini e Fernanda Nunes Barbosa. São Paulo: Revista dos Tribunais, 2010. p. 25.

(59) *Teoria do direito ambiental*, p. 26.

De todo o exposto até aqui podemos concluir que o meio ambiente é uma realidade construída, que não se confunde com a natureza. Por esse motivo, seu conceito é chamado de relacional, posto que é indissociável do ser humano, está voltado para o ser humano e se expressa nas diversas relações entre o homem e a natureza.

Há necessidade de identificarmos o objetivo da tutela tributária do meio ambiente. E nesse percurso em busca da resposta, a inspiração vem novamente do direito penal, que adotou como finalidade a proteção das funções vitais que o meio ambiente desenvolve em favor da atual e das futuras gerações.(60)

A tutela tributária do meio ambiente ou os tributos ambientais devem estar voltados à proteção do desenvolvimento socioeconômico ambiental sustentável e equilibrado, essencial para a saudável qualidade de vida e o integral desenvolvimento das pessoas, assegurando a vida digna e a realização dos objetivos da República.

O Supremo Tribunal Federal foi além na ampliação do conceito, conforme voto do ministro Celso de Melo, na ADI 3.540 MC:

> A atividade econômica não pode ser exercida em desarmonia com os princípios destinados a tornar efetiva a proteção ao meio ambiente. A incolumidade do meio ambiente não pode ser comprometida por interesses empresariais nem ficar dependente de motivações de índole meramente econômica, ainda mais se se tiver presente que a atividade econômica, considerada a disciplina constitucional que a rege, está subordinada, dentre outros princípios gerais, àquele que privilegia a "defesa do meio ambiente" (CF, art. 170, VI), que traduz conceito amplo e abrangente das noções de meio ambiente natural, de meio ambiente cultural, de meio ambiente artificial (espaço urbano) e de meio ambiente laboral. Doutrina. Os instrumentos jurídicos de caráter legal e de natureza constitucional objetivam viabilizar a tutela efetiva do meio ambiente, para que não se alterem as propriedades e os atributos que lhe são inerentes, o que provocaria inaceitável comprometimento da saúde, segurança, cultura, trabalho e bem-estar da população, além de causar graves danos ecológicos ao patrimônio ambiental, considerado este em seu aspecto físico ou natural.(61)

Nesse sentido, entendemos que o meio ambiente é o conjunto dos bens naturais, culturais, artificiais e laborais, todos essenciais e indispensáveis para a vida plena e saudável em nosso planeta. Em outras palavras, o meio ambiente é a soma de tudo aquilo que surgiu na natureza, sem a interferência ou a ação do homem, bem como por bens criados ou modificados a partir da interferência humana, surgindo daí as demais espécies de

(60) Esse também é o pensamento de Guilherme Costa Câmara: "(...) a proteção jurídico-penal do ambiente não se põe a serviço da natureza enquanto tal, ou de uma natureza que se quisesse reivindicar ela própria, já por si mesma, portadora de um autônomo valor: abstraído de qualquer conotação antropológica; cuida-se, então, de proteger o ambiente (e não uma natureza intocada e mítica) – ou melhor ainda, trata-se de salvaguardar a 'natureza como relação social' – tendo por escopo preservar as funções (vitais) que desenvolve a prol das presentes e das futuras gerações". Obra citada, p. 406-407.

(61) ADI 3.540 MC, rel. Min. Celso de Mello, j. 1º.9.2005, P, *DJ* de 3.2.2006.

bens ambientais, como os bens artificiais, cuja maior expressão são as nossas cidades ou espaços urbanos; os bens culturais, representados pelas produções artísticas, paisagísticas, históricas, religiosas etc.; o meio ambiente do trabalho onde se tutelam os bens laborais. Mas integram também o meio ambiente, bens naturais que sofreram modificações pelo homem, como a água dos rios utilizadas para a produção de energia, os minerais fósseis usados na produção de combustível, material genético utilizado para criação de sementes transgênicas; entre tantos outros bens ambientais, fruto da genialidade do ser humano.

E é esse meio ambiente amplo que recebeu tratamento de direito fundamental na Constituição de 1988, em seu art. 225, que dispõe: "Todos têm direito ao meio ambiente ecologicamente equilibrado, bem de uso comum do povo e essencial à sadia qualidade de vida, impondo-se ao Poder Público e à coletividade o dever de defendê-lo e preservá-lo para as presentes e futuras gerações".

Como pode ser constatado, nossa Constituição Federal não se limitou a garantir aos brasileiros e estrangeiros residentes no país, o direito ao meio ambiente. Ela foi além e garantiu o direito ao meio ambiente ecologicamente equilibrado.

Mas afinal, em que consiste o "meio ambiente ecologicamente equilibrado"? A resposta a essa questão nos remete à busca pela origem etimológica da palavra ecologia, que deriva do grego "*oikos*", que significa 'casa' ou 'lugar onde se vive'.

Portanto, meio ambiente ecologicamente equilibrado é aquele local onde se realizam harmonicamente as relações recíprocas entre o Homem e os bens ambientais naturais, culturais, artificiais e laborais, enfim, locais que devem ser protegidos e preservados para que a atual e as futuras gerações possam ter uma vida digna e saudável, onde suas necessidades biológicas, psicológicas, materiais e laborais são supridas, o que será alcançado na medida em que os bens ambientais forem utilizados, produzidos e consumidos de forma sustentável e equilibrada, não colocando em risco sua extinção total ou parcial.

Em resumo, no meio ambiente ecologicamente equilibrado, o que se encontra – ou se espera encontrar – é um ambiente sustentável e equilibrado, essencial para a saudável qualidade de vida e o integral desenvolvimento das pessoas, assegurando a vida digna e a realização dos objetivos da República.

Do exposto, fica muito clara a importância da ampliação do conceito de meio ambiente, posto ser uma necessidade da atual e das futuras gerações.

3.2. Bens jurídicos ambientais

Superada, pelo menos em tese, a questão do conceito de meio ambiente, passaremos agora à definição de bem ambiental tutelado pelo direito tributário porque não há como pensar em um subsistema do direito tributário ambiental sem definir, minimamente, quais os bens jurídicos por ele tutelado.

E iniciamos com uma ressalva: o direito tributário ainda não avançou de forma consistente sobre essa questão, por isso ainda há muitas dúvidas e indefinições a respeito de quais são os bens jurídicos ambientais a serem tutelados pelo direito tributário, em outras palavras, quais são os bens jurídicos ambientais alcançados pelos instrumentos tributários, sejam eles os tributos, os benefícios fiscais ou mesmo técnicas de tributação.

O bem jurídico ambiental, que será abordado com mais detalhes na sequência deste trabalho, é um bem jurídico marcado pela supraindividualidade, que segundo Guilherme Costa Câmara, tem um caráter "irrenunciável do radical humano, porque todo bem jurídico — e isto é já uma aquisição histórica — tem o indivíduo como ponto de partida, coisa que, aliás, o termo 'supraindividual' não nega, antes o reforça. É, pois, 'uma expressão que, querendo ser uma superação ao individual (a designação supraindividual quer significar isso mesmo) deixa bem nítida a matriz donde arranca".[(62)]

O bem ambiental também é um bem público, segundo Antonio Herman de Vasconcellos e Benjamin, "não porque pertença ao Estado (critério subjetivo), mas porque não é passível de apropriação com exclusividade (critério objetivo), sendo, por isso mesmo, verdadeiro bem público de uso comum do povo. É bem público (em oposição a bem privado) exatamente porque é objeto de tutela que não se dá em proveito de um único indivíduo".[(63)]

Herman reitera esse mesmo pensamento com a seguinte afirmação:

> O bem ambiental é público "porque está à disposição de todos os cidadãos — daí ser bem de uso comum — e porque corresponde a uma finalidade pública. Em consequência, sua tutela tem um caráter também público e pertence não só ao Estado mas à coletividade também. Além disso, o bem ambiental é patrimonial porque suscetível de avaliação econômica. Finalmente lhe são de todo alheios os conceitos tradicionais de propriedade (apropriação privada ou mesmo pública, em sentido subjetivo) e de materialidade.
>
> (...)
>
> A natureza do bem ambiental, pública — enquanto realiza um fim público ao fornecer utilidade a toda a coletividade — e fundamental — enquanto essencial à sobrevivência do homem — é uma extensão do seu núcleo finalístico principal: a valorização, preservação, recuperação, e desenvolvimento

(62) *O direito penal do ambiente e a tutela das gerações futuras*: contributo ao debate sobre o delito cumulativo, p. 417.

(63) BENJAMIN, Antonio Herman de V. e. "Função ambiental". In: BENJAMIN, Antonio Herman de V. e (Coord.). *Dano ambiental:* prevenção, reparação e repressão. São Paulo: Revista dos Tribunais, 1993. p. 71.

da fruição coletiva do meio ambiente, suporte da vida humana. Em síntese, o zelo, como conceito integral, pela qualidade do meio ambiente.(64)

Em outras áreas do conhecimento jurídico, como o direito penal, esse debate já está mais avançado.

As preocupações com os crimes ambientais são bem anteriores às questões de ordem tributária ambiental, fato evidenciado pela própria legislação penal, que tem na Lei n. 9.605/1998, a qual dispõe sobre as sanções penais e administrativas derivadas de condutas e atividades lesivas ao meio ambiente, um extenso rol de crimes ambientais. Jurisprudência e doutrina na área penal ambiental também são bem significativas.

A criação dessa lei penal fomentou ainda mais os debates sobre os bens jurídicos ambientais tutelados pelo direito penal, não só na doutrina mas também em nossos tribunais.

Isso ainda não ocorre no direito tributário, não dessa forma consistente e apoiada em legislação específica sobre a matéria, mesmo porque, o interesse pelas questões tributárias ambientais é mais recente do que o interesse do direito penal.

E é por esse motivo que, antes de definir quais os bens jurídicos ambientais tutelados pelo direito tributário, buscaremos apoio e alguns conceitos no direito penal ambiental.

Iniciaremos pelo conceito do bem jurídico, que segundo Luiz Regis Prado, "implica a realização de um juízo positivo de valor acerca de determinado objeto ou situação social e de sua relevância para o desenvolvimento do ser humano".(65)

E é indiscutível a relevância do bem ambiental não só para o desenvolvimento do ser humano mas como garantia de uma vida digna e saudável. E o que mais exige tutela específica para o bem jurídico ambiental é a sua particularidade.

Sobre a particularidade do bem ambiental e a necessidade de limitar o seu conceito, escreveu Luiz Regis Prado:

> O ambiente não se confunde com os demais bens tradicionalmente protegidos pelo Direito Penal (*v.g.*, saúde pública, integridade corporal, propriedade), já que possui substantividade própria — é vital em si mesmo —, como bem jurídico autônomo, pois além do assentir constitucional, sua conservação e manutenção é essencial ao homem e ao provimento de suas necessidades existenciais. Daí, como bem jurídico-penal — dotado de conteúdo material ímpar —, uma cuidadosa limitação de seu conceito se impõe,

(64) "Função ambiental", p. 74.

(65) PRADO, Luiz Regis. *Direito penal ambiental* — problemas fundamentais. São Paulo: Revista dos Tribunais,1992. p. 54.

no sentido de concretizar de modo nítido os objetos de tutela referidos nas hipóteses típicas.[66]

Portanto, ainda que a observação acima tenha sido feita em relação ao direito penal, ela se aplica totalmente ao direito tributário, posto que essa substantividade própria como bem jurídico autônomo, característica do bem ambiental, se mantém intacta independente da área de estudo.

De grande importância no desenvolvimento dos conceitos de meio ambiente e bem ambiental, os estudos de Antonio Herman V. e Benjamin. Destacaremos alguns por ele desenvolvidos. O primeiro deles é o conceito de bem ambiental como objeto da função ambiental, com destaque para a já apontada classificação do bem ambiental em macro e microbem:

> A função ambiental atua sobre um determinado objeto: o bem ambiental. Não se confunda, entretanto, o objeto da função ambiental com seu fim. A função ambiental atua sobre o seu objeto para concretizar o seu fim (a qualidade ambiental como valor importante da qualidade de vida). O titular do dever-poder movimenta-se sobre o objeto, mas sempre finalisticamente orientado.
>
> O objeto da função ambiental — bem ambiental — é identificado ora com o meio ambiente, como categoria única e global, ora com partes ou fragmentos deste (uma determinada montanha, um córrego específico, um ecossistema localizado). Tal é decorrência da forma macro ou micro com que se analise a questão.
>
> O meio ambiente, como bem objeto da função ambiental, é gênero amplo (macrobem) que acolhe uma infinitude de outros bens — numa relação assemelhada à dos átomos e moléculas —, menos genéricos e mais materiais (microbens): são 'a atmosfera, as águas interiores, superficiais e subterrâneas, os estuários, o mar territorial, o solo, o subsolo, os elementos da biosfera, a fauna e a flora', ou em outras palavras, os elementos da hidrosfera, da litosfera, da atmosfera, da biosfera e, quiçá, também de uma antroposfera.
>
> Assim, de uma maneira muito geral, pode-se dizer que o objeto (macro) da função jurídica ambiental é o bem ambiental, isto é, o meio ambiente como realidade abstrata e proteiforme.[67]

---

(66) *Direito penal ambiental* — problemas fundamentais, p. 68-69.

(67) "Função ambiental", p. 60.

Ricardo Luis Lorenzetti também trabalha os conceitos de macrobem e o microbens ambientais. Eis esse posicionamento nas próprias palavras de Lorenzetti:[(68)]

> O meio ambiente é um 'macrobem', e como tal é um sistema, o que significa que é mais que suas partes: é a interação de todas elas. Um exemplo claro é a lei brasileira (Lei n. 6.938/81, art. 3º, I) quando dispõe que se entende por meio ambiente 'o conjunto de condições, leis, influências e interações de ordem física, química e biológica, que permite reger a vida em todas as suas formas'. O mesmo critério guia a definição de dano ambiental na Lei Geral do Meio Ambiente argentina (25.675, art. 27) que estabelece: 'define-se o dano ambiental como toda alteração relevante que modifique negativamente o meio ambiente, seus recursos, ou equilíbrio dos ecossistemas, ou os bens ou valores coletivos'.
>
> Os 'microbens' são partes do meio ambiente, que em si mesmos têm a característica de subsistema, que apresentam relações internas entre suas partes e relações externas com o macrobem.
>
> Nesta categoria subsumimos a fauna, a flora, a água, a paisagem, os aspectos culturais, o solo etc. A biodiversidade, por exemplo, é um microbem, que tem relações internas com todos os aspectos que a integram, mas assim mesmo, é um assunto horizontal que influi e está presente em vários dos outros microbens, como a flora e a fauna. Em outros casos, encontramos temas que têm impactos colaterais sobre microbens, como ocorre com os conflitos armados, que deterioram diversos aspectos do meio ambiente. De igual forma ocorre com a agricultura, que influi sobre a desertificação e o monocultura, ou comércio que introduz incentivos econômicos que melhoram ou diminuem a qualidade do entorno natural.
>
> É claro que o que predomina é a noção de 'interrelação' ou 'sistema' que é essencial para a compreensão.

Antonio Herman Benjamin também aponta a natureza jurídica do bem ambiental, em sua acepção macro e micro: "O meio ambiente, como macrobem, é sempre bem público (de uso comum). Já na sua acepção fragmentada, como microbem, pode ser tanto bem público (um parque estadual pertencente ao estado de São Paulo, por exemplo), como bem privado (uma mata de propriedade de um particular).[(69)]

Mas essa não é a única natureza do bem ambiental. Em mais uma perspicaz análise, novamente é Antonio Herman Benjamin quem trata da natureza imaterial, abstrata do macrobem ambiental e, a material, concreta do microbem:

---

(68) *Teoria do direito ambiental*, p. 26-27.

(69) "Função ambiental", p. 64.

> Logo, o meio ambiente, embora como interesse (visto pelo prisma da legitimação para agir) seja uma categoria difusa, como macrobem jurídico é de natureza pública. Como bem — enxergado como verdadeira '*universitas corporalis*' — é imaterial, não se confundindo com esta ou aquela coisa material (floresta, rio, mar, sítio histórico, espécie protegida etc.) que o forma, manifestando-se, ao revés, como o complexo de bens agregados que compõem a realidade ambiental.
>
> Assim, o meio ambiente é bem, mas bem como entidade que se destaca dos vários bens materiais em que se firma, ganhando proeminência, na sua identificação, muito mais o valor relativo à composição, característica ou utilidade da coisa do que a própria coisa.
>
> Uma definição como esta de meio ambiente, como macrobem, não é incompatível com a constatação de que o complexo ambiental é composto de entidades singulares (as coisas, por exemplo) que, em si mesmas, também são bens jurídicos: é o rio, a casa de valor histórico, o bosque com apelo paisagístico, o ar respirável, a água potável.[70]

Essas considerações que acabamos de fazer em relação a macro e microbens ambientais permite realçar o conceito de bem público. Eis, então, mais uma importante e certeira observação de Herman Benjamin sobre o conceito de bem público aplicado ao meio ambiente:

> Segundo abalizada doutrina, 'bens públicos são as coisas materiais ou imateriais, assim como as prestações, que pertencem às pessoas jurídicas públicas, objetivam fins públicos e estão sujeitas a um regime jurídico especial, derrogatório do direito comum'.
>
> Ora, logo se percebe que o meio ambiente, a se levar tal conceito clássico ao extremo, de duas uma: ou pertenceria a uma pessoa jurídica de direito público interno — e seria considerado bem público — ou não pertenceria a nenhuma das pessoas jurídicas de direito público — e não seria tido como bem público.
>
> Logo, o meio ambiente, como macrobem, é bem público, não porque pertença ao Estado (pode até pertencê-lo), mas porque se apresenta no ordenamento, constitucional e infraconstitucional, como 'direito de todos', como bem destinado a satisfazer as necessidades de todos. É bem público em sentido objetivo e não em sentido subjetivo, integrando uma certa 'dominialidade coletiva', desconhecida do Direito tradicional Público, então porque incapaz

(70) "Função ambiental", p. 75.

de apropriação exclusivista, porque destinado à satisfação de todos e porque, por isso mesmo, de domínio coletivo, o que não quer dizer de domínio estatal.(71)

Da lição de Herman Benjamin se conclui que atualmente o meio ambiente é uma realidade jurídica que se distingue dos microbens ou elementos que o compõem. Em outras palavras, o bem ambiental não se confunde com o seu suporte material, que pode ser um rio, um lago, um sítio arqueológico, entre tantos outros.(72)

Outra observação importante diz respeito a distinção entre bem de uso público e bem de interesse público.

O meio ambiente, em sua acepção macro, é sempre um bem público de uso comum, é direito de todos os indivíduos, posto que estamos no campo da abstração. Já em sua acepção micro, onde impera a materialidade, podemos nos deparar com bens públicos, bens privados de interesse público e apenas bens privados, situações onde mesmo que o uso público não seja permitido, a tutela do micro bem deve ser feita em razão do interesse público coletivo, típico dos direitos fundamentais de terceira geração, como os direitos difusos entre os quais está inserido o meio ambiente.

Essas afirmações são corroboradas pela seguinte afirmação de Antonio Herman Benjamin: "Dizer-se que o meio ambiente é um bem público de uso comum não implica desconhecer que os elementos que o compõem, quando perquiridos isoladamente, se filiam a regimes jurídicos múltiplos, ora como — na acepção do Código Civil — bens de propriedade pública, ora como bens privados de interesse público, ora como meros bens privados".(73)

Em que pese a relevância da construção doutrinária de Antonio Herman Benjamin, há outras interessantes classificações e conceitos atribuídos ao bem ambiental.

Uma delas foi elaborada por Luiz Regis Prado, que analisando o conceito de bem jurídico ambiental a exigir a tutela penal, apontou três acepções para o signo 'ambiente', quando ele se agrega ao termo 'bem jurídico': uma global, outra restrita e, por fim, uma ampla ou natural.

De acordo com a primeira acepção, o bem jurídico ambiental é um conjunto de sistemas composto por objetos e condições fisicamente definíveis que compreendem ecossistemas equilibrados (equilíbrio das forças que regem a vida) com os quais o homem estabeleceu relações. Esse conceito compreende urbanismo, paisagem, beleza natural e

---

(71) "Função ambiental", p. 65-66.

(72) "Função ambiental", p. 71 e 77.

(73) "Função ambiental", p. 77.

patrimônio histórico. Em outras palavras, "o ambiente consiste ao mesmo tempo, em um meio e um sistema de relações".(74)

O segundo sentido é o reduzido, que trata o bem ambiental como aqueles naturais apenas, cuja titularidade é comum a todos os indivíduos. São, portanto, a água e o ar, elementos essenciais para a vida do homem em nosso planeta.

Já a terceira acepção é uma orientação intermediária, que adota o conceito de ambiente como a soma das bases naturais da vida humana alcançando as propriedades do solo, da água, do ar, fauna, flora e as condições ambientais para desenvolvimento das citadas propriedades.(75)

Luiz Regis Prado conclui sua explanação sobre o conceito do bem jurídico ambiental, citando o conceito estabelecido pela Comissão de Política Comunitária de Meio Ambiente, da Comunidade Econômica Europeia: "conjunto dos elementos que formam na complexidade de suas relações, o marco, os meios e as condições de vida do homem e da sociedade, tal como são ou se concebem".(76)

Observamos, portanto, que mesmo no conceito mais amplo (global) apresentado por Luiz Regis Prado, ele não chega a uma realidade tão abstrata como o fez Antonio Herman Benjamin.

Já Guilherme Costa Câmara segue a linha de pensamento de Herman Benjamin:

> Sustentamos, portanto, que o bem encimado congloba, como entidades imantadas de valor, microbens ambientais dignos e necessitados de proteção, verdadeiros bens jurídicos, devendo a tutela penal projetar-se além da salvaguarda da vida e da saúde humanas (valores clássicos), em ordem a incluir a proteção dos próprios fundamentos básicos da vida (valores ecológicos), com vista a uma efetiva proteção das gerações atuais, bem ainda a uma antecipada proteção das gerações humanas futuras".(77)

Diante de todo o exposto, já podemos apresentar algumas conclusões relacionadas aos tributos ambientais.

Os tributos são criados mediante rigorosas regras de competência e princípios constitucionais. Por esse motivo, entendemos que a tributação ambiental, obrigatoriamente, segue esse mesmo modelo para instituir tributos dessa natureza. A afirmação é

(74) *Direito penal ambiental – problemas fundamentais*, p. 66.

(75) *Direito penal ambiental – problemas fundamentais*, p. 67-68.

(76) *Direito penal ambiental – problemas fundamentais*, p. 68.

(77) *O direito penal do ambiente e a tutela das gerações futuras:* contributo ao debate sobre o delito cumulativo, p. 404.

feita dessa maneira porque entendemos que a tributação ambiental só pode ter como referência fatos relacionados direta ou indiretamente com os microbens ambientais.

O caráter imaterial do macrobem não se molda a essa estrutura rígida dos princípios e normas tributárias que norteiam o exercício da competência tributária, destacando, ainda, que na construção da norma jurídica tributária ambiental, a descrição pormenorizada de todos os aspectos da hipótese de incidência não admite elementos imateriais.

Feitas essas considerações, concluímos que o bem jurídico ambiental tutelado pelos tributos ambientais são microbens supraindividuais, com natureza pública de uso comum ou privada de interesse coletivo. Nesse sentido, o objeto da função tributária ambiental são os microbens públicos e privados.

Supra é o prefixo culto da preposição adverbial latina com o mesmo nome (*supra*) e significa sobre; acima de; por cima de; além de; entre outros significados.(78)

Esse prefixo, somado ao signo individual, marca bem o significado com o qual usamos a palavra supraindividual para caracterizar os microbens ambientais, já que a ideia é expressar exatamente o caráter de que o bem jurídico ambiental vai além da proteção individual do homem, a tutela extrapola o individual para alcançar toda a coletividade.

3.3. O subsistema do direito ambiental

O direito dos brasileiros e estrangeiros residentes no Brasil ao meio ambiente ecologicamente equilibrado ganha sua maior expressão e segurança em um conjunto de normas constitucionais que delimitam o subsistema do direito ambiental. Elas estão expressamente dispostas no art. 225 da Constituição Federal de 1988.

Segundo o art. 225, *caput* e seus incisos I a VII da Constituição, todos têm direito ao meio ambiente ecologicamente equilibrado, bem de uso comum do povo e essencial à sadia qualidade de vida, impondo-se ao Poder Público e à coletividade o dever de defendê-lo e preservá-lo para a presente e as futuras gerações.

O Poder Público deverá, para assegurar a efetividade desse direito, preservar e restaurar os processos ecológicos essenciais e prover o manejo ecológico das espécies e ecossistemas; preservar a diversidade e a integridade do patrimônio genético do País e fiscalizar as entidades dedicadas à pesquisa e manipulação de material genético; definir, em todas as unidades da Federação, espaços territoriais e seus componentes a serem especialmente protegidos, sendo a alteração e a supressão permitidas somente através de lei, vedada qualquer utilização que comprometa a integridade dos atributos que justifiquem sua proteção; exigir, na forma da lei, para instalação de obra ou atividade potencialmente

(78) HOUAISS, Antonio; VILLAR, Mauro de Salles. *Dicionário Houaiss da língua portuguesa.* Rio de Janeiro: Objetiva, 2001. p. 2.644.

causadora de significativa degradação do meio ambiente, estudo prévio de impacto ambiental, a que se dará publicidade; controlar a produção, a comercialização e o emprego de técnicas, métodos e substâncias que comportem risco para a vida, a qualidade de vida e o meio ambiente; promover a educação ambiental em todos os níveis de ensino e a conscientização pública para a preservação do meio ambiente; proteger a fauna e a flora, vedadas, na forma da lei, as práticas que coloquem em risco sua função ecológica, provoquem a extinção de espécies ou submetam os animais a crueldade.

A tarefa é árdua e o dever do Poder Público em assegurar a efetividade desse direito não será cumprido adequadamente sem recursos financeiros para tanto.

E a forma mais eficiente de garantir a efetividade desse direito ao meio ambiente ecologicamente equilibrado é reunindo esforços e recursos do Poder Público e da coletividade, destinando-os a esse fim. Nesse sentido, entendemos que recursos devem ser obtidos com a participação da própria coletividade, através da tributação, afinal de contas, o mesmo art. 225 também delega à coletividade, em conjunto com o Estado, o dever de preservar e defender o meio ambiente.

Esse entendimento foi ainda mais reforçado pela Emenda Constitucional n. 132/2023, a qual elevou a defesa do meio ambiente à categoria de princípio geral do próprio Sistema Tributário Nacional, a teor do disposto no art. 145, § 3º.

Mas o subsistema do direito ambiental também possui importantes normas infraconstitucionais, como a Lei n. 9.985/2000, a Lei n. 11.105/2005 e a Lei n. 13.123/2015, as quais regulamentam o art. 225 e seus incisos.

Essas leis versam, respectivamente, sobre o Sistema Nacional de Unidades de Conservação da Natureza; normas de segurança e mecanismos de fiscalização de atividades que envolvam organismos geneticamente modificados — OGM e seus derivados, cria o Conselho Nacional de Biossegurança — CNBS, reestrutura a Comissão Técnica Nacional de Biossegurança — CTNBio, dispõe sobre a Política Nacional de Biossegurança — PNB; e, por fim, dispõe sobre o acesso ao patrimônio genético, sobre a proteção e o acesso ao conhecimento tradicional associado e sobre a repartição de benefícios para conservação e uso sustentável da biodiversidade.

Além disso, a Lei n. 9.985/2000 traz importantes definições e conceitos aplicados ao meio ambiente. Os que mais nos interessam para efeito deste trabalho são os conceitos estabelecidos nos incisos V e XI do art. 2º. Vejamos:

> Art. 2º Para os fins previstos nesta Lei, entende-se por:
>
> (...)
>
> V – preservação: conjunto de métodos, procedimentos e políticas que visem a proteção a longo prazo das espécies, habitats e ecossistemas, além da manutenção dos processos ecológicos, prevenindo a simplificação dos sistemas naturais;

> (...)
>
> XI – uso sustentável: exploração do ambiente de maneira a garantir a perenidade dos recursos ambientais renováveis e dos processos ecológicos, mantendo a biodiversidade e os demais atributos ecológicos, de forma socialmente justa e economicamente viável;

Desse conjunto normativo podemos concluir que os bens naturais possuem como pilares de sua sustentação, normas voltadas à conservação da natureza, à segurança e fiscalização dos organismos geneticamente modificados e, também, acesso e proteção ao patrimônio genético, repartição, conservação e uso da biodiversidade.

Nesse sentido, vale destacar que a ampliação do rol de bens ambientais é fruto de uma longa evolução histórica e das relações sociais e reforça ainda mais o meio ambiente como um direito fundamental do cidadão.

E se temos na própria Constituição os contornos do meio ambiente natural como acabamos de abordar, também encontramos na Constituição a delimitação do meio ambiente artificial.

Mas antes de continuarmos analisando as normas constitucionais, importante destacar que a noção de meio ambiente artificial, por exemplo, encontra sua origem mais marcante na Carta de Atenas,(79) manifesto *urbanístico* resultante do IV Congresso Internacional de Arquitetura Moderna (CIAM), realizado em Atenas em novembro de 1933. Esse manifesto influenciou e inspirou toda a arquitetura contemporânea no mundo e aqui no Brasil foi determinante para a elaboração do projeto da cidade de Brasília. Mas o que dá importância a esse manifesto como um dos precursores do que hoje chamamos de bem ambiental artificial, ou seja, nossas cidades, foram as quatro funções destacadas como essenciais para qualquer cidade: habitação, trabalho, circulação e lazer.

Atualmente, a Constituição Federal de 1988, em seus arts. 182 e 183, juntamente com o chamado Estatuto da Cidade, conferem as características fundamentais da política urbana para ocupação dos bens artificiais e do desenvolvimento das funções sociais das cidades.

Em relação à proteção e preservação da cultura e dos bens culturais, no mundo temos uma agência da ONU, a UNESCO(80) — Organização das Nações Unidas para a Educação, a Ciência e a Cultura —, como principal agente internacional de guarda do patrimônio cultural. O Brasil aderiu à Conferência Geral da UNESCO que está em vigor no país desde 12 de dezembro de 1977, quando foi promulgado o Decreto n. 80.978.

---

(79) Disponível em: http://portal.iphan.gov.br/uploads/ckfinder/arquivos/Carta%20de%20Atenas%201933.pdf.

(80) A Organização das Nações Unidas para a Educação, a Ciência e a Cultura (UNESCO) foi criada em 16 de novembro de 1945, logo após a Segunda Guerra Mundial, com o objetivo de garantir a paz por meio da cooperação intelectual entre as nações, acompanhando o desenvolvimento mundial e auxiliando os Estados-Membros — hoje são 193 países — na busca de soluções para os problemas que desafiam nossas sociedades. Disponível em: https://nacoesunidas.org/agencia/unesco/.

A Constituição Federal de 1988 cuida do patrimônio cultural nos arts. 215, 216 e 216-A. Algumas notas sobre essas normas valem a citação neste momento.

A primeira observação importante é que normas com esse conteúdo visam tutelar e proteger bens e valores coletivos, que somadas a outras normas com o mesmo objetivo, além de se atraírem, formam um importante e interessante arcabouço jurídico, típico de um subsistema organizado com normas entrelaçadas entre si. Juliana Santilli faz observação semelhante ao comentar a relação patrimônio cultural x função socioambiental da propriedade: "A nova Constituição, ao alargar o conceito de patrimônio cultural, fortaleceu ainda mais a função socioambiental da propriedade sobre bens culturais, que será limitada e restringida de acordo com o interesse público na preservação do patrimônio cultural".(81)

A definição de bens culturais está expressa no *caput* do art. 216, ao estabelecer que constituem patrimônio cultural brasileiro os bens de natureza material e imaterial, tomados individualmente ou em conjunto, portadores de referência à identidade, à ação, à memória dos diferentes grupos formadores da sociedade brasileira, nos quais se incluem as formas de expressão, os modos de criar, fazer e viver; as criações científicas, artísticas e tecnológicas; as obras, objetos, documentos, edificações e demais espaços destinados às manifestações artístico-culturais; os conjuntos urbanos e sítios de valor histórico, paisagístico, artístico, arqueológico, paleontológico, ecológico e científico.

Interessante observar que o § 1º do art. 216 determina que o Poder Público, com a colaboração da comunidade, promoverá e protegerá o patrimônio cultural brasileiro, por meio de inventários, registros, vigilância, tombamento e desapropriação, e de outras formas de acautelamento e preservação. Além disso, o § 3º deste mesmo artigo dispõe no sentido de que a lei também estabelecerá os incentivos para a produção e o conhecimento de bens e valores culturais.

Ora, com que dinheiro, com que recurso, o Poder Público realizará todas essas tarefas de proteção e promoção dos bens culturais? Os incentivos à produção e conhecimento de bens e valores culturais serão financeiros ou outros instrumentos — quiçá fiscais — serão utilizados para atingir esse fim?

O Poder Público ainda não tem respostas claras e objetivas para essas simples indagações. Tampouco tem uma política de Estado definida para esse fim. Explico.

O art. 216-A, incluído na Constituição pela Emenda Constitucional n. 71, de 2012, criou o Sistema Nacional de Cultura, que tem como objetivos promover o desenvolvimento humano, social e econômico com pleno exercício dos direitos culturais. Alguns princípios que regerão esse sistema são a universalização do acesso aos bens e serviços

(81) SANTILLI, Juliana. "Os novos direitos socioambientais". In: FREITAS, Vladimir P. de (Coord.). *Direito ambiental em evolução — n. 5*. 3. reimp. Curitiba: Juruá, 2011. p. 235.

culturais; o fomento à produção, difusão e circulação de conhecimento e bens culturais; a ampliação progressiva dos recursos contidos nos orçamentos públicos para a cultura, entre diversos outros expressamente citados no § 1º deste mesmo artigo.

Ocorre que o § 3º deste art. 216-A, estabelece que lei federal irá dispor sobre a regulamentação do Sistema Nacional de Cultura, bem como de sua articulação com os demais sistemas nacionais ou políticas setoriais de governo e esta lei ainda não foi instituída.

E a inexistência dessa lei, inviabiliza a materialização do princípio da ampliação progressiva dos recursos orçamentários públicos para a cultura.

É aqui que nos deparamos com os tributos como um instrumento apto a gerar receitas para atender essas necessidades e objetivos acima apontados, de forma integral ou parcial. Ainda não é o momento de abordar o tema, mas já se apresentam impostos e taxas como espécies de tributos aptas a arrecadar recursos que podem cobrir os custos de inventário, registro, tombamento e desapropriação, no caso dos impostos, e as taxas, para cobrir as despesas com serviços de vigilância e fiscalização, por exemplo.

Esta afirmação traz em seu conteúdo uma questão que já é polêmica e será enfrentada em capítulo próprio: parte da doutrina(82)entende que os impostos, por não serem tributos "vinculados" a alguma atividade estatal específica relacionada ao contribuinte, terão dificuldade em se revestir de uma função tributária ambiental. Nosso entendimento é oposto, pois entendemos que os impostos não só podem como devem ser utilizados para o fim disposto no § 1º, do art. 216, por carregarem consigo a característica da fiscalidade.

E nosso entendimento foi ainda mais corroborado após a promulgação da Emenda Constitucional n. 132/2023 que elevou a defesa do meio ambiente à categoria de princípio geral do sistema tributário nacional.

3.4. Fundamentos de validade

Conforme exposto no tópico anterior, o meio ambiente na Constituição Federal ganha relevância no art. 225 e seus parágrafos, que trazem todos os fundamentos essenciais do subsistema do Direito Ambiental, na medida em que reúne as normas e princípios responsáveis pela sua sistematização e unidade interna.

Alcançar a plenitude dos direitos, deveres e metas estabelecidos no arcabouço jurídico formado pelas normas constitucionais e as infraconstitucionais sobre a matéria é um enorme desafio. Estamos certos que sem uma política de Estado eficaz e a participação direta do Poder Público na instituição e manejo dos instrumentos tributários voltados à preservação do meio ambiente é praticamente impossível a coletividade cumprir satisfatoriamente esse mister.

(82) Celso Pacheco Fiorillo e Renata M. Ferreira.

Difícil acreditar que empresas que visam lucros, tenham como primeira preocupação a defesa e a preservação ambiental. Daí a importância do poder conferido ao Estado para intervir na ordem econômica, defendendo o meio ambiente através de tratamento diferenciado atribuído a produtos e serviços ou aos respectivos processos de produção ou prestação de serviços, de acordo com o impacto ambiental que causarem.

Este, aliás, o sentido da norma disposta no art. 170, inciso VI, da Constituição, considerado até aqui como o principal fundamento para a instituição dos tributos ambientais.

Antonio Herman Benjamin,[(83)] em estudo sobre a função ambiental, destacou a importância e relevância desta norma constitucional, o que revela o desafio de nossa proposta de abordagem. Eis a afirmação de Herman:

> Por outro lado, o art. 170, VI, de maneira absolutamente inovadora, determina que a ordem econômica, entre outros princípios, deve observar a 'defesa do meio-ambiente'. Trata-se de princípio constitucional impositivo, verdadeira 'norma-objetivo dotada de caráter constitucional conformador, justificando a reivindicação pela realização de políticas públicas', ou seja, o exercício de função ambiental.
>
> É o art. 170, VI, que dá suporte conformador ao art. 225, permitindo que este caracterize o meio-ambiente como patrimônio de toda a coletividade e confira as missões tendentes a protegê-lo 'ao Poder Público' e 'à coletividade'. Por sua vez, o papel do art. 225 é o dar concreção ao princípio constitucional estampado no art. 170, VI.

Contudo, nosso entendimento retira do art. 170, inciso VI da Constituição, essa característica de principal base legal norteadora dos instrumentos tributários voltados à defesa e proteção do meio ambiente e, assim, de todos os bens ambientais. Na verdade, deslocamos essa característica para o art. 1º, incisos III e para o art. 3º e todos os seus incisos, que assim dispõem:

> Art. 1º A República Federativa do Brasil, formada pela união indissolúvel dos Estados e Municípios e do Distrito Federal, constitui-se em Estado Democrático de Direito e tem como fundamentos:
>
> (...)
>
> III – a dignidade da pessoa humana;
>
> (...)

---

(83) BENJAMIN, Antonio Herman V. e. "Função ambiental". In: BENJAMIN, Antonio Herman V. e (Coord.). *Dano ambiental:* prevenção, reparação e repressão. São Paulo: Revista dos tribunais, 1993. p. 57.

Art. 3º Constituem objetivos fundamentais da República Federativa do Brasil:

I - construir uma sociedade livre, justa e solidária;

II - garantir o desenvolvimento nacional;

III - erradicar a pobreza e a marginalização e reduzir as desigualdades sociais e regionais;

IV - promover o bem de todos, sem preconceitos de origem, raça, sexo, cor, idade e quaisquer outras formas de discriminação.

O art. 1º da Constituição Federal e seus incisos revelam os princípios estruturantes da República Federativa do Brasil. E o direito ao meio ambiente ecologicamente equilibrado tem fundamento, especificamente, na dignidade da pessoa humana e nos objetivos fundamentais da República.

Segundo Alexandre de Moraes, a dignidade da pessoa humana "concede unidade aos direitos e garantias fundamentais, sendo inerente às personalidades humanas. Esse fundamento afasta a ideia de predomínio das concepções transpessoalistas de Estado e Nação, em detrimento da liberdade individual [...]".[(84)]

O meio ambiente equilibrado e essencial à sadia qualidade de vida é um direito fundamental do povo. E para que o princípio fundamental da dignidade da pessoa humana seja respeitado em sua plenitude e confira harmonia e unidade ao sistema, assim como os objetivos fundamentais da República sejam alcançados, um dos aspectos mais importantes para que isso se realize, é a definição e instituição mais incisiva e direta dos instrumentos tributários voltados à realização desses fins.

Da mesma forma — e aqui tributação e meio ambiente se encontram — o sistema tributário nacional tem como fundamento a relação fisco-contribuinte que está pautada não só nos interesses do Estado, mas também na dignidade da pessoa humana, que é um dos principais fundamentos da República Federativa do Brasil.

O Estado, para cumprir esse dever, não só pode, como deve, usar as ferramentas e instrumentos que o Sistema Tributário Nacional estabeleceu na Constituição Federal de 1988.

Ganha especial dimensão esse fundamento na medida em que a tutela do meio ambiente está voltada à proteção dos interesses e direitos dos indivíduos.

Quem também trata desse tema, mas na seara penal ambiental, é Luís Paulo Sirvinskas. Segundo ele, a expressão meio ambiente ecologicamente equilibrado deve ser interpretada conciliando o binômio desenvolvimento (art. 3º, II, c.c. o art. 170, VI, da CF) *versus* meio ambiente (art. 225 da CF).[(85)]

---

(84) MORAES, Alexandre de. *Direito Constitucional.* 23. ed. 2. reimp. São Paulo: Atlas, 2008. p. 21-22.

(85) SIRVINSKAS, Luís Paulo. *Tutela penal do meio ambiente.* 3. ed. rev. atual. e ampl. São Paulo: Saraiva, 2004. p. 11.

Esse também é o entendimento de Edis Milaré, para quem desenvolvimento e meio ambiente devem se harmonizar e completar na medida em que um é fonte de recursos para o outro:

> Compatibilizar meio ambiente e desenvolvimento significa considerar os problemas ambientais dentro de um processo contínuo de planejamento, atendendo-se adequadamente às exigências de ambos e observando-se as suas inter-relações particulares a cada contexto sociocultural, político, econômico e ecológico, dentro de uma dimensão tempo/espaço. Em outras palavras, isto implica dizer que a política ambiental não deve erigir-se em obstáculo ao desenvolvimento, mas sim em um de seus instrumentos, ao propiciar a gestão racional dos recursos naturais, os quais constituem a sua base material.[86]

Nos capítulos seguintes deste trabalho abordaremos questões que nos permitirão, ao final, responder a indagação principal deste trabalho.

(86) MILARÉ, Édis. *Direito do ambiente:* doutrina, jurisprudência, glossário. 3. ed. rev. atual. e ampl. São Paulo: Revista dos Tribunais, 2004. p. 51.

Capítulo 4

Por que Tributos Ambientais?

O direito tributário ambiental, como é conhecido hoje, revela uma faceta moderna do direito tributário posto que, ao ser utilizado como instrumento de garantia do direito fundamental ao meio ambiente ecologicamente equilibrado para a atual e as futuras gerações, está operando com normas de conduta referidas ao futuro, contribuindo com a vida digna das gerações porvindouras.

A tributação ambiental, nesse sentido, mais do que reativa ou limitada às necessidades atuais, tem os olhos para o futuro ao cuidar de normas que visam à justiça intergeracional.

O subsistema jurídico do direito ambiental brasileiro estabeleceu, a partir do art. 225 da Constituição Federal, como pilares, as normas constitucionais e infraconstitucionais voltadas à conservação da natureza, segurança e fiscalização dos organismos geneticamente modificados e, também, acesso e proteção ao patrimônio genético, repartição, conservação e uso da biodiversidade.

Essa análise pontual nos levaria a afirmar que os grandes temas do direito ambiental brasileiro são: a natureza, organismos geneticamente modificados, patrimônio genético e biodiversidade, não fosse a ampliação quase inesgotável do conceito de bens ambientais, tomados em suas acepções de macro e microbem ambiental, as quais superam muito a classificação do meio ambiente em natural, artificial, cultural e laboral.

Falar sobre a natureza em um país com as riquezas naturais que possuímos e toda sua biodiversidade é um tema praticamente inesgotável. Ampliado o conceito de meio ambiente, a tarefa se transforma em uma grande jornada sem fim.

O patrimônio genético brasileiro também tem características muito amplas, da mesma forma que o estudo sobre organismos geneticamente modificados oferece um horizonte praticamente infinito de possibilidades, notadamente quando associado à produção de alimentos, soluções para aumentar a qualidade de vida das pessoas e proporcionar mais saúde à população.

Por fim, e não menos importante, temos a biodiversidade. Essa sim ameaçada pela intervenção do homem em razão dos interesses econômicos.

Quando estudamos a história da humanidade, observamos que em determinados momentos o mundo teve fases de crescimento e desenvolvimento exponenciais.

O ser humano passou a viver mais tempo com o aumento da expectativa de vida, passamos de sociedades medievais e brutas para uma sociedade mais civilizada, desenvolvida e humanizada.

A criação da moeda, a ampliação das descobertas, a colonização, novas rotas comerciais, a revolução industrial, vieram acompanhadas da tributação. Ora, como forma de sustentar os reinos e suas guerras por conquista de territórios, ora, e mais recentemente, como meio de reduzir as desigualdades sociais e distribuir a riqueza.

O constante crescimento da população mundial, a necessidade por comida e outros bens de consumo, bem como a utilização cada vez mais crescente de recursos naturais tem resultado numa mudança climática sem precedentes, que pode causar graves problemas para o meio ambiente e levar inúmeros recursos naturais não renováveis à exaustão e colapso caso o uso não seja regulado e feito de forma racional e sustentável.

Mas o mundo e os seres humanos estão em constante evolução, novas descobertas ocorrem diariamente e a busca de soluções para o aumento da longevidade do ser humano passa pelo desafio de sustentar uma população mundial em franca expansão.

A realidade brasileira aponta para um país onde cresce a população de idosos, cujas necessidades aumentam, sobretudo no que tange à assistência do Poder Público.

Utilizar a tributação tão somente com o objetivo de reduzir desigualdades e distribuir riquezas não atende plenamente às necessidades da população.

Garantir a dignidade da pessoa humana e atender aos objetivos da República Federativa do Brasil, entre tantas ações necessárias, são metas que devem encontrar nos tributos, um importante instrumento para dar plenitude a esses princípios e objetivos fundamentais da República.

Ocorre que o ser humano vive no meio ambiente e depende dele para sobreviver. Por isso, entendemos que tributação e meio ambiente devem caminhar juntos, focados em dar plenitude ao direito fundamental da dignidade da pessoa humana e aos objetivos de construir uma sociedade livre, justa e solidária; garantir o desenvolvimento nacional; erradicar a pobreza e a marginalização e reduzir as desigualdades sociais e regionais; promover o bem de todos, sem preconceitos de origem, raça, sexo, cor, idade e quaisquer outras formas de discriminação, hoje e amanhã.

A sustentabilidade é tema recorrente em inúmeros fóruns nacionais e internacionais anualmente. A disseminação da cultura de uso sustentável dos recursos naturais e preservação do meio ambiente é cada vez maior. Porém, o estudo dos mecanismos que podem levar à conjugação dos interesses econômicos com os ambientais e, por que não dizer, dos sociais também, passam pelos chamados tributos ambientais.

No Brasil o tema está ganhando relevância, na medida em que questões como escassez de alguns bens naturais, como a água, acidentes ambientais de grandes proporções, incêndios em florestas e desmatamento são cada vez mais difundidas na sociedade. Mas, independentemente dos fatores naturais, existem outros, de ordem econômica, que também devem nortear esses debates. Basicamente estamos nos referindo à utilização dos tributos ambientais como mecanismo que influencie as decisões econômicas dos consumidores e dos contribuintes, de modo que resulte em preservação do meio ambiente e dos bens ambientais em todas as suas dimensões.

Acrescente-se a tudo que foi exposto, a precisa lição de Luís Eduardo Schoueri, para o qual a tributação ambiental vai além daquilo que ele chama de internalização de externalidades.[87] Schoueri sugere que os tributos ambientais devem ter outros objetivos, tais como enfrentar problemas decorrentes de irreversibilidades, como a extinção de uma determinada espécie de fauna, flora, recursos minerais etc., todos resultantes de atividade humana; o caráter global, mundial e dinâmico do meio ambiente; os custos para se manter algo para gerações futuras e qual a efetividade de certas medidas protetoras, enfim, uma série de questões que extrapolam a simples dificuldade para valorar.

O pensamento de Schoueri está alinhado ao nosso, no sentido de que a instituição de tributos ambientais não visa precipuamente estabelecer condutas comerciais e produtivas menos onerosas ou mais sustentáveis sob o ponto de vista ambiental.

O objetivo maior dos tributos ambientais é sua utilização como instrumentos de concretização de uma política pública ambiental, capaz de proteger e preservar o meio ambiente, para a atual e as futuras gerações, contribuindo para que todo cidadão possa almejar uma vida digna e amplie suas possibilidades de inclusão social.

E, como já afirmamos anteriormente, essa reforma tributária promovida pela Emenda Constitucional n. 132/2023, reforçou ainda mais esse objetivo ao incluir a defesa do meio ambiente como um dos princípios gerais do Sistema Tributário Nacional.

O caminho que se deve percorrer até a concretização desses objetivos e fins é longo e passa por diversas medidas, tais como a instituição de tributos ambientais com função fiscal, o estímulo a atividades econômicas mais sustentáveis e menos poluentes, passa por políticas de educação e indutoras de consumo mais sustentável, ainda que seja à base de tributação discriminatória, entre outras.

Enfim essa riqueza toda de temas, instrumentos, objetivos, a elevada multidisciplinariedade e intercâmbio entre as normas constitucionais tributárias, ambientais, penais e econômicas é que levaram a escolher esse tema como objeto deste trabalho.

---

(87) Segundo Schoueri, "o tributo serve de mecanismo para internalizar os custos ambientais, gerando o que GAWEL denomina uma correção na alocação (Allokations korrektur), que ele apresenta como uma mudança comportamental no emprego de bens ambientais, sendo tal objetivo alcançado mediante uma retirada dirigida de recursos no setor privado". SCHOUERI, Luís Eduardo. *Direito tributário*. São Paulo: Saraiva, 2011. p. 346.

Capítulo 5

Fundamentos para a Instituição dos Tributos Ambientais

A doutrina trata os signos sistema e ordenamento, ora como sinônimos ora como objetos distintos.

Na mesma linha do pensamento de Tácio Lacerda Gama,(88) Paulo de Barros Carvalho,(89) Lourival Vilanova,(90) Tércio Sampaio Ferraz(91) e outros, entendemos que não há distinção entre sistema e ordenamento, mesmo porque ambos se organizam de forma sistêmica. Seus elementos formadores são estratos de linguagem, mais precisamente os enunciados prescritivos vertidos em linguagem competente.

Nesse sentido, sistema é um conjunto de comandos que se inter-relacionam dentro de uma mesma estrutura organizada de forma hierárquica e válida.

Hierarquia, nesse cenário, deve ser compreendida como a forma mais adequada para a solução de antinomias, conflitos entre normas, como validade, estabelece a relação de pertinência com o sistema.

Mas não podemos deixar de mencionar que conhecidos juristas entendem que há diferença entre sistema jurídico e ordenamento. Para esses juristas, em resumo, os enunciados prescritivos em seu conjunto ou totalidade é o ordenamento. Sistema, por sua vez, é o resultado do trabalho de interpretação e organização das unidades normativas em escalões hierárquicos, sem contradições, sem ambiguidades e pronto para ser compreendido.

Entre esses juristas, Tácio Lacerda Gama(92) cita Gregorio Robles. Paulo Ayres Barreto(93) cita o mesmo Robles, Carlos Alchourrón e Eugenio Bulygin.

---

(88) *Competência tributária*: fundamentos para uma teoria da nulidade, p. 128.

(89) CARVALHO, Paulo de Barros. *Curso de direito tributário*. 15 ed. rev. e atual. São Paulo: Saraiva, 2003. p. 10.

(90) *As estruturas lógicas e o sistema do direito positivo*, p. 173.

(91) FERRAZ, Tércio Sampaio. *Introdução ao Estudo do Direito*. 2. ed. São Paulo: Atlas, 1996. p. 175.

(92) *Ibidem*, p. 128.

(93) BARRETO, Paulo Ayres. "Ordenamento e sistemas jurídicos". In: CARVALHO, Paulo de Barros (Coord.) e CARVALHO, Aurora Tomazini (Org.). *Constructivismo lógico-semântico*. vol. 1, São Paulo: Noeses, 2014, p. 254-255.

Dentro do sistema do direito positivo, temos diversos subsistemas ou microssistemas, formados por um conjunto de normas jurídicas — entre as quais incluo os princípios — que se entrelaçam, guardam relações entre si e são aplicadas em conjunto.

Estamos aqui na seara da completude, integração e interação das normas dentro de um mesmo sistema, sempre respeitando normas de hierarquia e competência.

É assim que concebemos, ao menos teoricamente, o direito tributário ambiental como um subsistema do direito positivo no qual estão inseridas proposições de direito tributário e proposições de direito ambiental que devem se relacionar, articular de acordo com a hierarquia e validade das suas proposições prescritivas internas.

Guardadas as devidas proporções, é como se estivéssemos trabalhando no âmbito das classes e subclasses, conforme lição de Paulo de Barros Carvalho.

Não estamos criando um novo ramo do direito, longe disso, porque parte da doutrina pátria já o reconhece.

Mas neste trabalho vamos impor uma nova forma de olhar para esse subsistema, o que nos leva a estabelecer as premissas desta análise, os pontos a partir dos quais nossas conclusões serão balizadas e a dúvida já posta, no sentido de esclarecer se o subsistema do direito tributário ambiental é uma realidade ou apenas uma ficção, será enfrentada.

Essa análise nos levará a distinguir o que é efetivamente uma norma de direito tributário ambiental pertencente ao citado subsistema, de outra que, apenas casuisticamente, guarda alguma relação com as matérias tributária e ambiental, mas que ainda não se reveste de outros requisitos para integrar o que se chama de subsistema do direito tributário ambiental.

Lançaremos nosso olhar sobre o direito tributário ambiental adotando como premissa alguns conceitos, entre os quais podemos citar o conceito do signo convenção, conforme definida por Gregorio Robles, ou seja, como "acordo entre dois ou mais homens em virtude do qual, a partir de determinado momento, algo é ou deverá ser de determinada maneira"(94).

Ainda de acordo com o jurista basco, a convenção sempre tem dois aspectos, um dinâmico e outro estático. O dinâmico se refere ao processo fático de criação da convenção e o estático é a convenção acabada. A convenção é um ser e pode ser pensada independentemente do processo que a criou ou deu origem.

São ideias como essas, aliás, que levaram Robles a adotar a distinção entre sistema e ordenamento. E ainda que isso pareça uma contradição entre a posição que adotamos, não é, conforme explicaremos.

---

(94) MORCHÓN, Gregório Robles. *As regras do direito e as regras dos jogos* — Ensaio sobre a teoria analítica do direito. São Paulo: Noeses, 2011. p. 24-25.

Independentemente da distinção defendida entre ordenamento e sistema, ao analisar o signo convenção, em seu aspecto semântico, enxergamos o subsistema do direito tributário ambiental como uma convenção em tese acabada que não guarda mais relação de dependência com o processo que a criou.

Portanto, nosso foco deixa de ser a distinção ou não entre sistema e ordenamento e passa a ser a relação de dependência ou não entre a convenção e o processo que a originou.

E defendemos a independência entre eles como forma de justificar por que os critérios sociais e culturais influenciadores da criação não só podem como devem ser objeto de alterações, adequações ou releituras para se adaptarem ao tempo em que vivemos. Nesse contexto é que podemos afirmar que o Direito é um "órgão vivo", sempre em movimento, se adaptando e adequando à realidade social.

E aqui, quando tratamos do processo de criação, referimo-nos objetivamente ao exercício do poder constituinte originário pela Assembleia Nacional Constituinte, que promulgou a Constituição Federal de 1988 e onde encontramos, explícita ou implicitamente, todos os princípios conformadores do direito tributário ambiental.

Essa independência da Constituição Federal de 1988 em relação ao processo dinâmico da Assembleia Nacional Constituinte permite a construção de novas interpretações, especialmente sob a ótica do constructivismo lógico-semântico.

É como afirmar que a Constituição Federal de 1988 é um sistema aberto de normas, dinâmico, que comporta ampliações e reduções de acordo com os valores, experiências e linguagem do intérprete, que no intuito de interpretar fatos concretos atribuirá ao suporte físico ou enunciados prescritivos, significações, construindo assim a norma jurídica.

Nesse sentido afirmou Robson Maia Lins:

> Desta forma, como só conhecemos o direito através da linguagem, compreendendo-o, interpretando-o e construindo o conteúdo, sentido e alcance da comunicação legislada. É através do discurso ou a interpretação dos textos que construímos a norma jurídica, entendida como um 'juízo implicacional produzido pelo intérprete em função da experiência no trato com esses suportes comunicacionais'.[95]

Ainda a respeito da construção da norma jurídica, leciona Paulo de Barros Carvalho:

> Uma coisa são os enunciados prescritivos, isto é, usados na função pragmática de prescrever condutas; outras, as normas jurídicas, como significações

---

(95) LINS, Robson Maia. "Considerações sobre o conceito de norma jurídica e a pragmática da comunicação na decisão judicial na jurisprudência do Supremo Tribunal Federal". In: CARVALHO, Paulo de Barros (Coord.) e CARVALHO, Aurora Tomazini (Org.). *Constructivismo lógico-semântico*. Vol. 1, São Paulo: Noeses, 2014. p. 182.

construídas a partir dos textos positivados e estruturadas consoante a forma lógica dos juízos condicionais, compostos pela associação de duas ou mais proposições prescritivas.[96]

Aurora Tomazini de Carvalho[97] também reconhece essa dinâmica e constante construção de novas interpretações dentro do sistema vigente:

> O direito vive em constante movimentação, transformando-se a cada instante. Toda vez que surge uma nova lei, que o juiz produz uma sentença, que um ato administrativo é publicado, que o Presidente da República emite um decreto, que particulares realizam contratos, o sistema se renova.

Outra premissa que adotamos é não reconhecer automaticamente na mera destinação das receitas tributárias já arrecadadas, ainda que direcionadas para ações voltadas à preservação e defesa dos bens ambientais, uma norma jurídica integrante do subsistema do direito tributário ambiental.

Há quem sustente essa posição, especialmente para justificar que não é necessário criar mais tributos com o objetivo de cumprir o disposto no art. 225 da Constituição Federal, bastando dar essa destinação aos recursos arrecadados.[98]

A terceira premissa é que não só de prestações negativas é possível defender e preservar o meio ambiente ecologicamente equilibrado. Ações positivas também devem ser adotadas pelo Poder Público e pela coletividade, o que leva, em nossa concepção, à criação de tributos com função arrecadadora, função fiscal mesmo.

Nessa mesma linha de raciocínio, afirma Luís Eduardo Schoueri:

> Não é apenas no sentido negativo que se dá a intervenção por conta do Princípio da Defesa do Meio Ambiente. O § 1º do art. 225 do texto constitucional arrola uma série e missões conferidas ao Poder Público para assegurar a efetividade do direito de todos ao meio ambiente ecologicamente equilibrado, como a preservação e restauração de processos ecológicos essenciais, o provimento do manejo ecológico das espécies e ecossistemas, a preservação da diversidade e integridade do patrimônio genético do País etc.[99]

---

(96) *Direito tributário* — linguagem e método, p. 129.

(97) *Curso de teoria geral do direito*, p. 610.

(98) Fábio Nieves é um deles.

(99) Obra citada, p. 346.

5.1. A soberania nacional

Não é de difícil percepção que as riquezas ambientais do Brasil, especialmente aquelas que fazem parte de nossas florestas, devem ser preservadas e, tão importante quanto a sua preservação, é que devem ser tuteladas exclusivamente pelo Estado brasileiro, como forma de manter e exercer sua soberania nacional.

A dimensão da importância da soberania nacional é evidenciada todas as vezes que o tema na pauta é a floresta amazônica, por exemplo.

E esse tema ganhou importância maior ainda nas últimas décadas, à medida que aumentaram as preocupações com a preservação e biodiversidade do planeta, com o aquecimento global, emissão de gás carbônico e o futuro das próximas gerações.

Mas há quem entenda que, diante de questões ambientais, a globalização ganhou mais importância do que a soberania e até se sobrepõe a ela.

Isso é o que afirma Eduardo Felipe Matias, em artigo cujo título é "Crise ambiental amazônica mostra que globalização prevalece sobre soberania":

> A crise ambiental na Amazônia traz uma lição. Nos dias de hoje, a lógica da globalização prevalece sobre a lógica da soberania.
>
> Isso não significa o fim da autodeterminação dos povos — apesar da provocação do presidente francês, Emmanuel Macron, ao final da reunião de cúpula do G7, a soberania brasileira sobre seu território não está em questão. Quer dizer apenas que, em um mundo interdependente, esta é cada vez mais condicionada por forças externas.
>
> A limitação à liberdade de adotar determinadas políticas econômicas é algo que muitos países puderam sentir na pele em sucessivas crises financeiras internacionais nas últimas décadas. A novidade é que isso vale cada dia mais para a área ambiental. Economia e sustentabilidade estão interligadas, e esta última passou, nos últimos anos, a ser encarada como um imperativo.
>
> Essa constatação é amparada por uma ampla rede de proteção e promoção do meio ambiente composta não só de leis nacionais — a Constituição brasileira, inclusive — mas também de acordos internacionais e regras privadas de caráter transnacional.[100]

Ao longo das pesquisas para elaboração deste trabalho, mais precisamente a partir do início do segundo semestre do ano de 2019,[101] o mundo voltou seus olhos para a

(100) Artigo publicado no jornal *Folha de S. Paulo*, edição do dia 28 de agosto de 2019, p. A21.

(101) Este trabalho foi revisitado no primeiro semestre de 2024 e todos os temas e matérias citados em anos anteriores ainda permanecem muito atuais, por isso foram mantidos no texto.

floresta amazônica, em razão da divulgação de significativas queimadas, impulsionados por uma política ambiental do governo federal brasileiro que naquele momento iniciava um desmonte dos órgãos de fiscalização, uma retórica(102) do presidente da República que estimulava o desmatamento, reforçada pela ameaça do governo brasileiro de deixar o Acordo de Paris sobre o clima, além de outros fatos que resultaram na suspensão do financiamento de milhões de dólares que Alemanha e Noruega destinavam há vários anos para o chamado Fundo Amazônia,(103) e, também, por declarações do presidente da França, Emmanuel Macron, evocando o G7(104) a discutir o avanço das queimadas, naquilo que ele afirmou ser uma "crise internacional".

Tais fatos reacenderam na comunidade internacional, o debate sobre a preservação da floresta e suas riquezas, debate que passa necessariamente pela questão da soberania nacional.

No período mais crítico dessa crise, declarações de várias autoridades mundo afora, de políticos, celebridades,(105) artistas,(106) e esportistas,(107) mostraram, no mínimo, a necessidade de o Brasil ter ainda mais cautela e atenção em preservar e defender não só os bens naturais da floresta, mas todas as demais espécies de bens ambientais (culturais, artificiais e laborais), para a atual e as futuras gerações, fazendo respeitar também o princípio fundamental da soberania nacional, o qual entendemos que se sobrepõe à globalização.

O ministro da Casa Civil,(108) diante de manifestações de líderes europeus, afirmou que as críticas dos europeus visavam "estabelecer barreiras ao crescimento e ao comércio de bens e serviços do Brasil",(109) deslocando o debate da seara ambiental para a econômica.

(102) O presidente da República já havia questionado dados do INPE — Instituto Nacional de Pesquisas Espaciais — sobre o aumento do desmatamento na floresta e demitido o presidente do instituto.

(103) Este fundo foi criado em 1º de agosto de 2008, pelo Decreto n. 6.527, com o objetivo de captar doações para investimentos não reembolsáveis em ações de prevenção, monitoramento e combate ao desmatamento, e de promoção da conservação e do uso sustentável da Amazônia Legal. Esse fundo também tem como objetivo apoiar o desenvolvimento de sistemas de monitoramento e controle do desmatamento no restante do Brasil e em outros países tropicais. Fonte: www.fundoamazonia.gov.br.

(104) É o grupo dos sete países mais industrializados do mundo, composto por: Alemanha, Canadá, Estados Unidos, França, Itália, Japão e Reino Unido.

(105) Madonna, Leonardo Di Caprio, Gisele Bündchen, Annita etc.

(106) Fernanda Lima, Camila Pitanga, Ingrid Guimarães etc.

(107) Lewis Hamilton, Cristiano Ronaldo.

(108) Declaração do ministro da Casa Civil, Onyx Lorenzoni, no jornal *Folha de S. Paulo*, edição de 22 de agosto de 2019, capa.

(109) Segundo os jornalistas Ricardo Della Coleta, Gustavo Uribe, Talita Fernandes, Luciana Coelho e Arthur Cagliari, a frase do ministro Onyx Lorenzoni foi motivada pelas "... chamadas 'barreiras verdes', produtos de um país que desrespeita normas ambientais por vezes usadas para encobrir ações protecionistas". In: jornal *Folha de S. Paulo*, edição de 22 de agosto de 2019, p. B1.

Hélio Schwartsman, analisando toda aquela crise ambiental e comentando a respeito de uma campanha internacional para boicotar produtos brasileiros, destacava a importância da preservação da floresta para a presente e as futuras gerações, exatamente como determina nossa Constituição Federal:

> Como você, leitor, pessoa racional, que acredita em fatos, razoavelmente empática e preocupada com o planeta que deixaremos para nossos filhos e netos, deve se posicionar em relação à campanha internacional de boicote a produtos brasileiros para salvar a Amazônia? (...) a ideia básica de que é importante para o planeta que a Amazônia seja preservada está correta. O valor de fazê-lo não é apenas instrumental mas também moral. Devemos isso a nossos descendentes.(110)

Fato é que aquela crise internacional levou o governo brasileiro a adotar medidas em caráter emergencial, tais como assinar um Decreto de Garantia da Lei e da Ordem (GLO) em que autorizou o emprego das Forças Armadas na Amazônia para combater as queimadas. Também foi montada uma força-tarefa com cinco ministérios — Defesa, Relações Exteriores, Meio Ambiente, Secretaria-Geral da Presidência da República e Casa Civil.

Se, por um lado, o Decreto de Garantia da Lei e da Ordem reiterava a posição de que os militares são os guardiões da soberania nacional e colocava mais uma vez em evidência a ideologia do exército no sentido de que a defesa da Amazônia é um ponto central na doutrina militar, que ainda sustenta o lema do "integrar para não entregar", por outro lado, evidenciou a fragilidade das Forças Armadas, que no momento da crise, passava por dificuldades orçamentárias, faltando recursos até mesmo para alimentar seus recrutas.(111)

E aqui fica evidente a falta de recursos orçamentários para serem utilizados na defesa e preservação do meio ambiente e à disposição do agente público em situações como essas, umas decorrentes de eventos naturais e outras de eventos criminosos.

Situações como a presente corroboram nossa afirmação de que tributos ambientais têm que ter natureza fiscal e, também, vinculada em alguns casos.

Por outro lado, essas mesmas situações de crise ambiental demonstram que tributos extrafiscais são inócuos nesses casos.

---

(110) Colunista do jornal *Folha de S. Paulo*. Artigo: Devemos apoiar o #Boycott Brazil, edição do dia 24 de agosto de 2019, p. A2.

(111) Dados retirados do artigo "Protagonismo dos militares na operação é recado sobre soberania", de Igor Gielow, publicado no jornal *Folha de S. Paulo*, edição do dia 24 de agosto de 2019, p. A20.

Não é com recursos escassos que teremos uma política eficiente de preservação e defesa do meio ambiente ecologicamente equilibrado, essencial para a qualidade de vida da atual e das futuras gerações, mas ainda mais importante para reforçar o caráter absoluto do princípio fundamental da soberania.

Os instrumentos tributários com vocação ambiental são ferramentas adequadas para evitar situações como a narrada.

Manifestação do presidente da Câmara Federal,(112) no sentido de que iria sugerir o uso de verba do fundo da Petrobrás contra as queimadas, deixa evidente que o governo federal não tem recursos próprios à sua disposição para preservar e defender o meio ambiente em situações de urgência, calamidade pública ou relevante interesse público. O que corrobora nosso pensamento de que a tributação ambiental não pode apenas ser eventual, esporádica e com caráter extrafiscal, como é atualmente em sua essência.

E a sugestão foi acatada através da celebração de um acordo entre o governo federal e a Procuradoria-Geral da República. Segundo esse acordo, R$1,06 bilhão foi destinado para prevenção, fiscalização e combate do desmatamento, de incêndios e de ilícitos ambientais. Desse valor total, R$ 630 milhões serão executados pela União Federal e R$ 430 milhões pelos Estados da região amazônica.(113)

Todo esse debate sobre a floresta Amazônica também gerou informações distorcidas e falsas.

Contudo, sob o ponto de vista da preservação do meio ambiente natural brasileiro, é fundamental afirmar que a preservação da floresta Amazônica é muito importante para regular não só o clima local, mas o global também,(114) além de a Amazônia possuir a maior reserva de biodiversidade do planeta.(115)

---

(112) Afirmou o deputado Rodrigo Maia, naquela ocasião: "Minha proposta para o combate às queimadas é efetiva. Peticionarmos juntos no Supremo, pedindo os R$ 2,5 bilhões do fundo da Petrobras para a educação e também para a Amazônia. Recursos que estão parados e entrariam hoje no caixa do governo, ir para os estados da região". In: jornal *Folha de S. Paulo*, edição do dia 24 de agosto de 2019, p. A 25.

(113) "Segundo o texto do acordo divulgado pelo STF, a Amazônia receberá R$ 1.06 bilhão para prevenção, fiscalização e combate do desmatamento, de incêndios e de ilícitos ambientais. Desse valor, R$ 630 milhões serão executados pela União, por meio de ações como as operações de GLO (Garantia da Lei e da Ordem), reforço ao Ministério do Meio Ambiente e ao Ibama e regularização fundiária e assistência técnica, por meio do Ministério da Agricultura. Outros R$ 430 milhões deverão ser executados de maneira descentralizada pelos Estados da região amazônica". Fonte: jornal *Folha de S. Paulo*, edição do dia 6 de setembro de 2019, matéria "Fundo de R$ 2,6 bi da lava jato irá para Amazônia e educação", p. B5.

(114) "Com árvores de folhas perenes, as florestas tropicais funcionam como estoques de carbono (que compõem caules, folhas e raízes das árvores). As queimadas lançam o carbono na atmosfera, ampliando o efeito estufa que causa o fenômeno do aquecimento global. Outro processo que acontece na Amazônia é a evapotranspiração, feita pelas folhas das árvores para liberar o excesso de água captado pelas raízes. De microgotículas em microgotículas, cada uma das árvores da Amazônia lança na atmosfera de trezentos a mil litros de água por dia. O resultado é a geração de chuvas para o Centro-Oeste, Sudeste e Sul brasileiros, em um fenômeno que ficou conhecido 'rios voadores', que influenciam também as correntes dos oceanos". Fonte: jornal *Folha de S. Paulo*, edição de 24 de agosto de 2019, p. A25.

(115) "A Amazônia é o ecossistema com maior diversidade de espécies em um mesmo território. Segundo dados da Conservação Internacional, o bioma abriga 10% de todas as espécies conhecidas no mundo. Entre

A falta de recursos para dar plenitude ao direito fundamental assegurado no art. 225 da Constituição Federal fica ainda mais evidente em momentos de crise, onde esse fato se transforma em uma tentativa de justificar a ausência de ações concretas.

A questão ambiental é muito mais complexa do que isso que acabamos de tratar porque há interesses nacionais e globais a serem tutelados. Há, inclusive, disposição de países ricos em aportar recursos para a preservação e defesa da floresta Amazônica.

O Brasil já criou, também, um fundo chamado Fundo Amazônia,[(116)] para arrecadar recursos atrelados à eficácia na preservação da floresta.

Matéria de Phillipe Watanabe e Rafael Garcia, publicada no jornal *Folha de S. Paulo*,[(117)] intitulada "Após fundo Amazônia, país pode perder bilhões sem ação ambiental", apresenta um panorama muito claro da ausência de políticas ambientais e instrumentos eficientes para a defesa e preservação do meio ambiente.[(118)]

---

as espécies de fauna, 20% estão na Amazônia, segundo estudo da WWF. A região também é rica em espécies endêmicas (únicas na região), como o boto-cor-de-rosa". Fonte: jornal *Folha de S. Paulo*, edição de 24 de agosto de 2019, p. A25.

(116) O fundo Amazônia foi negociado pelo Brasil nas conferências de clima da ONU e funciona como um prêmio, em vez de investimento. Os países que apoiam o fundo depositam valores após a comprovação de queda nas taxas de desmatamento.

(117) Edição do dia 25 de agosto de 2019, p. A22.

(118) A Amazônia tem potencial bilionário e, por isso, os riscos de perda financeira relacionadas à floresta também são bilionários. A prova disso é o Fundo Amazônia, atualmente paralisado após ações e acusações por parte do presidente Jair Bolsonaro (PSL) e do ministro do Meio Ambiente Ricardo Salles. Até o momento, cerca de US$ 1,3 bilhão em doações, foram recebidas pelo fundo, com pouco menos da metade do valor já desembolsado. (...) Como a Folha mostrou recentemente, por exemplo, R$ 359 milhões foram usados pelos estados amazônicos para implementar o Código Florestal. A monetização ou capitalização da floresta em pé — proposta de Salles para evitar desmatamentos — também já ocorre com a ajuda de dinheiro do fundo. O Acre teve aprovado em 2010 um projeto de R$ 57 milhões para incentivar financeiramente práticas sustentáveis, como manejo florestal de produtos relacionados à madeira e reflorestamento de áreas degradadas.

Ideia semelhante é aplicada no Bolsa Floresta, projeto que recebeu, ao todo, cerca de R$ 50 milhões direcionados a pequenos empreendimentos sustentáveis na floresta, visando ajudar o aumento de escala das iniciativas, com equipamentos, obras, planos de negócio, desenvolvimento de produtos, certificações e assistência técnica. (...)

Estão em jogo futuras negociações no GCF Fundo Verde do Clima, mecanismo regido pelo Acordo de Paris (2015) que permite a países e, desenvolvimento captar dinheiro de países ricos para mitigar emissão de gases-estufa.

O Brasil fechou a primeira negociação nesse âmbito, que prevê fluxo de US$ 96 milhões para o país, referentes à redução do desmatamento verificada entre 2014 e 2015. (...)

Se o desmatamento sair de controle, outra fonte financeira relevante que pode secar é a malha filantrópica internacional, afirma Ana Toni, diretora-executiva do Instituto Clima e Sociedade, que atua captando recursos para projetos socioambientais no Brasil.

"No auge do período em que os índices de desmatamento estavam caindo, o país captava muitos recursos internacionais, da ordem de R$ 100 milhões por ano, mas agora entra muito menos', afirma. (...)

A perda de investimento pode ser apenas uma fração daquilo que uma política ambiental ineficaz representaria para o comércio do país. (...)

No Congresso Nacional, a deputada federal Joenia Wapichana, primeira mulher indígena eleita para o Congresso, durante seu mandato no período de 2019 a 2023, destacou a importância da preservação e defesa do meio ambiente ao fazer uma reflexão sobre os problemas que afetam a Amazônia nos últimos 50 anos da história do Brasil.(119)

A partir dessa análise, a deputada conclamou toda a sociedade a se sentir responsável pela proteção da Amazônia. Mas isso não basta. É necessário participar efetivamente dessa proteção e a forma mais democrática e universal é usando a tributação como ferramenta, já que permite acessar toda a sociedade de uma forma ampla.

Por outro lado, é interessante observar que até a reforma tributária promovida pela Emenda Constitucional n. 132/2023, nossos governos não incluíam a tributação como uma ferramenta ou mecanismo apto para preservar e defender o meio ambiente.

Mas não é apenas a União federal que não considerava utilizar os tributos como ferramenta de defesa e preservação ambiental. Municípios da região amazônica, onde se encontra a maior biodiversidade do planeta, quando falam em adotar medidas de proteção ao meio ambiente, não citam nenhuma medida de natureza tributária. Isso fica claro quando observamos que em encontro ocorrido no dia 6 de setembro de 2019, prefeitos das capitais amazônicas como Belém, Boa Vista, Rio Branco, Porto Velho, Macapá e Manaus, além de municípios do interior do Amazonas, definiram uma agenda ambiental comum onde o foco era a busca por investimentos em modelos econômicos sustentáveis.

Segundo artigo de Ana Carolina Amaral, os citados municípios fizeram um pacto com os seguintes objetivos:

> (...) propõe a criação de modelos econômicos que criem tecnologias e produtos a partir da biodiversidade da floresta e também cria o fórum permanente

---

'Um segundo potencial recurso que não está sendo contabilizado é o da nova economia do mercado de carbono — a economia da floresta em pé — na qual o Brasil nunca apostou', afirma Ana Toni.

(119) "A Constituição consagrou a floresta amazônica como patrimônio, e sua utilização deverá assegurar a preservação do ambiente e dos recursos naturais. A evidência de que este patrimônio não está sendo protegido como deveria é a perda de 20% de sua área total [nos últimos 50 anos]. Como deputada federal, indígena e da Amazônia, minha preocupação é extrema ao ver o patrimônio dos povos indígenas e do povo brasileiro virar cinzas sob a condução de um governo que empurra as responsabilidades do incêndio para as ONGs. Os esforços conjuntos de governos anteriores, sociedade civil e povos indígenas e tradicionais, com aporte considerável da cooperação internacional para combater o desmatamento, fortalecer os órgãos de fiscalização, capacitar recursos humanos, dotar de ciência e tecnologia o país, prevenir incêndios de grande proporção são consumidos agora junto com a floresta. Os povos indígenas são os maiores defensores da floresta e da biodiversidade. Basta ver os mapas: as áreas mais protegidas são terras indígenas onde, ao mesmo tempo em que protegem e resistem, preservam e as utilizam de forma sustentável. A Constituição Federal é clara: 'Todos têm direito ao meio ambiente ecologicamente equilibrado, bem de uso comum do povo e essencial à sadia qualidade de vida, impondo-se ao poder público e à coletividade o dever de defendê-lo e preservá-lo para as presentes e futuras gerações'. Toda a sociedade deve sentir-se responsável pela proteção da Amazônia. Ela é fundamental para a vida não só dos povos da floresta, mas também para a vida no planeta". Fonte: jornal *Folha de S. Paulo*, matéria "Queimadas consomem o esforço conjunto de governo, sociedade e povos indígenas", edição do dia 27 de agosto de 2019, p. A-14.

dos municípios amazônicos, a partir do qual se espera chegar a uma agenda ambiental comum à região (...) O documento define a união na busca de investimentos para implementar a agenda, que inclui a universalização do saneamento básico e a gestão de resíduos sólidos".[(120)]

Em que pese o comentário acima tratar de municípios, nossa crítica vale para qualquer pessoa política. Ora, por que buscar investimentos e investidores para implementar saneamento básico e gestão de resíduos sólidos, se tais pessoas políticas poderiam usar suas autonomias e competências tributárias para criar tributos que atendam direta ou indiretamente essas necessidades, quem sabe reduzindo a tributação em outras áreas? Por que abrir mão do exercício da competência tributária, da sua autonomia e buscar uma espécie de favor em entidades privadas e públicas? Não compreendemos essa lógica que leva as autoridades a desconsiderarem o exercício de suas competências tributárias e autonomias administrativas para enfrentarem os problemas ambientais.

Vale citar que a preocupação ambiental se estende para outros setores da atividade econômica. Bancos já usam critérios socioambientais para definição de política de crédito. O risco ambiental é considerado no mercado de ações. Operações de fusões e aquisições envolvendo empresas estrangeiras exigem avaliações de risco ambiental.[(121)]

---

(120) Fonte: jornal *Folha de S. Paulo*, matéria "Prefeituras amazônicas fazem pacto contra desmate". Edição do dia 7 de setembro de 2019, p. B7.

(121) Marcelo Battisti, em artigo intitulado "Estratégia de conflito ambiental traz risco a acordo Mercosul-EU", publicado no jornal *Folha de S. Paulo*, edição do dia 26 de agosto de 2019, p. A16, escreve sobre a preocupação ambiental de outros setores da atividade econômica: "No último meio século, os chamados países capitalistas promulgaram as primeiras leis de proteção ao meio ambiente, numa evolução que também mudou o conceito de desenvolvimento. Hoje crescimento é cada vez mais associado à sustentabilidade, que agregam junto à expansão econômica, o aprimoramento humano e social, e a preservação do meio ambiente.

Isso não tem nada a ver com comunismo ou esquerdismo. Pelo contrário, parafraseando dois renomados professores de Economia da Universidade de Chicago, Raghuram R. Rajan e Luigi Zingales, é preciso 'salvar o capitalismo dos capitalistas'. O capitalismo gera crescimento e eficiência, mas isso requer que os capitalistas sejam submetidos à concorrência dos mercados. E o que a concorrência com mercados externos nos diz sobre o tema ambiental? Para atender as preocupações ambientais de consumidores e investidores, novos projetos e negócios são levados a evitar ou reduzir seus impactos ambientais. Longe de ser um obstáculo, o meio ambiente representa oportunidades muito maiores do que a simples exploração destrutiva de recursos naturais. A abertura de novos mercados é o maior atrativo, principalmente dos países mais desenvolvidos, cujos consumidores possuem o maior poder aquisitivo. Ao mesmo tempo, são mais exigentes no tocante à preservação ambiental. O 'outro lado da moeda' é a questão fundamental da gestão de risco ambiental, sem a qual o acesso aos mercados pode ser perdido. A teoria conspiratória que vê pressão internacional como uma tentativa de 'recolonizar' a Amazônia falha, entre outros motivos, ao não perceber que a pressão dos estrangeiros é para que os produtores e mineradores brasileiros atendam a suas demandas ambientais para poderem acessar seus mercados. Um eventual fracasso do acordo comercial com a União Europeia é um risco a ser considerado se nosso governo adotar uma estratégia de conflito com países europeus no campo ambiental. Isso vale inclusive para o mercado financeiro, onde cada vez mais o risco ambiental é considerado na escolha dos investimentos, onde fusões e aquisições que envolvam estrangeiros passam a requerer avaliações de risco ESG (meio ambiente, sociais e de governança). O risco ambiental é considerado mesmo no mercado de ações, seja por exigências de investidores socialmente responsáveis ou por receios de desastres ambientais

Embora os fatos até aqui apontados sejam todos contemporâneos ao presente trabalho, a verdade é que a falta de ação do Estado brasileiro no sentido de promover medidas suficientes para a preservação e defesa do meio ambiente é antiga e muito evidente.

Em crítica aberta à ausência de políticas ambientais efetivas e eficientes, Natalie Unterstell, Paulo Gontijo e Gabriel Santos escreveram que "O verdadeiro desafio é assegurar que, em matéria ambiental, o Poder Público aja com responsabilidade e transparência. O Brasil, país mega diverso e rico em natureza, só se tornará a potência ambiental que é se tiver política pública adequada para isso".(122)

Trouxemos à baila essa diversidade de fatos e opiniões para destacar basicamente que o tema meio ambiente extrapola há muito tempo as fronteiras nacionais e o Brasil é um dos principais personagens nesse enredo, pois no território brasileiro reunimos seguramente uma das maiores riquezas ambientais de todo o planeta, o que atrai a atenção e os interesses econômicos e sociais da comunidade internacional.

Esse interesse internacional, somado à ausência de uma política de Estado tributária e ambiental forte, eficiente e perene, fragiliza a posição do país no cenário internacional e pode arranhar o princípio fundamental da soberania nacional.

Esse princípio está expressamente previsto no art. 1º, inciso I, da Constituição, nos seguintes termos:

> Art. 1º A República Federativa do Brasil, formada pela união indissolúvel dos Estados e Municípios e do Distrito Federal, constitui-se em Estado Democrático de Direito e tem como fundamentos:
>
> I – a soberania;

E qual o significado desse princípio?

---

que gerem perdas bilionárias, como as causadas pelas tragédias no Golfo do México e em Brumadinho. É condição necessária para o bom entendimento de empresas nacionais com consumidores e investidores estrangeiros que os 'padrões de desempenho socioambiental' sejam compreendidos de forma transparente e consensual. Esses padrões são um instrumento fundamental para o sucesso de transações globais envolvendo diferentes países com normas e leis particulares. Eles existem nos mercados de *commodities*, de mineração e, inclusive, no mercado financeiro. Os maiores bancos do mundo estão na Associação dos Princípios do Equador, que estabeleceu princípios sociais e ambientais, uma espécie de 'padrão de ouro', para que bancos aceitem financiar projetos de infraestrutura em mercados emergentes. Esses princípios estão alinhados com normas do IFC, a Corporação Financeira Internacional, braço do Banco Mundial para o setor empresarial. Não conseguiremos ir longe no projeto de ampliar nossa inserção na economia global se não conseguirmos atrair consumidores e investidores estrangeiros para nossos produtos, serviços e mercados — e a condição básica para isso pressupõe adotarmos padrões de desempenho ambiental aceitos internacionalmente, e incorporarmos esses padrões na gestão de riscos de nossos negócios e planos de desenvolvimento".

(122) Artigo publicado no jornal *Folha de S. Paulo*, edição do dia 30 de agosto de 2019, intitulado "Por resposta à altura da nossa potência ambiental", p. B7.

Conforme a doutrina tradicional, soberania possui dois elementos fundamentais: independência na ordem internacional e supremacia na ordem interna.

Miguel Reale afirma que "Soberania é o poder que tem uma Nação de organizar-se livremente e de fazer valer dentro de seu território a universalidade de suas decisões para realização do bem comum".[(123)] Reale entende que a soberania é uma qualidade essencial do Estado.

Hoje esses elementos não possuem um caráter absoluto e rígido. Atualmente há de se conceituar soberania como um poder que pode sofrer restrições, limitações ou até mesmo contrastes.

Nesse mesmo sentido, André Ramos Tavares também destaca a redução da importância da soberania, que já não é um poder absoluto, ilimitado e essencial à definição de Estado[(124)].

Portanto, a flexibilização do conceito de soberania, nos casos que citamos neste tópico para contextualizar o problema da falta de recursos e investimentos da defesa e proteção do meio ambiente, é mais um argumento que pode ser utilizado pela comunidade internacional para tentar pressionar e interferir nas políticas ambientais brasileiras, obviamente porque há muitos interesses econômicos envolvidos com a questão do meio ambiente.

Mas para efeito da tributação ambiental, nosso interesse é na soberania em sua expressão de supremacia na ordem interna, a qual está diretamente relacionada com as competências legislativas tributárias.

O exercício da competência tributária das pessoas políticas é indelegável, impedindo que uma pessoa política legisle, criando ou aumentando tributo, sem competência para tanto.

Da mesma forma que nenhuma norma interna pode alterar essas competências, nenhuma norma externa poderia fazê-lo também, nem mesmo aquelas cuja origem fosse um tratado internacional sobre direitos humanos, conforme disposto no art. 5º, § 3º, da Constituição Federal, o qual dispõe que os tratados e convenções internacionais sobre direitos humanos que forem aprovados, em cada Casa do Congresso Nacional, em dois turnos, por três quintos dos votos dos respectivos membros, serão equivalentes às emendas constitucionais.

Diante de todo o exposto, a utilização de instrumentos tributários voltados para a arrecadação de recursos necessários para o desenvolvimento e fomento de políticas de Estado voltadas para a defesa e preservação dos bens ambientais, encontra fundamento

(123) REALE, Miguel. *Teoria do direito e do Estado*. 5. ed. rev. 2. tir. São Paulo: Saraiva, 2003. p. 140.

(124) TAVARES, André Ramos. *Curso de direito constitucional*. 2. ed. rev. e ampl. São Paulo: Saraiva, 2003. p. 767.

de validade no princípio fundamental da soberania, em sua expressão de supremacia na ordem interna ao assegurar o exercício pleno da competência tributária sobre matéria ambiental.

5.2. A dignidade da pessoa humana

A Carta Magna promulgada em 5 de outubro de 1988 foi chamada por Ulysses Guimarães, então presidente da Assembleia Nacional Constituinte, como a Constituição cidadã, tendo em vista os inúmeros direitos sociais que estavam assegurados no texto, em oposição ao período histórico imediatamente anterior, em que muitos direitos individuais foram suprimidos.

Essa característica da Constituição Federal de 1988 foi consagrada no discurso de Ulysses Guimarães,(125) proferido na sessão de 5 de outubro de 1988,(126) no ato de promulgação da própria Carta.

Por esse motivo, a Constituição Federal de 1988 deu grande ênfase e relevância para os direitos e garantias individuais e coletivos, chamados de direitos e garantias fundamentais, expressamente elencados principalmente nos arts. 5º a 17 da Constituição Federal de 1988.

Mas também temos que citar expressamente os arts. 1º ao 4º da Constituição, pois trazem em seu bojo os princípios fundamentais que norteiam toda a criação e interpretação das normas jurídicas.

Portanto, não se concebe um direito tributário, um direito ambiental, um direito tributário ambiental, nem mesmo um sistema de proteção e conservação do meio ambiente ecologicamente equilibrado que permita o desenvolvimento das atividades econômicas, sem o rigoroso respeito, balizamento e limitações constitucionais estabelecidos pelos princípios fundamentais da República e pelos direitos e garantias individuais e coletivos.

---

(125) Eis trechos do discurso do então deputado Ulysses Guimarães na Promulgação da Constituição: "(...) A Constituição é caracteristicamente o estatuto do homem. É sua marca de fábrica. O inimigo mortal do homem é a miséria. O estado de direito, consectário da igualdade, não pode conviver com estado de miséria. Mais miserável do que os miseráveis é a sociedade que não acaba com a miséria. Tipograficamente é hierarquizada a precedência e a preeminência do homem, colocando-o no umbral da Constituição e catalogando-lhe o número não superado, só no art. 5º, de 77 incisos e 104 dispositivos. Não lhe bastou, porém, defendê-lo contra os abusos originários do Estado e de outras procedências. Introduziu o homem no Estado, fazendo-o credor de direitos e serviços, cobráveis inclusive com o mandado de injunção. Tem substância popular e cristã o título que a consagra: "a Constituição cidadã". E continuou: "(...) A exposição panorâmica da lei fundamental que hoje passa a reger a Nação permite conceituá-la, sinoticamente, como a Constituição coragem, a Constituição cidadã, a Constituição federativa, a Constituição representativa e participativa, a Constituição do Governo síntese Executivo-Legislativo, a Constituição fiscalizadora (...)". Disponível em: https://www2.camara.leg.br/atividade-legislativa/plenario/discursos/escrevendohistoria/25-anos-da-constituicao-de-1988/constituinte-1987-1988/pdf/Ulysses%20Guimaraes%20-%20DISCURSO%20%20REVISADO.pdf.

(126) Discurso publicado no DANC de 5 de outubro de 1988, p. 14.380-14.382.

Numa rápida menção histórica, a atual Constituição Federal inaugurou uma nova era em nosso país, a era do regime democrático, da alternância do Poder, do fim da ditadura representada por uma eleição direta para presidente da República 29 anos depois da última eleição direta.

E o art. 1º da Constituição Federal de 1988 estabeleceu os primeiros princípios fundamentais da República:

> Art. 1º A República Federativa do Brasil, formada pela união indissolúvel dos Estados e Municípios e do Distrito Federal, constitui-se em Estado Democrático de Direito e tem como fundamentos:
>
> I – a soberania;
>
> II – a cidadania;
>
> III – a dignidade da pessoa humana;
>
> IV – os valores sociais do trabalho e da livre-iniciativa;
>
> V – o pluralismo político.
>
> Parágrafo único. Todo o poder emana do povo, que o exerce por meio de representantes eleitos ou diretamente, nos termos desta Constituição.

Dentre esses princípios fundamentais elencados no art. 1º, assim como Celso Antonio Pacheco Fiorillo e Renata Marques Ferreira,[(127)] entendemos que a dignidade da pessoa humana, expressamente elencada no inciso III, é o grande fundamento de todas as normas que visam assegurar os direitos e garantias fundamentais individuais e coletivos, entre eles o direito ao meio ambiente ecologicamente equilibrado, o que nos permite concluir e afirmar que também é o principal fundamento do direito tributário ambiental, porque não podemos ignorar o fato de que as partes da relação jurídica tributária estão sujeitas ao princípio da dignidade da pessoa humana.

E quando analisamos a questão sob o ponto de vista da arrecadação e destinação dos valores que ingressam e ingressarão nos cofres públicos, nos parece ainda mais evidente que a destinação dos recursos arrecadados deve ocorrer sempre em favor da pessoa humana, ainda que indiretamente.

Mas qual o conceito do princípio da dignidade da pessoa humana?

Esse conceito está atrelado a outro, que é o do "mínimo existencial".

---

(127) Destarte, a existência de um direito ao meio ambiente ecologicamente equilibrado pressupõe, inicialmente, a obediência a alguns fundamentos específicos, a saber: 1) O direito ambiental brasileiro está vinculado à dignidade da pessoa humana (art. 1º, III), ou seja, a pessoa humana é a verdadeira razão de ser do direito ambiental brasileiro. (...) O direito ambiental brasileiro, por via de consequência, é construído a partir da dignidade da pessoa humana. Obra citada, p. 21.

O Supremo Tribunal Federal já se manifestou inúmeras vezes a respeito do princípio da dignidade da pessoa humana e o mínimo existencial. Vejamos uma dessas manifestações:

> A cláusula da reserva do possível – que não pode ser invocada, pelo poder público, com o propósito de fraudar, de frustrar e de inviabilizar a implementação de políticas públicas definidas na própria Constituição – encontra insuperável limitação na garantia constitucional do mínimo existencial, que representa, no contexto de nosso ordenamento positivo, emanação direta do postulado da essencial dignidade da pessoa humana. (...) A noção de "mínimo existencial", que resulta, por implicitude, de determinados preceitos constitucionais (CF, art. 1º, III, e art. 3º, III), compreende um complexo de prerrogativas cuja concretização revela-se capaz de garantir condições adequadas de existência digna, em ordem a assegurar, à pessoa, acesso efetivo ao direito geral de liberdade e, também, a prestações positivas originárias do Estado, viabilizadoras da plena fruição de direitos sociais básicos, tais como o direito à educação, o direito à proteção integral da criança e do adolescente, o direito à saúde, o direito à assistência social, o direito à moradia, o direito à alimentação e o direito à segurança. Declaração Universal dos Direitos da Pessoa Humana, de 1948 (art. XXV).(128)

Desse acórdão se pode inferir que o direito ao meio ambiente ecologicamente equilibrado também é um desses direitos sociais básicos, viabilizados por essas mesmas prestações positivas originárias do Estado.

E isso porque, da leitura do *caput* do art. 225(129) da Constituição Federal, infere-se que o legislador constituinte assegurou para todos os brasileiros e estrangeiros o direito ao meio ambiente ecologicamente equilibrado.

Mas não se limitou apenas a assegurar o direito. O constituinte também estabeleceu de forma absolutamente clara que o meio ambiente é um bem de uso comum do povo, essencial à qualidade de vida de todas as pessoas que vivem neste país e que deve ser defendido e preservado para as presentes e futuras gerações.

Se o direito ao meio ambiente tem como principal destinatário o ser humano, é natural que seu fundamento mais importante seja a dignidade da pessoa humana, como acabamos de afirmar.

Em outro julgado do STF, desta vez na ADI 2.649,(130) a relatora ministra Cármen Lúcia, ao analisar a Lei n. 8.899/1994, afirmou que a dignidade da pessoa humana é um princípio fundamental que objetiva a igualdade de oportunidades e a harmonização das

(128) ARE 639.337 AgR, rel. Min. Celso de Mello, j. 23.8.2011, 2ª T., *DJE* de 15.9.2011.

(129) "Art. 225. Todos têm direito ao meio ambiente ecologicamente equilibrado, bem de uso comum do povo e essencial à sadia qualidade de vida, impondo-se ao Poder Público e à coletividade o dever de defendê-lo e preservá-lo para as presentes e futuras gerações."

(130) ADI 2.649, relª. Minª. Cármen Lúcia, j. 8.5.2008, P, *DJE* de 17.10.2008.

relações sociais, corroborando nosso entendimento acima esposado. Vejamos um trecho desse acórdão:

> A Lei n. 8.899/1994 é parte das políticas públicas para inserir os portadores de necessidades especiais na sociedade e objetiva a igualdade de oportunidades e a humanização das relações sociais, em cumprimento aos fundamentos da República de cidadania e dignidade da pessoa humana, o que se concretiza pela definição de meios para que eles sejam alcançados.

O ministro Eros Roberto Grau, em outro julgamento no STF, deu a exata dimensão da importância da preservação e da tutela da dignidade da pessoa humana, ao afirmar que "as coisas têm preço, as pessoas têm dignidade. A dignidade não tem preço, vale para todos quantos participam do humano".(131)

O que ainda há de ser mais bem explicitado pelas pessoas políticas, é como e quais instrumentos tributários são ou serão utilizados para gerar recursos suficientes para atender, também, ao mínimo existencial relacionado ao meio ambiente saudável e, num segundo momento, ampliar as igualdades de oportunidades e buscar a plenitude da humanização das relações sociais.

Esperamos que a partir da reforma tributária sobre o consumo iniciada com a aprovação da Emenda Constitucional n. 132/2023, esse cenário mude, notadamente porque a defesa do meio ambiente foi alçada a princípio norteador do Sistema Tributário Nacional, por força da redação dada ao § 3º, do art. 145 da Constituição Federal de 1988.

5.3. Objetivos fundamentais da República Federativa do Brasil

Em que pese a proeminência do princípio fundamental da dignidade da pessoa humana também para o direito tributário ambiental, entendemos que dentro de um

---

(131) (...) a dignidade da pessoa humana precede a Constituição de 1988 e esta não poderia ter sido contrariada, em seu art. 1º, III, anteriormente a sua vigência. A arguente desqualifica fatos históricos que antecederam a aprovação, pelo Congresso Nacional, da Lei n. 6.683/1979. (...) A inicial ignora o momento talvez mais importante da luta pela redemocratização do País, o da batalha da anistia, autêntica batalha. Toda a gente que conhece nossa história sabe que esse acordo político existiu, resultando no texto da Lei n. 6.683/1979. (...) Tem razão a arguente ao afirmar que a dignidade não tem preço. As coisas têm preço, as pessoas têm dignidade. A dignidade não tem preço, vale para todos quantos participam do humano. Estamos, todavia, em perigo quando alguém se arroga o direito de tomar o que pertence à dignidade da pessoa humana como um seu valor (valor de quem se arrogue a tanto). É que, então, o valor do humano assume forma na substância e medida de quem o afirme e o pretende impor na qualidade e quantidade em que o mensure. Então o valor da dignidade da pessoa humana já não será mais valor do humano, de todos quantos pertencem à humanidade, porém de quem o proclame conforme o seu critério particular. Estamos então em perigo, submissos à tirania dos valores. (...) Sem de qualquer modo negar o que diz a arguente ao proclamar que a dignidade não tem preço (o que subscrevo), tenho que a indignidade que o cometimento de qualquer crime expressa não pode ser retribuída com a proclamação de que o instituto da anistia viola a dignidade humana. (...) O argumento descolado da dignidade da pessoa humana para afirmar a invalidade da conexão criminal que aproveitaria aos agentes políticos que praticaram crimes comuns contra opositores políticos, presos ou não, durante o regime militar, esse argumento não prospera. (ADPF 153, voto do rel. Min. Eros Grau, j. 29.4.2010, P, *DJE* de 6.8.2010)

possível subsistema do direito tributário ambiental na Constituição Federal de 1988, os objetivos da República fixados no art. 3º da Constituição Federal estabelecem importantes premissas obrigatórias para a implementação das políticas públicas ambientais que tomem os tributos ambientais como instrumento de sua concretização, posto que esses objetivos expressos nos incisos I a IV, do art. 3º, dão plenitude à dignidade da pessoa humana. Eis o que dispõe esse art. 3º:

> Art. 3º Constituem objetivos fundamentais da República Federativa do Brasil:
>
> I - construir uma sociedade livre, justa e solidária;
>
> II - garantir o desenvolvimento nacional;
>
> III - erradicar a pobreza e a marginalização e reduzir as desigualdades sociais e regionais;
>
> IV - promover o bem de todos, sem preconceitos de origem, raça, sexo, cor, idade e quaisquer outras formas de discriminação.

Uma análise atenta de cada um dos objetivos da República Federativa do Brasil nos leva à mesma conclusão exposta acima, qual seja, a de que os primeiros e imediatos beneficiários de cada um dos objetivos plenamente atingidos será sempre a pessoa humana.

A construção de uma sociedade livre, justa e solidária causará um primeiro impacto positivo para todo cidadão que viver neste país, seja ele brasileiro ou estrangeiro, especialmente no que diz respeito à igualdade de oportunidades.

O desenvolvimento da nação trará mais riquezas para o país e naturalmente para todo o povo em geral, proporcionando uma melhor qualidade de vida, humanizando cada vez mais as relações sociais.

Erradicar a pobreza e a marginalização irá inserir mais pessoas na sociedade e no mercado de trabalho, colaborando decisivamente na redução das desigualdades sociais e regionais que existem entre os seres humanos e conferindo ao indivíduo, pelo menos, o "mínimo existencial".

Por fim, a promoção do bem geral, sem preconceitos de origem, raça, sexo, cor, idade e quaisquer outras formas de discriminação obviamente atende em primeiro plano o ser humano. Entendemos que esse objetivo persegue o que é chamado de "felicidade pública", que segundo Bobbio, Matteucci e Pasquino, "*é* o valor mais invocado pela ética utilitarista, definido classicamente por J. Bentham como 'a maior felicidade para a maioria'".(132)

Daí nossa afirmação anterior no sentido de que os objetivos da República Federativa do Brasil estão primeiramente voltados a dar plenitude ao fundamento da dignidade da pessoa humana e, também, promover o aumento das oportunidades de inclusão social.

(132) BOBBIO, Norberto; MATTEUCCI, Nicola; PASQUINO, Gianfranco. *Dicionário de Política*. volume I. 12. ed. Brasília: Editora UnB, 1999. p. 486.

E por esse mesmo motivo, todas as vezes que for criado um tributo ambiental, os objetivos da República voltados à plenitude da dignidade da pessoa humana devem nortear o trabalho do ente tributante, daquele que tem a competência tributária para criar ou aumentar tributos, superando em todas as dimensões as questões de ordem econômica.

Com isso, não estamos ignorando que há diversas normas constitucionais direcionadas aos entes públicos e até mesmo às pessoas jurídicas de direito público e privado, mas entendemos que uma nova dimensão deve ser dada aos princípios da atividade econômica como um dos norteadores e principais fundamentos dos tributos ambientais.

5.4. Princípios da atividade econômica

Parte da doutrina aponta os princípios da atividade econômica como fundamentos jurídicos para a utilização de instrumentos tributários na defesa e preservação do meio ambiente.

Esse pensamento está assim expresso por Luís Eduardo Schoueri:

> A Defesa do Meio Ambiente é Princípio que não é referido apenas pelo art. 170 da Constituição, sendo objeto, também, do art. 225 e seus parágrafos, além dos arts. 5º, LXXIII; 23, VI e VII; 24, VI e VIII; 129, III; 174, § 3º; 200, VIII e 216, V. Na Ordem Econômica, o referido princípio implica que a justiça social e a dignidade humana (fins) se hão de construir a partir do respeito ao meio ambiente. Assim, sustenta HERRERA MOLINA que o princípio do poluidor-pagador, nascido no campo ambiental, constitui projeção do princípio da solidariedade. Tal entendimento parece em consonância com o art. 225 do texto constitucional, que deixa claro que sua proteção não cabe apenas ao Poder Público, mas também a toda coletividade.
>
> (...)
>
> Combinando a Defesa do Meio Ambiente com o Princípio da Livre-Iniciativa, entende-se que, ao mesmo tempo em que o primeiro permite o emprego da norma tributária indutora, o último exige que esta seja geral, já que seria incompatível com o último que apenas um setor se tornasse "inrentável" (*sic*) por conta da proteção ambiental.[133]

Reconhecemos a importância e influência dos princípios gerais da atividade econômica em matéria ambiental, posto que a própria Constituição qualificou a defesa do meio ambiente como um desses princípios gerais da atividade econômica.

---

(133) SCHOUERI, Obra citada, p. 346.

Mas questionamos o grau de importância que até então é atribuído a esses princípios, como principais norteadores da instituição de tributos ambientais. Um dos motivos para essa alteração de paradigma é que não interpretamos o princípio da dignidade da pessoa humana apenas como fim a ser perseguido, mas também, como fundamento da criação dos instrumentos tributários para defesa e proteção do meio ambiente e auxiliar no processo hermenêutico de obtenção do sentido e alcance das disposições legais.

Além disso, estamos certos que os fundamentos para a utilização dos instrumentos tributários na defesa e preservação do meio ambiente encontram amparo em outros princípios e normas constitucionais, além dos princípios da atividade econômica.

E nosso entendimento em relação à posição de destaque que ocupa o princípio fundamental da dignidade da pessoa humana nesse processo, não nos impede de reconhecer que dois princípios da atividade econômica em especial, também se revestem dessa condição de fundamentos dos tributos ambientais. São eles o princípio da defesa do meio ambiente e o princípio da redução das desigualdades regionais e sociais.

Tais princípios estão assentados nos incisos VI e VII do art. 170.

> Art. 170. A ordem econômica, fundada na valorização do trabalho humano e na livre-iniciativa, tem por fim assegurar a todos existência digna, conforme os ditames da justiça social, observados os seguintes princípios:
>
> (...)
>
> VI – defesa do meio ambiente, inclusive mediante tratamento diferenciado conforme o impacto ambiental dos produtos e serviços e de seus processos de elaboração e prestação;
>
> VII – redução das desigualdades regionais e sociais;

Quando a Constituição insere o princípio da defesa do meio ambiente como um dos princípios da atividade econômica, obviamente isso trará consequências nesse campo específico que é o da ordem econômica. E o que acrescentamos a essa assertiva é que o aspecto econômico, aqui manifesto, encontra sua validade, limites e fundamento no social, cuja expressão se encontra no princípio fundamental da dignidade da pessoa humana e nos objetivos fundamentais da República, entre os quais se encontra também a redução das desigualdades regionais e sociais.

Antes de tratarmos desses limites, importante trazer a distinção entre ordem econômica e atividade econômica.

Tácio Lacerda Gama afirma que ordem econômica é o "conjunto de normas jurídicas que disciplinam as relações econômicas".[134] Já a atividade econômica se processa

(134) *Contribuições*, p. 232.

no plano dos fatos sociais mesmo e para designá-lo, muitas vezes a doutrina o chama de "domínio econômico".

Eros Roberto Grau desenvolve o tema fazendo distinção entre "ordem econômica — mundo do ser — e ordem econômica — mundo do dever ser. Nesse contexto, ele aponta três conotações da expressão "ordem econômica", destacando que a distinção é necessária para a correta compreensão de suas distintas utilizações.

A conotação que interessa ao nosso trabalho é aquela segundo a qual a ordem econômica significa ordem jurídica na economia (sentido normativo), apesar de Eros entender que o art. 170 usa a expressão com a conotação de articulação do econômico como fato, ou seja, o modo de ser da economia brasileira.(135)

E após todas essas ponderações, estabelece o seguinte conceito para ordem econômica como parcela da ordem jurídica: "conjunto de normas que define, institucionalmente, um determinado modo de produção econômica. Assim, ordem econômica, parcela da ordem jurídica (mundo do dever-ser), não é senão o conjunto de normas que institucionaliza uma determinada ordem econômica (mundo do ser)".(136)

O fim da ordem econômica é garantir a todos existência digna. A vida digna é aquela em que há garantia do mínimo existencial para cada cidadão, o que resultará também na erradicação da pobreza e da marginalização e na redução das desigualdades sociais e regionais.

O desenvolvimento econômico sustentável é um meio de atingir o bem-estar de todos e garantir uma vida digna em um meio ambiente ecologicamente equilibrado. O desenvolvimento não pode ser perseguido a qualquer preço. Daí a crescente importância da sustentabilidade, que deve conciliar o desenvolvimento econômico com a vida em um ambiente ecologicamente equilibrado e saudável, o qual faz parte do "mínimo existencial" para cada cidadão.

Ainda segundo Eros Roberto Grau, esse princípio visa ao "rompimento do processo de subdesenvolvimento no qual estamos imersos e, em cujo bojo, pobreza, marginalização e desigualdades sociais e regionais atuam em regime de causação circular acumulativa. São causas e efeitos de si próprias".(137)

Dois acórdãos do STF balizam esse entendimento sobre limitações aos princípios da ordem econômica e merecem citação em razão da sua importância. O primeiro deles, relatado pelo ministro Celso de Mello, está no RE 597.165 Agr.:

---

(135) GRAU, Eros Roberto. *A ordem econômica na Constituição de 1988*. 6. ed. rev. e atual. São Paulo: Malheiros, 2001. p. 50-51.

(136) *A ordem econômica na constituição de 1988*, p. 55.

(137) *A ordem econômica na constituição de 1988*, p. 255.

> O estatuto constitucional das franquias individuais e liberdades públicas, ao delinear o regime jurídico a que estas estão sujeitas — e considerado o substrato ético que as informa —, permite que sobre elas incidam limitações de ordem jurídica (*RTJ* 173/807-808), destinadas, de um lado, a proteger a integridade do interesse social e, de outro, a assegurar a coexistência harmoniosa das liberdades, pois nenhum direito ou garantia pode ser exercido em detrimento da ordem pública ou com desrespeito aos direitos e garantias de terceiros. A regulação estatal no domínio econômico, por isso mesmo, seja no plano normativo, seja no âmbito administrativo, traduz competência constitucionalmente assegurada ao poder público, cuja atuação — destinada a fazer prevalecer os vetores condicionantes da atividade econômica (CF, art. 170) — é justificada e ditada por razões de interesse público, especialmente aquelas que visam a preservar a segurança da coletividade. A obrigação do Estado, impregnada de qualificação constitucional, de proteger a integridade de valores fundados na preponderância do interesse social e na necessidade de defesa da incolumidade pública legitima medidas governamentais, no domínio econômico, decorrentes do exercício do poder de polícia, a significar que os princípios que regem a atividade empresarial autorizam, por efeito das diretrizes referidas no art. 170 da Carta Política, a incidência das limitações jurídicas que resultam do modelo constitucional que conforma a própria estruturação da ordem econômica em nosso sistema institucional. (...) Diploma legislativo local que condiciona determinadas atividades empresariais à estrita observância da cláusula de incolumidade destinada a impedir a exposição da coletividade a qualquer situação de dano. Vedação da edificação e instalação "de postos de abastecimento, lavagem e lubrificação nos estacionamentos de supermercados e hipermercados e similares, bem como de teatros, cinema, *shopping centers*, escolas e hospitais públicos" (LC distrital 294/2000, art. 2º, § 3º).[138]

Já o segundo, mais recente, confirma em linhas gerais o primeiro:

> O princípio da livre-iniciativa, inserido no *caput* do art. 170 da Constituição nada mais é do que uma cláusula geral cujo conteúdo é preenchido pelos incisos do mesmo artigo. Esses princípios claramente definem a liberdade de iniciativa não como uma liberdade anárquica, mas social, e que pode, consequentemente, ser limitada.[139]

Importante destacar que a redação original do inciso VI, deste art. 170 da Constituição Federal de 1988, dispunha apenas o seguinte: "VI – defesa do meio ambiente"

A redação atual foi dada pela Emenda Constitucional n. 42, de 19 de dezembro de 2003, a qual alterou o sistema tributário nacional.

Interessante observar, portanto, que através da emenda constitucional, o legislador optou em ampliar os instrumentos de defesa do meio ambiente, inclusive mediante tratamento diferenciado conforme o impacto ambiental dos produtos e serviços e de seus processos de elaboração e prestação, valendo-se para tanto de uma alteração no sistema tributário nacional, deixando claro que a tributação é um valioso e importante instrumento que o agente público pode e deve utilizar para defesa e proteção do meio ambiente ecologicamente equilibrado.

---

(138) RE 597.165 AgR, rel. Min. Celso de Mello, j. 4.11.2014, 2ª T., *DJE* de 9.12.2014.

(139) ARE 1.104.226 AgR, rel. Min. Roberto Barroso, j. 27.4.2018, 1ª T., *DJE* de 25.5.2018.

O que foi reforçado de maneira explícita no § 3º, do art. 145, da Constituição Federal, com redação dada pela Emenda Constitucional n. 132/2023.

Assim, se havia alguma dúvida a respeito da existência e importância dos tributos ambientais na Constituição Federal de 1988, a dúvida foi definitivamente dirimida com a Emenda Constitucional n. 42 e, mais recentemente, com a Emenda Constitucional n. 132.

Há quem sustente na doutrina(140) que a utilização de instrumentos tributários para a proteção do meio ambiente ecologicamente equilibrado ocorre basicamente mediante tratamento tributário diferenciado ou discriminatório, na medida do impacto ambiental causado para a produção de produtos e serviços, consoante disposição dos arts. 170, VI e 225, *caput*, da Constituição Federal.

Essas normas constitucionais, segundo Fábio Nieves, "exigem do Poder Público legislar para que a atividade econômica, orientada pela "defesa do meio ambiente", se desenvolva mediante tratamento diferenciado de produtos e serviços, na medida do seu impacto ambiental...".(141)

Dispõe o STF sobre a ordem econômica no seguinte sentido:

> É certo que a ordem econômica na Constituição de 1988 define opção por um sistema no qual joga um papel primordial a livre-iniciativa. Essa circunstância não legitima, no entanto, a assertiva de que o Estado só intervirá na economia em situações excepcionais. Mais do que simples instrumento de governo, a nossa Constituição enuncia diretrizes, programas e fins a serem realizados pelo Estado e pela sociedade. Postula um plano de ação global normativo para o Estado e para a sociedade, informado pelos preceitos veiculados pelos seus arts. 1º, 3º e 170. A livre-iniciativa é expressão de liberdade titulada não apenas pela empresa mas também pelo trabalho. Por isso a Constituição, ao contemplá-la, cogita também da "iniciativa do Estado"; não a privilegia, portanto, como bem pertinente apenas à empresa. Se de um lado a Constituição assegura a livre-iniciativa, de outro determina ao Estado a adoção de todas as providências tendentes a garantir o efetivo exercício do direito à educação, à cultura e ao desporto (arts. 23, V; 205; 208; 215; e 217, § 3º, da Constituição). Na composição entre esses princípios e regras há de ser preservado o interesse da coletividade, interesse público primário. O direito ao acesso à cultura, ao esporte e ao lazer são meios de complementar a formação dos estudantes.(142)

Mais do STF sobre o tema:

> A possibilidade de intervenção do Estado no domínio econômico não exonera o poder público do dever jurídico de respeitar os postulados que emergem do ordenamento constitucional brasileiro. Razões de Estado — que muitas vezes configuram fundamentos políticos destinados a justificar, pragmaticamente, *ex parte principis*, a inaceitável

(140) NIEVES, Fábio. *Tributação ambiental* — a proteção do meio ambiente natural. São Paulo: Quartier Latin, 2012. p. 70.

(141) *Tributação ambiental* — a proteção do meio ambiente natural, p. 103.

(142) ADI 1.950, rel. Min. Eros Grau, j. 3.11.2005, P, *DJ* de 2.6.2006.

> adoção de medidas de caráter normativo — não podem ser invocadas para viabilizar o descumprimento da própria Constituição. As normas de ordem pública — que também se sujeitam à cláusula inscrita no art. 5º, XXXVI, da Carta Política (RTJ 143/724) — não podem frustrar a plena eficácia da ordem constitucional, comprometendo-a em sua integridade e desrespeitando-a em sua autoridade.[143]

Sobre o princípio da defesa do meio ambiente, o STF também já exarou diversas decisões. Citamos algumas abaixo:

> Constitucionalidade de atos normativos proibitivos da importação de pneus usados. Reciclagem de pneus usados: ausência de eliminação total dos seus efeitos nocivos à saúde e ao meio ambiente equilibrado. Afrontas aos princípios constitucionais da saúde e do meio ambiente ecologicamente equilibrado. (...) Desenvolvimento sustentável: crescimento econômico com garantia paralela e superiormente respeitada da saúde da população, cujos direitos devem ser observados em face das necessidades atuais e daquelas previsíveis e a serem prevenidas para garantia e respeito às gerações futuras. Atendimento ao princípio da precaução, acolhido constitucionalmente, harmonizado com os demais princípios da ordem social e econômica. (...) Demonstração de que: os elementos que compõem os pneus, dando-lhes durabilidade, é responsável pela demora na sua decomposição quando descartado em aterros; a dificuldade de seu armazenamento impele a sua queima, o que libera substâncias tóxicas e cancerígenas no ar; quando compactados inteiros, os pneus tendem a voltar à sua forma original e retornam à superfície, ocupando espaços que são escassos e de grande valia, em especial nas grandes cidades; pneus inservíveis e descartados a céu aberto são criadouros de insetos e outros transmissores de doenças; o alto índice calorífico dos pneus, interessante para as indústrias cimenteiras, quando queimados a céu aberto se tornam focos de incêndio difíceis de extinguir, podendo durar dias, meses e até anos; o Brasil produz pneus usados em quantitativo suficiente para abastecer as fábricas de remoldagem de pneus, do que decorre não faltar matéria-prima a impedir a atividade econômica. Ponderação dos princípios constitucionais: demonstração de que a importação de pneus usados ou remoldados afronta os preceitos constitucionais de saúde e do meio ambiente ecologicamente equilibrado (arts. 170, I e VI e seu parágrafo único, 196 e 225 da Constituição do Brasil). Decisões judiciais com trânsito em julgado, cujo conteúdo já tenha sido executado e exaurido o seu objeto, não são desfeitas: efeitos acabados. Efeitos cessados de decisões judiciais pretéritas, com indeterminação temporal quanto à autorização concedida para importação de pneus: proibição a partir deste julgamento por submissão ao que decidido nesta arguição.[144]

E esta:

> A atividade econômica não pode ser exercida em desarmonia com os princípios destinados a tornar efetiva a proteção ao meio ambiente. A incolumidade do meio ambiente não pode ser comprometida por interesses empresariais nem ficar dependente de motivações de índole meramente econômica, ainda mais se se tiver presente que a atividade

(143) RE 205.193, rel. miM. Celso de Mello, j. 25.2.1997, 1ª T., *DJ* de 6.6.1997.

(144) ADPF 101, relª. Minª. Cármen Lúcia, j. 24.6.2009, P, *DJE* de 4.6.2012.

> econômica, considerada a disciplina constitucional que a rege, está subordinada, dentre outros princípios gerais, àquele que privilegia a "defesa do meio ambiente" (CF, art. 170, VI), que traduz conceito amplo e abrangente das noções de meio ambiente natural, de meio ambiente cultural, de meio ambiente artificial (espaço urbano) e de meio ambiente laboral. Doutrina. Os instrumentos jurídicos de caráter legal e de natureza constitucional objetivam viabilizar a tutela efetiva do meio ambiente, para que não se alterem as propriedades e os atributos que lhe são inerentes, o que provocaria inaceitável comprometimento da saúde, segurança, cultura, trabalho e bem-estar da população, além de causar graves danos ecológicos ao patrimônio ambiental, considerado este em seu aspecto físico ou natural.(145)

Desses acórdãos fica evidente que a intervenção do Estado na economia é regra e não exceção, ainda que a Constituição tenha delegado e assegurado ao particular a livre-iniciativa também. O fato é que Estado e sociedade devem agir em conjunto e conforme os preceitos dos arts. 1º, 3º e 170 da Constituição, preservando o interesse da coletividade.

Nem mesmo o Estado, que recebeu o direito de intervir no domínio econômico, pode fazer isso de forma livre, sem limites.

A intervenção do Estado na ordem econômica encontra seu fundamento de validade e limites nos arts. 173 e 174 da Constituição Federal, de onde se pode inferir que tal intervenção tem que estar de acordo com o princípio da livre-iniciativa.

Enquanto o art. 173 cuida basicamente dos limites da exploração direta de atividade econômica pelo Estado, o art. 174 trata das funções de fiscalização, incentivo e planejamento que cabem ao Estado. Abaixo transcrevemos a norma do art. 174, posto que tanto as funções de fiscalização como de incentivo podem ser objeto de instrumentos tributários.

> Art. 174. Como agente normativo e regulador da atividade econômica, o Estado exercerá, na forma da lei, as funções de fiscalização, incentivo e planejamento, sendo este determinante para o setor público e indicativo para o setor privado.
>
> § 1º A lei estabelecerá as diretrizes e bases do planejamento do desenvolvimento nacional equilibrado, o qual incorporará e compatibilizará os planos nacionais e regionais de desenvolvimento.

O STF já explicitou seu entendimento sobre essa intervenção do Estado, veiculada nos arts. 173 e 174 da Constituição:

> A intervenção estatal na economia como instrumento de regulação dos setores econômicos é consagrada pela Carta Magna de 1988. Deveras, a intervenção deve ser exercida com respeito aos princípios e fundamentos da ordem econômica, cuja previsão resta

(145) ADI 3.540 MC, rel. Min. Celso de Mello, j. 1º.9.2005, P, *DJ* de 3.2.2006.

plasmada no art. 170 da Constituição Federal, de modo a não malferir o princípio da livre iniciativa, um dos pilares da República (art. 1º da CF/1988). Nesse sentido, confira-se abalizada doutrina: As atividades econômicas surgem e se desenvolvem por força de suas próprias leis, decorrentes da livre empresa, da livre concorrência e do livre jogo dos mercados. Essa ordem, no entanto, pode ser quebrada ou distorcida em razão de monopólios, oligopólios, cartéis, trustes e outras deformações que caracterizam a concentração do poder econômico nas mãos de um ou de poucos. Essas deformações da ordem econômica acabam, de um lado, por aniquilar qualquer iniciativa, sufocar toda a concorrência e por dominar, em consequência, os mercados e, de outro, por desestimular a produção, a pesquisa e o aperfeiçoamento. Em suma, desafiam o próprio Estado, que se vê obrigado a intervir para proteger aqueles valores, consubstanciados nos regimes da livre empresa, da livre concorrência e do livre embate dos mercados, e para manter constante a compatibilização, característica da economia atual, da liberdade de iniciativa e do ganho ou lucro com o interesse social. A intervenção está, substancialmente, consagrada na CF nos arts. 173 e 174. Nesse sentido ensina Duciran Van Marsen Farena (RPGE, 32:71) que "O instituto da intervenção, em todas suas modalidades encontra previsão abstrata nos arts. 173 e 174, da Lei Maior. O primeiro desses dispositivos permite ao Estado explorar diretamente a atividade econômica quando necessária aos imperativos da segurança nacional ou a relevante interesse coletivo, conforme definidos em lei. O segundo outorga ao Estado, como agente normativo e regulador da atividade econômica, o poder para exercer, na forma da lei as funções de fiscalização, incentivo e planejamento, sendo esse determinante para o setor público e indicativo para o privado". Pela intervenção o Estado, com o fito de assegurar a todos uma existência digna, de acordo com os ditames da justiça social (art. 170 da CF), pode restringir, condicionar ou mesmo suprimir a iniciativa privada em certa área da atividade econômica. Não obstante, os atos e medidas que consubstanciam a intervenção hão de respeitar os princípios constitucionais que a conformam com o Estado Democrático de Direito, consignado expressamente em nossa Lei Maior, como é o princípio da livre iniciativa. Lúcia Valle Figueiredo, sempre precisa, alerta a esse respeito que "As balizas da intervenção serão, sempre e sempre, ditadas pela principiologia constitucional, pela declaração expressa dos fundamentos do Estado Democrático de Direito, dentre eles a cidadania, a dignidade da pessoa humana, os valores sociais do trabalho e da livre iniciativa" (GASPARINI, Diógenes. Curso de direito administrativo. 8. ed. São Paulo: Saraiva. p. 629/630, cit., p. 64). O STF firmou a orientação no sentido de que "a desobediência aos próprios termos da política econômica estadual desenvolvida, gerando danos patrimoniais aos agentes econômicos envolvidos, são fatores que acarretam insegurança e instabilidade, desfavoráveis à coletividade e, em última análise, ao próprio consumidor".[(146)] (RE 422.941, rel. Min. Carlos Velloso, Segunda Turma, *DJ* de 24.3.2006)

5.4.1. Princípio da defesa do meio ambiente na ordem econômica

Acabamos de ver que o princípio da defesa do meio ambiente, expressamente previsto no art. 170, inciso VI, da Constituição, é um dos pilares da atividade econômica em nosso país.

(146) RE 632.644 AgR, rel. Min. Luiz Fux, j. 10.4.2012, 1ª T., *DJE* de 10.5.2012.

Aprofundaremos agora a questão tributária desse binômio meio ambiente-atividade econômica, iniciando pela retomada da definição de meio ambiente fixada no art. 3º, da Lei n. 6.938/91, a qual dispõe sobre a política nacional do meio ambiente:

> Art. 3º Para os fins previstos nesta Lei, entende-se por:
>
> I – meio ambiente, o conjunto de condições, leis, influências e interações de ordem física, química e biológica, que permite, abriga e rege a vida em todas as suas formas;

O princípio da defesa do meio ambiente também está explícito no art. 2º desta mesma lei:

> Art. 2º A Política Nacional do Meio Ambiente tem por objetivo a preservação, melhoria e recuperação da qualidade ambiental propícia à vida, visando assegurar, no País, condições ao desenvolvimento socioeconômico, aos interesses da segurança nacional e à proteção da dignidade da vida humana, atendidos os seguintes princípios:
>
> I – ação governamental na manutenção do equilíbrio ecológico, considerando o meio ambiente como um patrimônio público a ser necessariamente assegurado e protegido, tendo em vista o uso coletivo;
>
> II – racionalização do uso do solo, do subsolo, da água e do ar;
>
> III – planejamento e fiscalização do uso dos recursos ambientais;
>
> IV – proteção dos ecossistemas, com a preservação de áreas representativas;
>
> V – controle e zoneamento das atividades potencial ou efetivamente poluidoras;
>
> VI – incentivos ao estudo e à pesquisa de tecnologias orientadas para o uso racional e a proteção dos recursos ambientais;
>
> VII – acompanhamento do estado da qualidade ambiental;
>
> VIII – recuperação de áreas degradadas;
>
> IX – proteção de áreas ameaçadas de degradação;
>
> X – educação ambiental a todos os níveis de ensino, inclusive a educação da comunidade, objetivando capacitá-la para participação ativa na defesa do meio ambiente.

Em que pese o art. 2º da referida lei dispor sobre os objetivos da política nacional do meio ambiente, todos norteados por princípios fundamentais da nossa Constituição, como o princípio fundamental da dignidade da pessoa humana, o princípio da vida em sua plenitude, desenvolvimento econômico e segurança nacional, isso não é suficiente para se falar em direito tributário ambiental, alicerçado apenas no fato de que, assim como a tributação, a política nacional do meio ambiente tem o mesmo objetivo maior dos tributos, que é a proteção e respeito à dignidade da pessoa humana.

De todos os objetivos expressamente mencionados, nenhum menciona a utilização de instrumentos tributários para defender e preservar o meio ambiente. Tampouco é citado no bojo da Lei, de onde virão os recursos para implantação, desenvolvimento ou manutenção dessa importante política de Estado e não de governo, como sempre é bom firmar.

O art. 4º[147] dá continuidade a essa mesma ideia, notadamente quando estabelece quais são os fins da Política Nacional do Meio Ambiente, ao dispor que esta visa à compatibilização do desenvolvimento socioeconômico com a preservação da qualidade do meio ambiente e do equilíbrio ecológico; à definição de áreas prioritárias de ação governamental relativa à qualidade e ao equilíbrio ecológico, atendendo aos interesses da União, dos Estados, do Distrito Federal, dos Territórios e dos Municípios; ao estabelecimento de critérios e padrões de qualidade ambiental e de normas relativas ao uso e manejo de recursos ambientais; ao desenvolvimento de pesquisas e de tecnologias nacionais orientadas para o uso racional de recursos ambientais; à difusão de tecnologias de manejo do meio ambiente, à divulgação de dados e informações ambientais e à formação de uma consciência pública sobre a necessidade de preservação da qualidade ambiental e do equilíbrio ecológico; à preservação e restauração dos recursos ambientais com vistas à sua utilização racional e disponibilidade permanente, concorrendo para a manutenção do equilíbrio ecológico propício à vida; à imposição, ao poluidor e ao predador, da obrigação de recuperar e/ou indenizar os danos causados e, ao usuário, da contribuição pela utilização de recursos ambientais com fins econômicos.

Entre tantos fins almejados pela lei, temos que reconhecer uma tímida menção a duas formas de obtenção de recursos que podem atender uma pequena parte dessa política ambiental. Estamos nos referindo especificamente ao fim de impor ao poluidor e ao predador, a obrigação de recuperar e/ou indenizar os danos causados ao meio ambiente, o que nos remete ao campo do direito civil, notadamente ao instituto das obrigações.

---

(147) Art. 4º – A Política Nacional do Meio Ambiente visará:

I – à compatibilização do desenvolvimento econômico-social com a preservação da qualidade do meio ambiente e do equilíbrio ecológico;

II – à definição de áreas prioritárias de ação governamental relativa à qualidade e ao equilíbrio ecológico, atendendo aos interesses da União, dos Estados, do Distrito Federal, dos Territórios e dos Municípios;

II – ao estabelecimento de critérios e padrões de qualidade ambiental e de normas relativas ao uso e manejo de recursos ambientais;

IV – ao desenvolvimento de pesquisas e de tecnologias nacionais orientadas para o uso racional de recursos ambientais;

V – à difusão de tecnologias de manejo do meio ambiente, à divulgação de dados e informações ambientais e à formação de uma consciência pública sobre a necessidade de preservação da qualidade ambiental e do equilíbrio ecológico;

VI – à preservação e restauração dos recursos ambientais com vistas à sua utilização racional e disponibilidade permanente, concorrendo para a manutenção do equilíbrio ecológico propício à vida;

VII – à imposição, ao poluidor e ao predador, da obrigação de recuperar e/ou indenizar os danos causados e, ao usuário, da contribuição pela utilização de recursos ambientais com fins econômicos.

E também há uma menção expressa a imposição ao usuário de uma contribuição pela utilização de recursos ambientais com fins econômicos.

Nesta última citação, entendemos que, mesmo diante de uma linguagem rasa e pouco incisiva, podemos reconhecer uma orientação para que seja instituída Contribuição de Intervenção no Domínio Econômico (CIDE) incidente sobre operações e serviços que utilizem recursos ambientais em sua produção e prestação de serviços, cujo contribuinte é o usuário desses bens, podendo ser tanto o produtor ou prestador de serviço, como o consumidor. Mas há quem reconheça nesse dispositivo legal autorização para a instituição de taxas ou tarifas.(148)

Essa situação explícita na lei que trata da política nacional do meio ambiente demonstra de forma inquestionável que não são as normas ambientais que norteiam a utilização de instrumentos tributários com vocação direta para a preservação e defesa do meio ambiente.

Como já exposto em outras passagens deste trabalho, e que será aprofundado adiante, a utilização de instrumentos tributários com essa finalidade são esporádicas e casuísticas.

Por fim, interessante observar que na Lei de política nacional do meio ambiente encontramos apenas uma citação expressa a tributo com característica voltada à proteção ambiental. Trata-se da Taxa de controle e fiscalização ambiental — TCFA —, citada no art. 17-B, cujo fato gerador é o exercício regular do poder de polícia conferido ao Instituto Brasileiro do Meio Ambiente e dos Recursos Naturais Renováveis — IBAMA – para controle e fiscalização das atividades potencialmente poluidoras e utilizadoras de recursos naturais.

5.4.2. Princípio da redução das desigualdades regionais e sociais

Outro pilar da atividade econômica e princípio orientador da tributação ambiental é este princípio da redução das desigualdades regionais e sociais, o qual reitera exatamente um dos objetivos fundamentais da República e nos leva a interpretá-lo necessariamente em conjunto com o objetivo de erradicação da pobreza e da marginalização.

Este princípio visa assegurar que mais pessoas deixarão a linha de pobreza e serão inseridas na sociedade e no mercado de trabalho, colaborando decisivamente na redução das desigualdades sociais e regionais que existem em nosso vasto território nacional, assegurando aos indivíduos, pelo menos o "mínimo existencial". Estamos falando em inclusão social.

---

(148) Fábio Nieves entende que a forma de o usuário contribuir pelo uso de bens ambientais com fins econômicos se dará pela exigência de preço público ou taxa fixada de acordo com a natureza jurídica da utilização dos bens ambientais. Obra citada, p. 92.

Faz parte do "mínimo existencial" um meio ambiente saudável para a atual e as futuras gerações. Apenas em um ambiente salubre, sem desigualdades tão grandes entre os indivíduos, distribuição de renda mais equilibrada e presença do Estado em que o indivíduo não consegue, sozinho, prover o mínimo necessário para uma vida digna, teremos a efetiva redução da pobreza e da marginalização dos indivíduos. Essa tarefa pode ser sustentada pela tributação ambiental aliada a uma política pública de Estado, efetiva e duradoura.

Capítulo 6

Princípios Ambientais Orientadores da Tributação

A Constituição Federal de 1988 é reveladora de que a política do liberalismo que surgiu com a Revolução Francesa, apoiada em uma burguesia que tinha como meta a manutenção de privilégios para uma certa casta social, ficou no passado, como um fato histórico.

A atual Constituição revela a predominância dos direitos fundamentais individuais e coletivos, especialmente do direito à vida, cuja expressão de maior relevância é o princípio da dignidade da pessoa humana.

Assim, diante do direito que todos os brasileiros e estrangeiros residentes no país têm ao meio ambiente ecologicamente equilibrado, essencial à qualidade de vida da atual e das futuras gerações, é natural a existência de princípios voltados à orientação da atividade do legislador, quando produz normas com o objetivo de defender e preservar o meio ambiente.

Paulo de Barros Carvalho faz distinção entre princípios e sobreprincípios, nos seguintes termos:

> Há "princípios" e "sobreprincípios", isto é, normas jurídicas que portam valores importantes e outras que aparecem pela conjunção das primeiras. Vejamos logo um exemplo: a isonomia das pessoas políticas de Direito Constitucional interno tem importante repercussão no setor das imposições tributárias. Não há, contudo, formulação expressa que lhe corresponda no texto do direito positivo. Emerge pelo reconhecimento de outras normas que, tendo a dignidade de princípios, pelo quantum de valor que carregam consigo, fazem dele um "sobreprincípio". Realiza-se pela atuação de outros princípios. Assim também ocorre com o primado da justiça.[149]

---

(149) CARVALHO, Paulo de Barros. "Princípios e sobreprincípios na interpretação do direito". Disponível em: https://www.ibet.com.br/wp-content/uploads/2019/05/Princ%C3%ADpios-PBC.pdf.

E dentro desse contexto, os princípios gerais — ou sobreprincípios — aplicados ao meio ambiente natural, artificial, cultural e laboral que também norteiam o exercício da competência tributária para instituir os tributos ambientais, são os seguintes: princípio do desenvolvimento sustentável, princípio da função socioambiental da propriedade, princípio da precaução e da preservação, princípio do consumidor-pagador, princípio do poluidor-pagador, princípio da solidariedade e princípio da informação.

Ao lado desses princípios ambientais temos também os princípios tributários gerais, todos se articulando no que a doutrina predominante chama de "subsistema do direito tributário do meio ambiente natural", além dos princípios específicos da seletividade, da progressividade e da não cumulatividade.

Adiante cuidaremos dos princípios gerais tributários e dos princípios específicos da seletividade e da progressividade.

Passaremos a analisar cada um desses princípios.

6.1. Princípio do desenvolvimento sustentável

A ideia de desenvolvimento sustentável está sempre relacionada com a ideia de progresso, trabalho, produção. E dessas normas é que ele surge.

Daí a aproximação entre normas de direito ambiental e os princípios da atividade econômica na Constituição Federal de 1988.

Entendemos que não há como dissociar o desenvolvimento sustentável da evolução dos processos produtivos e da tecnologia. Nesse sentido, compreendemos esse princípio como a busca incessante pelos meios de produção que causem o menor impacto ambiental possível. Não só ao meio ambiente natural como também ao meio ambiente artificial, cultural e laboral.

Essa análise nos remete obrigatoriamente à análise conjunta dos arts. 170, inciso VI e 225, *caput* e inciso V, todos da Constituição Federal de 1988. Vejamos:

Segundo essas normas constitucionais, o meio ambiente ecologicamente equilibrado deve ser defendido e preservado pelo Poder Público e por toda coletividade.

Ao Poder Público compete, entre outras obrigações, defender o meio ambiente mesmo diante das atividades econômicas fundadas na valorização do trabalho humano e na livre-iniciativa, voltadas a garantir aos cidadãos existência digna e justiça social. E ainda foi imposto ao Poder Público, pela nossa Constituição Federal de 1988, o dever de controlar a produção, a comercialização e o emprego de técnicas, métodos e substâncias que representem riscos para a vida, a qualidade de vida e o meio ambiente.

No § 2º, inciso XI, da Lei n. 9.985/2000, a qual regulamenta o art. 225, § 1º, incisos I, II, III e VII da Constituição Federal e também institui o Sistema Nacional de Unidades de Conservação da Natureza e dá outras providências, há uma definição de uso sustentável aplicada notadamente aos bens naturais:

> Art. 2º Para os fins previstos nesta Lei, entende-se por:
>
> XI – uso sustentável: exploração do ambiente de maneira a garantir a perenidade dos recursos ambientais renováveis e dos processos ecológicos, mantendo a biodiversidade e os demais atributos ecológicos, de forma socialmente justa e economicamente viável;

Compreendemos assim que o desenvolvimento sustentável das atividades econômicas encontra na proteção e na preservação do meio ambiente seus limites objetivos, o que nos permite concluir que este (meio ambiente) controla ou delimita aquela (atividade econômica).

O ministro Celso de Mello externou o conceito desse princípio no julgamento da ADI 3540/DF:(150)

---

(150) EMENTA: MEIO AMBIENTE – DIREITO À PRESERVAÇÃO DE SUA INTEGRIDADE (CF, ART. 225) – PRERROGATIVA QUALIFICADA POR SEU CARÁTER DE METAINDIVIDUALIDADE – DIREITO DE TERCEIRA GERAÇÃO (OU DE NOVÍSSIMA DIMENSÃO) QUE CONSAGRA O POSTULADO DA SOLIDARIEDADE – NECESSIDADE DE IMPEDIR QUE A TRANSGRESSÃO A ESSE DIREITO FAÇA IRROMPER, NO SEIO DA COLETIVIDADE, CONFLITOS INTERGENERACIONAIS – ESPAÇOS TERRITORIAIS ESPECIALMENTE PROTEGIDOS (CF, ART. 225, § 1º, III) – ALTERAÇÃO E SUPRESSÃO DO REGIME JURÍDICO A ELES PERTINENTE – MEDIDAS SUJEITAS AO PRINCÍPIO CONSTITUCIONAL DA RESERVA DE LEI – SUPRESSÃO DE VEGETAÇÃO EM ÁREA DE PRESERVAÇÃO PERMANENTE – POSSIBILIDADE DE A ADMINISTRAÇÃO PÚBLICA, CUMPRIDAS AS EXIGÊNCIAS LEGAIS, AUTORIZAR, LICENCIAR OU PERMITIR OBRAS E/OU ATIVIDADES NOS ESPAÇOS TERRITORIAIS PROTEGIDOS, DESDE QUE RESPEITADA, QUANTO A ESTES, A INTEGRIDADE DOS ATRIBUTOS JUSTIFICADORES DO REGIME DE PROTEÇÃO ESPECIAL – RELAÇÕES ENTRE ECONOMIA (CF, ART. 3º, II, C/C O ART. 170, VI) E ECOLOGIA (CF, ART. 225) – COLISÃO DE DIREITOS FUNDAMENTAIS – CRITÉRIOS DE SUPERAÇÃO DESSE ESTADO DE TENSÃO ENTRE VALORES CONSTITUCIONAIS RELEVANTES – OS DIREITOS BÁSICOS DA PESSOA HUMANA E AS SUCESSIVAS GERAÇÕES (FASES OU DIMENSÕES) DE DIREITOS (RTJ 164/158, 160-161) – A QUESTÃO DA PRECEDÊNCIA DO DIREITO À PRESERVAÇÃO DO MEIO AMBIENTE: UMA LIMITAÇÃO CONSTITUCIONAL EXPLÍCITA À ATIVIDADE ECONÔMICA (CF, ART. 170, VI) – DECISÃO NÃO REFERENDADA – CONSEQUENTE INDEFERIMENTO DO PEDIDO DE MEDIDA CAUTELAR. A PRESERVAÇÃO DA INTEGRIDADE DO MEIO AMBIENTE: EXPRESSÃO CONSTITUCIONAL DE UM DIREITO FUNDAMENTAL QUE ASSISTE À GENERALIDADE DAS PESSOAS. – Todos têm direito ao meio ambiente ecologicamente equilibrado. Trata-se de um típico direito de terceira geração (ou de novíssima dimensão), que assiste a todo o gênero humano (RTJ 158/205-206). Incumbe, ao Estado e à própria coletividade, a especial obrigação de defender e preservar, em benefício das presentes e futuras gerações, esse direito de titularidade coletiva e de caráter transindividual (RTJ 164/158-161). O adimplemento desse encargo, que é irrenunciável, representa a garantia de que não se instaurarão, no seio da coletividade, os graves conflitos intergeneracionais marcados pelo desrespeito ao dever de solidariedade, que a todos se impõe, na proteção desse bem essencial de uso comum das pessoas em geral. Doutrina. A ATIVIDADE ECONÔMICA NÃO PODE SER EXERCIDA EM DESARMONIA COM OS PRINCÍPIOS DESTINADOS A TORNAR EFETIVA A PROTEÇÃO AO MEIO AMBIENTE. – A incolumidade do meio ambiente não pode ser comprometida por interesses empresariais nem ficar dependente de motivações de índole meramente econômica, ainda mais se se tiver presente que a atividade econômica, considerada a disciplina constitucional que a rege, está subordinada, dentre outros princípios gerais, àquele que privilegia a "defesa do meio ambiente" (CF, art. 170, VI), que traduz conceito amplo e abrangente das noções de meio ambiente natural, de meio ambiente cultural, de meio ambiente artificial (espaço urbano) e de meio ambiente laboral. Doutrina. Os instrumentos jurídicos de caráter legal e de natureza constitucional objetivam viabilizar a tutela efetiva do meio ambiente, para que não se alterem as propriedades e os atributos que lhe são inerentes, o que provocaria inaceitável comprometimento da saúde, segurança, cultura, trabalho e bem-estar da população, além de causar graves danos ecológicos ao patrimônio ambiental, considerado este em seu aspecto físico ou natural. A QUESTÃO DO DESENVOLVIMENTO NACIONAL (CF, ART. 3º, II) E A NECESSIDADE DE PRESERVAÇÃO DA INTEGRIDADE DO MEIO AMBIENTE (CF,

> O princípio do desenvolvimento sustentável, além de impregnado de caráter eminentemente constitucional, encontra suporte legitimador em compromissos internacionais assumidos pelo Estado brasileiro e representa fator de obtenção do justo equilíbrio entre as exigências da economia e as da ecologia, subordinada, no entanto, a invocação desse postulado, quando ocorrente situação de conflito entre valores constitucionais relevantes, a uma condição inafastável, cuja observância não comprometa nem esvazie o conteúdo essencial de um dos mais significativos direitos fundamentais: o direito à preservação do meio ambiente, que traduz bem de uso comum da generalidade das pessoas, a ser resguardado em favor das presentes e futuras gerações.

A doutrina também cuida do conceito de princípio do desenvolvimento sustentável. Paulo Affonso Leme Machado entende que esse princípio consiste na

> combinação de diversos princípios ou elementos, quais sejam, a integração da proteção ambiental e o desenvolvimento econômico (princípio da integração; a necessidade de preservação dos recursos naturais para e em benefício das futuras gerações (equidade intergeracional); a exploração dos recursos naturais de forma sustentável (uso sustentável) e o uso equitativo desses mesmo recursos (equidade intrageracional).(151)

E todos esses elementos nos permitem afirmar que o princípio do desenvolvimento sustentável é tipicamente um daqueles sobreprincípios, conforme lição de Paulo de Barro

---

ART. 225): O PRINCÍPIO DO DESENVOLVIMENTO SUSTENTÁVEL COMO FATOR DE OBTENÇÃO DO JUSTO EQUILÍBRIO ENTRE AS EXIGÊNCIAS DA ECONOMIA E AS DA ECOLOGIA. – O princípio do desenvolvimento sustentável, além de impregnado de caráter eminentemente constitucional, encontra suporte legitimador em compromissos internacionais assumidos pelo Estado brasileiro e representa fator de obtenção do justo equilíbrio entre as exigências da economia e as da ecologia, subordinada, no entanto, a invocação desse postulado, quando ocorrente situação de conflito entre valores constitucionais relevantes, a uma condição inafastável, cuja observância não comprometa nem esvazie o conteúdo essencial de um dos mais significativos direitos fundamentais: o direito à preservação do meio ambiente, que traduz bem de uso comum da generalidade das pessoas, a ser resguardado em favor das presentes e futuras gerações. O ART. 4º DO CÓDIGO FLORESTAL E A MEDIDA PROVISÓRIA N. 2.166-67/2001: UM AVANÇO EXPRESSIVO NA TUTELA DAS ÁREAS DE PRESERVAÇÃO PERMANENTE. – A Medida Provisória n. 2.166-67, de 24/8/2001, na parte em que introduziu significativas alterações no art. 4º do Código Florestal, longe de comprometer os valores constitucionais consagrados no art. 225 da Lei Fundamental, estabeleceu, ao contrário, mecanismos que permitem um real controle, pelo Estado, das atividades desenvolvidas no âmbito das áreas de preservação permanente, em ordem a impedir ações predatórias e lesivas ao patrimônio ambiental, cuja situação de maior vulnerabilidade reclama proteção mais intensa, agora propiciada, de modo adequado e compatível com o texto constitucional, pelo diploma normativo em questão. – Somente a alteração e a supressão do regime jurídico pertinente aos espaços territoriais especialmente protegidos qualificam-se, por efeito da cláusula inscrita no art. 225, § 1º, III, da Constituição, como matérias sujeitas ao princípio da reserva legal. – É lícito ao Poder Público — qualquer que seja a dimensão institucional em que se posicione na estrutura federativa (União, Estados-membros, Distrito Federal e Municípios) — autorizar, licenciar ou permitir a execução de obras e/ou a realização de serviços no âmbito dos espaços territoriais especialmente protegidos, desde que, além de observadas as restrições, limitações e exigências abstratamente estabelecidas em lei, não resulte comprometida a integridade dos atributos que justificaram, quanto a tais territórios, a instituição de regime jurídico de proteção especial (CF, art. 225, § 1º, III).

(151) MACHADO, Paulo Affonso Leme. *Direito ambiental brasileiro*. 22. ed. rev., ampl. e atual. São Paulo: Malheiros, 2014. p. 72.

Carvalho, realizando-se pela atuação do princípio fundamental da dignidade da pessoa humana e pelo princípio econômico da defesa do meio ambiente.

6.2. Princípio da função socioambiental da propriedade

De uma forma geral nos acostumamos a falar sobre a função social da propriedade, até mesmo por força dos dispositivos constitucionais(152) que tratam da matéria e do Estatuto da Cidade.(153)

Mas sob a ótica do princípio fundamental da dignidade da pessoa humana, que visa garantir ao ser humano o direito de viver em um meio ambiente ecologicamente equilibrado e essencial para a qualidade de vida, é natural agregar à propriedade não apenas uma função social, mas uma função ambiental, de onde podemos justificar a origem da função socioambiental da propriedade.

Em artigo publicado em uma revista especializada, Juliana Santilli amplia a presença e influência desse princípio para todo o sistema constitucional. Diz ela:

> Consideramos que a função social da propriedade é muito mais do que um princípio específico do Direito Ambiental: é um princípio orientador de todo o sistema constitucional, que irradia os seus efeitos sobre diversos institutos jurídicos. A função socioambiental da propriedade permeia a proteção constitucional à cultura, ao meio ambiente, aos povos indígenas e aos quilombos.(154)

Mas é fundamental compreendermos que quando a Constituição Federal trata do signo propriedade, não está cuidando tão somente da propriedade privada, nem mesmo dando ao signo propriedade a dimensão que lhe dá o direito civil.

Não é demais lembrar que a ideia de propriedade surgiu com uma dimensão coletiva, bem comum de todos, passou por uma concepção apenas individualista e chegou ao estágio atual, em que ainda se mantém uma ideia de individualidade associada à função social e ambiental que a propriedade deve ter.(155)

André Ramos Tavares entende que "a propriedade é, nesse sentido, em síntese, o direito subjetivo de exploração de um bem, que todos os demais integrantes da sociedade devem respeitar".(156)

---

(152) Art. 5º, incisos XXII e XXIII e art. 170, inciso III e art. 186, II.

(153) Lei n. 10.257/2001, art. 2º, *caput.*

(154) SANTILLI, Juliana. "Os novos direitos socioambientais". In: FREITAS, Vladimir P. de (Coord.). *Direito ambiental em evolução* — n. 5. 1. ed., 3. reimp. Curitiba: Juruá, 2011. p. 236.

(155) TAVARES, André Ramos. *Curso de direito Constitucional.* 2. ed. rev. e ampl. São Paulo: Saraiva, 2003. p. 468.

(156) Obra citada, p. 475.

José Afonso da Silva também reconhece que a propriedade privada já não tem mais um caráter individual, absoluto e não deve mais ser considerada como instituição do Direito Privado. Segundo ele, a propriedade "deve ser prevista apenas como uma instituição da ordem econômica, como instituição de relações econômicas".(157) Entre suas justificativas para esse entendimento, José Afonso cita que o art. 170, incisos II e III, da Constituição Federal, dispõe que a ordem econômica deve observar os princípios da propriedade privada e da função social da propriedade.

Não estamos totalmente de acordo com esse conceito de José Afonso da Silva, porque entendemos que deve haver harmonia e compatibilização entre os interesses individuais do cidadão e a função socioambiental que a propriedade deve atender.

Praticamente unânime é o entendimento de Pontes de Miranda, no sentido de que a Constituição garantirá tão somente a instituição da propriedade, deixando que a lei altere seus conteúdos e limites.(158)

É exatamente esse entendimento de Pontes de Miranda que nos leva para a análise do conteúdo e limites do direito de propriedade no Estatuto da Cidade, o qual reforçará ainda mais a obrigatoriedade em incluir nesse debate o direito fundamental ao meio ambiente equilibrado, nos termos do art. 225 da Constituição Federal.

A Lei n. 10.257/2001, mais conhecida como Estatuto da Cidade ou do meio ambiente artificial, dispõe em seu art. 2º que a política urbana tem por objetivo ordenar o pleno desenvolvimento das funções sociais da cidade e da propriedade urbana, adotando como diretrizes gerais a garantia do direito a cidades sustentáveis para as presentes e futuras gerações, dispondo ainda, que esse direito deve ser entendido como o direito à terra urbana, à moradia, ao saneamento ambiental, à infraestrutura urbana, ao transporte e aos serviços públicos, ao trabalho e ao lazer. Nessas normas identificamos o caráter essencial de preservação do meio ambiente, porque não se pode falar em sustentabilidade sem incluir o meio ambiente em todas as suas dimensões, quais sejam, o meio ambiente natural, o artificial, o cultural e o laboral.

Além disso, essa mesma ideia é reforçada pelo art. 39 da mesma lei, quando dispõe que a propriedade urbana cumpre sua função social quando atende às exigências fundamentais da ordenação da cidade expressas no plano diretor, assegurando o atendimento das necessidades dos cidadãos quanto à qualidade de vida, à justiça social e ao desenvolvimento das atividades econômicas, respeitadas as diretrizes previstas no art. 2º desta Lei.

---

(157) SILVA, José Afonso da. *Curso de direito constitucional positivo*. 16. ed. rev. e atual. São Paulo: Malheiros, 1999. p. 273.

(158) PONTES DE MIRANDA, Francisco Cavalcanti. *Comentários à Constituição de 1967 com a Emenda n. 01, de 1969*. 3. ed. Rio de Janeiro: Forense, 1987. t. 5, p. 397.

Pois bem, se é verdade que essa norma dispõe expressamente que a propriedade é uma instituição da ordem econômica, como afirmou José Afonso da Silva, também é fato que essa mesma lei, ao determinar que a propriedade urbana atenda às necessidades dos cidadãos quanto à qualidade de vida, também denota que a propriedade é uma instituição da ordem social e ambiental, mas de interesse público.

Nessa mesma linha de pensamento, Juliana Santilli afirma, sobre conceito já abordamos neste trabalho, que:

> sobre os bens socioambientais incide um direito coletivo que se sobrepõe ao direito de domínio. Independentemente do domínio público ou privado, o interesse coletivo condiciona e restringe a utilização que o proprietário público ou o particular faça dos bens socioambientais. Atenta a tal característica dos bens socioambientais, a doutrina os tem considerado como "bens de interesse público.[159]

Do exposto podemos concluir que a propriedade privada — bem como a pública — somente cumprirá sua função socioambiental quando for utilizada em absoluta consonância com a defesa e preservação dos bens ambientais.

6.3. Princípios da precaução e da prevenção

Os princípios da precaução e da preservação estão expressos no art. 225, *caput* e no § 1º, incisos IV, V e VII deste mesmo artigo, todos da Constituição Federal.[160]

Etimologicamente, precaução é uma cautela antecipada e seu conceito remete a um comportamento preventivo diante de riscos ou perigos que deve ser adotado para evitar possíveis danos.

Há um entendimento comum de que o princípio da precaução visa à longevidade da sadia qualidade de vida da atual geração e se aplica naquelas situações em que não

---

(159) SANTILLI, Juliana. "Os novos direitos socioambientais". *In*: FREITAS, Vladimir P. de (coord.). *Direito ambiental em evolução* – n. 5. 1. ed., 3ª reimpr. Curitiba: Juruá, 2011, p. 236.

(160) Art. 225. Todos têm direito ao meio ambiente ecologicamente equilibrado, bem de uso comum do povo e essencial à sadia qualidade de vida, impondo-se ao Poder Público e à coletividade o dever de defendê-lo e preservá-lo para as presentes e futuras gerações.

§ 1º Para assegurar a efetividade desse direito, incumbe ao Poder Público:

(...)

IV – exigir, na forma da lei, para instalação de obra ou atividade potencialmente causadora de significativa degradação do meio ambiente, estudo prévio de impacto ambiental, a que se dará publicidade;

V – controlar a produção, a comercialização e o emprego de técnicas, métodos e substâncias que comportem risco para a vida, a qualidade de vida e o meio ambiente;

(...)

VII – proteger a fauna e a flora, vedadas, na forma da lei, as práticas que coloquem em risco sua função ecológica, provoquem a extinção de espécies ou submetam os animais a crueldade.

são previamente conhecidas as extensões do potencial dano ambiental. É o caso, por exemplo, da exigência de estudo prévio de impacto ambiental para a instalação de obra ou atividade potencialmente causadora de significativa degradação ambiental, quando não são conhecidas todas as extensões do dano potencial.

Importante destacar que a proteção dos direitos das futuras gerações ficou sob a tutela do princípio da prevenção. Este, inclusive, o entendimento do STF,(161) conforme decisão exarada em controle concentrado de constitucionalidade:

> Acontece que esse caso me parece peculiar, e muito peculiar — se o superlativo for admitido eu diria peculiaríssimo —, porque a lei federal faz remissão à Convenção da OIT 162, art. 3º, que, por versar tema que no Brasil é tido como de direito fundamental (saúde), tem o status de norma supralegal. Estaria, portanto, acima da própria lei federal que dispõe sobre a comercialização, produção, transporte etc. do amianto. (...) De maneira que, retomando o discurso do min. Joaquim Barbosa, a norma estadual, no caso, cumpre muito mais a CF nesse plano da proteção à saúde ou de evitar riscos à saúde humana, à saúde da população em geral, dos trabalhadores em particular e do meio ambiente. A legislação estadual está muito mais próxima dos desígnios constitucionais, e, portanto, realiza melhor esse sumo princípio da eficacidade máxima da Constituição em matéria de direitos fundamentais, e muito mais próxima da OIT, também, do que a legislação federal. Então, parece-me um caso muito interessante de contraposição de norma suplementar com a norma geral, levando-nos a reconhecer a superioridade da norma suplementar sobre a norma geral. E, como estamos em sede de cautelar, há dois princípios que desaconselham o referendum à cautelar: o princípio da precaução, que busca evitar riscos ou danos à saúde e ao meio ambiente para gerações presentes; e o princípio da prevenção, que tem a mesma finalidade para gerações futuras. Nesse caso, portanto, o periculum in mora é invertido e a plausibilidade do direito também contraindica o referendum à cautelar. (...), portanto, pedindo todas as vênias, acompanho a dissidência e também não referendo a cautelar.

Caracteriza, ainda, o princípio da precaução, sua função de gestão de riscos, como bem destacada pelo STF em julgamento de mérito com repercussão geral reconhecida:(162)

> O princípio da precaução é um critério de gestão de risco a ser aplicado sempre que existirem incertezas científicas sobre a possibilidade de um produto, evento ou serviço desequilibrar o meio ambiente ou atingir a saúde dos cidadãos, o que exige que o Estado analise os riscos, avalie os custos das medidas de prevenção e, ao final, execute as ações necessárias, as quais serão decorrentes de decisões universais, não discriminatórias, motivadas, coerentes e proporcionais. Não há vedação para o controle jurisdicional das políticas públicas sobre a aplicação do princípio da precaução, desde que a decisão judicial não se afaste da análise formal dos limites desses parâmetros e que privilegie a opção democrática das escolhas discricionárias feitas pelo legislador e pela administração pública. Por ora, não existem fundamentos fáticos ou jurídicos a obrigar as concessionárias

(161) ADI 3.937 MC, rel. Min. Marco Aurélio, voto do Min. Ayres Britto, j. 4.6.2008, P, *DJE* de 10.10.2008.

(162) RE 627.189, rel. Min. Dias Toffoli, j. 8.6.2016, P, *DJE* de 3.4.2017, Tema 479.

de energia elétrica a reduzir o campo eletromagnético das linhas de transmissão de energia elétrica abaixo do patamar legal fixado. Por força da repercussão geral, é fixada a seguinte tese: no atual estágio do conhecimento científico, que indica ser incerta a existência de efeitos nocivos da exposição ocupacional e da população em geral a campos elétricos, magnéticos e eletromagnéticos gerados por sistemas de energia elétrica, não existem impedimentos, por ora, a que sejam adotados os parâmetros propostos pela Organização Mundial de Saúde, conforme estabelece a Lei n. 11.934/2009.

Mas essa função já havia sido recomendada no princípio 15, da chamada Declaração do Rio de Janeiro, resultado da Conferência das Nações Unidas para o Meio Ambiente e o Desenvolvimento, realizada na cidade do Rio de Janeiro, no período de 3 a 14 de junho de 1992. Dizia o citado princípio:

> De modo a proteger o meio ambiente, o princípio da precaução deve ser amplamente observado pelos Estados, de acordo com suas capacidades. Quando houver ameaça de danos sérios ou irreversíveis, a ausência de absoluta certeza científica não deve ser utilizada como razão para postergar medidas eficazes e economicamente viáveis para prevenir a degradação ambiental.

No sistema do direito positivo brasileiro, esse princípio ganhou suas primeiras citações expressas por meio de duas Convenções internacionais, que entraram em vigor no País no mesmo dia 29 de maio de 1994.

A primeira Convenção foi assinada em 9 de maio de 1992, em Nova York e se trata da Convenção-Quadro das Nações Unidas sobre Mudança do Clima. Essa Convenção foi aprovada pelo Congresso Nacional por meio do Decreto Legislativo n. 1, de 3 de fevereiro de 1994, passando a vigorar para o Brasil em 29 de maio de 1994 e, promulgada pelo Decreto n. 2.652, de 1º de julho de 1998. Vejamos a redação expressa do art. 3º, item 3, dessa Convenção:

> Art. 3º Princípios: Em suas ações para alcançar o objetivo desta Convenção e implementar suas disposições, as Partes devem orientar-se *inter alia*, pelo seguinte:
>
> (...)
>
> 3. As Partes devem adotar medidas de precaução para prever, evitar ou minimizar as causas da mudança do clima e mitigar seus efeitos negativos. Quando surgirem ameaças de danos sérios ou irreversíveis, a falta de plena certeza científica não deve ser usada como razão para postergar essas medidas, levando em conta que as políticas e medidas adotadas para enfrentar a mudança do clima devem ser eficazes em função dos custos, de modo a assegurar benefícios mundiais ao menor custo possível. Para esse fim, essas políticas e medidas devem levar em conta os diferentes contextos socioeconômicos, ser abrangentes, cobrir todas as fontes, sumidouros e reservatórios significativos de gases de efeito estufa e adaptações, e abranger todos os setores econômicos. As Partes interessadas podem realizar esforços, em cooperação, para enfrentar a mudança do clima.

A outra é a Convenção da Diversidade Biológica, assinada no dia 5 de junho de 1992, no Rio de Janeiro, aprovada pelo Congresso Nacional por meio do Decreto Legislativo n. 2, de 3 de fevereiro de 1994, passando a vigorar para o Brasil em 29 de maio de 1994 e, promulgada pelo Decreto n. 2.519, de 16 de março de 1998. Foi no preâmbulo dessa Convenção que o princípio ganhou expressão concreta, nos seguintes termos:

> Observando também que, quando exista ameaça de sensível redução ou perda de diversidade biológica, a falta de plena certeza científica não deve ser usada como razão para postergar medidas para evitar ou minimizar essa ameaça...

Posteriormente, esse princípio da precaução foi incluído no art. 1º, da Lei n. 11.105/2005, a qual regulamenta os incisos II, IV e V do § 1º do art. 225 da Constituição Federal, estabelece normas de segurança e mecanismos de fiscalização de atividades que envolvam organismos geneticamente modificados — OGM e seus derivados, cria o Conselho Nacional de Biossegurança — CNBS, reestrutura a Comissão Técnica Nacional de Biossegurança — CTNBio, dispõe sobre a Política Nacional de Biossegurança — PNB entre outras coisas.

E o artigo primeiro desta lei dispõe expressamente que:

> Esta Lei estabelece normas de segurança e mecanismos de fiscalização sobre a construção, o cultivo, a produção, a manipulação, o transporte, a transferência, a importação, a exportação, o armazenamento, a pesquisa, a comercialização, o consumo, a liberação no meio ambiente e o descarte de organismos geneticamente modificados — OGM e seus derivados, tendo como diretrizes o estímulo ao avanço científico na área de biossegurança e biotecnologia, a proteção à vida e à saúde humana, animal e vegetal, e a observância do princípio da precaução para a proteção do meio ambiente.

De tudo o que foi exposto podemos afirmar que o princípio da precaução apresenta como características a incerteza do dano ambiental, o risco ou perigo potencialmente danoso ao meio ambiente e a obrigatoriedade que o Estado tem de controlar o risco para a vida, para a qualidade de vida e para o próprio meio ambiente, conforme dispõe o art. 225, § 1º, V, da Constituição Federal:

> Art. 225. Todos têm direito ao meio ambiente ecologicamente equilibrado, bem de uso comum do povo e essencial à sadia qualidade de vida, impondo-se ao Poder Público e à coletividade o dever de defendê-lo e preservá-lo para as presentes e futuras gerações.
>
> § 1º Para assegurar a efetividade desse direito, incumbe ao Poder Público:
>
> (...)
>
> V – controlar a produção, a comercialização e o emprego de técnicas, métodos e substâncias que comportem risco para a vida, a qualidade de vida e o meio ambiente;

Por outro lado, reconhecemos o princípio da prevenção nos casos em que já são conhecidos os danos ambientais, como na hipótese de extinção de uma determinada espécie ou quando animais são submetidos à crueldade, por exemplo.

O princípio da prevenção também foi mencionado nas Convenções internacionais supracitadas, mas a maior expressão desse princípio hoje está na Lei de Política Nacional do Meio Ambiente. Eis os objetivos dessa política relacionados com o princípio da prevenção, expressamente citados nos arts. 2º e 4º, incisos I e VI, da Lei n. 6.938/81:

> Art 2º A Política Nacional do Meio Ambiente tem por objetivo a preservação, melhoria e recuperação da qualidade ambiental propícia à vida, visando assegurar, no País, condições ao desenvolvimento socioeconômico, aos interesses da segurança nacional e à proteção da dignidade da vida humana, atendidos os seguintes princípios:
>
> Art 4º A Política Nacional do Meio Ambiente visará:
>
> I – à compatibilização do desenvolvimento econômico-social com a preservação da qualidade do meio ambiente e do equilíbrio ecológico;
>
> (...)
>
> VI – à preservação e restauração dos recursos ambientais com vistas à sua utilização racional e disponibilidade permanente, concorrendo para a manutenção do equilíbrio ecológico propício à vida;

O que devemos apreender dessas normas e princípio é que, apesar de a norma usar o signo 'preservação', o objetivo é a prevenção, ou seja, adotar ações voltadas à ação antecipada de forma que se evite a ocorrência de danos ambientais. Mas, caso os danos já tenham ocorrido, esse mesmo princípio deve nortear ações voltadas para enfrentar problemas decorrentes de irreversibilidades, até mesmo como forma de não agravar o que já é grave.

Entre os chamados instrumentos da Política Ambiental, a prevenção também ganha destaque, com a realização de estudos de impacto ambiental:

> Art 9º São instrumentos da Política Nacional do Meio Ambiente:
>
> (...)
>
> III – a avaliação de impactos ambientais;

Fica claro, portanto, que precaução e prevenção caminham lado a lado com a mesma finalidade: evitar ou mitigar danos ambientais, previamente conhecidos ou não.

Essas ações todas devem ocorrer de forma dinâmica. Como afirmou Paulo Affonso Leme Machado, "a prevenção não é estática; e, assim, tem-se que atualizar e fazer reavaliações, para poder influenciar a formulação das novas políticas ambientais, das ações dos empreendedores e das atividades da Administração Pública, dos Legisladores e do Judiciário".[163]

6.4. Princípio do consumidor-pagador ou usuário-pagador

Esse princípio está insculpido na parte final do inciso VII do art. 4º, da Lei n. 6.938/1981, e consiste na imposição do pagamento de uma contribuição pelo usuário de recursos ambientais com fins econômicos.[164]

De se observar que referida contribuição é uma contraprestação que o usuário pagará em razão do uso de recursos ambientais com fins econômicos, recursos que naturalmente pertencem a toda sociedade e todos os cidadãos. Daí surgir uma também natural obrigação de pagar pelo uso individual de algo que pertence a todos, inclusive às futuras gerações.

Mas não é apenas a utilização de bens ambientais com fins econômicos que pode dar ensejo a essa cobrança. Situações preventivas, visando evitar um dano, proteger um recurso escasso, pode levar ao seu pagamento também.

Nesses casos, trata-se de uma compensação ambiental, antecipando as cobranças em razão de possíveis danos ambientais. Segundo Paulo Affonso Leme Machado,[165] "a compensação ambiental apresenta várias facetas. Uma delas é fazer com que a contribuição financeira seja paga antes que o dano aconteça, no sentido de evit*á*-lo. Outra forma de implementação é fazer com que a contribuição financeira seja um investimento na redução ou mitigação dos danos prováveis ao meio ambiente".

Evidente, portanto, que esse princípio está alinhado com o desenvolvimento econômico sustentável, o que não o impede de estabelecer limites e contraprestações para proteger o interesse geral coletivo.

Vamos ver o posicionamento do STF[166] a respeito desse princípio, notadamente reconhecendo a possibilidade de compensação ambiental como instrumento de partilha das responsabilidades sociais entre o Poder Público e o particular:

> Art. 36 e seus §§ 1º, 2º e 3º, da Lei n. 9.985, de 18-7-2000. Constitucionalidade da compensação devida pela implantação de empreendimentos de significativo impacto ambiental. Inconstitucionalidade parcial do § 1º do art. 36. O compartilhamento-compensação ambiental de que trata o art. 36 da Lei n. 9.985/2000 não ofende o princípio da legalidade,

(163) MACHADO, Paulo Affonso Leme. *Direito ambiental brasileiro*. 22. ed. rev., ampl. e atual. São Paulo: Malheiros, 2014. p. 120.

(164) Art. 4º A Política Nacional do Meio Ambiente visará: (...) VII – à imposição, ao poluidor e ao predador, da obrigação de recuperar e/ou indenizar os danos causados e, *ao usuário, da contribuição pela utilização de recursos ambientais com fins econômicos*.

(165) *Direito ambiental brasileiro*, p. 120.

(166) ADI 3.378, rel. Min. Ayres Britto, j. 14.6.2008, P, *DJE* de 20.6.2008.

dado haver sido a própria lei que previu o modo de financiamento dos gastos com as unidades de conservação da natureza. De igual forma, não há violação ao princípio da separação dos poderes, por não se tratar de delegação do Poder Legislativo para o Executivo impor deveres aos administrados. Compete ao órgão licenciador fixar o *quantum* da compensação, de acordo com a compostura do impacto ambiental a ser dimensionado no relatório — EIA [Estudo de Impacto Ambiental]/RIMA [Relatório de Impacto Ambiental]. O art. 36 da Lei n. 9.985/2000 densifica o princípio do usuário-pagador, este a significar um mecanismo de assunção partilhada da responsabilidade social pelos custos ambientais derivados da atividade econômica. Inexistente desrespeito ao postulado da razoabilidade. Compensação ambiental que se revela como instrumento adequado à defesa e preservação do meio ambiente para as presentes e futuras gerações, não havendo outro meio eficaz para atingir essa finalidade constitucional. Medida amplamente compensada pelos benefícios que sempre resultam de um meio ambiente ecologicamente garantido em sua higidez. Inconstitucionalidade da expressão "não pode ser inferior a meio por cento dos custos totais previstos para a implantação do empreendimento", no § 1º do art. 36 da Lei n. 9.985/2000. O valor da compensação-compartilhamento é de ser fixado proporcionalmente ao impacto ambiental, após estudo em que se assegurem o contraditório e a ampla defesa. Prescindibilidade da fixação de percentual sobre os custos do empreendimento.

Interessante mencionar que esse entendimento do STF, ao ampliar as possibilidades de aplicação do princípio do usuário-pagador, além daquela prevista no inciso VII do art. 4º, da Lei n. 6.938/81, nada mais é do que o direito em sua versão dinâmica, conforme tratamos na introdução.

6.5. Princípio do poluidor-pagador

Talvez a defesa mais enfática da importância do princípio do poluidor-pagador seja da Organização para a Cooperação e Desenvolvimento Econômico — OCDE.

Segundo essa importante organização internacional da qual o Brasil faz parte, as bases tributárias ambientais devem ser direcionadas ao comportamento poluente ou ao próprio poluente.

No Brasil, o princípio foi acolhido pelo art. 9º, inciso VII, da Lei n. 6.938/81, da mesma forma que do art. 225, § 3º, inciso V, da Constituição Federal de 1988, se pode inferir uma norma que reforça esse princípio.

Segundo doutrina de Édis Milaré, que acrescenta, ainda, aos citados fundamentos legais, o art. 5º, § 6º, da Lei n. 7.347/85, como mais uma expressão normativa desse princípio, ele apresenta as seguintes características:

> Assenta-se esse princípio na vocação redistributiva do Direito Ambiental e se inspira na teoria econômica de que os custos sociais externos que acompanham o processo produtivo (*v.g.*, o custo resultante dos danos ambientais) precisam ser internalizados, vale dizer, que os agentes econômicos devem

> levá-los em conta ao elaborar os custos de produção e, consequentemente, assumi-los. Busca-se, no caso, imputar ao poluidor o custo social da poluição por ele gerada, engendrando um mecanismo de responsabilidade por dano ecológico abrangente dos efeitos da poluição não somente sobre bens e pessoas, mas sobre toda a natureza. Em termos econômicos, é a internalização dos custos externos.(167)

Assim, um tributo ambiental geralmente deve ser cobrado o mais diretamente possível do agente poluente e tendo como pressuposto a ação ou omissão que causa o dano ambiental. O uso dos tributos para aumentar o custo de mercado da atividade poluidora ajuda a incentivar toda a gama de possíveis opções de redução: processos de produção mais limpos; medidas para capturar e neutralizar as emissões de carbono antes que elas entrem no meio ambiente; adoção de produtos ou insumos que causem menos poluição; desenvolvimento de novos produtos menos poluentes; e redução da produção ou consumo de produtos e serviços poluentes.(168)

O objetivo do princípio, segundo Antonio Herman Benjamin:

> é fazer com que os custos das medidas de proteção do meio ambiente — as externalidades ambientais — repercutam nos custos finais de produtos e serviços cuja produção esteja na origem da atividade poluidora (...) Externalidades, em sede ambiental, são os custos sociais do processo de desenvolvimento e que, só recentemente, através do princípio poluidor-pagador, passaram a ser computados 3 já que exigíveis 3 no preço final de produtos e serviços. Diz-se, assim, que esses custos são internalizados.(169)

O fato é que nossa Constituição Federal não tratou com a devida importância esse princípio, limitando-o a uma ideia de dever de reparação de danos quando o princípio, na verdade, é muito mais amplo, já que ele visa, na prática, não à compensação pela poluição causada, mas sim, impedir que ocorra a poluição, evitar o dano, numa postura de prevenção.

O tributo cobrado diretamente daquele que polui tende a ser mais eficiente no que tange a induzir uma mudança de conduta, especificamente no processo produtivo ou na prestação de serviços, para reduzir ou evitar os danos ambientais.

---

(167) MILARÉ, Édis. *Direito do ambiente:* doutrina, jurisprudência, glossário. 3. ed. rev., atual. e ampl. São Paulo: Revista dos Tribunais, 2004. p. 142.

(168) OCDE — Environmental taxation a guide for policy maker.

(169) "O princípio poluidor-pagador e a reparação do dano ambiental". In: *Dano ambiental*: prevenção, reparação e repressão, p. 229-230.

Mas há casos em que a tributação pode alcançar uma atividade intermediária ou os insumos necessários a determinada produção.

Por exemplo, seria muito difícil tributar diretamente as emissões de gás carbônico de cada veículo automotor, além do elevado custo administrativo da medição de emissões individuais.

Mas é certo que a liberação do carbono na atmosfera está diretamente relacionada com o uso de combustível fóssil. Assim, também é de fácil compreensão que tributar os combustíveis utilizados pelos veículos automotores são medidas eficientes para a tributação das emissões de CO_2, uma vez que a intensidade de CO_2 da combustão de gasolina e diesel é passível de aferição por amostragem.

Isso permite, inclusive, a concentração da cobrança desse tipo de tributo, de forma mais eficiente, diretamente na refinaria ou nos atacadistas.

Assim, há de reconhecermos que os tributos podem ser extremamente eficazes na proteção e defesa do meio ambiente, também como normas indutoras de comportamento, quando projetados adequadamente e cobrados o mais próximo possível dos danos ambientais causados ou atividade poluente, daí a importância do princípio poluidor--pagador.

Na doutrina pátria encontramos o entendimento contrário sustentado por Fábio Nieves, o qual invoca o conceito de tributo do Código Tributário Nacional para embasar seu pensamento. Ele afirma a impossibilidade de utilização desse princípio no sistema jurídico brasileiro do direito tributário ambiental, porque o ato de poluir é crime, logo, nenhum tributo pode ter como hipótese de incidência um ato ilícito. Segundo ele, poluir é um ato ilícito e o objeto da prestação "poluir" é uma sanção e não tributo.(170)

Entendemos que essa questão está ultrapassada porque o ser humano é um ser poluente por natureza e muitas vezes polui o meio ambiente sem cometer crime. O uso de um automóvel, por exemplo, que usa combustível fóssil, é um agente poluente, e ser proprietário de veículo automotor e usá-lo não é crime. Além disso, o conceito de ato ilícito expresso no CTN é de 1966. Hoje, sua interpretação deve ser outra. O Direito é um "ser em movimento", está sempre se atualizando para atender e regular a vida em sociedade no tempo em que vivemos.

Nesse sentido, a interpretação literal do art. 3º do Código Tributário Nacional nos parece a mais pobre e distante dos dias de hoje.

Cobrar tributo do poluidor-pagador não substitui as sanções de natureza penal. São situações distintas e assim devem ser tratadas. Não se tributa atividade e agentes poluidores para que sejam punidos penalmente, mas sim, para que contribuam com a

(170) Obra citada, p. 108-112.

preservação e a defesa do meio ambiente ecologicamente equilibrado. Atividades poluidoras que exigem posteriormente remediação ambiental, recuperação de rios, lençóis freáticos, lagos, mares, florestas, entre outras não só podem como devem sustentar a cobrança de tributos e isso não tem relação direta nem indireta com sanção decorrente de ato ilícito, mas sim, medidas para concretizar políticas públicas voltadas à defesa e preservação do meio ambiente ecologicamente equilibrado para a atual e as futuras gerações, ampliando as oportunidades de inclusão social e de uma vida digna.

6.6. Princípio da solidariedade

Esse princípio tem forte cunho filosófico, razão pela qual buscamos na filosofia, inclusive, a definição de solidariedade. Nesse diapasão, segundo Nicola Abbagnano, solidariedade é "termo de origem jurídica que, na linguagem comum e na filosófica, significa: 1º inter-relação ou interdependência; 2º assistência recíproca entre os membros de um mesmo grupo".(171)

Tem sua previsão expressa no *caput*, do art. 225, da Constituição Federal, ao estabelecer de forma expressa que a defesa e preservação do meio ambiente é função do Poder Público e de toda a coletividade, razão pela qual também é conhecido como princípio da participação comunitária ou apenas princípio da participação.

Bem observaram Eduardo Pires e Jorge Renato dos Reis, que:

> a ligação de direito ao mcio ambiente equilibrado com o princípio da solidariedade social ocorre, muito especialmente, por se tratar de um direito de terceira dimensão, isto é, baseado justamente na fraternidade ou solidariedade, já que todos estamos irmanados no interesse ligado à sua preservação e promoção".(172)

Isso se dá porque o direito ao meio ambiente ecologicamente equilibrado é um direito coletivo, da atual e das futuras gerações inclusive, por isso também é chamado de direito transindividual, pois transcende a figura do homem individualmente, como único titular desse direito.

Com esse princípio, temos a distribuição de responsabilidades, de modo que fique claro que a defesa e preservação do meio ambiente é solidária também e há de ser feita pela coletividade, ainda que o Poder Público seja omisso ou incompetente na execução dessa tarefa ou vice versa.

---

(171) ABBAGNANO, Nicola. *Dicionário de filosofia*. 3. ed. rev. e ampl. 2. tir. São Paulo: Martins Fontes, 1999. p. 918.

(172) PIRES, Eduardo; REIS, Jorge Renato dos. "A vinculação dos particulares ao direito fundamental ao meio ambiente ecologicamente equilibrado". In: CUSTÓDIO , André Viana; BALDO, Lumar Junior (Orgs.). *Meio ambiente:* constituição de políticas públicas. Curitiba: Multideia, 2011. p. 104.

O STF tem afirmado a importância desse tributo em matéria tributária. Eis uma manifestação nesse sentido:

> No caso, a contribuição adicional foi estabelecida pelo art. 3º, § 2º, da Lei n. 7.787/1989, antes da EC n. 20/1998, que autorizou a adoção de alíquotas diferenciadas de contribuições sociais. O Colegiado afirmou que, com a Constituição Federal de 1988, o princípio da solidariedade assumiu papel de enorme relevo a justificar que os contribuintes sejam chamados para participar da manutenção do sistema, sem a exigência de vínculo com os demais segurados, ou direito a determinada retribuição ou qualquer espécie de benefício.[(173)]

Essa ideia de participação do cidadão, da comunidade em geral nas questões ambientais, já ganhava destaque no princípio 10, da Declaração do Rio, de 1992, o qual dispunha: "a melhor maneira de tratar de questões ambientais é assegurar a participação, no nível apropriado, de todos os cidadãos interessados...".[(174)]

Édis Milaré destaca que o direito de informação — que é um princípio autônomo para Paulo Affonso Leme Machado — é pressuposto do direito de participação, na medida em que "os cidadãos com acesso à informação têm melhores condições de atuar sobre a sociedade, de articular mais eficazmente desejos e ideias de tomar parte ativa nas decisões que lhes interessam diretamente...".[(175)]

Aprofundando um pouco mais essa questão, podemos afirmar que esse princípio da solidariedade é fundamental para a concretização do próprio direito fundamental ao meio ambiente ecologicamente equilibrado.

Nesse sentido que acabamos de expor, e associando esse direito fundamental aos direitos humanos como valores indisponíveis, o STF[(176)] cuidou do princípio da solidariedade em matéria ambiental:

> O direito à integridade do meio ambiente — típico direito de terceira geração — constitui prerrogativa jurídica de titularidade coletiva, refletindo, dentro do processo de afirmação dos direitos humanos, a expressão significativa de um poder atribuído, não ao indivíduo identificado em sua singularidade, mas, num sentido verdadeiramente mais abrangente, à própria coletividade social. Enquanto os direitos de primeira geração (direitos civis e políticos) — que compreendem as liberdades clássicas, negativas ou formais — realçam o princípio da liberdade e os direitos de segunda geração (direitos econômicos, sociais e culturais) — que se identificam com as liberdades positivas, reais ou concretas — acentuam o princípio da igualdade, os direitos de terceira geração,

(173) RE 599.309, rel. Min. Ricardo Lewandowski, j. 6.6.2018, P, Informativo 905, Tema 470.

(174) GUEDES, Sérgio Wolney de Oliveira Batista. "Princípios de direito ambiental". *Coleção Jornada de Estudos ESMAF.* II Jornada de direito ambiental/TRF da 1ª Região. Escola de Magistratura Federal da 1ª Região – Brasília: ESMAF, 2013. p. 320.

(175) *Direito do ambiente*: doutrina, jurisprudência, glossário, p. 141.

(176) MS 22.164, rel. Min. Celso de Mello, j. 30.10.1995, P, *DJ* de 17.11.1995.

> que materializam poderes de titularidade coletiva atribuídos genericamente a todas as formações sociais, consagram o princípio da solidariedade e constituem um momento importante no processo de desenvolvimento, expansão e reconhecimento dos direitos humanos, caracterizados, enquanto valores fundamentais indisponíveis, pela nota de uma essencial inexauribilidade.

Por fim, em relação ao princípio da informação, entendemos que o tratamento deve ser separado do princípio da solidariedade, primeiro porque é um princípio que já tem conteúdo próprio que lhe permite a existência independente do princípio da solidariedade. Segundo, porque, para efeito de compreensão da matéria, a separação facilitará essa tarefa. E é isso que faremos agora.

6.7. Princípio da informação

O princípio da informação é um dos fins que visa atingir a Política Nacional do Meio Ambiente, conforme disposição expressa do art. 4º, inciso V. Vejamos:

> Art 4º A Política Nacional do Meio Ambiente visará:
>
> (...)
>
> V – à difusão de tecnologias de manejo do meio ambiente, à divulgação de dados e informações ambientais e à formação de uma consciência pública sobre a necessidade de preservação da qualidade ambiental e do equilíbrio ecológico;

Considerando que o meio ambiente é um bem de uso coletivo, cuja tarefa de defender e preservar também foi atribuída a toda a sociedade civil, juntamente com o Poder Público, conforme expressa disposição constitucional estampada no art. 225, é absolutamente natural e imprescindível que o particular tenha acesso às informações do meio ambiente.

A necessidade de ter acesso às informações visa mais do que formar a opinião pública, ela tem o condão de formar uma consciência ambiental que permita aos particulares, em tempo hábil, receber as informações, processá-las em sua mente e se manifestarem de forma consciente pelos canais próprios para isso.

Estamos diante de um princípio que reclama o compartilhamento das informações públicas com os particulares, salvo aquelas protegidas por alguma espécie de sigilo.

E a informação é um pressuposto indispensável para que o particular possa efetivamente cumprir seu dever de preservação e defesa do meio ambiente ecologicamente equilibrado e saudável, direito difuso e coletivo de toda a sociedade brasileira.

Capítulo 7

Princípios Constitucionais que Regem o Direito Tributário Ambiental

Partimos do pressuposto de que a Constituição não é um "ser estático", posto que está sempre em movimento e se atualizando, é um texto dinâmico, aberto, no sentido de que pode sofrer atualização constante para adequar as normas ao tempo em que vivemos.

E essa dinâmica, essa atualização, é realizada pela interpretação, atividade através da qual o hermeneuta atribui um significado jurídico ao estrato de linguagem, que é o suporte físico da norma jurídica.

Verdade, também, que o texto constitucional pode ser alterado e atualizado mediante emendas constitucionais, resultado do exercício do poder constituinte derivado.

E a importância dos princípios para a interpretação e aplicação do Direito é fundamental. Os princípios fornecem direções gerais, trazem em seu interior os valores mais importantes para a sociedade, que visa regular as condutas entre os indivíduos, entre os indivíduos e as pessoas políticas e, também, apenas entre as pessoas políticas.

Os princípios possuem uma grande abstração quando comparados com normas que se referem a condutas e situações fáticas. Nesse sentido, podemos afirmar que o sistema jurídico é formado por normas que se distinguem de acordo com seu maior ou menor grau de abstração ou concreção. Quanto mais individual uma norma, mais concreta ela será. Da mesma forma, em sentido oposto, quanto maior a sua abstração, alcance e generalidade, mais nos aproximamos dos princípios, até que em determinado ponto, só temos os princípios.

Também há de se afirmar que na maioria das vezes os princípios são utilizados mais com caráter interpretativo do que são interpretados, razão pela qual, ao interpretar, se busca a maior adequação possível entre a norma interpretada e o princípio ou princípios que devem respeitar.

A busca da adequação dos princípios às normas é que dá unidade a qualquer sistema ou subsistema normativo.

Assim, são os princípios tributários e os princípios ambientais, em conjunto com os princípios gerais do direito, todos eles explícitos ou não, que conferem ou irão conferir unidade ao conjunto de normas que a doutrina costuma chamar de direito tributário ambiental.

Estamos, desse modo, destacando que os princípios, além de serem objeto da interpretação em alguns casos, em outros eles são regras de interpretação.

Um princípio não é interpretado isoladamente, mas sempre associado a outra norma jurídica. Dessa conjugação entre princípios e demais normas jurídicas constitucionais é que se atribui(em) o(s) conteúdo(s) à(s) norma(s).

Nesse contexto, quando falamos em interpretação da Constituição, é nos princípios que encontramos os valores que norteiam toda e qualquer interpretação da Constituição. E, ao dar esse norte, esse direcionamento, os princípios acabam, também, orientando e coordenando todos os elementos, dados, fatores, consciência social, condições que atuam na interpretação constitucional e infraconstitucional.

Assim, como objeto da interpretação, os princípios também devem ter um conteúdo extraído do estrato de linguagem.

Eis a lição de Celso Bastos a respeito da utilização dos princípios em sua função interpretativa:

> Os princípios cumprem relevante função na atividade desenvolvida pelo intérprete, sendo imprescindíveis à boa compreensão do texto constitucional. Sua utilização deve objetivar a harmonização das diversas normas constitucionais, nunca a exclusão ou eliminação de qualquer delas, nem mesmo poderão servir de fundamento a uma orientação que retire da norma seu mínimo de eficácia. Relembramos aqui, portanto, os pressupostos constitucionais: o intérprete deve buscar a máxima eficácia possível da norma que interpreta, mas de forma harmônica com as demais regras e princípios.[(177)]

Há uma distinção que Celso Bastos faz, entre princípios gerais do Direito e princípios constitucionais. De acordo com o citado jurista, os princípios gerais do Direito estão explícitos no texto constitucional — ainda que nem sempre recebam o nome de princípios — e servem de fundamento para as demais normas jurídicas de todo o sistema. Segundo ele, estes são a "expressão, no campo jurídico, das verdades últimas do Homem sobre si mesmo".[(178)]

(177) BASTOS, Celso Ribeiro. *Hermenêutica e interpretação constitucional*. 2. ed. rev. e ampl. São Paulo: Celso Bastos Editor: Instituto Brasileiro de Direito Constitucional, 1999. p. 138-139.

(178) *Hermenêutica e interpretação constitucional*, p. 140.

A antiga lei de introdução ao Código Civil, agora chamada de lei de introdução às normas do Direito Brasileiro, em seu art. 4º, dá aos princípios gerais a característica de normas subsidiárias no processo de interpretação e aplicação da lei, ao dispor que "quando a lei for omissa, o juiz decidirá o caso de acordo com a analogia, os costumes e os princípios gerais de direito".

Está mais uma vez demonstrado que os princípios constitucionais realmente são diretrizes interpretativas das demais normas constitucionais e fundamento jurídico de todo o ordenamento jurídico.

Portanto, resta claro que os princípios — constitucionais ou gerais do Direito — possuem duas funções: são objeto da própria atividade de interpretação e são diretrizes de interpretação das demais normas do sistema.

O princípio fundamental da dignidade da pessoa humana, assim como os objetivos da República, se revestem dessas características importantíssimas, que é serem norteadores da escolha dos princípios constitucionais que se aplicam a cada caso e da determinação do seu conteúdo. São, portanto, princípios gerais do Direito também, que são aplicados de forma geral, em todo o sistema do direito positivo brasileiro, exercendo a dupla função ora explicitada.

Esse o motivo pelo qual todas as normas constitucionais tributárias, bem como as ambientais, encontram no princípio geral da dignidade da pessoa humana e nos objetivos fundamentais da República, as diretrizes para sua interpretação e o fundamento para sua aplicação.

Vale reiterar nosso entendimento de que realmente temos, no art. 3º da Constituição Federal, diversos princípios gerais do Direito, em que pese terem sido chamados pelo legislador constituinte de "objetivos fundamentais".

Precisa a explicação de Celso Bastos sobre os princípios gerais:

> De fato, os princípios gerais de Direito são verdadeiros valores, sendo princípios, vale lembrar, porque se concebem como origem, causa, gênese. Mas também possuem um aspecto teleológico, no sentido de que sua realização plena constitui a finalidade que o intérprete deve ter em mira.(179)

Mas os princípios gerais do Direito se caracterizam pela generalidade absoluta de sua incidência em todo o sistema jurídico. Isso os diferencia dos princípios constitucionais, que não são aplicados a todo o sistema, mas sim, a determinada áreas ou segmentos, dada sua especificidade.

---

(179) *Hermenêutica e interpretação constitucional*, p. 146.

Além dos princípios gerais do Direito acima citados, também são exemplos os princípios da justiça, da igualdade, da liberdade, da supremacia do interesse coletivo sobre o particular, entre outros.

Segundo Pinto Ferreira,(180) o Estado Social de Direito, que consolida os direitos sociais, especialmente a educação, a saúde, o direito à informação, o direito ao equilíbrio ecológico, o direito ao desenvolvimento nacional, entre outros, é a melhor forma de defesa do meio ambiente.

Ainda segundo Pinto Ferreira,

> Com a transformação do Estado Liberal em Estado Social de Direito o Brasil pode consolidar e transferir o resultado de seus imposto e tributos para a educação e a saúde (...) O caminho, por consequência, para o futuro do brasileiro será a consolidação do Estado Social de Direito, que permitirá a proteção do meio ambiente, a defesa do patrimônio ecológico do país e o desenvolvimento nacional, com todos os seus desdobramentos.(181)

Willis Santiago Guerra Filho afirma que é no constitucionalismo que hoje estão os estudos mais avançados em Teoria do Direito. E faz importante observação nessa linha de raciocínio:

> É assim que se desenha uma ordem jurídica formada por dois tipos básicos de normas: regras, reportando-se diretamente a condutas ou situações determinadas, e princípios, que positivam juridicamente certos valores. Daí resulta uma ordenação em que as primeiras são entendidas e validadas pela sua referência aos últimos, os quais, por sua vez, possuem graus diversos de relevância aos últimos, os quais, por sua vez, possuem graus diversos de relevância para atingir a finalidade maior de um sistema jurídico democrático: legalidade, com respeito à dignidade humana.(182)

Esse também o pensamento de Eros Roberto Grau:

> As regras jurídicas são aplicáveis por completo ou não são, de modo absoluto, aplicáveis. Trata-se de um tudo ou nada, desde que os pressupostos de

(180) FERREIRA, Pinto. "O meio ambiente e a defesa da Amazônia". In: GRAU, Eros Roberto; GUERRA FILHO, Willis Santiago (Orgs.). *Direito constitucional* — estudos em homenagem a Paulo Bonavides. São Paulo: Malheiros, 2001. p. 224-225.

(181) *Direito constitucional* — estudos em homenagem a Paulo Bonavides, p. 225.

(182) GUERRA FILHO, Willis Santiago. "Princípio da proporcionalidade e teoria do direito". In: GRAU, Eros Roberto; GUERRA FILHO, Willis Santiago (Orgs.). *Direito constitucional* — estudos em homenagem a Paulo Bonavides. São Paulo: Malheiros, 2001. p. 268.

> fato aos quais a regra se refira — o suporte fáctico hipotético, o *Tatbestand* — se verifiquem, em uma situação concreta, e sendo ela válida, em qualquer caso há de ser ela aplicada.
>
> Já os princípios jurídicos atuam de modo diverso: mesmo aqueles que mais se assemelham às regras não se aplicam automática e necessariamente quando as condições previstas como suficientes para sua aplicação se manifestam.(183)

Eros também faz mais uma distinção entre princípio e regra, afirmando que apenas os princípios possuem peso ou importância.

E quando uma situação fática comporta hipoteticamente a aplicação de dois ou mais princípios – típica situação de antinomia – é a valoração de cada um deles diante do fato que determinará sua aplicação e solução do conflito. Normalmente esse é o resultado da ponderação como método de solução de antinomias, em que o processo envolve a identificação das normas pertinentes, a seleção dos fatos relevantes e, por fim, a atribuição de pesos a cada princípio.

7.1. Princípio da federação e da república

Com o fim da monarquia no Brasil em 1889, o que foi externado por meio do decreto n. 1 de 1889, foram introduzidos no ordenamento jurídico constitucional de nosso país dois princípios constitucionais fundamentais, a Federação e a República, os quais estão, atualmente, consagrados no art. 1º da Constituição Federal de 1988, nos seguintes termos:

> Art.1º A República Federativa do Brasil, formada pela união indissolúvel dos Estados e Municípios e do Distrito Federal, constitui-se em Estado Democrático de Direito e tem como fundamentos:

A Federação possui, como características marcantes, a distribuição do poder e a preservação da autonomia dos entes políticos que fazem parte do pacto federativo.

No âmbito do direito tributário, sua análise é fundamental, pois por esse princípio podemos estabelecer o alcance da competência tributária da União, dos Estados-membros, do Distrito Federal e dos municípios, também conhecida como competência tributária intraestatal.

Roque Antonio Carrazza(184) entende que "(...) Federação é uma associação, uma união institucional de Estados, que dá lugar a um novo Estado (o Estado Federal), diverso

---

(183) *A ordem econômica na Constituição de 1988*, p. 91-92.

(184) CARRAZZA, Roque Antonio. *Curso de direito constitucional tributário*. 7. ed. rev. e ampl. São Paulo: Malheiros, 1995. p. 77.

dos que dele participam (Estados-membros). Nela, os Estados federados, sem perderem suas personalidades, despem-se de algumas tantas prerrogativas, em benefício da União de Estados. A mais relevante delas é a soberania".

Já tratamos da soberania neste trabalho, mas vale reiterar que a soberania é um atributo exclusivo do Estado-Nação, inerente à sua própria natureza, e que não é compartilhado com nenhum estado-membro ou outro ente da federação.

Em nosso modelo federativo ela dá à União Federal poderes supremos, absolutos sobre algumas matérias e que não podem ser confrontados por nenhum dos outros entes da federação.

Reiterar essa característica do poder soberano é importante para abordarmos no que consiste a segunda característica marcante da Federação, que é a preservação da autonomia dos entes políticos. E autonomia não se confunde com soberania.

Então, o que vem a ser essa autonomia?

Essa autonomia significa que os estados-membros podem elaborar sua própria Constituição e suas leis, obviamente respeitando as diretrizes fixadas na Constituição Federal. Diante dessa subordinação à Constituição Federal é que afirmamos que a autonomia dos estados-membros é relativa, afinal, como já dizia Antonio Roque Carraza,(185) "a Constituição Federal, como já acenamos, limita a faculdade constituinte dos mesmos, mediante a repartição de competências entre a ordem jurídica parcial central (a União) e as ordens jurídicas parciais periféricas (os Estados-federados)".

Invadimos, assim, o campo da competência, onde cada um dos estados-membros possui autonomia para fixar livremente suas diretrizes, traçar suas metas, estabelecer objetivos, desde que respeitem os limites que lhes são impostos pela própria Constituição Federal, conforme está fixado no art. 25, § 1º, nos seguintes termos: "São reservadas aos Estados as competências que não lhes sejam vedadas por esta Constituição".

Cabe ainda destacar a condição dos municípios dentro da Federação.

Tendo em vista a norma expressa no art. 18 da Constituição Federal, segundo a qual "A organização político-administrativa da República Federativa do Brasil compreende a União, os Estados, o Distrito Federal e os Municípios, todos autônomos...", além de todo o conjunto de princípios e fundamentos implícitos e explícitos na Constituição Federal, entendemos que o município também faz parte do pacto federativo, apesar de reconhecer que parte da doutrina caminha em sentido oposto. Não nos rendemos aos argumentos daqueles que afirmam que o município não pode fazer parte do pacto federativo porque não possui representatividade no Congresso Nacional.

---

(185) *Curso de direito constitucional tributário*, p. 87.

Os municípios, assim como a União Federal e os estados-membros, possuem autonomia administrativa, financeira e legislativa, obviamente dentro daquelas competências que lhes são reservadas. E estas são as principais características que um ente político integrante do pacto federativo deve ter.

Essa mesma ideia se aplica ao Distrito Federal.

Quanto à União, algumas considerações são necessárias.

Temos no Brasil três ordens jurídicas: uma global, uma central e outras parciais. À ordem global corresponde a Constituição Federal, ao passo que à União corresponde a ordem jurídica central, enquanto os estados-membros formam as ordens parciais. Dentro desse aspecto, importa salientar que a União e os estados-membros estão no mesmo nível hierárquico. O que os diferencia é o fato de que a União não é livre para se auto-organizar, como os estados-membros o são, porque ela já está devidamente organizada na Constituição Federal.

Feitas estas considerações, podemos concluir pela grande importância desse princípio, uma vez que ele deixará claro qual o ente político que possui competência tributária para instituir os tributos e, especialmente, os tributos ambientais, que são objeto deste estudo.

Agora passaremos à análise do princípio da república.

República é forma de governo na qual há de prevalecer a vontade da maioria. Estado republicano é aquele que está fundado sob as bases da igualdade formal das pessoas, compreendida esta em seu sentido negativo, na medida em que visa acabar com qualquer espécie de privilégios.

Como principais vertentes desse princípio, e sem a pretensão de reduzir excessivamente a sua importância, podemos afirmar que o princípio republicano possui duas características fundamentais, que é a alternância no poder e o fato de esse mesmo poder pertencer ao povo.

Obviamente o tema não fica restrito a essa brevíssima conclusão, mesmo porque esse princípio irradia sua influência por todo o nosso ordenamento jurídico constitucional. Por essa razão, Geraldo Ataliba afirmou que:

> o princípio republicano não é meramente afirmado como simples projeção retórica ou programática. É desdobrado em todas as suas consequências, ao longo do texto constitucional: inúmeras regras dando o conteúdo exato e a precisa extensão da tripartição do poder, mandatos políticos e sua periodicidade, implicando alternância no poder; responsabilidade dos agentes públicos, proteção às liberdades públicas; prestação de contas; mecanismos de fiscalização e controle do povo sobre o governo, tanto na esfera federal

> como estadual ou municipal; a própria consagração dos princípios federal e da autonomia municipal etc. Tudo isso aparece, formando a contextura constitucional, como desdobramento, refração, consequência ou projeção do princípio, expressões concretas de suas exigências.(186)

Na verdade, esse princípio acaba influenciando todas as normas constitucionais, dada sua importância e alcance.

Da noção de república também decorre a afirmação de que todos os cidadãos são iguais perante a lei, independentemente de seu credo, cor, raça, religião, condição social, econômica ou cultural. Assim, a república impõe, também, o princípio da igualdade, que será objeto de análise futura.

Por isso Carrazza afirmou que "o princípio republicano exige que todos os que realizam o fato imponível tributário venham a ser tributados com igualdade".(187) Assim, o princípio republicano também veda qualquer espécie de vantagem tributária que tenha como fundamento privilégios para pessoas, grupo de pessoas ou empresas.

Não há discussão quanto à titularidade do poder, até mesmo porque ela está explícita no art. 1º, parágrafo único da Constituição Federal de 1988, que determina: "Todo o poder emana do povo, que o exerce por meio de representantes eleitos ou diretamente, nos termos desta Constituição".

Determinou, ainda, a Assembleia Constituinte, que esse mesmo poder, nos termos do art. 2º da Constituição Federal, está dividido em poder legislativo, executivo e judiciário. Estamos diante do princípio da separação dos poderes, que visa à organização política do Estado brasileiro por meio da repartição de competências jurídicas entre órgãos estruturados com funções específicas. Na prática, esse é um dos grandes pilares da República.

O tema ganha relevância quando analisamos a questão sob o ponto de vista tributário, mais especificamente no tocante à competência.

É o mesmo povo que confere às pessoas políticas — União, estados, Distrito Federal e municípios — a competência tributária, ou seja, a capacidade de criar, alterar ou aumentar tributos, a capacidade de criar regras de arrecadação e fiscalização.

Pois bem, se a competência tributária emana da vontade soberana do povo, é evidente que aquelas pessoas políticas não podem se utilizar da tributação como meio de criar benefícios para o Poder Público, ou certa categoria de indivíduos, em detrimento desse mesmo povo, que lhes outorgaram tais poderes. Além disso, a tributação só pode ser

---

(186) ATALIBA, Geraldo. *República e Constituição*. 2. ed. atual. por Rosalea Miranda Folgosi. São Paulo: Malheiros, 1998. p. 27-28.

(187) *Curso de direito constitucional tributário*, p. 54.

aceita por razões de ordem pública, e desde que a receita auferida com a tributação tenha destinação pública também.

Dessa afirmação podemos chegar a outra, no sentido de que o princípio da república é o responsável pela igualdade na tributação. Portanto, no exercício da competência tributária, a pessoa política responsável pela instituição do tributo está proibida em dar tratamento tributário diferenciado para contribuintes que se encontrem na mesma situação.

Se qualquer uma dessas condições for violada, o princípio republicano estará sendo violado também.

Segundo Fábio Nieves, a tributação deve ser universal, para todos indistintamente. Partindo para o aspecto ambiental da tributação, ele afirma que:

> não conjumina com os valores da República que o contribuinte que se utiliza, licitamente, mais do bem ambiental na sua atividade econômica, seja tributado na mesma dimensão do seu concorrente, que emprega menor quantidade de bens ambientais para produzir o mesmo produto ou prestar idêntico serviço.(188)
>
> A mesma regra se aplica à concessão de benefícios fiscais, tais como isenção, redução de base de cálculo, alíquotas diferenciadas etc., que possam resultar em tratamento distinto entre contribuintes que se encontram na mesma posição.

7.2. Princípio da segurança jurídica e da certeza do direito

Segurança jurídica tem dois pilares: a previsibilidade e a possibilidade de planejamento.

Esse também é um princípio implícito ou sobreprincípio, que confere unidade e coesão ao sistema como um todo. Todos os princípios explícitos no sistema, como o princípio da legalidade, da anterioridade, irretroatividade, capacidade contributiva, vedação ao efeito confisco, entre outros, quando aplicados, o são em conjunto com o princípio da segurança jurídica, que acaba norteando a aplicação dos demais.

Previsibilidade e possibilidade de planejamento na seara tributária significam que o contribuinte não pode ser surpreendido de uma hora para outra com novas obrigações fiscais. Há de se respeitar um período mínimo e as regras vigentes para que o contribuinte se organize, se programe em relação às suas atividades e investimentos que possam resultar em novos impactos fiscais, especialmente no aumento da carga tributária.

---

(188) *Tributação ambiental* — a proteção do meio ambiente natural, p. 176.

Corroborando essas afirmações, trazemos à colação afirmação do então ministro do STF, Ricardo Lewandowski:[189]

> Um Estado de Direito enseja a autodeterminação das pessoas pela previsibilidade das consequências de suas ações. Isso porque, como pontua Odete Medauar, todas as ações e iniciativas públicas já empreendidas no passado constituem "*compromissos da Administração que geraram, no cidadão, esperanças fundadas*",[190] impedindo mudanças normativas ou procedimentais abruptas ou radicais cujas "consequências revelam-se chocantes".

Em um ambiente de segurança jurídica, além da previsibilidade acima pontuada, é necessário também estabilidade na aplicação das normas, pois essa é a forma de proporcionar aos contribuintes confiança em relação aos atos do Estado. Estamos nos referindo aquilo que é conhecido como "proteção da confiança".

O princípio da certeza do direito também é um princípio implícito que carrega consigo a ideia de que a tributação está limitada e pautada pela descrição rigorosa da conduta regrada na lei instituidora do tributo; e previsibilidade na medida em que o administrado tem o direito de saber antecipadamente tudo que lhe será imputado.

7.3. Princípio da proporcionalidade e da razoabilidade

Willis Santiago Guerra Filho traçou o conceito de proporcionalidade no direito, nos seguintes termos:

> (...) limitação do poder estatal em benefício da garantia da integridade física e moral dos que lhe estão sub-rogados, confunde-se em sua origem, como é fácil perceber com o nascimento do moderno Estado de Direito, respaldado em uma constituição, em um documento formalizador do propósito de se manter o equilíbrio entre os diversos poderes que formam o Estado e o respeito mútuo entre este e aqueles indivíduos a ele submetidos, a quem são reconhecidos certos direitos fundamentais inalienáveis.[191]

Willis propõe a utilização do princípio da proporcionalidade para dirimir conflitos entre dois princípios que ocupam a mesma posição hierárquica na Constituição. Isso ocorre em situações nas quais dois princípios não podem coexistir, hipótese em que o intérprete tem que optar pela aplicação de um ou do outro, visando sempre garantir os direitos fundamentais e o Estado Democrático de Direito.

---

(189) ADPF 1043 MC-Ref/DF.

(190) MEDAUAR, Odete. *Direito Administrativo em evolução*. 2. ed. São Paulo: Revista dos Tribunais, 2003. p. 246-247.

(191) GUERRA FILHO, Willis Santiago. *Teoria processual da Constituição*. São Paulo: Celso Bastos Editor, 2000. p. 75.

A aplicação do princípio da proporcionalidade visa à busca de uma "solução compromisso",

> na qual se respeita mais, em determinada situação, um dos princípios em conflito, procurando desrespeitar o mínimo o(s) outro(s), e jamais lhe(s) faltando totalmente com o respeito, isto é, ferindo-lhe(s) em seu "núcleo essencial", onde se acha insculpida a dignidade humana.(192)

Ainda sobre o princípio da proporcionalidade, Willis destaca que é um princípio ordenador que está implícito na Constituição, fruto da reunião entre Estado e Democracia.(193)

A existência de princípios não positivados é reconhecida pela própria Constituição Federal, no § 2º, do art. 5º: "Os direitos e garantias expressos nesta Constituição não excluem outros decorrentes do regime e dos princípios por ela adotados, ou dos tratados internacionais em que a República Federativa do Brasil seja parte".

Willis ainda argumenta que o princípio da proporcionalidade, assim como o princípio da isonomia, correspondem a direito ou garantia fundamental porque ambos são necessários ao aperfeiçoamento do sistema de proteção organizado pela Constituição Federal.(194)

Celso Fiorillo e Renata Marques Ferreira citam a teoria de Willis Santiago Guerra Filho para afirmar que:

> Aduz o Mestre que o princípio da proporcionalidade, juntamente com o princípio da isonomia, se enquadra nessa dimensão objetiva, como "engrenagens essenciais do mecanismo político-constitucional de acomodação dos diversos interesses em jogo, em dada sociedade, sendo, portanto indispensáveis para garantir a preservação dos direitos fundamentais, donde podermos incluí-los na categoria equiparável das garantias fundamentais".(195)

Nesse contexto, o princípio da proporcionalidade, como garantia fundamental do cidadão, também visa garantir aqueles seus direitos fundamentais, entre os quais, o direito ao meio ambiente ecologicamente equilibrado, essencial para a qualidade de vida.

---

(192) GUERRA FILHO, Willis Santiago. "Princípio da proporcionalidade e teoria do direito". In: GRAU, Eros Roberto; GUERRA FILHO, Willis Santiago (Orgs.). *Direito constitucional* — estudos em homenagem a Paulo Bonavides. São Paulo: Malheiros, 2001. p. 269.

(193) *Princípio da proporcionalidade e teoria do direito*, p. 271.

(194) *Princípio da proporcionalidade e teoria do direito*, p. 278.

(195) *Direito Ambiental Tributário*, p. 205.

Em que pese não existir explicitamente o princípio da proporcionalidade em nossa Constituição, observamos que ele é uma das expressões do princípio da isonomia, ou seja, é um sobreprincípio que emerge do princípio da isonomia entre outros.

Observa-se, assim, que o princípio da dignidade da pessoa humana, expressamente previsto no art. 1º, inciso III, da Constituição Federal de 1988, é o critério a ser utilizado, de acordo com o princípio da proporcionalidade, para dirimir o conflito entre dois princípios constitucionais.

Mas há tanto na doutrina quanto em nossos tribunais superiores um entendimento no sentido de que o princípio da proporcionalidade é a expressão do princípio da razoabilidade. Vejamos como se dá essa aproximação.

Em controle concentrado de constitucionalidade, o STF estabeleceu o conceito do princípio da proporcionalidade, reafirmando sua aplicação, também, no direito tributário. Vejamos a ementa desse julgamento:

> O poder público, especialmente em sede de tributação, não pode agir imoderadamente, pois a atividade estatal acha-se essencialmente condicionada pelo princípio da razoabilidade, que traduz limitação material à ação normativa do Poder Legislativo. O Estado não pode legislar abusivamente. A atividade legislativa está necessariamente sujeita à rígida observância de diretriz fundamental, que, encontrando suporte teórico no princípio da proporcionalidade, veda os excessos normativos e as prescrições irrazoáveis do poder público. O princípio da proporcionalidade, nesse contexto, acha-se vocacionado a inibir e a neutralizar os abusos do poder público no exercício de suas funções, qualificando-se como parâmetro de aferição da própria constitucionalidade material dos atos estatais. A prerrogativa institucional de tributar, que o ordenamento positivo reconhece ao Estado, não lhe outorga o poder de suprimir (ou de inviabilizar) direitos de caráter fundamental constitucionalmente assegurados ao contribuinte. É que este dispõe, nos termos da própria Carta Política, de um sistema de proteção destinado a ampará-lo contra eventuais excessos cometidos pelo poder tributante ou, ainda, contra exigências irrazoáveis veiculadas em diplomas normativos editados pelo Estado.(196)

Outros julgados também trazem esse mesmo conceito, aproximando os signos proporcionalidade e razoabilidade. Vejamos mais um deles:

> O Estado não pode legislar abusivamente, eis que todas as normas emanadas do poder público — tratando-se, ou não, de matéria tributária — devem ajustar-se à cláusula que consagra, em sua dimensão material, o princípio do *substantive due process of law* (CF, art. 5º, LIV). O postulado da proporcionalidade qualifica-se como parâmetro de aferição da própria constitucionalidade material dos atos estatais. Hipótese em que a legislação tributária reveste-se do necessário coeficiente de razoabilidade.(197)

---

(196) ADI 2.551 MC-QO, rel. Min. Celso de Mello, j. 2.4.2003, P, *DJ* de 20.4.2006.

(197) RE 200.844 AgR, rel. Min. Celso de Mello, j. 25.6.2002, 2ª T., *DJ* de 16.8.2002.

Ocorre que esse conceito definido pelo STF não se coaduna com o conceito desenvolvido por Willis Santiago Guerra Filho, que trabalha o conteúdo desse princípio de acordo com sua origem germânica.

Esses julgados do STF denotam que os princípios da razoabilidade e proporcionalidade são tratados como se fossem um expressão do outro.

Assim Willis se manifesta sobre essa distinção do conceito germânico e do conceito anglo-saxônico:

> Que nossas palavras finais, então, se dirijam aos que, em nossa Dogmática Jurídica, especialmente no campo do direito público, vêm confundindo o princípio da proporcionalidade, de origem germânica, com um outro, de origem anglo-saxônica, aqui denominado, ao que parece por influência argentina, "princípio da razoabilidade", quando na própria tradição britânica se fala em "princípio da irrazoabilidade". O emprego do princípio da proporcionalidade, como aqui se procurou evidenciar, não se destina a evitar que absurdos sejam perpetrados na elaboração do Direito, mas sim que este seja interpretado e aplicado atendendo a um princípio de racionalidade, apto a determinar qual a melhor dentre as diversas interpretações possíveis, do ponto de vista da promoção simultânea e equânime do Estado de Direito e da Democracia, com a gama de direitos fundamentais e valores que lhes são inerentes, sendo esse mesmo compromisso com a racionalidade o principal de toda teoria, também no campo do Direito.(198)

Tácio Lacerda Gama cuida do princípio da proporcionalidade nos mesmos termos do STF, informando que ele exige a observância de três comandos normativos, a saber, a adequação, a necessidade e a proporcionalidade em sentido estrito.(199)

Também reconhecemos a aproximação que o Supremo Tribunal Federal fez entre os princípios, mas entendemos pertinente manter a distinção entre razoabilidade e proporcionalidade, notadamente pelo fato de que conotações distintas para cada um dos princípios aumenta a gama de proteção dos direitos individuais e coletivos dos contribuintes.

Nesse sentido, pensamos que deve prevalecer o conceito do direito alemão, que cuida do princípio da proporcionalidade como aquele que soluciona conflitos entre princípios na Constituição, porque também é comum ocorrer antinomias e ter instrumentos para solucioná-las é muito importante para a harmonia do sistema.

---

(198) *Princípio da proporcionalidade e teoria do direito*, p. 283.

(199) *Contribuição de intervenção no domínio econômico*, p. 158-159.

Já o princípio da razoabilidade é aquele que inibe e neutraliza os abusos, os excessos do poder público no exercício de suas funções, qualificando-se como parâmetro de aferição da própria constitucionalidade material dos atos estatais. Este é um importante limite ao exercício da competência tributária, notadamente quando da criação ou do aumento dos tributos.

7.4. Princípio da capacidade contributiva

Princípio dirigido inicialmente apenas para a espécie tributária impostos e previsto no § 1º, do art. 145, da Constituição Federal de 1988, o princípio da capacidade contributiva contribui para a realização do princípio da igualdade em matéria tributária,(200) na medida em que traz em seu bojo a ideia de que aqueles que podem mais, paguem mais tributos, compensando aqueles que têm menos e, consequentemente, pagarão menos tributos:

> Art. 145. A União, os Estados, o Distrito Federal e os Municípios poderão instituir os seguintes tributos:
>
> (...)
>
> § 1º Sempre que possível, os impostos terão caráter pessoal e serão graduados segundo a capacidade econômica do contribuinte, facultado à administração tributária, especialmente para conferir efetividade a esses objetivos, identificar, respeitados os direitos individuais e nos termos da lei, o patrimônio, os rendimentos e as atividades econômicas do contribuinte.

Assim, justifica-se o entendimento de Celso Fiorillo e Renata Ferreira no sentido de que "em matéria de impostos a aferição correta do princípio da igualdade é feita por meio do princípio da capacidade contributiva".(201)

Em outras palavras, o princípio da capacidade contributiva é corolário, decorrência do princípio da igualdade, especialmente diante do consenso doutrinário no sentido de que a tributação deve ser compatível com a riqueza de cada contribuinte, especialmente quando tratamos de tributos com função fiscal.

Mas essa última afirmação é relativa, posto que a chamada riqueza tem que ser considerada de forma objetiva e diretamente relacionada com o aspecto material de cada hipótese de incidência tributária.

E reconhecemos que há uma dificuldade em fixar quais são os critérios objetivos para se definir qual a capacidade contributiva de cada sujeito passivo da relação jurídica

---

(200) Segundo Paulo de Barros Carvalho, o princípio da capacidade contributiva é a "substância semântica sobre que se funda a implantação do primado da igualdade, no campo das relações tributárias". In: *Curso de Direito Tributário*, 21. ed., p. 42.

(201) *Direito Ambiental Tributário*, p. 216.

tributária. Em outras palavras, quais características devem ter os impostos para afirmarmos que os entes tributantes respeitaram os limites estabelecidos pelo princípio da capacidade contributiva no exercício do poder de tributar?

A solução dessa questão passa pela compreensão de que a conjugação da base de cálculo com o aspecto material da hipótese de incidência é que define objetivamente a capacidade tributária, posto que sempre teremos uma grandeza econômica submetida à respectiva obrigação tributária.

Desse modo, podemos afirmar que a capacidade contributiva é marcada pela objetividade, no sentido de que está vinculada ao objeto de cada incidência tributária e não à riqueza pessoal do contribuinte. Portanto, capacidade contributiva sob essa visão objetiva não tem nenhuma relação com a maior riqueza de uma pessoa.

Também não há que se confundir capacidade contributiva com capacidade econômica. Segundo Humberto Eustáquio César Mota Filho,

> capacidade econômica é a aptidão, de ordem genérica, para produzir ou dispor de riqueza. Revela, ao menos, indícios de força econômica. Já a capacidade contributiva denota uma noção jurídico-econômica, manifesta-se pela determinação da riqueza, que constitui a justificação da imposição tributária, na medida das forças econômicas dos contribuintes. É a aptidão do sujeito poder ser obrigado, pelo dever tributário, a concorrer à satisfação das despesas públicas.(202)

No que tange à aplicação desse princípio da capacidade contributiva apenas aos impostos, o Supremo Tribunal Federal também já ampliou essa possibilidade. Vejamos abaixo dois acórdãos nesse sentido:

> Repercussão geral reconhecida com mérito julgado.
>
> É constitucional a contribuição adicional de 2,5% (dois e meio por cento) sobre a folha de salários instituída para as instituições financeiras e assemelhadas pelo art. 3º, § 2º, da Lei n. 7.787/1989, ainda que considerado o período anterior à Emenda Constitucional 20/1998. (...) No caso, a contribuição adicional foi estabelecida pelo art. 3º, § 2º, da Lei n. 7.787/1989, antes da EC n. 20/1998, que autorizou a adoção de alíquotas diferenciadas de contribuições sociais. O Colegiado afirmou que, com a Constituição Federal de 1988, o princípio da solidariedade assumiu papel de enorme relevo a justificar que os contribuintes sejam chamados para participar da manutenção do sistema, sem a exigência de vínculo com os demais segurados, ou direito a determinada retribuição ou qualquer espécie de benefício. (...) A previsão de tributação diferenciada para segmentos econômicos determinados com destaque para as empresas que se utilizam de

(202) MOTA FILHO, Humberto Eustáquio César. *Introdução ao princípio da capacidade contributiva*. Rio de Janeiro: Forense, 2006. p. 44-45.

> mão de obra intensiva, como no caso da Lei n. 7.789/1989, é compatível com a Constituição. A Corte frisou que o princípio da capacidade contributiva, tal como previsto no art. 145, § 1º, da CF aplica-se a todas as exações fiscais, e não exclusivamente aos impostos.(...) Consignou que, quando uma emenda à Constituição se limita a explicitar algo, sem inovar no mundo jurídico, é descabida a discussão acerca da incidência de efeitos retroativos. (...) Por fim, asseverou que não padece de vício de inconstitucionalidade a norma que instituiu adicional à contribuição social devida por empregadores de certos segmentos produtivos ou financeiros, pois é compatível com os princípios da solidariedade, equidade e capacidade contributiva, que constituem os principais esteios da seguridade social.(203)

> IPVA. Progressividade. Todos os tributos submetem-se ao princípio da capacidade contributiva (precedentes), ao menos em relação a um de seus três aspectos (objetivo, subjetivo e proporcional), independentemente de classificação extraída de critérios puramente econômicos.(204)

Dessas decisões se pode inferir que o STF, ao interpretar o § 1º, do art. 145, deu ao signo impostos o significado de tributos, ampliando dessa forma a aplicação desse princípio a todas as espécies de tributos e não somente à espécie imposto, o que favorece o uso de instrumentos tributários para a defesa e proteção do meio ambiente, especialmente quando o tributo for utilizado em seu aspecto fiscal.

Outra questão debatida sobre o princípio da capacidade contributiva é se esse se aplica totalmente à sujeição passiva, ou seja, se o princípio é aplicado tanto ao contribuinte quanto ao responsável. Em outras palavras, a questão é saber se a grandeza econômica sobre a qual deve ser retirada uma parcela para pagar o tributo pode ser tanto do contribuinte quanto do responsável.

A celeuma sobre essa questão diz respeito ao fato de que, na sujeição passiva, temos as figuras do contribuinte, aquele que tem relação pessoal e direta com a situação que constitui o fato gerador e, também, o responsável tributário, que mesmo sem se revestir na condição de contribuinte, é obrigado a cumprir a obrigação tributária em razão de expressa disposição legal, conforme determina o art. 121 do Código Tributário Nacional.

Importante destacar que não é qualquer terceiro que pode ser colocado na condição de responsável, mas somente aquele que tenha vínculo com o fato gerador, nos termos do art. 128 do mesmo CTN.

A dúvida é firmada quando o *§ 1º, do art. 145, da Constituição Federal é explícito ao afirmar que os impostos deverão ser graduados segundo a capacidade contributiva do contribuinte.*

---

(203) RE 599.309, rel. Min. Ricardo Lewandowski, j. 6.6.2018, P, Informativo 905, Tema 470.

(204) RE 406.955 AgR, rel. Min. Joaquim Barbosa, j. 4.10.2011, 2ª T., *DJE* de 21.10.2011.

Ora, nesse sentido, quando a obrigação tributária é transferida por lei, para o responsável tributário, a capacidade contributiva é levada em consideração? Ou nesses casos, o princípio não se aplica?

Da mesma forma que em outras passagens deste trabalho não adotamos uma interpretação literal da lei, continuaremos nesse mesmo caminho.

Em que pese o § 1º, do art. 145, utilizar tão somente o signo contribuinte, entendemos que a norma alcança a sujeição passiva de uma forma geral, ou seja, o princípio como limite ao poder de tributar se aplica tanto ao contribuinte quanto ao responsável. Ambos devem ser protegidos por essa limitação.

Mas um detalhe importante há de ser observado: ainda que o legislador atribua a responsabilidade pelo pagamento do tributo a um terceiro, vinculado ao fato gerador, a própria lei tem que assegurar a esse terceiro a possibilidade de retirar do patrimônio do contribuinte mesmo a grandeza econômica correspondente ao tributo pago.

É o que ocorre nos casos de substituição tributária, por exemplo, em que o substituto, terceiro responsável por determinação legal, retira de uma parcela do patrimônio do contribuinte o valor do tributo a ser pago.

Aliás, a legalidade dessa operação, como forma de garantir a aplicação do princípio da capacidade contributiva à sujeição passiva de forma ampla, já foi analisada pelo Supremo Tribunal Federal, conforme podemos observar na ementa do RE 603.191-MT, relatora a Ministra Ellen Gracie:

> EMENTA: DIREITO TRIBUTÁRIO. SUBSTITUIÇÃO TRIBUTÁRIA. RETENÇÃO DE 11% ART. 31 DA LEI N. 8.212/91, COM A REDAÇÃO DA LEI N. 9.711/98. CONSTITUCIONALIDADE. 1. Na substituição tributária, sempre teremos duas normas: a) a norma tributária impositiva, que estabelece a relação contributiva entre o contribuinte e o fisco; b) a norma de substituição tributária, que estabelece a relação de colaboração entre outra pessoa e o fisco, atribuindo-lhe o dever de recolher o tributo em lugar do contribuinte. 2. A validade do regime de substituição tributária depende da atenção a certos limites no que diz respeito a cada uma dessas relações jurídicas. Não se pode admitir que a substituição tributária resulte em transgressão às normas de competência tributária e ao princípio da capacidade contributiva, ofendendo os direitos do contribuinte, porquanto o contribuinte não é substituído no seu dever fundamental de pagar tributos. A par disso, há os limites à própria instituição do dever de colaboração que asseguram o terceiro substituto contra o arbítrio do legislador. A colaboração dele exigida deve guardar respeito aos princípios da razoabilidade e da proporcionalidade, não se lhe podendo impor deveres inviáveis, excessivamente onerosos, desnecessários ou ineficazes. 3. Não há qualquer impedimento a que o legislador se valha de presunções para viabilizar a substituição tributária, desde que não lhes atribua caráter absoluto. 4. A retenção e recolhimento de 11% sobre o valor da nota fiscal é feita por conta do montante devido, não descaracterizando a contribuição sobre a folha de salários na medida em que a antecipação é em seguida compensada pelo contribuinte com os valores por ele apurados como

> efetivamente devidos forte na base de cálculo real. Ademais, resta assegurada a restituição de eventuais recolhimentos feitos a maior. 5. Inexistência de extrapolação da base econômica do art. 195, I, a, da Constituição, e de violação ao princípio da capacidade contributiva e à vedação do confisco, estampados nos arts. 145, § 1º, e 150, IV, da Constituição. Prejudicados os argumentos relativos à necessidade de lei complementar, esgrimidos com base no art. 195, § 4º, com a remissão que faz ao art. 154, I, da Constituição, porquanto não se trata de nova contribuição. 6. Recurso extraordinário a que se nega provimento. 7. Aos recursos sobrestados, que aguardavam a análise da matéria por este STF, aplica-se o art. 543-B, § 3º, do CPC.

Desse julgamento podemos inferir que a lei que atribui a condição de substituto tributário a um terceiro deve respeitar sua condição de colaborador com o fisco.

A colaboração em questão diz respeito apenas ao dever que lhe foi atribuído de recolher o tributo em lugar do contribuinte, e não de retirar do seu próprio patrimônio essa parcela.

Daí por que, na técnica de substituição tributária, o responsável (substituto) retém parte do patrimônio do contribuinte e o repassa ao fisco. O valor entregue ao fisco, assim, é retirado do patrimônio do contribuinte e não do responsável tributário.

Ao proceder dessa forma, o patrimônio afetado pela tributação continua sendo o do contribuinte e não do responsável tributário, o que nos permite afirmar que na sistemática descrita, o princípio da capacidade contributiva foi aplicado integralmente na sujeição passiva, tanto ao contribuinte quanto ao responsável.

7.5. Princípios da simplicidade, da transparência, da justiça tributária, da cooperação e da defesa do meio ambiente

Os princípios apontados neste tópico correspondem ao que se convencionou chamar na doutrina de "expressão da cidadania fiscal" e foram inseridos na Constituição Federal como princípios gerais do Sistema Tributário Nacional, por meio da Emenda Constitucional n. 132/2023.

Já o conceito de cidadania fiscal tem sido objeto de estudo por parte de diversas áreas do conhecimento, como filosofia, direito, economia, política, sociologia, entre outras.

Há quem sustente a ideia de que a cidadania fiscal é um atributo geral, tanto daquele que paga o tributo quanto daquele que não paga, já que todos são membros de uma mesma comunidade. E, nesse sentido, toda produção legislativa que tem em seu âmago a cidadania fiscal, deve levar em consideração essa premissa.

Mas é fato, também, que a fixação desse conceito ainda se revela de forma multifacetada, sendo diretamente influenciada pelo viés de estudo a partir do qual parte o jurista.

Por esse motivo, entendemos que a inclusão de princípios que expressam a cidadania fiscal, no âmbito da reforma tributária promovida pela Emenda Constitucional n. 132/2023, foi arrojada, posto se tratar de um conceito ainda em construção.

Tentar sair de uma análise mais dogmática para uma análise mais realista do conceito de cidadania fiscal é algo que se impõe a partir da Emenda Constitucional n. 132/2023.

Nesse sentido realista, já se apresenta uma ponderação: como falar em cidadania plena em um país tão desigual como o Brasil? Como construir e aplicar esse conceito dentro de nosso Sistema Tributário Nacional, o qual ainda revela um abismo entre contribuintes e fisco?

Um país onde parcela significativa da população não enxerga retorno para a sociedade daquilo que se paga a título de tributo e, quando vê, sente na pele a precariedade do retorno, especialmente quando se trata daqueles serviços públicos precários que reforçam ainda mais todo esse abismo.

Inegável, portanto, que temos um ambiente conflituoso entre contribuintes e o fisco. E é nesse ambiente que o conceito de cidadania fiscal terá que ser construído, implementado e aplicado a partir da promulgação da Emenda Constitucional n. 132/2023.

Fazemos essa afirmação porque entendemos que ainda não existe uma ponte entre o Sistema Tributário Nacional e aquilo que se convencionou chamar de cidadania fiscal no âmbito da reforma.

Quando observamos que importante segmento da doutrina pátria entende que cidadania fiscal está associada aos direitos civis, políticos e sociais dos contribuintes em geral, fica a ideia de que somente com muita participação ativa do cidadão é que isso tudo pode ser implementado. Passaremos a discorrer sobre isso.

Essa reforma tributária é resultado de uma iniciativa privada, capitaneada principalmente dentro da Fundação Getúlio Vargas, especialmente no Projeto chamado "Nossa Reforma Tributária" do Núcleo de Estudos Fiscais da FGV, cujo responsável acadêmico foi o professor José Garcez Ghirardi. E dentro desse grupo de estudos, observamos até uma euforia com a inclusão no texto constitucional desses princípios que expressam a cidadania fiscal. Em uma visão otimista, membros desse grupo acreditam que a cidadania fiscal será o instrumento que realmente reduzirá significativamente as desigualdades existentes em nosso país.

Nosso entendimento caminha em sentido menos otimista, porque acreditamos que o grande problema a ser superado em nosso país é educacional, falta educação social, política, econômica em geral para criar um ambiente propício para que isso ocorra.

Temos um sistema tributário muito confuso, ineficaz, desigual, injusto que prejudica muito o ambiente de negócios em nosso país. Talvez o único consenso em torno desse sistema seja a necessidade de mudanças.

Com o advento da Emenda Constitucional n. 132/2023, foi acrescentado na Constituição Federal o § 3º, no art. 145, com a seguinte redação: "*O Sistema Tributário Nacional deve observar os princípios da simplicidade, da transparência, da justiça tributária, da cooperação e da defesa do meio ambiente*".

Com essa redação temos a inclusão no Sistema Tributário Nacional do conceito de cidadania fiscal, expressos notadamente nos princípios da simplicidade, transparência, da justiça tributária, da cooperação e do meio ambiente.

O princípio da simplicidade carrega consigo a noção de que o sistema tem que ser mais simples e de fácil compreensão para o contribuinte, afinal de contas, é ele quem arca com o ônus do pagamento do tributo. Nesse sentido, talvez uma das maiores expressões de simplificação trazida pela reforma será colocar fim em quase 5.570(205) leis municipais, 27 leis estaduais(206) e 3 leis federais, que a partir da implementação da reforma, deverão ser substituídas por uma única lei complementar nacional.

A redução drástica de diversas normas tributárias primárias e secundárias, sem dúvida alguma, já caracterizará uma grande simplificação do sistema, ainda que a reforma seja implantada ao longo de vários anos.

Um sistema mais simples, menos complexo, tende a reduzir a litigiosidade tributária, na medida em que deveremos ter menos autos de infração, menos penalidades, menos interpretações equivocadas sobre a aplicação da norma e cálculo do "*quantum debeatur*" de cada tributo.

A cobrança do imposto no destino é um exemplo concreto de simplificação também.

Transparência é fundamental para transformar o ambiente tributário em nosso país.

Por transparência se entende a necessidade de o fisco ser mais transparente com os contribuintes, demonstrando de forma clara e objetiva para aquele que paga o tributo — no caso dessa reforma, o consumidor final de produtos e serviços — qual é carga tributária real incidente sobre o produto adquirido ou sobre o serviço contratado, como o tributo é calculado, onde é aplicado, em quais políticas públicas são alocados, entre outras coisas.

Observar a inclusão desse princípio na Constituição Federal demonstra, ao menos em tese, que estamos redefinindo as bases do Estado Brasileiro para estimular na sociedade a noção, o sentimento de pertencimento. Espera-se a crescente participação do contribuinte para que realmente tenha a sensação, o sentimento de pertencer a uma comunidade política, social e econômica.

(205) Número de municípios no Brasil em 2024. Fonte: IBGE.

(206) Esse número corresponde à soma das leis de 26 estados mais 1 do Distrito Federal.

Enquanto o contribuinte for um mero pagador de tributos, sem entender o que paga, por que paga e como calcula o valor devido, raramente ele terá interesse em ter uma participação política nesse ambiente tributário em nosso país. E sem participação política, fica quase nulo qualquer discurso sobre cidadania fiscal, porque cidadania, de uma forma geral, implica participação política.

Utilizamos a palavra "política" como "a capacidade do ser humano de criar diretrizes com o objetivo de organizar seu modo de vida. Essa palavra também faz menção a tudo que está vinculado ao Estado, ao governo e à administração pública com o objetivo final de administrar o patrimônio público e promover o bem público, isto é, o bem de todos", conforme afirmou o historiador Daniel Neves Silva.(207)

Obviamente, um contribuinte bem informado será um sujeito apto a compreender qual o papel que exerce na sociedade como "pagador de impostos" e, assim, exigir mais ação do Estado e cobrar a implementação de políticas públicas tendentes a dar plenitude aos objetivos fundamentais da República, conforme expresso no art. 3º e seus incisos, da Constituição Federal.

Já o princípio da justiça tributária nos levará a tratar todos os contribuintes de forma mais isonômica, mas desta vez, de uma forma concreta, estabelecendo igualdade para os cidadãos que se encontram na mesma situação de consumidor final de produtos e serviços, submetidas aos mesmos regimes jurídicos. Espera-se que uma tributação equitativa leve ao engajamento dos contribuintes em nosso ambiente político-fiscal, o que ainda é muito incipiente em nosso país.

Apesar de ser uma novidade promovida pela Emenda Constitucional, o conteúdo desse princípio da justiça tributária não nos parece uma novidade de fato, mas sim, mais um desdobramento do princípio da igualdade, que também visa garantir a tributação justa.

Esse princípio, em tese, deve promover a neutralidade no ambiente de negócios, que é mais uma expressão da cidadania fiscal, na medida em que não teremos mais setores da atividade econômica com privilégios uns em relação a outros, salvo exceções que forem definidas em lei.

Não se pode falar em neutralidade em um país onde alguns setores da atividade econômica possuem uma carga tributária inferior a outros, porque são agraciados com isenções, desonerações e outros benefícios fiscais. Onde há regimes de tributação diferenciados, com alíquotas diferentes, não existe equidade entre os contribuintes.

Não é possível ter um ambiente saudável de competição quando alguns atores desse ambiente possuem expressivas vantagens sobre parcela muito significativa da sociedade.

---

(207) SILVA, Daniel Neves. "Política"; Brasil Escola. Disponível em: https://brasilescola.uol.com.br/politica. Acesso em: 26 jul. 2024.

Além disso, deverá ser em razão da neutralidade tributária que não restará nenhum resíduo de tributo na cadeia produtiva de produtos ou de prestação de serviços, que seja deslocado para onerar ainda mais o consumidor final.

A tributação deve ser neutra, exatamente para não favorecer setores nem mesmo criar distorções que onerem mais alguns do que outros. E a forma encontrada pelo legislador para reforçar a neutralidade foi deslocar totalmente o ônus tributário para o consumidor final, que é o cidadão contribuinte. As empresas não pagarão mais os impostos, quem pagará será o contribuinte de bens e serviços, de forma transparente, uma vez que todo o tributo incidente nessas operações estará discriminado na nota fiscal.

A cidadania fiscal exige um mínimo de equidade e justiça tributária, seja na cobrança dos tributos bem como na devolução do que foi arrecadado para a sociedade. Mas esses princípios, para ganharem realmente efetividade, deverão ser mais bem trabalhados na reforma sobre renda e sobre o patrimônio.

Avançando um pouco mais, chegamos à necessária cooperação entre todas as partes que participam da relação jurídica tributária, o que nos remete à ideia de um pacto fiscal entre todas elas. Contudo, como será possível envolver nesse pacto contribuintes sem engajamento e sem disposição para contribuir, que é exatamente o quadro que temos no instante da aprovação da reforma tributária?

Mas é possível apontar nessa reforma promovida pela Emenda Constitucional n. 132/2023, algumas normas que já incorporaram esses princípios, como a promoção da igualdade de gênero no âmbito tributário, conforme art. 9º, § 11º, da Emenda Constitucional n. 132/2023.[208]

Assim, em síntese, o que se espera da cidadania fiscal é: entendimento esclarecido, circulação de informações, distribuição da riqueza, igualdade, redução das desigualdades sociais e econômicas e um processo mais participativo do cidadão nas políticas públicas.

Por fim, sobre o princípio da defesa do meio ambiente, apesar de já termos tratado de suas características no tópico 5.4.1 deste trabalho, algumas novas considerações devem ser feitas neste momento, todas decorrentes da recente reforma tributária.

Em que pese referido tópico estar inserido no contexto da ordem econômica, fato é que as características desse princípio relacionadas ao direito tributário e, logo, ao Sistema Tributário Nacional, já estavam todas previstas implicitamente na ordem econômica antes mesmo da promulgação da Emenda Constitucional n. 132/2023.

---

(208) Art. 9º A lei complementar que instituir o imposto de que trata o art. 156-A e a contribuição de que trata o art. 195, V, ambos da Constituição Federal, poderá prever os regimes diferenciados de tributação de que trata este artigo, desde que sejam uniformes em todo o território nacional e sejam realizados os respectivos ajustes nas alíquotas de referência com vistas a reequilibrar a arrecadação da esfera federativa. (...) § 11. A avaliação de que trata o § 10 deverá examinar o impacto da legislação dos tributos a que se refere o *caput* deste artigo na promoção da igualdade entre homens e mulheres.

A inclusão desse princípio, pela Emenda Constitucional, no Capítulo I (Do Sistema Tributário Nacional) do Título VI (Da Tributação e do Orçamento) da Constituição Federal, apenas reforçou todos os conceitos que desenvolvemos a respeito desse princípio quando estava inserido apenas no Capítulo I (Dos Princípios Gerais da Atividade Econômica), do Título VII (Da Ordem Econômica e Financeira) da Constituição Federal.

Claro que ao ganhar importância, naturalmente o princípio da defesa do meio ambiente mudou de patamar e provocou uma grande mudança, de fato, na sua aplicação.

Se até o advento da Emenda Constitucional n. 132, a utilização de instrumentos tributários para a preservação e defesa do meio ambiente eram esporádicas e casuísticas, após a promulgação da emenda, o princípio foi alçado à categoria de princípio geral tributário e a sua aplicação e utilização passou a ser obrigatória e norteadora de toda produção normativa tributária em nosso país.

7.6. Princípio da igualdade

Expressamente previsto no *caput* do art. 5º, da Constituição Federal de 1988, assim está descrito o princípio da igualdade: "Todos são iguais perante a lei, sem distinção de qualquer natureza".

Estamos aqui diante da igualdade geral, igualdade no sentido jurídico-formal, igualdade perante a lei. Temos, ainda, a igualdade na lei, conforme o próprio STF faz distinção. Eis trecho do voto do ministro Celso de Mello que faz essa distinção:

> A ausência de elementos arbitrários no conteúdo intrínseco da norma legal em causa evidencia que se respeitou, no processo de sua formal positivação jurídica, a exigência constitucional que impõe, ao Poder Público, a observância do princípio da igualdade na lei.
>
> Sabemos, tal como já decidiu o Supremo Tribunal Federal (RTJ 136/444, Rel. p/ o acórdão Min. CELSO DE MELLO), que o princípio da isonomia — cuja observância vincula todas as manifestações do Poder Público — deve ser considerado, em sua precípua função de obstar discriminações e de extinguir privilégios (RDA 55/114), sob duplo aspecto: a) o da igualdade na lei e b) o da igualdade perante a lei.
>
> A *igualdade na lei* — que opera numa fase de generalidade puramente abstrata 3 *constitui exigência destinada ao legislador*, que, no processo de formação do ato legislativo, nele não poderá incluir fatores de discriminação responsáveis pela ruptura da ordem isonômica. E, tal como precedentemente assinalado, a norma inscrita no art. 2º da Lei n. 8.393/91, por apoiar-se, na veiculação do benefício isencional, em fatores lógico-racionais, não transgrediu o postulado essencial pertinente ao dever estatal de observância da igualdade na lei.
>
> A *igualdade perante a lei*, de outro lado, *pressupondo lei já elaborada*, traduz imposição destinada aos demais poderes estatais, que, na aplicação da norma legal, não poderão subordiná-la a critérios que ensejem tratamento seletivo ou discriminatório.

> A eventual inobservância desse postulado pelo legislador, em qualquer das dimensões referidas, imporá, ao ato estatal por ele elaborado e produzido, a eiva de inconstitucionalidade.[209]

Geraldo Ataliba conceitua esse princípio da seguinte forma:

> A igualdade é, assim, a primeira base de todos os princípios constitucionais e condiciona a própria função legislativa, que é a mais nobre, alta e ampla de quantas funções o povo republicanamente, decidiu criar. A isonomia há de se expressar, portanto, em todas as manifestações de Estado, as quais, na sua maioria, se traduzem concretamente em atos de aplicação da lei, ou seu desdobramento. Não há ato ou forma de expressão estatal que possa escapar ou subtrair-se às exigências da igualdade.[210]

O princípio da igualdade, em última instância, visa equilibrar e minimizar as desigualdades naturais existentes entre os indivíduos. Assim, para aplicar o princípio da igualdade, mister reconhecer e admitir que fazem parte da natureza do ser humano as desigualdades. Ao Estado, é reservada a função de reduzir as desigualdades, especialmente as sociais e econômicas, sua função é não discriminar entre todos aqueles que são iguais. E é nesse limite que se aplica o princípio da igualdade.

Na área tributária, esse princípio está diretamente ligado ao princípio da legalidade e expressamente previsto no art. 150, inciso II:

> Art. 150. Sem prejuízo de outras garantias asseguradas ao contribuinte, é vedado à União, aos Estados, ao Distrito Federal e aos Municípios:
>
> (...)
>
> II – instituir tratamento desigual entre contribuintes que se encontrem em situação equivalente, proibida qualquer distinção em razão de ocupação profissional ou função por eles exercida, independentemente da denominação jurídica dos rendimentos, títulos ou direitos;

O STF também definiu o conceito de igualdade em matéria tributária:

> Dou destaque a um princípio constitucional limitador da tributação, o princípio da igualdade tributária, que está inscrito no art. 150, II, da Constituição. Esse princípio se realiza, lembra Geraldo Ataliba, no tocante aos impostos, mediante a observância da capacidade contributiva (CF, art. 145, § 1º); quanto às contribuições, por meio da proporcionalidade entre o efeito da ação estatal (o seu reflexo no patrimônio dos particulares) e o seu custo, ou, noutras palavras, por meio da proporcionalidade entre o custo da obra pública e a

---

(209) AI 360.461-AgR / MG, relator Ministro Celso de Mello.

(210) *República e Constituição*, p. 160.

> valorização que esta trouxe para o imóvel do particular; e, referentemente às taxas, pelo específico princípio da retribuição ou remuneração. Cada um consome uma certa quantidade de serviço público e remunera o custo daquela quantidade.[(211)]

Interessante e importante a distinção feita pelo STF, acerca das condições para aplicação dos princípios da igualdade e da razoabilidade.

> Repercussão geral reconhecida com mérito julgado.
>
> É constitucional a majoração diferenciada de alíquotas em relação às contribuições sociais incidentes sobre o faturamento ou a receita de instituições financeiras ou de entidades a elas legalmente equiparáveis. (...) No caso, houve a majoração de 3% para 4% da alíquota da Contribuição para o Financiamento da Seguridade Social com base no art. 18 da Lei n. 10.684/2003. (...) O Tribunal consignou que o tratamento constante do art. 18 da Lei n. 10.684/2003 não viola o princípio da isonomia nem o da capacidade contributiva. (...) A conformação do princípio da isonomia no texto constitucional, sobretudo na vertente tributária, busca autorizar a adoção de medidas discriminativas. O objetivo disso é privilegiar ou onerar determinadas categorias, incentivar ou desestimular determinados comportamentos, ou, ainda, incrementar o desenvolvimento de certas regiões do País. A Constituição cria mecanismos para a promoção da igualdade em sentido material, portanto. A imposição de alíquotas diferenciadas em razão da atividade econômica pode estar fundada nas funções fiscais ou extrafiscais da exação. Se fundada na função fiscal, a distinção deve corresponder à capacidade contributiva; se embasada na extrafiscal, deve respeitar a proporcionalidade, a razoabilidade bem como o postulado da vedação do excesso. Em todo caso, a norma de desequiparação e o seu critério de discrímen (a atividade econômica) devem respeitar o conteúdo jurídico do princípio da igualdade.[(212)]

Outro julgado do STF também delineador do princípio da igualdade em matéria tributária:

> Repercussão geral reconhecida com mérito julgado.
>
> O litígio constitucional posto se traduz em um confronto entre o direito ao sigilo bancário e o dever de pagar tributos, ambos referidos a um mesmo cidadão e de caráter constituinte no que se refere à comunidade política, à luz da finalidade precípua da tributação de realizar a igualdade em seu duplo compromisso, a autonomia individual e o autogoverno coletivo. Do ponto de vista da autonomia individual, o sigilo bancário é uma das expressões do direito de personalidade que se traduz em ter suas atividades e informações bancárias livres de ingerências ou ofensas, qualificadas como arbitrárias ou ilegais, de quem quer que seja, inclusive do Estado ou da própria instituição financeira. Entende-se que a igualdade é satisfeita no plano do autogoverno coletivo por meio do pagamento de tributos, na medida da capacidade contributiva do contribuinte, por sua vez vinculado a um Estado soberano comprometido com a satisfação das necessidades coletivas de seu povo. Verifica-se que o Poder Legislativo não desbordou dos parâmetros constitucionais, ao exercer sua relativa liberdade de conformação da ordem jurídica, na

---

(211) ADI 447, rel. Min. Octavio Gallotti, voto do Min. Carlos Velloso, j. 5.6.1991, P, *DJ* de 5.3.1993.

(212) RE 656.089, rel. Min. Dias Toffoli, j. 6.6.2018, P, Informativo 905, Tema 515.

> medida em que estabeleceu requisitos objetivos para a requisição de informação pela administração tributária às instituições financeiras, assim como manteve o sigilo dos dados a respeito das transações financeiras do contribuinte, observando-se um translado do dever de sigilo da esfera bancária para a fiscal. A alteração na ordem jurídica promovida pela Lei n. 10.174/2001 não atrai a aplicação do princípio da irretroatividade das leis tributárias, uma vez que aquela se encerra na atribuição de competência administrativa à Secretaria da Receita Federal, o que evidencia o caráter instrumental da norma em questão. Aplica-se, portanto, o art. 144, § 1º, do CTN. Fixação de tese em relação ao item a do Tema 225 da sistemática da repercussão geral: "O art. 6º da LC n. 105/2001 não ofende o direito ao sigilo bancário, pois realiza a igualdade em relação aos cidadãos, por meio do princípio da capacidade contributiva, bem como estabelece requisitos objetivos e o translado do dever de sigilo da esfera bancária para a fiscal". Fixação de tese em relação ao item b do Tema 225 da sistemática da repercussão geral: "A Lei n. 10.174/2001 não atrai a aplicação do princípio da irretroatividade das leis tributárias, tendo em vista o caráter instrumental da norma, nos termos do art. 144, § 1º, do CTN".[(213)]

Segundo Paulo de Barros Carvalho, o objetivo do princípio da igualdade é:

> [...] garantir a tributação justa (sobrevalor). Isto não significa, contudo, que todos os contribuintes devem receber tratamento tributário igual, mas, sim, que as pessoas físicas ou jurídicas, encontrando-se em situações econômicas idênticas, ficarão submetidas ao mesmo regime jurídico, com as particularidades que lhe forem próprias.[(214)]

Na tributação ambiental há quem sustente que o princípio da igualdade encontra sua expressão no art. 170, inciso VI, da Constituição, à medida que o critério que deverá ser utilizado na discriminação entre bens e serviços é a intensidade do uso dos bens ambientais, demonstrado por estudo de impacto ambiental. Aqueles que produzirem ou prestarem serviços causando o mesmo impacto ambiental, deverão ser tributados da mesma forma e com a mesma carga fiscal.

Entendemos esse raciocínio que se ocupa apenas do ditame do art. 170, inciso VI da Constituição Federal, na análise sobre a aplicação do princípio da igualdade nos tributos ambientais, muito reduzido diante das possibilidades do direito tributário ambiental, razão pela qual sua aplicação deve nortear toda e qualquer instituição de tributos ambientais, especialmente aqueles com natureza fiscal.

7.6.1. Princípio da legalidade

Esse princípio tem sua previsão genérica no art. 5º, inciso II, da Constituição Federal, e assevera que "ninguém será obrigado a fazer ou deixar de fazer alguma coisa senão em virtude de lei".

---

(213) RE 601.314, rel. Min. Edson Fachin, j. 24.2.2016, P, *DJE* de 16.9.2016, Tema 225 – *Vide* também RE 1.058.429-AgR, rel. Min. Alexandre de Moraes, j. 20.2.2018, 1ª T., *DJE* de 6.3.2018.

(214) *Direito tributário* — linguagem e método, p. 283.

Já em matéria tributária, é no inciso I do art. 150, da Constituição Federal que encontramos o princípio da legalidade, o qual se aplica a todas as espécies de tributos:

> Art. 150. Sem prejuízo de outras garantias asseguradas ao contribuinte, é vedado à União, aos Estados, ao Distrito Federal e aos Municípios:
>
> I – exigir ou aumentar tributo sem lei que o estabeleça;

Segundo entendimento de Paulo de Barros Carvalho,[215] esse princípio determina que a pessoa política, ao exercer sua competência tributária para instituir ou aumentar tributo, só pode fazê-lo mediante a expedição de uma lei que traga em seu conteúdo todos os elementos descritores do fato jurídico e prescritores da relação obrigacional entre sujeito ativo e passivo.

O STF também traça o perfil do princípio da legalidade em matéria tributária:

> Respeita o princípio da legalidade a lei que disciplina os elementos essenciais determinantes para o reconhecimento da contribuição de interesse de categoria econômica como tal e deixa um espaço de complementação para o regulamento. A lei autorizadora, em todo caso, deve ser legitimamente justificada, e o diálogo com o regulamento deve-se dar em termos de subordinação, desenvolvimento e complementariedade. A Lei n. 11.000/2004, que autoriza os conselhos de fiscalização de profissões regulamentadas a fixar as anuidades devidas por pessoas físicas ou jurídicas, não estabeleceu expectativas, criando uma situação de instabilidade institucional ao deixar ao puro arbítrio do administrador o estabelecimento do valor da exação – afinal, não há previsão legal de qualquer limite máximo para a fixação do valor da anuidade. O grau de indeterminação com que os dispositivos da Lei n. 11.000/2004 operaram provocou a degradação da reserva legal (art. 150, I, da CF/1988). Isso porque a remessa ao ato infralegal não pode resultar em desapoderamento do legislador para tratar de elementos tributários essenciais. Para o respeito do princípio da legalidade, seria essencial que a lei (em sentido estrito) prescrevesse o limite máximo do valor da exação, ou os critérios para encontrá-lo, o que não ocorreu. Não cabe aos conselhos de fiscalização de profissões regulamentadas realizar atualização monetária em patamares superiores aos permitidos em lei, sob pena de ofensa ao art. 150, I, da CF/1988.[216]

Vale mencionar, ainda, que o princípio da legalidade tem duas dimensões: a formal e a material. No aspecto formal temos que compreender o alcance do princípio em relação ao veículo introdutor de normas, no caso, a lei ordinária como regra e a lei complementar em situações excepcionais expressamente previstas na Constituição. A igualdade material, ao seu turno, se refere ao conteúdo da lei, também denominado de princípio da tipicidade.

Há quem considere que o princípio da legalidade é flexibilizado em algumas espécies tributárias com natureza extrafiscal, indutora. A demonstração dessa flexibilização

(215) *Curso de direito tributário*, 15. ed., 2003, p. 157-158.

(216) RE 704.292, rel. Min. Dias Toffoli, j. 19.10.2016, P, *DJE* de 3.8.2017, Tema 540.

está na possibilidade de o Poder Executivo, dentro dos limites previstos pela lei, alterar as alíquotas ou a base de cálculo dos impostos aduaneiros, por exemplo.

Não entendemos esse tipo de norma como flexibilização do princípio da legalidade, pelo contrário. Só existe a possibilidade de alterar alíquotas e base de cálculo porque uma lei assim o permitiu. Portanto, as exceções foram previstas em lei, respeitando em sua plenitude o citado princípio.

Nem mesmo desastres ambientais podem servir de justificativa para a flexibilização desse princípio quando se tratar de instituir ou aumentar tributos que tenham como objetivo atender demandas públicas decorrentes desse tipo de evento.

7.7. Princípio da tipicidade

De acordo com esse princípio, a norma tributária deverá conter em seu interior todos os critérios da regra-matriz de incidência tributária.

Ainda que seja um tanto quanto óbvio, reafirmamos que a norma tributária ambiental também é obrigada a respeitar esse princípio, ainda que tenha como objetivo a proteção e a defesa do meio ambiente, ou seja, esse objetivo não traz nenhuma flexibilidade para o legislador na hora de exercer sua função e criar tributos.

Segundo o princípio da tipicidade, a regra-matriz de incidência tributária deverá ter a seguinte estrutura lógica: uma hipótese e uma consequência. Na hipótese deverão estar descritos o critério material, o critério espacial e o critério temporal. No consequente, teremos o critério pessoal e o critério quantitativo.

Essa norma deverá ser geral e abstrata, razão pela qual também não teremos na hipótese a descrição de um fato específico. Como diz Paulo de Barros Carvalho sobre a norma geral e abstrata:

> A regra-matriz de incidência tributária, como norma geral e abstrata, não traz, na hipótese, a descrição de um evento especificamente determinado, traço peculiar às normas individuais e concretas. Antes, alude a uma classe de eventos, na qual se encaixarão infinitos acontecimentos concretos. E a operação lógica de inclusão de um elemento numa classe é chamada de "subsunção".(217)

7.8. Princípio da anterioridade

Esse é mais um princípio positivado na Constituição Federal, precisamente no art. 150, inciso III, letras *'b'* e *'c'*. Ao lado do princípio da legalidade, o princípio da anterioridade é um dos principais limites objetivos para a instituição e aumento dos tributos.

---

(217) CARVALHO, Paulo de Barros. *Direito tributário* — Fundamentos jurídicos da incidência. 10. ed. rev. e atual. São Paulo: Saraiva, 2015. p. 139.

Segundo esse princípio, nenhum tributo será cobrado no mesmo exercício em que for instituído ou aumentado.

Também temos em nosso sistema do direito positivo o princípio da anterioridade nonagesimal, este previsto no art. 195, § 6º, da Constituição Federal, e aplicado exclusivamente à espécie tributária contribuições sociais bem como ao regime jurídico dessas mesmas contribuições sociais, regime jurídico tributário formado pelo conjunto de princípios e normas constitucionais que regulam a exigência coativa de prestações pecuniárias e permitem ao Estado exigi-las dos sujeitos passivos.

Segundo essa norma, nenhuma contribuição social poderá ser cobrada em prazo anterior a 90 dias após a sua introdução no sistema do direito positivo, por meio da norma válida. Ou seja, a anterioridade nonagesimal diz respeito ao início da vigência e eficácia da norma tributária que obriga o sujeito passivo dessa relação jurídica tributária a cumprir o dever de pagar o tributo.

Esse princípio é mais uma expressão do princípio da segurança jurídica, na medida em que visa impedir que o contribuinte seja surpreendido no meio de um exercício financeiro com nova exigência tributária. Estamos mais uma vez falando sobre previsibilidade, a possibilidade de o contribuinte se organizar, programar e planejar suas atividades durante um determinado período ou ciclo.

Observamos que há doutrinadores que procuram encontrar explicações especiais ou pormenorizadas para justificar a aplicação deste ou daquele princípio tributário aos chamados tributos ambientais. Mas entendemos que esse tipo de argumento não passa de retórica, pois permanecemos no campo da tributação e, independentemente da vocação ambiental ou não, tributo é tributo e por esse motivo todas as limitações ao poder de tributar devem ser aplicadas na instituição ou aumento de tributos que possuam, entre seus objetivos, a preservação e defesa, direta ou indireta, do meio ambiente ecologicamente equilibrado.

O ponto central deste trabalho é demonstrar que o uso da tributação como instrumento de realizações importantes, ou melhor, fundamentais para a preservação e defesa do meio ambiente, expressão da dignidade da pessoa humana e dos objetivos da República, é uma obrigação séria do Poder Público e que, por isso, deve ser feita de forma direta, planejada e não casuística.

7.9. Princípio da irretroatividade

O princípio da irretroatividade, mais uma das expressas limitações ao poder de tributar, e por que não dizer, do efetivo exercício da competência tributária, está disposto no art. 150, inciso III, letra *'a'*, da Constituição Federal de 1988.

Esse princípio veda expressamente que a lei tributária alcance fatos anteriores à sua validade, vigência e eficácia, sobretudo em razão da estabilidade e segurança das relações jurídicas.

As exceções são as seguintes: leis interpretativas e leis que beneficiem o contribuinte no caso de infrações e sanções.

Fábio Nieves[(218)] apresenta um pensamento alternativo de Luís Eduardo Schoueri sobre esse princípio, assentado em uma possível flexibilidade deste na tributação extrafiscal com caráter ambiental, resultando em uma certa relativização do princípio quando se trata de proteção ao meio ambiente.

Não concordamos com esse entendimento, porque o meio ambiente não é mais importante do que outros direitos fundamentais do cidadão que visam dar plenitude ao princípio fundamental da dignidade da pessoa humana e aos objetivos da República.

Se assim fosse, teríamos que admitir que toda e qualquer situação que tenha como fundamento a dignidade da pessoa humana e os objetivos da República deveriam ter tratamento diferenciado.

Além disso, o caráter de norma indutora remete, em nosso entendimento, a situações totalmente passíveis de programação e, sobretudo, planejamento do Poder Público, o que afasta ainda mais medidas extremas e excepcionais como a sugerida. Já das normas eminentemente fiscais, que visam à arrecadação, se espera um mínimo de planejamento para sua instituição ou majoração, especialmente diante do caráter que elas assumem de arrecadar recursos para atender as disposições das leis orçamentárias.

Assim, entendemos que esse princípio também não comporta exceções, salvas aquelas expressamente previstas na própria Constituição Federal.

7.10. Princípio da vedação do confisco

Esse princípio, por sua vez, vem consagrado no inciso IV do art. 150 da Constituição Federal, determinando, em suma, que é vedado aos entes tributantes "utilizar tributo com efeito de confisco".

Essa é mais uma norma vinculada diretamente ao princípio da capacidade contributiva, tendo em vista que sempre que o tributo absorver parcela expressiva da renda ou propriedade dos contribuintes, ele "confiscará" parte dos bens e, também, extrapolará os limites da capacidade contributiva desse mesmo contribuinte.

Esse é o caso dos tributos cuja hipótese de incidência trata de fatos geradores continuados, como o imposto de renda, por exemplo.

---

(218) *Tributação ambiental* — a proteção do meio ambiente natural, p. 192.

Assim, a regra geral que devemos ter em mente no momento de aplicação desse princípio é aquela segundo a qual sempre que ocorrer subtração excessiva ao patrimônio do contribuinte, comprometendo sua existência digna e necessidades básicas, representará um ato confiscatório, portanto, ilegal, por afrontar diretamente o princípio da vedação ao confisco, e, também, o direito de propriedade, previsto no art. 5º, inciso XXII, da Constituição Federal de 1988.

Tácio Lacerda Gama afirma que:

> o princípio de vedação de confisco surge como prescrição que determina a instituição de contribuições de intervenção no domínio econômico, com observância da capacidade contributiva. Isso de forma tal que, se o tributo instituído violar a capacidade contributiva, deverá ser declarado inconstitucional, por transcender a competência para a sua criação.[219]

O Supremo Tribunal Federal também encampa esse mesmo conceito de confisco, conforme observamos no acórdão abaixo, exarado em sede de controle concentrado de constitucionalidade:

> Tratando-se de matéria sujeita a estrita previsão constitucional — CF, art. 153, § 2º, I; art. 153, § 4º; art. 156, § 1º; art. 182, § 4º, II; art. 195, § 9º (contribuição social devida pelo empregador) —, inexiste espaço de liberdade decisória para o Congresso Nacional, em tema de progressividade tributária, instituir alíquotas progressivas em situações não autorizadas pelo texto da Constituição. Inaplicabilidade, aos servidores estatais, da norma inscrita no art. 195, § 9º, da Constituição. (...) A tributação confiscatória é vedada pela CF. A jurisprudência do STF entende cabível, em sede de controle normativo abstrato, a possibilidade de a Corte examinar se determinado tributo ofende, ou não, o princípio constitucional da não confiscatoriedade, consagrado no art. 150, IV, da Constituição. Precedente: ADI 2.010 MC/DF, rel. min. Celso de Mello. *A proibição constitucional do confisco em matéria tributária nada mais representa senão a interdição, pela Carta Política, de qualquer pretensão governamental que possa conduzir, no campo da fiscalidade, à injusta apropriação estatal, no todo ou em parte, do patrimônio ou dos rendimentos dos contribuintes, comprometendo-lhes, pela insuportabilidade da carga tributária, o exercício do direito a uma existência digna, ou a prática de atividade profissional lícita ou, ainda, a regular satisfação de suas necessidades vitais (educação, saúde e habitação, por exemplo). A identificação do efeito confiscatório deve ser feita em função da totalidade da carga tributária, mediante verificação da capacidade de que dispõe o contribuinte — considerado o montante de sua riqueza (renda e capital) — para suportar e sofrer a incidência de todos os tributos que ele deverá pagar, dentro de determinado período, à mesma pessoa política que os houver instituído (a União Federal, no caso), condicionando-se, ainda, a aferição do grau de insuportabilidade econômico-financeira, à observância, pelo legislador, de padrões de razoabilidade destinados a neutralizar excessos de ordem fiscal eventualmente praticados pelo poder público (...).*[220] (Grifo nosso)

---

(219) *Contribuição de intervenção no domínio econômico*, p. 158.

(220) ADC 8 MC, rel. Min. Celso de Mello, j. 13.10.1999, P, *DJ* de 4.4.2003.

Vale, por fim, destacar a lição de Regina Helena Costa, que afirma:

> O confisco, em definição singela há muito por nós proposta, é a absorção total ou substancial da propriedade privada, pelo Poder Público, sem a correspondente indenização. Em nosso ordenamento jurídico, diante da grande proteção conferida ao direito de propriedade, o confisco é, portanto, medida de caráter sancionatório, sendo admitida apenas excepcionalmente.[221]

7.11. Princípio da uniformidade da tributação nacional

Esse é mais um princípio tributário geral expressamente previsto na Constituição Federal. Dessa vez, é no art. 151, inciso I, que encontramos a disciplina desse princípio, no seguinte sentido: "É vedado à União: instituir tributo que não seja uniforme em todo o território nacional ou que implique distinção ou preferência em relação a Estado, ao Distrito Federal ou a Município, em detrimento de outro, admitida a concessão de incentivos fiscais destinados a promover o equilíbrio do desenvolvimento socioeconômico entre as diferentes regiões do País".

Esse princípio carrega consigo a ideia de que o exercício da competência tributária não pode ser instrumento para ampliar desigualdades regionais, quando muito, se admite a concessão de incentivos fiscais exatamente em sentido oposto, qual seja, o de promover o equilíbrio do desenvolvimento socioeconômico regional, diminuindo as desigualdades.

Na prática, esse princípio representa mais um desdobramento do princípio da isonomia, na medida em que exige que contribuintes que se encontrem em uma mesma situação recebam o mesmo tratamento tributário. A uniformidade é alcançada incluindo no rol de sujeitos passivos todos aqueles que se encontrem na mesma situação, dentro do território nacional.

Nesse sentido, quando tratamos de tributos ambientais, esse princípio também deve ser observado no exercício da competência tributária.

Seria equivocado associar a tributação ambiental apenas à localização geográfica dos bens ambientais. Na verdade, a aplicação desse princípio deve ser dirigida a alcançar todos os sujeitos passivos que se encontrem em uma mesma situação, responsáveis pelo pagamento de tributos que tenham natureza de tributos ambientais, assim caracterizados pela definição do aspecto material da hipótese de incidência conjugado com a base de cálculo do respectivo tributo.

Por exemplo: na hipótese da instituição de uma taxa de fiscalização voltada à proteção da floresta Amazônica, a qual está situada em uma região específica do território

(221) COSTA, Regina Helena. *Curso de direito tributário* — Constituição e código tributário. 2. ed. rev. e atual. São Paulo: Saraiva, 2012. p. 92.

nacional, essa taxa respeitará a uniformidade da tributação desde que seja cobrada de todos os sujeitos passivos que se encontrem dentro da área da citada floresta no território nacional.

O fato de uma taxa dessa natureza não ser cobrada de contribuintes que se encontrem em estados fora da floresta não configura violação ao princípio em questão.

7.12. Princípio da indelegabilidade da competência tributária

Esse é um princípio que está implícito na Constituição Federal, diante da atuação do legislador constituinte que, ao distribuir as competências de uma forma geral, e a competência tributária, em especial, determinou expressamente a competência de cada pessoa política, o que impede que ocorra a transferência de competências — ou delegação — entre os próprios entes políticos ou por meio de norma reformadora ou infraconstitucional.

Aliás, a norma infraconstitucional, no caso o art. 7º do Código Tributário Nacional, positivou o princípio implícito na Constituição, nos seguintes termos:

> A competência tributária é indelegável, salvo atribuição das funções de arrecadar ou fiscalizar tributos, ou de executar leis, serviços, atos ou decisões administrativas em matéria tributária, conferida por uma pessoa jurídica de direito público a outra, nos termos do § 3º do art. 18 da Constituição.

Ainda em relação à indelegabilidade da competência tributária, importante afirmar que a competência é uma faculdade atribuída à pessoa política, razão pela qual nem mesmo o não exercício dessa competência autoriza a sua delegação.

Finalmente, mas não menos importante, há de se observar que a capacidade tributária, consistente na cobrança e arrecadação dos tributos, esta sim pode ser delegada. Aliás, é o que prescreve o § 3º, do mesmo art. 7º, do CTN: "Não constitui delegação de competência o cometimento, a pessoas de direito privado, do encargo ou da função de arrecadar tributos".

Toda essa exposição dos princípios constitucionais informadores do Sistema Tributário Nacional e limitadores do poder de tributar nos levam à conclusão de que eles se aplicam também aos tributos ambientais.

Não há razão para flexibilizar os valores da sociedade e as garantias do cidadão contra a voracidade fiscal do Estado. O exercício da competência tributária voltado para a instituição ou aumento dos tributos, que tem como vocação e objetivo finalístico a preservação e defesa do meio ambiente, também está submetido aos mesmos limites específicos em matéria tributária.

E o primeiro desses limites específicos, como já vimos, é o princípio da legalidade, expresso no art. 150, inciso I, da Constituição Federal. De acordo com esse princípio já tratado em outro tópico deste trabalho, tributos só podem ser instituídos por lei, a qual deve trazer em seu interior todos os aspectos da hipótese de incidência tributária, ou como costuma lecionar Paulo de Barros Carvalho, todos os "elementos descritores do fato jurídico e os dados prescritores da relação obrigacional".[(222)]

Com o princípio da legalidade, vem junto o princípio da tipicidade, caracterizado pelas especificidades do tributo que devem ser descritas em sua norma instituidora ou que o aumentam. Essa descrição pormenorizada é a marca do princípio da tipicidade, que exige que todos os aspectos da hipótese de incidência tributária ou de sua regra-matriz sejam minuciosamente descritos, de forma que exista uma absoluta compatibilidade entre o fato do mundo real (cultural ou fenomênico) descrito na norma e a respectiva hipótese de incidência, em outras palavras, estamos nos referindo à absoluta subsunção do fato à norma jurídica.[(223)]

(222) *Direito tributário* – linguagem e método, p. 237.

(223) Segundo Paulo de Barros Carvalho, "a tipicidade tributária significa a exata adequação do fato à norma e, por isso mesmo, o surgimento da relação jurídica se condicionará ao evento da subsunção, que é a plena correspondência entre o fato jurídico tributário e a hipótese de incidência, fazendo surgir a obrigação correspondente, nos exatos termos previstos em lei". *In*: *Direito tributário* – linguagem e método, p. 237.

Capítulo 8

Seletividade, Essencialidade e Progressividade nos Tributos Ambientais

A seletividade é tratada na doutrina como princípio tributário aplicado especificamente a alguns tributos. No caso em questão, a seletividade, por disposição expressa da Constituição Federal, é aplicada ao Imposto sobre Produtos Industrializado (IPI) e ao Imposto sobre Circulação de Mercadorias e Serviços (ICMS). E, certamente, será aplicada ao Imposto sobre Bens e Serviços (IBS) à medida que este substituir o ICMS.

Nos dois casos citados, a própria Constituição Federal vincula a seletividade à essencialidade dos produtos, das mercadorias e dos serviços. Na prática, isso permite ao legislador estabelecer alíquotas diferenciadas para os citados impostos, tendo como fundamento dessa variação a essencialidade de cada produto, mercadoria ou serviço.

No entanto, não encontramos no texto constitucional nenhuma definição do que é essencial.

Via de regra, a doutrina aponta que essencial é o produto, a mercadoria ou o serviço que tem grande necessidade popular, justificando-se uma alíquota menor. Por outro lado, produtos, mercadorias e serviços ditos supérfluos podem ter uma tributação maior.

Diz Luís Eduardo Schoueri sobre essa questão:

> Essencialidade não é, entretanto, conceito determinado. Surge no texto constitucional de forma aberta, podendo ser preenchido, a par das questões oriundas da justiça distributiva, igualmente por forças de ordem estrutural. Não parece impróprio, nesse sentido, entender "essencial" um equipamento que possa modernizar o parque industrial, motivando, daí, alíquota seletiva mais reduzida que outro equipamento poluente, cuja produção se deseje desestimular. Esta extensão do conceito de essencialidade também foi percebida por Ruy Barbosa Nogueira: "Quando a Constituição diz que esse imposto será seletivo em função da essencialidade dos produtos, está traçando uma

> regra para que esse tributo exerça não só função de arrecadação mas também de política fiscal, isto é, que as duas alíquotas sejam diferenciadas, de modo que os produtos de primeira necessidade não sejam tributados ou o sejam por alíquotas menores; os produtos como máquinas e implementos necessários à produção, produtos de combate às pragas e endemias etc. também sofram menores incidências ou gozem de incentivos fiscais; produtos de luxo ou suntuários, artigos de jogos ou vícios etc. sejam mais tributados. Este é o sentido da tributação de acordo com a essencialidade".
>
> Daí justificar-se que se reformule o conceito de "essencialidade", que deve ter duas perspectivas: o ponto de vista individual dos contribuintes e as necessidades coletivas. Sob a última perspectiva, tal conceito deve ser entendido a partir dos objetivos e valores constitucionais: essencial será o bem que se aproxime da concretização daqueles. Assim, tanto será essencial o produto consumido pelas camadas menos favorecidas da população, dado o objetivo fundamental da República de "erradicar a pobreza e a marginalização" (art. 3º, III, da Constituição Federal), como aquele que corresponda aos auspícios da Ordem Econômica, diante do objetivo de "garantir o desenvolvimento nacional" (art. 3º, II).(224)

Impõe assim, o princípio da essencialidade, alíquota menos onerosa para produtos de primeira necessidade e tributação mais gravosa para produtos supérfluos.(225)

O princípio da essencialidade em matéria tributária ambiental tem função ainda mais específica, no que diz respeito a normas indutoras de conduta ou extrafiscais.

Quando se aplica ao IPI, a seletividade que leva a uma tributação mais ou menos favorecida, estará condicionada à essencialidade do produto e ao maior ou menor impacto tributário causado pelo processo de industrialização. Portanto, além da essencialidade do produto, o impacto que sua produção causa ao meio ambiente será determinante para a seletividade do imposto caracterizada por alíquotas maiores ou menores, no caso, do IPI.

Um caso típico de utilização do princípio da essencialidade com esse viés ambiental aplicado aos produtos industrializados foi a redução de alíquotas do IPI para os produtos da chamada linha branca (refrigeradores, congeladores, máquinas de lavar e secar domésticas, fogões de cozinha) que tinham maior eficiência energética, ou seja, que consumiam menos energia para seu funcionamento; em outras palavras, produtos mais econômicos. Isso ocorreu em algumas ocasiões, por exemplo, quando da edição do Decreto n. 6.996/2009 e do Decreto n. 7.705/2012.

---

(224) SCHOUERI. Obra citada, p. 373-374.

(225) TAVARES, Alexandre Macedo. *Fundamentos de direito tributário*. 4. ed. São Paulo: Saraiva, 2009. p. 36.

A técnica empregada aqui foi a de quanto maior a eficiência energética, menor a alíquota do produto. Ou quanto menor a economia de energia do produto em uso, maior a alíquota.

Mas uma ressalva deve ser feita neste momento.

Mais uma vez estamos diante de uma situação em que a questão ambiental era secundária. Em que pese o critério formal para redução da alíquota e, consequentemente, do imposto a pagar, ter sido a eficiência energética, o que é uma medida salutar sob o ponto de vista de proteção do nosso meio ambiente natural, especialmente naquilo que diz respeito à preservação e uso adequado das fontes de energia naturais, caso o objetivo final do Poder Público, no caso específico, do presidente da República, pessoa competente para legislar mediante decreto, a teor do disposto no art. 84, inciso IV, da Constituição Federal, fosse realmente proteger e preservar os bens ambientais, não haveria necessidade de revogar os referidos decretos.

Isso ocorreu porque o objetivo era promover a aceleração da economia e retomada do crescimento econômico mediante o estímulo do mercado interno consumidor.

Hoje, observamos que na atual Tabela de incidência do imposto sobre produtos industrializados (TIPI), Decreto n. 8.950/2016, com última atualização realizada pelo Decreto n. 9.971/2019, não há alíquotas diferenciadas para os produtos da linha branca,(226) o que nos permite afirmar que essa técnica de tributação nunca foi utilizada efetivamente para dar plenitude ao art. 225 da Constituição Federal.

Já em relação ao ICMS, esse imposto também carrega consigo o princípio da seletividade, uma vez que poderá ser seletivo na medida da essencialidade das mercadorias e serviços, a teor do disposto no art. 155, § 2º, inciso III, da Constituição Federal de 1988: "poderá ser seletivo, em função da essencialidade das mercadorias e dos serviços".

A redação do citado dispositivo legal deixa claro que a seletividade aplicada ao ICMS é facultativa enquanto ao IPI é obrigatória.(227) Isso também nos permite afirmar que, aplicados ao ICMS, os princípios da seletividade e da essencialidade são normas indutoras, ao passo que em relação ao IPI, é um dever-ser mesmo.

Ou de acordo com Paulo de Barros Carvalho, esse princípio positivado aplicado ao IPI é uma norma de estrutura, também voltada para condutas interpessoais, mas antes,

(226) Se observarmos a TIPI atualmente em vigor, observaremos, por exemplo, que fogões de cozinha, posição 73.21 na TIPI, todos têm a mesma alíquota de 4%. Refrigeradores domésticos, posição 8418.2 na TIPI, todos têm a mesma alíquota de 15%. Máquinas de lavar louças, posição 84.22.1 da TIPI, todas têm alíquota de 20%. Portanto, o critério eficiência energética deixou de ser aplicado como forma de seletividade do imposto em razão da sua essencialidade.

(227) Art. 153, § 3º, inciso I, da Constituição Federal de 1988.

tem como objeto "os comportamentos relacionados à produção de novas unidades deôntico-jurídicas, motivo pelo qual dispõe sobre órgãos, procedimentos e estatuem de que modo devem as regras ser criadas, transformadas ou expulsas do sistema".[228]

É isso que faz a norma do art. 153, § 3º, inciso I, ao afirmar que o IPI será seletivo em função da essencialidade do produto, ou seja, o objeto dessa norma está dirigido ao legislador federal, que tem a competência para instituir o referido imposto e, no momento de fazê-lo, de produzir a nova unidade deôntico-jurídica, deverá observar o princípio da essencialidade do produto para fixar suas respectivas alíquotas.

Mas há entendimento em sentido contrário ao disposto na norma citada, afirmando a obrigatoriedade da aplicação desse princípio da seletividade ao ICMS e, em caráter ainda mais especial, quando se tratar de imposto como norma indutora de comportamentos voltados à preservação e defesa do meio ambiente.[229]

Novamente a justificativa desse entendimento está assentada no art. 170, inciso VI, da Constituição, segundo o qual a defesa do meio ambiente deve ser feita mediante tratamento diferenciado entre produtos e serviços, tudo de acordo com o impacto ambiental causado pela produção dos produtos ou pela prestação de serviços. Portanto, aqueles que sustentam a obrigatoriedade de o ICMS ser seletivo, entendem que o tratamento diferenciado, discriminatório exigido pelo art. 170, inciso VI, é tão somente a seletividade em razão da essencialidade do produto ou serviço.[230]

Discordamos desse entendimento porque, ao reclamarem a obrigatoriedade da aplicação do princípio da seletividade ao ICMS, estão defendendo naturalmente a adoção de alíquotas diferenciadas para produtos e serviços, pois essa é a técnica aplicada para dar plenitude ao princípio da seletividade.

Entretanto, tratamento diferenciado — que é diferente de seletividade — pode ser alcançado pela concessão de benefícios fiscais, tais como a isenção, diferimento, redução da base de cálculo, por exemplo. E isso retira do legislador a obrigação, o dever de instituir ICMS tendo como um dos princípios norteadores de sua instituição, obrigatoriamente, a seletividade como resultado de um tratamento discriminatório entre sujeitos passivos da relação jurídico-tributária.

A Lei estadual n. 3.135, de 5 de junho de 2007, do estado do Amazonas, a qual institui a Política Estadual sobre Mudanças Climáticas, Conservação Ambiental e Desenvolvimento Sustentável do Amazonas, e estabelece outras providências, reforça exatamente

(228) CARVALHO, Paulo de Barros. *Curso de direito tributário*. 21. ed. São Paulo: Saraiva, 2009. p. 154.

(229) Roque Antonio Carrazza, Fábio Nieves, entre outros.

(230) Nesse sentido, afirma Fábio Nieves: "... obrigatória a aplicação do princípio da seletividade ao ICMS, na medida em que a Lei Maior determina que seja conferido tratamento diferenciado aos produtos e serviços, em consequência da agressão que causem ao meio ambiente como resultado do seu processo de elaboração e prestação" (2012, p. 120).

esse aspecto que acabamos de destacar em seu art. 15, não só em relação ao ICMS mas também ao IPVA. Vejamos:

> Art. 15. Fica o Poder Executivo autorizado a conceder, na forma e condições que estabelecer:
>
> I – diferimento, redução da base de cálculo, isenção, crédito outorgado e outros incentivos fiscais relativos ao ICMS, nas seguintes operações:
>
> (...)
>
> II – benefícios de redução de base de cálculo ou isenção relativos ao IPVA, nos seguintes casos:
>
> (...)

Como afirmamos, as normas acima, além do caráter facultativo, já que concedem uma autorização e não um dever-ser para o poder executivo estadual, em momento algum citam a utilização do princípio da seletividade para instituição de tratamento diferenciado na cobrança do ICMS. As técnicas utilizadas são o diferimento, a redução da base de cálculo, a isenção, o crédito outorgado e outros incentivos fiscais.

Debate-se, ainda, se a seletividade é aplicada, também, ao IPVA, imposto sobre a propriedade de veículos automotores. Em outras palavras, o que se busca é saber se todo tratamento tributário diferenciado corresponde ao princípio da seletividade e da essencialidade.

Eis a norma constitucional que cuida do tratamento diferenciado do IPVA:

> Art. 155. Compete aos Estados e ao Distrito Federal instituir impostos sobre:
>
> (...)
>
> III – propriedade de veículos automotores.
>
> § 6º O imposto previsto no inciso III:
>
> I – terá alíquotas mínimas fixadas pelo Senado Federal;
>
> II – poderá ter alíquotas diferenciadas em função do tipo e utilização.

Como pode ser observado, a norma constitucional estabelece expressamente a possibilidade de os estados e o Distrito Federal instituírem o IPVA com alíquotas diferenciadas entre os veículos, adotando como critério, para tanto, o tipo e a utilização do veículo.

Estes dois critérios – tipo e utilização do veículo – não correspondem à essencialidade do produto. E há de se observar que a seletividade aplicada a produtos e serviços tem como critério de discriminação a essencialidade de produtos e serviços.

Por outro lado, a confirmar esse entendimento, temos o fato de que o produto veículo é o mesmo, razão pela qual não podemos utilizar como critério de discriminação, a utilidade ou maior e menor necessidade do produto.

Exemplo desse tratamento tributário diferenciado está também expresso na já citada Lei estadual n. 3.135/2007, do estado do Amazonas, art. 15, inciso II, ao dispor da seguinte forma sobre o IPVA:

> Art. 15. Fica o Poder Executivo autorizado a conceder, na forma e condições que estabelecer:
>
> (...)
>
> II – benefícios de redução de base de cálculo ou isenção relativos ao IPVA, nos seguintes casos:
>
> *a)* veículo que, mediante a adoção de sistemas ou tecnologias, comprovadamente reduzam, no mínimo, percentual definido em regulamento aplicado sobre suas emissões de gases de efeito estufa;
>
> *b)* veículo que, mediante substituição do combustível utilizado por gás ou biodiesel, reduza, no mínimo, percentual definido em regulamento aplicado sobre suas emissões de gases de efeito estufa.

Como podemos observar, o legislador amazonense escolheu um critério de proteção ambiental como aquele apto a resultar na redução de base de cálculo ou isenção, qual seja, a redução das emissões de gases de efeito estufa. Não há dúvida de que esse é um critério discriminatório que leva a um tratamento tributário diferenciado, resultando, na prática, em tributação maior ou menor, mas não chega a ser efetivamente a utilização da seletividade ou da essencialidade.

Nesse sentido, podemos afirmar então que redução da base de cálculo e isenção são instrumentos tributários que expressam, também, o princípio da seletividade, tanto quanto o faz uma alíquota diferenciada?

Em matéria ambiental, nos termos do art. 170, inciso VI, pouco importa se a técnica utilizada será alíquotas diferenciadas, redução de base de cálculo, isenções, diferimentos etc., o que a norma constitucional assegura é o direito de impor tratamento diferenciado a produtos e serviços, bem como aos seus processos de elaboração e prestação, mas sempre tendo como fundamento do discrímen, o impacto ambiental que já causaram ou potencialmente podem causar.

Portanto, ainda que a redução da base de cálculo, alíquotas diferenciadas, isenção etc. sejam instrumentos aptos a impor tratamento tributário diferenciado para tributos ambientais, eles não se confundem com o princípio da seletividade e da essencialidade, que segundo o ex-ministro do STF, Joaquim Barbosa, "impõe que o poder público gradue a carga tributária conforme a essencialidade da operação ou do produto".(231)

8.1. Progressividade

A progressividade também está vinculada à questão da essencialidade, ainda que não exista no texto constitucional uma menção expressa, como no caso da seletividade. Mas nesse caso da progressividade, aquilo que consideramos expressão da essencialidade como critério de discriminação ou tratamento diferenciado, corresponde à fixação de alíquotas variadas em razão da base de cálculo, e não em razão dos produtos e serviços como ocorre no caso da seletividade.

A progressividade dos tributos ambientais ganha um capítulo à parte quando tratamos do IPTU, ainda que a progressividade também seja aplicada ao ITR.

> Art. 153. Compete à União instituir impostos sobre:
>
> (...)
>
> VI – propriedade territorial rural;
>
> § 4º O imposto previsto no inciso VI do *caput*:
>
> I – será *progressivo* e terá suas alíquotas fixadas de forma a desestimular a manutenção de propriedades improdutivas;
>
> (...)
>
> Art. 156. Compete aos Municípios instituir impostos sobre:
>
> I – propriedade predial e territorial urbana;
>
> § 1º Sem prejuízo da *progressividade no tempo* a que se refere o art. 182, § 4º, inciso II, o imposto previsto no inciso I poderá:
>
> I – ser *progressivo* em razão do valor do imóvel; e
>
> II – ter alíquotas diferentes de acordo com a localização e o uso do imóvel.

E já que há citação expressa na norma acima transcrita à progressividade no tempo, eis abaixo a disposição expressa do art. 182, § 4º:

> Art. 182.
>
> § 4º É facultado ao Poder Público municipal, mediante lei específica para área incluída no plano diretor, exigir, nos termos da lei federal, do proprietário do solo urbano não edificado, subutilizado ou não utilizado, que promova seu adequado aproveitamento, sob pena, sucessivamente, de:
>
> (...)
>
> II – imposto sobre a propriedade predial e territorial urbana progressivo no tempo;

---

(231) RE 429.306, voto do rel. Min. Joaquim Barbosa, j. 1º.2.2011, 2ª T., *DJE* de 16.3.2011.

A questão que se coloca é se o critério da progressividade[232] pode ser aplicado a essa espécie de tributo, em razão da limitação naturalmente imposta pelo princípio da capacidade contributiva, ainda que ele esteja expressamente previsto no § 1º e no inciso I deste mesmo parágrafo, do art. 156, da Constituição Federal de 1988.

Para tratar sobre a progressividade do IPTU e a capacidade contributiva, não podemos deixar de abordar uma questão anterior, qual seja, se o IPTU é um tributo real ou pessoal.

Nesse sentido, podemos afirmar que o IPTU é essencialmente um tributo real, assim considerado aquele que, ao ser instituído, não leva em consideração as condições pessoais do contribuinte, sujeito passivo da relação jurídica tributária. Em sentido oposto temos os chamados tributos pessoais, que consideram sim toda a individualidade e particularidades do contribuinte, integrando essas características ao fato gerador do tributo. É nesse contexto dos tributos pessoais que ganha grande dimensão o princípio da capacidade contributiva.

Essa distinção é importante porque não são todos os tributos que permitem a adoção da progressividade, notadamente quando é necessário respeitar a capacidade contributiva do contribuinte, nos termos do art. 145, § 1º, que dispõe expressamente que "sempre que possível os impostos terão caráter pessoal e serão graduados segundo a capacidade econômica do contribuinte".

Então, desse dispositivo constitucional se pode inferir que na grande maioria das vezes, a progressividade somente se aplica aos tributos pessoais. E não afirmamos que essa aplicação é absoluta, porque a própria norma dispõe que sempre que possível os impostos terão caráter pessoal, logo, quando não for possível, podemos ter impostos reais progressivos também.

No tocante ao IPTU, tributo de natureza real, a análise conjunta dos arts. 156, § 1º e art. 182, § 4º, inciso II, leva a inexorável conclusão de que o IPTU poderá ter alíquotas progressivas na hipótese de a propriedade não cumprir sua função socioambiental.

Aliás, esse é o entendimento consolidado da jurisprudência no STF, inclusive na Súmula n. 668:

> É inconstitucional a lei municipal que tenha estabelecido, antes da Emenda Constitucional 29/2000, alíquotas progressivas para o IPTU, salvo se destinada a assegurar o cumprimento da função social da propriedade urbana.

---

(232) A Constituição Federal, em seu art. 153, § 2º, inciso I, é que trata da progressividade, bem como da universalidade e da generalidade como critérios norteadores do imposto de renda.

Outrossim, nesse mesmo sentido recentes decisões da Corte Suprema, em que encontramos as seguintes teses de repercussão geral:

> Declarada inconstitucional a progressividade de alíquota tributária, é devido o tributo calculado pela alíquota mínima correspondente, de acordo com a destinação do imóvel.[233]

O voto condutor dessa repercussão geral foi proferido no seguinte sentido:

> Declarada inconstitucional a progressividade de alíquota tributária do Imposto Predial Territorial Urbano no que se refere a fato gerador ocorrido em período anterior ao advento da EC n. 29/2000, é devido o tributo calculado pela alíquota mínima correspondente, de acordo com a destinação do imóvel e a legislação municipal de instituição do tributo em vigor à época. 2. O Supremo Tribunal Federal possui entendimento sumulado no sentido de que "É inconstitucional a lei municipal que tenha estabelecido, antes da Emenda Constitucional n. 29/2000, alíquotas progressivas para o IPTU, salvo se destinada a assegurar o cumprimento da função social da propriedade urbana". Súmula n. 668 do STF. (...). 3. É constitucional a cobrança de IPTU, referente a período anterior à Emenda Constitucional n. 29/2000, mesmo que a progressividade das alíquotas tenha sido declarada inconstitucional, em sede de representação de inconstitucionalidade em Tribunal de Justiça local. (...). 4. O IPTU é exigível com base na alíquota mínima prevista na lei municipal, de modo que o critério quantitativo da regra matriz de incidência tributária seja proporcional e o menos gravoso possível ao contribuinte. Precedentes. 5. Recurso extraordinário provido.[234]

Do que foi acima analisado, também se conclui que a norma do art. 182, § 4º, inciso II, é claramente uma norma extrafiscal, indutora de comportamento do sujeito passivo da obrigação tributária, no caso específico, o proprietário do imóvel urbano, cujo objetivo é estimulá-lo a dar ao imóvel um fim socioambiental, caracterizado pelo seu uso adequado mediante edificação, utilização e aproveitamento que atenda aos fins sociais e ambientais. Essá é a chamada progressividade no tempo.

O atendimento à função socioambiental da propriedade tem assim um caráter notório de proteção do meio ambiente artificial, que é constituído, também, pelas propriedades urbanas localizadas em nossas cidades.

Qual a sanção pelo fato de a propriedade não cumprir sua função social? As consequências estão expressamente previstas no art. 182, § 4º, incisos I, II e III. A progressividade do imposto no tempo é uma das sanções impostas ao proprietário do imóvel, além do parcelamento do solo, edificação compulsória e desapropriação.

Mas após a Emenda Constitucional n. 29/2000, o IPTU passou a ser cobrado progressivamente também, em razão do valor do imóvel. E esta, sim, é uma tributação com

(233) Tese definida no RE 602.347, rel. Min. Edson Fachin, P, j. 4.11.2015, *DJE* 67 de 12.4.2016, tema 226.

(234) RE 602.347, rel. Min. Edson Fachin, P, j. 4.11.2015, *DJE* 67 de 12.4.2016, tema 226.

finalidade arrecadatória, fiscal em sua essência, já que alíquotas maiores são aplicadas aos imóveis cujo valor venal — grandeza econômica — sejam maiores também, atendendo, ao menos em tese, ao princípio da capacidade contributiva dos contribuintes na medida em que a tributação é maior no caso das propriedades mais valiosas e menor nos casos inversos.

Ainda temos mais algumas questões a discorrer sobre a progressividade, mas dessa vez aplicada ao imposto sobre a propriedade rural, conforme previsto no art. 153, § 4º, inciso I da Constituição Federal:

> Art. 153. Compete à União instituir impostos sobre:
>
> (...)
>
> VI – propriedade territorial rural;
>
> § 4º O imposto previsto no inciso VI do *caput*:
>
> I – será progressivo e terá suas alíquotas fixadas de forma a desestimular a manutenção de propriedades improdutivas; *(Incluído pela Emenda Constitucional n. 42, de 19.12.2003)*

A progressividade aplicada ao ITR tem natureza eminentemente de norma indutora, extrafiscal, caracterizada por alíquotas diferenciadas em razão da maior ou menor produtividade da propriedade rural, incidindo alíquotas mais elevadas nas propriedades improdutivas.

Note-se, uma vez mais, a norma buscando induzir um comportamento do sujeito passivo, no caso específico, que os proprietários de propriedades rurais deem a elas um fim socioambiental mediante seu aproveitamento produtivo.

Sob o ponto de vista ambiental, no que consiste dar à propriedade rural um aproveitamento produtivo? Será que o uso inadequado de recursos naturais está diretamente relacionado com propriedade improdutiva a ponto de justificar o uso da progressividade como técnica de tributação voltada à preservação e defesa do meio ambiente?

A resposta à indagação passa pela análise do art. 186 da Constituição Federal, que define o conceito de função social da propriedade rural:

> Art. 186. A função social é cumprida quando a propriedade rural atende, simultaneamente, segundo critérios e graus de exigência estabelecidos em lei, aos seguintes requisitos:
>
> I – aproveitamento racional e adequado;
>
> II – utilização adequada dos recursos naturais disponíveis e preservação do meio ambiente;
>
> III – observância das disposições que regulam as relações de trabalho;
>
> IV – exploração que favoreça o bem-estar dos proprietários e dos trabalhadores.

Portanto, para efeito de preservação e defesa do meio ambiente, as exigências para que a alíquota do ITR não seja progressiva é que o proprietário do imóvel rural dê a ele um aproveitamento racional e adequado, utilize os recursos naturais existentes em sua propriedade de forma adequada, preservando o meio ambiente e que explore a propriedade favorecendo o seu bem-estar e dos trabalhadores, observando as disposições atinentes ao meio ambiente laboral.

Roque Antonio Carrazza parece resumir a questão da progressividade da seguinte forma: "A progressividade das alíquotas tributárias, longe de atritar com o sistema jurídico, é o melhor meio de se afastarem, no campo dos impostos, as injustiças tributárias, vedadas pela Carta Magna. Sem impostos progressivos não há como atingir-se a igualdade tributária".(235)

(235) *Curso de direito constitucional tributário*, p. 61.

Capítulo 9

Competência para Instituir os Tributos Ambientais

O tema competência pode ser analisado sob diversos ângulos. E optamos em iniciar a análise pela natureza da norma de competência, especialmente se ela é uma norma de comportamento ou norma de estrutura.

Nesse sentido, Tácio Lacerda Gama, citando lição de Norberto Bobbio, Herbert Hardt, Carlos Santiago Nino, Gregório Robles Morchón, entre outros, adota a distinção entre normas de comportamento e normas de estrutura, afirmando que "... no primeiro caso, a norma regula as condutas propriamente ditas. No segundo, de acordo com esse pensamento, a norma regula como outras devem ser elaboradas".(236)

Esses apontamentos iniciais poderiam nos levar à precipitada conclusão de que a norma de competência é uma norma de estrutura. Porém, a conclusão acertada em nosso ponto de vista é que a norma de competência também é uma norma de conduta na medida em que determina qual o comportamento do ente tributante ao instituir um tributo.

Mas Tácio vai além e afirma a necessidade em pensarmos a norma de competência como norma de conduta, sob o fundamento de que "produzir normas é criar enunciados prescritivos. Toda enunciação pressupõe a participação do homem, produzindo o texto. Assim, as chamadas normas de estrutura não são normas sobre normas, mas normas gerais que regulam a conduta de criar outras normas gerais e abstratas".(237)

A necessidade de o Estado atuar como agente prestador de ações positivas decorre historicamente da necessidade de o Estado prestar saúde, segurança, educação, assistência social, entre outras necessidades do ser humano, todas conquistas do Estado de Bem-Etar Social, também conhecido como *Welfare State.*

Ocorre que, para fornecer tudo isso ao indivíduo, o Estado precisa de recursos que são obtidos principalmente por meio dos tributos.

---

(236) *Contribuição de intervenção no domínio econômico*, p. 68-69.

(237) *Contribuição de intervenção no domínio econômico*, p. 275.

Dessa forma, o Estado exerce sua competência tributária para instituir os tributos e arrecadar dinheiro, para atender às necessidades dos indivíduos, obviamente respeitando as limitações ao poder de tributar e a capacidade contributiva do contribuinte, além de outros princípios constitucionais gerais e tributários, como já apresentamos em outro capítulo deste trabalho.

Tácio Lacerda Gama entende por competência tributária "a aptidão para criar normas jurídicas que, direta ou indiretamente, disponham sobre a instituição, arrecadação ou fiscalização de tributos".(238)

Quando falamos em competência tributária ambiental, acrescentamos à aptidão acima descrita uma finalidade maior, que é proteger e preservar os bens ambientais de qualquer natureza, de forma que deem plenitude ao direito fundamental ao meio ambiente ecologicamente equilibrado e atendam ao princípio fundamental da dignidade da pessoa humana, garantindo o "mínimo existencial" e realizando os objetivos da República.

A norma de competência tributária, segundo Tácio Lacerda Gama, possui uma estrutura normativa bipartida. Vejamos:

> A norma de competência tributária em sentido estrito requer a reunião das proposições construídas a partir da leitura do direito positivo numa estrutura lógico-condicional. No antecedente dessa norma, descreve-se um fato — o processo de enunciação necessário à criação dos tributos —, imputa-se a esse fato uma relação jurídica, cujo objeto consiste na faculdade de criar tributos. De forma análoga ao que se dá com as demais normas jurídicas, sem que se construa essa norma em sentido estrito, a análise da competência estará incompleta.(239)

Esses primeiros apontamentos nos levam a uma constatação óbvia: a competência para legislar sobre meio ambiente não se confunde com a competência para legislar sobre matéria tributária que tenha como hipótese de incidência bens ambientais.

A análise da repartição de competências na Constituição Federal de 1988 demonstrará a correção dessa afirmação e permitirá verificarmos qual ou quais sujeitos políticos detêm a competência para legislar sobre matéria ambiental e tributária.

9.1. Competência material e legislativa

Na Constituição Federal de 1988, título III, o constituinte cuidou especificamente da organização do Estado. E a organização do Estado Federativo brasileiro é fundada na autonomia dos sujeitos políticos, justificando-se, desse modo, a repartição de competência entre eles.

(238) *Competência tributária*, p. 65.

(239) *Contribuição de intervenção no domínio econômico*. São Paulo: Quartier Latin, 2003. p. 73.

Inobstante já termos apresentado o conceito de competência tributária, qual o conceito amplo de competência? Segundo José Afonso da Silva,[(240)] "competência é a faculdade juridicamente atribuída a uma entidade ou a um órgão ou agente do Poder Público para emitir decisões. Competências são as diversas modalidades de poder de que se servem os órgãos ou entidades estatais para realizar suas funções".

Assim, de uma forma geral, as competências são classificadas em material e legislativa.

A competência material subdivide-se em exclusiva e comum.

Já a competência legislativa subdivide-se em exclusiva, privativa, concorrente e suplementar.

A competência material ou administrativa[(241)] da União Federal está fixada no art. 21 da Constituição Federal de 1988. Ali encontramos todas as matérias cuja autonomia para tomar decisões é exclusiva da União Federal.

Nas palavras de André Ramos Tavares, competência administrativa exclusiva "é aquela na qual cada ente federativo tem seu campo de atuação próprio, excludente da atuação de qualquer outra entidade federativa".[(242)]

Algumas matérias já têm características ambientais, tais como instituir sistema nacional de gerenciamento de recursos hídricos, instituir diretrizes para o desenvolvimento urbano, incluindo saneamento básico.[(243)]

Mas há também diversas matérias cuja competência para tomar decisões é comum, cumulativa, paralela ou simultânea a todos os sujeitos públicos da Federação. Nesses casos a atuação dos entes políticos é concorrente.

Entre esse tipo de competência, diversas dizem respeito a matérias ambientais. São elas: proteger os documentos, as obras e outros bens de valor histórico, artístico e cultural, os monumentos, as paisagens naturais notáveis e os sítios arqueológicos; impedir a evasão, destruição e a descaracterização de obras de arte e de outros bens de valor histórico, artístico ou cultural; proteger o meio ambiente e combater a poluição em qualquer de suas formas; preservar as florestas, a fauna e a flora; registrar, acompanhar e fiscalizar

---

(240) *Curso de direito constitucional positivo*, p. 479.

(241) André Ramos Tavares usa apenas a expressão "competência administrativa" quando faz referência aos arts. 21, 25, § 1º e 30 e 32, § 1º, todos da Constituição Federal de 1988. In: *Curso de Direito Constitucional*. 2. ed. rev. e ampl. São Paulo: Saraiva, 2003. p. 837.

(242) *Curso de Direito Constitucional*, p. 837.

(243) Art. 21, incisos XIX e XX da Constituição Federal de 1988.

as concessões de direitos de pesquisa e exploração de recursos hídricos e minerais em seus territórios.(244)

O STF(245) trouxe uma importante regra para interpretar a competência comum. Vejamos a ementa abaixo:

> Nos casos em que a dúvida sobre a competência legislativa recai sobre norma que abrange mais de um tema, deve o intérprete acolher interpretação que não tolha a competência que detêm os entes menores para dispor sobre determinada matéria (*presumption against preemption*). Porque o federalismo é um instrumento de descentralização política que visa realizar direitos fundamentais, se a lei federal ou estadual claramente indicar, de forma adequada, necessária e razoável, que os efeitos de sua aplicação excluem o poder de complementação que detêm os entes menores (*clear statement rule*), é possível afastar a presunção de que, no âmbito regional, determinado tema deve ser disciplinado pelo ente menor. Na ausência de norma federal que, de forma nítida (*clear statement rule*), retire a presunção de que gozam os entes menores para, nos assuntos de interesse comum e concorrente, exercerem plenamente sua autonomia, detêm Estados e Municípios, nos seus respectivos âmbitos de atuação, competência normativa.

Quando se trata, portanto, das chamadas competências materiais ou administrativas, encontraremos na Constituição Federal tanto as competências exclusivas quanto as competências comuns.

Possuem competência exclusiva tanto a União Federal quanto os municípios, conforme disposição expressa dos arts. 21 e 30 da Constituição Federal, respectivamente. Já os estados, conforme disposição expressa do art. 25, § 1º, possuem a chamada competência reservada, ou seja, é vedado aos estados as competências exclusivas da União ou dos municípios.

Apesar de a Constituição Federal de 1988 silenciar em relação às competências materiais ou administrativas do Distrito Federal, assim como parte da doutrina,(246) entendemos que deve ser aplicada a mesma regra geral que foi utilizada para a competência legislativa, ou seja, deve atribuir-se ao Distrito Federal as competências administrativas dos municípios e dos estados.

Por outro lado, temos também na Constituição Federal de 1988 as chamadas competências administrativas comuns ou concorrentes, expressamente dispostas no art. 23. São casos em que podem surgir conflitos entre as pessoas políticas, diante da ausência de norma específica para resolver eventuais conflitos. Quando isso ocorrer, recomenda-se a utilização do "princípio da predominância do interesse" para solucionar os casos.

---

(244) Art. 23, incisos III, IV, VI, VII e XI da Constituição Federal de 1988.

(245) RE 194.704, rel. p/ o ac. Min. Edson Fachin, j. 29.6.2017, P, *DJE* de 17.11.2017.

(246) *Curso de Direito Constitucional*, p. 837.

Há de se reconhecer que podem surgir conflitos de competência entre as pessoas políticas, notadamente quando falamos em competência material comum.

Contudo, em matéria tributária, o próprio sistema tributário nacional já se incumbiu de dirimir os conflitos ao estabelecer expressamente a competência tributária de cada um dos entes políticos (pessoas políticas) da federação.

Em que pese a importância na definição das competências legislativa e material para a proteção do meio ambiente, essa definição não afeta diretamente a competência tributária também definida na Constituição Federal de 1988, mesmo no que tange à proteção e defesa do meio ambiente ecologicamente equilibrado, conforme disposição expressa do art. 225.

Porém, ainda que não tenham influência direta e nem se misturem, entendemos que as competências legislativa e material das pessoas políticas definidas na Constituição Federal de 1988, juntamente com a competência tributária para criar tributos, assim como todas as demais normas e princípios constitucionais voltadas à preservação e proteção do meio ambiente, analisados em conjunto, formam um grupo de normas que justificam a criação de diversos tributos voltados diretamente à preservação e proteção ambiental em todos os níveis, não se confundindo esse signo de linguagem "justificativa" com os chamados tributos vinculados, mas sim, voltadas a políticas públicas que deem plenitude ao princípio fundamental da dignidade da pessoa humana e aos objetivos fundamentais da República, disposto no art. 1º, inciso III e art. 3º, ambos da Constituição Federal de 1988.

Quando tratamos especificamente de meio ambiente, a competência material exclusiva da União Federal está expressa no art. 21, inciso XXII, da Constituição Federal:

> Art. 21. Compete à União:
>
> (...)
>
> XIII – explorar os serviços e instalações nucleares de qualquer natureza e exercer monopólio estatal sobre a pesquisa, a lavra, o enriquecimento e reprocessamento, a industrialização e o comércio de minérios nucleares e seus derivados, atendidos os seguintes princípios e condições:

Já os estados-membros possuem competência material exclusiva em matéria ambiental fixada no art. 25, § 2º, da Constituição Federal de 1988, nos seguintes termos:

> Art. 25. Os Estados organizam-se e regem-se pelas Constituições e leis que adotarem, observados os princípios desta Constituição.
>
> (...)
>
> § 2º Cabe aos Estados explorar diretamente, ou mediante concessão, os serviços locais de gás canalizado, na forma da lei, vedada a edição de medida provisória para a sua regulamentação.

Os municípios, por sua vez, possuem as seguintes competências materiais exclusivas, em matéria ambiental: o art. 30, inciso I e o art. 144, § 8º:

> Art. 30. Compete aos Municípios:
>
> I – legislar sobre assuntos de interesse local;
>
> (...)
>
> Art. 144. A segurança pública, dever do Estado, direito e responsabilidade de todos, é exercida para a preservação da ordem pública e da incolumidade das pessoas e do patrimônio, através dos seguintes órgãos:
>
> (...)
>
> § 8º Os Municípios poderão constituir guardas municipais destinadas à proteção de seus bens, serviços e instalações, conforme dispuser a lei.

Já na competência material comum em matéria ambiental, a discriminação de competências está fixada no art. 23, incisos III, IV, VI, VII, XI.

> Art. 23. É competência comum da União, dos Estados, do Distrito Federal e dos Municípios:
>
> (...)
>
> III – proteger os documentos, as obras e outros bens de valor histórico, artístico e cultural, os monumentos, as paisagens naturais notáveis e os sítios arqueológicos;
>
> IV – impedir a evasão, a destruição e a descaracterização de obras de arte e de outros bens de valor histórico, artístico ou cultural;
>
> (...)
>
> VI – proteger o meio ambiente e combater a poluição em qualquer de suas formas;
>
> VII – preservar as florestas, a fauna e a flora;
>
> (...)
>
> XI – registrar, acompanhar e fiscalizar as concessões de direitos de pesquisa e exploração de recursos hídricos e minerais em seus territórios;
>
> Parágrafo único. Leis complementares fixarão normas para a cooperação entre a União e os Estados, o Distrito Federal e os Municípios, tendo em vista o equilíbrio do desenvolvimento e do bem-estar em âmbito nacional.

Leis complementares dessa natureza facilitariam muito a cooperação entre as pessoas políticas, simplificando procedimentos e otimizando recursos e esforços das pessoas políticas.

Mas não existe ainda uma lei complementar sobre essa cooperação. E talvez, nem exista porque, na prática, o art. 23 já tem eficácia plena e não impede que as pessoas políticas individualmente exerçam suas competências materiais.

Superada em linhas gerais as competências materiais, vamos às competências legislativas, já destacando que a Constituição Federal de 1988 adotou o modelo segundo o qual, regra geral, a União Federal manteve em sua esfera de poder a elaboração privativa de normas gerais e delegou para as demais pessoas políticas – estados-membros, Distrito Federal e municípios – a elaboração das demais normas específicas.

As competências legislativas privativas da União Federal são exclusivas, porque excluem as demais pessoas políticas da possibilidade de legislar sobre as matérias privativamente reservadas à atividade legiferante da União, salvo naquelas hipóteses em que há autorização expressa por meio de lei complementar para que os estados legislem sobre matérias específicas.

É isso que se pode inferir da leitura do art. 22 da Constituição Federal de 1988,[(247)] que traz em seu conteúdo diversas competências exclusivas da União Federal. Nesse artigo podemos observar que diversas matérias, direta ou indiretamente relacionadas ao meio ambiente, ficaram reservadas à legislação privativa da União Federal. Entre elas,

---

(247) Art. 22. Compete privativamente à União legislar sobre:

I – direito civil, comercial, penal, processual, eleitoral, agrário, marítimo, aeronáutico, espacial e do trabalho;

II – desapropriação;

III – requisições civis e militares, em caso de iminente perigo e em tempo de guerra;

IV – águas, energia, informática, telecomunicações e radiodifusão;

V – serviço postal;

VI – sistema monetário e de medidas, títulos e garantias dos metais;

VII – política de crédito, câmbio, seguros e transferência de valores;

VIII – comércio exterior e interestadual;

IX – diretrizes da política nacional de transportes;

X – regime dos portos, navegação lacustre, fluvial, marítima, aérea e aeroespacial;

XI – trânsito e transporte;

XII – jazidas, minas, outros recursos minerais e metalurgia;

XIII – nacionalidade, cidadania e naturalização;

XIV – populações indígenas;

XV – emigração e imigração, entrada, extradição e expulsão de estrangeiros;

XVI – organização do sistema nacional de emprego e condições para o exercício de profissões;

XVII – organização judiciária, do Ministério Público do Distrito Federal e dos Territórios e da Defensoria Pública dos Territórios, bem como organização administrativa destes;

XVIII – sistema estatístico, sistema cartográfico e de geologia nacionais;

XIX – sistemas de poupança, captação e garantia da poupança popular;

XX – sistemas de consórcios e sorteios;

XXI – normas gerais de organização, efetivos, material bélico, garantias, convocação e mobilização das polícias militares e corpos de bombeiros militares;

XXII – competência da polícia federal e das polícias rodoviária e ferroviária federais;

XXIII – seguridade social;

XXIV – diretrizes e bases da educação nacional;

XXV – registros públicos;

XXVI – atividades nucleares de qualquer natureza;

destacam-se a competência para legislar sobre águas, energia, jazidas, minas e outros recursos minerais, bens culturais, meio ambiente do trabalho, além de atividades nucleares.

E por que afirmamos que essa competência é privativa da União Federal? Essa afirmação decorre da redação do parágrafo único desse mesmo art. 22 da Constituição Federal, segundo o qual "lei complementar poderá autorizar os Estados a legislar sobre questões específicas das matérias relacionadas neste artigo".

Portanto, à União Federal foi dada a faculdade de, mediante Lei complementar, autorizar tão somente os estados a legislar sobre as matérias elencadas no art. 22.

Observem que estamos diante de uma delegação parcial, que atinge apenas questões específicas sobre as matérias elencadas no art. 22. Diante dessas características é que se diz que essa competência é privativa da União, a ponto dessa mesma pessoa política poder, mediante deliberação exclusiva, delegar aos estados uma parcela de sua autonomia.

O STF confirma esse entendimento:

> A competência legislativa do Estado do Rio de Janeiro para fixar piso salarial decorre da LC federal 103, de 2000, mediante a qual a União, valendo-se do disposto no art. 22, I e parágrafo único, da Carta Maior, delegou aos Estados e ao Distrito Federal a competência para instituir piso salarial para os empregados que não tenham esse mínimo definido em lei federal, convenção ou acordo coletivo de trabalho. Trata-se de lei estadual que consubstancia um exemplo típico de exercício, pelo legislador federado, da figura da competência privativa delegada. A expressão "que o fixe a maior", contida no *caput* do art. 1º da Lei estadual n. 5.627/2009, tornou os valores fixados na lei estadual aplicáveis, inclusive, aos trabalhadores com pisos salariais estabelecidos em lei federal, convenção ou acordo coletivo de trabalho inferiores a esse. A inclusão da expressão extrapola os limites da delegação legislativa advinda da LC n. 103/2000, violando, assim, o art. 22, I e parágrafo único, da CF, por invadir a competência da União para legislar sobre direito do trabalho. (...) Atuar fora dos limites da delegação é legislar sem competência, e a usurpação da competência legislativa qualifica-se como ato de transgressão constitucional.[(248)]

Registre-se, aqui, que essa delegação parcial de competência legislativa geral, como já vimos em outro capítulo, não se a aplica à competência tributária, posto que esta é indelegável.

XXVII – normas gerais de licitação e contratação, em todas as modalidades, para as administrações públicas diretas, autárquicas e fundacionais da União, Estados, Distrito Federal e Municípios, obedecido o disposto no art. 37, XXI, e para as empresas públicas e sociedades de economia mista, nos termos do art. 173, § 1º, III;

XXVIII – defesa territorial, defesa aeroespacial, defesa marítima, defesa civil e mobilização nacional;

XXIX – propaganda comercial.

Parágrafo único. Lei complementar poderá autorizar os Estados a legislar sobre questões específicas das matérias relacionadas neste artigo.

(248) ADI 4.391, rel. Min. Dias Toffoli, j. 2.3.2011, P, *DJE* de 20.6.2011.

Por sua vez, o art. 24 da Constituição Federal de 1988 dispõe sobre a competência legislativa concorrente, ou seja, sobre a autonomia concorrente entre União, Estados e Distrito Federal para criarem normas jurídicas. Diversas matérias de natureza tributária e ambiental fazem parte desse rol de autonomia legislativa concorrente, a saber:

> Art. 24. Compete à União, aos Estados e ao Distrito Federal legislar concorrentemente sobre:
>
> I – direito tributário, financeiro, penitenciário, econômico e urbanístico;
>
> (...)
>
> VI – florestas, caça, pesca, fauna, conservação da natureza, defesa do solo e dos recursos naturais, proteção do meio ambiente e controle da poluição;
>
> VII – proteção ao patrimônio histórico, cultural, artístico, turístico e paisagístico;
>
> VIII – responsabilidade por dano ao meio ambiente, ao consumidor, a bens e direitos de valor artístico, estético, histórico, turístico e paisagístico;
>
> (...)
>
> § 1º No âmbito da legislação concorrente, a competência da União limitar-se-á a estabelecer normas gerais.
>
> § 2º A competência da União para legislar sobre normas gerais não exclui a competência suplementar dos Estados.
>
> § 3º Inexistindo lei federal sobre normas gerais, os Estados exercerão a competência legislativa plena, para atender a suas peculiaridades.
>
> § 4º A superveniência de lei federal sobre normas gerais suspende a eficácia da lei estadual, no que lhe for contrário.

Também foi reafirmada essa competência concorrente pelo STF:

> Esta Corte, em oportunidades anteriores, firmou o entendimento de que, embora os Estados-membros sejam incompetentes para fixar índices de correção monetária superiores aos fixados pela União para o mesmo fim, podem defini-los em patamares inferiores – incentivo fiscal. Precedentes. A competência dos Estados-membros para fixar índices de correção monetária de créditos fiscais é tema que também foi examinado por este Tribunal. *A União e Estados-membros detêm competência legislativa concorrente para dispor sobre matéria financeira, nos termos do disposto no art. 24, I, da Constituição do Brasil/1988.* A legislação paulista é compatível com a Constituição de 1988, desde que o fator de correção adotado pelo Estado-membro seja igual ou inferior ao utilizado pela União.[249]

Mas existem algumas regras específicas para que essa autonomia concorrente possa coexistir sem conflitos de normas.

---

(249) ADI 442, rel. Min. Eros Grau, j. 14.4.2010, P, *DJE* de 28.5.2010.

Daí o entendimento de que, por força do disposto neste art. 24, quando tratamos da competência dos Estados, se diz que essa competência não é própria, e sim, por exclusão e concorrente. Segundo Vladimir Passos de Freitas, "por exclusão, quando a matéria não for privativa da União e dos municípios; concorrente, quando a matéria pertencer às duas pessoas políticas, União e Estados".(250)

Esse entendimento é reforçado na medida em que no título da Constituição Federal de 1988 que cuida da Organização do Estado, não há normas específicas que tratem da competência legislativa dos Estados-membros, mas apenas da União e dos municípios, respectivamente nos arts. 22 e 30 da Constituição Federal.

A primeira dessas regras está expressa no § 1º deste mesmo art. 24, da Constituição Federal de 1988. Essa norma dispõe expressamente que "no âmbito da legislação concorrente, a competência da União limitar-se-á a estabelecer normas gerais".

Portanto, quando falamos especificamente na competência da União Federal para legislar sobre direito tributário, florestas, caça, pesca, fauna, conservação da natureza, defesa do solo e dos recursos naturais, proteção do meio ambiente e controle da poluição, proteção ao patrimônio histórico, cultural, artístico, turístico e paisagístico e, responsabilidade por dano ao meio ambiente, ao consumidor, a bens e direitos de valor artístico, estético, histórico, turístico e paisagístico, estamos nos referindo exclusivamente à competência que a União possui para estabelecer normas gerais sobre cada uma dessas matérias.

Os Estados possuem autonomia para legislar sobre normas suplementares sobre cada uma dessas mesmas matérias, conforme disposição expressa do § 2º do art. 24: "A competência da União para legislar sobre normas gerais não exclui a competência suplementar dos Estados". E, caso a União não legisle sobre normas gerais, os Estados não precisarão aguardar a União Federal, eles poderão exercer a competência legislativa plena, para atender suas peculiaridades.

Nesse contexto, afirmam Luiz Alberto David Araújo e Vidal Serrano Nunes Junior:

> Fica reservada, implicitamente, ao Estado-membro a competência sobre a norma especial. Assim, a União elabora norma geral e o Estado-membro a especial, podendo este estabelecer norma geral diante da ausência do exercício da competência pela União. Logo, a competência chamada suplementar do Estado-membro revela-se tanto pela possibilidade de editar norma especial como pela de suprir a omissão da União, legislando no campo da norma geral.(251)

---

(250) *A Constituição Federal e a efetividade das normas ambientais*, p. 59.

(251) ARAUJO, Luiz Alberto David; NUNES JR., Vidal Serrano. *Curso de direito constitucional*. 9. ed. rev. e atual. São Paulo: Saraiva, 2005. p. 260.

Mas há quem sustente que os Estados-membros possuem competência complementar e suplementar, mesmo diante do disposto expressamente no § 2º, do art. 24.

A justificativa é que diante da existência de norma geral estabelecida pela União Federal, aos Estados é reservada apenas a competência complementar voltada exclusivamente a pormenorizar as normas gerais. Por outro lado, chamam de suplementar a competência dos estados para criar normas gerais diante da ausência de normas gerais estabelecidas pela União Federal. Constroem, dessa forma, uma distinção entre competência dos estados complementar e suplementar, isto é, existindo norma geral da União, os estados podem exercer apenas a competência complementar e pormenorizar aquelas normas gerais, ao passo que, caso a União ainda não tenha legislado sobre normas gerais, o estado pode exercer a competência suplementar e legislar sobre normas gerais também.

Particularmente, entendemos que faz sentido a distinção entre competência complementar e suplementar dos estados porque o conteúdo normativo de cada uma dessas leis é, de fato, distinto, o que fortalece a distinção entre uma competência e outra, embora ambas estejam sob o âmbito da competência legislativa concorrente.[252]

O Distrito Federal, por sua vez, possui características próprias na organização do Estado brasileiro, uma vez que lhe foram atribuídas as competências legislativas reservadas aos estados e aos municípios, nos termos do § 1º, do art. 32, da Constituição Federal, ou seja, possui competência concorrente com a União Federal nas hipóteses previstas no art. 24 da Constituição e competência exclusiva como a dos município nas matérias a esses reservadas segundo o art. 30, inciso I.

No que tange aos municípios, dispõe expressamente o art. 30, inciso I da Constituição Federal que esses entes políticos têm competência para legislar sobre assunto de interesse local.

Portanto, especificamente em relação ao tema deste trabalho, duas questões ganham interesse e relevância: o que significa interesse local para efeito de definição da competência legislativa dos municípios? E legislar sobre meio ambiente, é matéria de interesse local?

---

(252) Nesse sentido, escreve Vladimir Passos de Freitas, citando entendimento de Fernanda Dias Menezes de Almeida: "Interessante é, também, distinguir ente legislação complementar e supletiva. Como observa Fernanda Dias Menezes de ALMEIDA, 'pela análise sistemática dos parágrafos do art. 24 deve-se entender que os Estados continuam sendo titulares — e agora o Distrito Federal também o é — de competência complementar e de competência supletiva. Na hipótese do § 2º, Estados e Distrito Federal exercerão competência complementar, isto é, poderão pormenorizar as normas gerais, estabelecer as condições para a sua aplicação. Na hipótese do § 3º é de competência supletiva que se trata: na ausência de normas gerais da União, Estados e Distrito Federal suprimirão a falta, legislando para atender a suas peculiaridades'". *In*: Obra citada, p. 60-61.

Pois bem, o STF, no julgamento do RE 1.052.719,[(253)] atuando no controle concentrado de constitucionalidade, definiu que na interpretação do que vem a ser o conceito de interesse local, deve ser respeitada a autonomia legislativa municipal, porque a intenção do constituinte foi elevá-lo ao *status* de ente federativo. E por esse motivo, sempre deve ser considerada a primazia do interesse da matéria regulada pelo município, preservando, assim, a autonomia desse ente político no sistema federativo brasileiro. Vejamos o referido julgado:

> Segunda Turma, por maioria, negou provimento a agravo regimental em recurso extraordinário em que se questionava a constitucionalidade da Lei municipal n. 4.845/2009, que proíbe a conferência de produtos, após o cliente efetuar o pagamento nas caixas registradoras das empresas instaladas na cidade de Campina Grande, e prevê sanções administrativas em caso de descumprimento. O Colegiado entendeu que a decisão agravada está de acordo com a jurisprudência do STF no sentido de que os municípios detêm competência para legislar sobre assuntos de interesse local, ainda que, de modo reflexo, tratem de direito comercial ou do consumidor. Ressaltou ser salutar que a interpretação constitucional de normas dessa natureza seja mais favorável à autonomia legislativa dos Municípios, haja vista ter sido essa a intenção do constituinte ao elevá-los ao *status* de ente federativo em nossa Carta da República. Essa autonomia revela-se primordialmente quando o Município exerce, de forma plena, sua competência legislativa em matéria de interesse da municipalidade, como previsto no art. 30, I, da CF. Por isso, toda interpretação que limite ou mesmo vede a atuação legislativa do Município deve considerar a primazia do interesse da matéria regulada, de modo a preservar a essencial autonomia desse ente político no sistema federativo pátrio. A norma local questionada se insere na competência legislativa municipal, porque diz respeito à proteção das relações de consumo dos seus munícipes. Ela tem por objetivo evitar o constrangimento dos particulares e de lhes proporcionar maior conforto, haja vista que impede a dupla conferência das mercadorias e evita o enfrentamento de várias filas. Ressaltou, ainda, que o bem-estar dos consumidores não tem relação com a atividade-fim das instituições, razão pela qual não se constata a violação do art. 22, I, da CF. Frisou inexistir, de fato, um critério objetivo que possa balizar de maneira absolutamente segura se a matéria normatizada transcende o interesse local. Nessas circunstâncias, há de se prestigiar a vereança local, que bem conhece a realidade e as necessidades da comunidade.

Confirmada a autonomia municipal em relação à possibilidade de legislar sobre matéria ambiental, o STF também foi enfático a reconhecer essa competência municipal, em julgamento com repercussão geral reconhecida com mérito julgado. Eis a decisão:

> O Município é competente para legislar sobre meio ambiente com União e Estado, no limite de seu interesse local e desde que tal regramento seja harmônico com a disciplina estabelecida pelos demais entes federados (art. 24, VI, c/c 30, I e II, da CRFB).[(254)]
>
> Desse julgamento, podemos observar que a competência existe, mas limitada ao interesse local e em harmonia com as normas estabelecidas pelos demais entes políticos da

(253) Rel. Min. Ricardo Lewandowski, j. 25.9.2018, 2ª T.

(254) RE 586.224, rel. Min. Luiz Fux, j. 5.3.2015, P, *DJE* de 8.5.2015, Tema 145.

federação, o que faz todo sentido, pois apesar de o cidadão viver no território municipal e ser diretamente afetado por questões ambientais locais, a preservação e defesa do meio ambiente ecologicamente equilibrado é de interesse de toda a nação. E muitas vezes, até de interesse internacional.(255)

Ainda falando sobre limites:

> A competência constitucional dos Municípios de legislar sobre interesse local não tem o alcance de estabelecer normas que a própria Constituição, na repartição das competências, atribui à União ou aos Estados. O legislador constituinte, em matéria de legislação sobre seguros, sequer conferiu competência comum ou concorrente aos Estados ou aos Municípios.(256)

Por fim, temos julgados do STF que exigem requisitos para que o município legisle sobre matéria ambiental:

> Os Municípios podem legislar sobre direito ambiental, desde que o façam fundamentadamente. (...) A Turma afirmou que os Municípios podem adotar legislação ambiental mais restritiva em relação aos Estados-membros e à União. No entanto, é necessário que a norma tenha a devida motivação.(257)

9.2. Competência tributária: características

O exercício da competência tributária é um dos mecanismos da função ambiental pública, que atua sobre o bem ambiental (objeto).

Mas no que consiste essa função pública? De acordo com Antonio Herman Benjamin, "a função ambiental atua sobre o seu objeto para concretizar o seu fim (a qualidade ambiental como valor importante da qualidade de vida). O titular do dever-poder movimenta-se sobre o objeto, mas sempre finalisticamente orientado".(258)

Antes de abordarmos especificamente a competência em matéria tributária ambiental, vamos abordar as características gerais da competência tributária.

Nesse sentido, podemos afirmar que a competência tributária possui as seguintes características: privativa, indelegável, incaducável, inalterável, irrenunciável e de exercício facultativo.(259) Também segue a mesma linha Roque Antônio Carrazza.

---

(255) Durante a elaboração deste trabalho, vivenciamos um grande debate internacional decorrente de queimadas na floresta amazônica, em que diversos líderes mundiais e personalidades dos esportes manifestaram grande preocupação com a destruição de parte da floresta, comprovando que as questões ambientais ganharam dimensão mundial diante da importância de sua preservação para a atual e as futuras gerações.

(256) RE 313.060, relª. Minª. Ellen Gracie, j. 29.11.2005, 2ª T., *DJ* de 24.2.2006.

(257) ARE 748.206 AgR, rel. Min. Celso de Mello, j. 14.3.2017, 2ª T.

(258) "Função ambiental", p. 60.

(259) Esse é o entendimento de Celso Antonio Pacheco Fiorillo e Renata Marques Ferreira (obra citada, p. 102).

Segundo Tácio Lacerda Gama, competência tributária administrativa é

> a aptidão, juridicamente modalizada em obrigatória ou permitida, imputada aos órgãos do Poder Executivo, para editar atos infralegais, voltados à aplicação das normas tributárias. Explicamos: se as competências legislativas programam a criação de leis, a competência administrativa programa a edição de atos voltados à aplicação das leis aos casos concretos.(260)

A análise do tema competência nos leva a estabelecer a diferença entre a competência legislativa e a competência infralegislativa, sendo a primeira compreendida como competência para criar leis ou atos normativos, enquanto a segunda abrange as competências administrativas, jurisdicional e privada.

Conforme afirmado anteriormente, Roque Antonio Carrazza, Celso Pacheco Fiorillo, entre outros, entendem que a competência tributária possui as características da privatividade, indelegabilidade, incaducabilidade, inalterabilidade, irrenunciabilidade e facultatividade de exercício.

Tal entendimento é rechaçado por Paulo de Barros Carvalho, que considera apenas a indelegabilidade, a irrenunciabilidade e incaducabilidade como características que se aplicam a toda e qualquer espécie de competência legislativa tributária.(261) As demais características, por comportarem algumas exceções, não se revestem, portanto, da natureza de características gerais da competência legislativa tributária, ou nas palavras de Paulo de Barros Carvalho, a exceção "*é o que basta para derrubar proposição afirmativa colocada em termos universais*".(262)

Passemos à análise dessas características e às respectivas críticas.

Competência privativa ou exclusiva é aquela que se caracteriza pela repartição de competência tributária no texto constitucional e a impossibilidade de uma pessoa política intervir na atribuição da outra.

No plano infralegislativo essa não é uma característica da competência tributária. Por exemplo, no caso dos tributos cujo lançamento ocorre por homologação, compete inicialmente ao sujeito passivo da obrigação tributária apurar o tributo e recolher o respectivo valor da exação aos cofres públicos. Mas caso ele não faça isso, a autoridade administrativa competente o fará, suprindo a omissão daquele outro. Esse é um caso típico de competência concorrente.

---

(260) *Competência tributária*, p. 258-259.

(261) *Curso de direito tributário*, 21. ed., p. 239.

(262) *Curso de direito tributário*, 21. ed., p. 240.

Mas como já apontamos em termos gerais, essa característica não é unânime. E Paulo de Barros afasta essa característica sob o argumento de que a exceção legal prevista no art. 154, inciso II, da Constituição Federal de 1988, que autoriza a União, na iminência ou caso de guerra externa, a instituir impostos extraordinários, compreendidos ou não em sua competência tributária, é o suficiente para retirar da norma a qualidade de proposição afirmativa universal.

A indelegabilidade da competência tributária tem *status* de princípio constitucional tributário. Partindo do pressuposto que a Constituição Federal de 1988 definiu expressamente a distribuição de competências tributárias, de forma hierárquica e rígida, flexibilizar esse princípio por meio de exceções seria uma afronta ao texto constitucional. Essa, portanto, é uma característica típica da competência legislativa tributária.

Já no plano infralegislativo, segundo Tácio Lacerda Gama, essa regra não é absoluta, pelo contrário, são inúmeros os casos de delegação de competência tributária.(263)

A incaducabilidade da competência tributária gerou interessante debate entre as ideias de Roque Carrazza, Paulo de Barros Carvalho e Tácio Lacerda Gama.

Em relação a esse atributo da competência tributária, os dois primeiros juristas têm o consenso de que as competências tributárias são perenes e o não exercício da competência não é perecível. Já Tácio Lacerda Gama tem entendimento diverso, no sentido de que certas competências têm que ser exercidas num limite de tempo, sob pena de não poderem mais ser exercidas. E cita como exemplo, a justificar seu entendimento, o caso da CPMF.(264)

Em que pese o bem lançado e fundamentado argumento de Tácio, pensamos em sentido diverso, pois a contribuição provisória sobre movimentação ou transmissão de valores e de créditos e direitos de natureza financeira — CPMF — instituída pela União Federal por força do art. 74 do Ato das Disposições Constitucionais Transitórias, esteve em vigor até 31 de dezembro de 2007, conforme disposição expressa do art. 90 do mesmo Ato das Disposições Constitucionais Transitórias, norma incluída por meio da Emenda Constitucional n. 42/2003.

Assim, considerando que a CPMF já não tem mais vigência e eficácia jurídica em nosso sistema do direito positivo constitucional, entendo que a exceção citada por Tácio que retiraria o caráter de universalidade da característica da incaducabilidade da competência tributária, já não existe mais.

(263) "A possibilidade de cessão de créditos tributários é exemplo de delegação de capacidade para exigir o crédito. No plano dos julgamentos administrativos, a possibilidade de o juiz se declarar suspeito ou, ainda, de o Ministro da Fazenda avocar julgamento de determinados processos, são exemplos de que a competência tributária é delegáveis a terceiros" (*sic*). Obra citada, p. 283.

(264) *Competência tributária*, p. 283-284.

Portanto, a atual ausência de vigência e eficácia da norma que autorizava a instituição da CPMF por um determinado período de tempo retira dela a possibilidade de ser interpretada hoje como uma exceção a descaracterizar a universalidade do atributo da incaducabilidade da competência tributária.

Entendemos que apenas na hipótese de uma nova Emenda Constitucional restabelecer a CPMF — ou outro tributo com as mesmas características — esse atributo poderá voltar a perder seu caráter universal como característica da competência tributária. Mas enquanto isso não ocorrer, a característica permanece.

Por outro lado, no plano infralegislativo, também não existe esse atributo, o que é facilmente compreendido por meio das normas de prescrição e decadência, que sem nenhuma dúvida estabelecem limites temporais para o exercício de competências tributárias infralegislativas.

Outra característica é a inalterabilidade da competência tributária. Esse é mais um atributo absoluto, universal, da norma de competência tributária legislativa.

Entendemos que esse atributo está diretamente relacionado com a hierarquia dos entes políticos para legislar e a rigidez das normas de distribuição de competência.

Compreendemos que a distribuição de competências — legislativas e materiais — caracterizam também a autonomia das pessoas políticas que integram a Federação — União, Estados, Distrito Federal e municípios — o que nos permite afirmar que as repartições de competência fazem parte e dão efetividade ao pacto e princípio federativo, cláusula pétrea de nossa Constituição.

Contudo, há divergência nesse entendimento. Paulo de Barros Carvalho entende em sentido oposto, afirmando que a inalterabilidade da competência não é um atributo universal. Assim afirma Paulo de Barros sobre essa questão:

> a alterabilidade está ínsita no quadro das prerrogativas de reforma constitucional e a experiência brasileira tem sido rica em exemplos dessa natureza. Se aprouver ao legislador, investido do chamado poder constituinte derivado, promover modificações no esquema discriminativo das competências, somente outros limites constitucionais poderão ser levantados e, mesmo assim, dentro do binômio "federação e autonomia dos municípios".[265]

Já a alteração de elementos que compõem a norma de competência no plano infralegislativo, por meio de lei complementar, é possível, por determinação expressa do texto constitucional, notadamente o art. 146 e seus incisos.

---

(265) *Curso de direito tributário*, 21. ed., p. 240.

Quanto à possibilidade de renunciar à competência não há divergência doutrinária, pois é unânime o entendimento de que, assim como não é possível delegá-la, também não é possível renunciar a essa competência. Entendemos que a renúncia levaria à modificação da competência, o que também não é possível em nosso sistema jurídico como demonstramos acima. Única advertência que se faz é no sentido de que não exercer a competência tributária, como até hoje não foi exercida pela União em relação à instituição do imposto sobre grandes fortunas, expressamente previsto no art. 153, inciso VII da Constituição Federal, não se confunde com renúncia a essa faculdade, pois ainda que a União nesse caso específico não tenha instituído referido imposto, a faculdade permanece intacta, podendo ser exercida quando a pessoa política julgar conveniente.

9.3. Distribuição da competência tributária ambiental

Traçamos as primeiras linhas sobre a distribuição da competência tributária quando tratamos do princípio da federação e destacamos sua importância como instrumento apto a estabelecer a competência tributária de cada ente da federação.

Aprofundando um pouco mais o tema, agora é fundamental reconhecer que toda norma válida está lastreada em um norma de competência. Tácio Lacerda Gama reforça esse entendimento ao tratar sobre a sanção pelo exercício irregular da norma de competência:

> Desta forma, sempre que alguém pretenda argumentar pela não aplicação de uma norma ao caso concreto, ou pela suspensão da sua vigência no sistema de direito positivo, o que se está pedindo, em última análise, é a aplicação de uma norma sancionatória, em face do exercício irregular da competência.(266)

Nesse contexto, a distribuição da competência tributária para as respectivas pessoas políticas que efetivamente detêm essa atribuição é fundamental para a validade da norma produzida. O seu oposto resulta na inconstitucionalidade ou na invalidade da norma.

Tratando sobre os modos de produção do direito positivo, ensina Tácio Lacerda Gama:

Cabe à chamada norma de competência indicar o sujeito da enunciação. É ele que deve desempenhar o ato ou conjunto de atos necessários à produção válida de normas no sistema jurídico. É também essa norma que vincula, por meio de uma relação jurídica, o sujeito competente e os demais sujeitos de direito. No cerne desse vínculo encontra-se a possibilidade de editar normas sobre uma matéria qualquer. Mais uma vez, as respostas sobre quem, como e a respeito do que devem versar as normas para serem jurídicas se encontram nas normas de competência.(267)

---

(266) *Competência tributária:* fundamentos para uma teoria da nulidade, p. 108.

(267) *Competência tributária:* fundamentos para uma teoria da nulidade, p. 139.

A competência tributária é uma atribuição exercida pelo legislador infraconstitucional que, quando a exerce, deve obrigatoriamente respeitar os limites estabelecidos pelos princípios constitucionais aplicados à matéria, especialmente as limitações ao poder de tributar.

Esse motivo levou Paulo de Barros Carvalho a afirmar que "por esta razão, o subsistema de que falamos é fortemente marcado por enunciados de cunho axiológico, revelando a orientação do legislador constituinte em impregnar as normas de inferior hierarquia com uma série de conteúdos de preferência por núcleos significativos".(268)

Assim, o legislador, ao exercer sua competência para instituir ou aumentar tributo, deverá se ater aos limites de sua atuação, fortemente marcado pelos princípios constitucionais e outras normas de cunho material. Com essa afirmação não ignoramos o fato de que além do legislador há outros agentes que também possuem competência tributária, como o chefe do poder executivo, em alguns casos excepcionais.

Contudo, nosso foco neste trabalho é realmente o exercício da competência tributária do legislador como função primária, como agente competente para descrever minuciosamente a regra-matriz de incidência do tributo ou, no caso de aumento do tributo já existente, a descrição da nova base de cálculo ou alíquota, uma vez que os demais agentes exercem a competência tributária em decorrência de uma função secundária que lhes foi atribuída em razão de seus respectivos ofícios principais, que não é legislar.(269)

A distribuição da competência tributária foi estabelecida como uma forma de garantir a todos os entes da Federação recursos para o desempenho de suas funções. Nesse sentido, estabeleceu o legislador constituinte as competências privativas da União, dos estados, do Distrito Federal e dos municípios, para instituir ou aumentar tributos específicos, nos arts. 153, 155 e 156.

Já a competência extraordinária, também exclusiva da União Federal e expressa no inciso II, do art. 154, autoriza essa pessoa política a instituir impostos extraordinários na iminência ou no caso de guerra externa, compreendidos ou não em sua competência tributária, os quais serão suprimidos, gradativamente, cessadas as causas de sua criação.

---

(268) *Direito tributário* — linguagem e método, p. 235.

(269) Sobre essas demais competências de natureza secundária, prescreve Paulo de Barros Carvalho: "Não podemos deixar de considerar que têm, igualmente competência tributária o Presidente da República, ao expedir um decreto sobre IR, ou seu Ministro ao editar a correspondente instrução ministerial; o magistrado e o tribunal que vão julgar a causa; o agente da administração encarregado de lavrar o ato de lançamento, bem como os órgãos que irão participar da discussão administrativa instaurada com a peça impugnatória; aquele sujeito de direito privado habilitado a receber o pagamento de tributo (bancos, por exemplo); ou mesmo o particular que, por força de lei, está investido na condição de praticar a sequência procedimental que culminará com a produção de norma jurídica tributária, individual e concreta (casos de IPI, ICMS, ISS, etc.). Todos eles operam revestidos de competência tributária, o que mostra a multiplicidade de traços significativos que a locução está pronta para exibir. Não haveria por que adjudicar o privilégio a qualquer delas, em detrimento das demais". In: *Direito tributário* — linguagem e método, p. 236.

Uma nota especial há de ser feita em relação à competência extraordinária. Segundo a norma constitucional, essa é uma competência que traz em seu interior uma exceção à regra de privatividade das competências legislativas tributárias, posto que dispõe expressamente que a União poderá instituir impostos extraordinários, compreendidos ou não em sua competência originária. Aqui é uma exceção mesmo e não violação ao princípio da indelegabilidade da competência tributária.

Temos também a competência tributária residual, que é exclusiva da União e está expressa no art. 154, inciso I, da Constituição Federal.

De acordo com essa norma, compete exclusivamente à União Federal, instituir, mediante lei complementar, tão somente a espécie impostos não previstos no artigo anterior, desde que sejam não cumulativos e não tenham fato gerador ou base de cálculo próprios dos discriminados na Constituição.

Mas a citada competência residual, ainda exclusiva da União, se estende também à espécie contribuições sociais, por força do disposto no art. 195, § 4º, da Constituição Federal.

Em relação ao direito tributário ambiental, as competências tributárias privativas são todas mantidas e não só podem como devem ser exercidas para a instituição de tributos ambientais.

O fato de existirem diversas competências materiais exclusivas e comuns, bem como competências legislativas concorrentes, entre todos os entes da Federação, sobre matéria ambiental, como abordamos detalhadamente em tópico anterior, não tem o condão de alterar a competência tributária privativa.

Por essa razão, a respeito desse tema específico, em matéria tributária ambiental, deslocamos nosso interesse para a competência residual, posto que a hipótese do exercício da competência extraordinária é exclusiva para caso de guerra.

Isso para afirmar que enxergamos no exercício da competência residual, ao lado da competência privativa, uma grande possibilidade de construção efetiva de um direito tributário ambiental concreto, diante da possibilidade de serem criados diversos impostos com vocação de preservação e defesa dos bens ambientais, desde que sejam não cumulativos e não tenham hipótese de incidência ou base de cálculo próprios daqueles já discriminados na Constituição.

9.4. A competência tributária ambiental perante os danos ambientais decorrentes de ações e/ou omissões humanas

Temos assistido acidentes ambientais de grandes proporções em nosso país e no resto do mundo também, muitos deles resultado da ação ou omissão humana.

Na grande maioria das vezes, os danos afetam diretamente a população local, bem mais do que os cidadãos espalhados pelo país. Nesse aspecto nos parece de fácil compreensão que os efeitos dos danos ambientais costumam se concentrar no município onde ocorreu o acidente e no seu entorno.

Mas esse resultado "dano", seja consequência da ação ou omissão humana, ou de eventos da natureza, tem o condão de alterar as normas de competência tributária, alterando a sujeição ativa na relação jurídica tributária? A pergunta encontra respaldo no fato de que, é no município também que os danos devem ser reparados e onde as vítimas do acidente necessitam de pronto atendimento e suporte.

Estamos diante de uma situação que justifique excepcionar o princípio da indelegabilidade da competência tributária? Ou o que se apresenta é uma situação de conflito entre princípios, no caso específico, entre o princípio da defesa do meio ambiente e o princípio da indelegabilidade da competência tributária?

Independentemente da questão legal, será que o município não é a pessoa política mais apta para responder às necessidades e demandas da população local que teve, na prática, os maiores prejuízos em decorrência do acidente ambiental? Não é demais citar como exemplo neste caso, os acidentes ambientais que ocorreram nas cidades mineiras de Mariana e Brumadinho, onde barragens se romperam e os danos ambientais, entre outros, foram imensos.

Poderíamos tentar trilhar o caminho do princípio da autonomia dos municípios para justificar uma resposta positiva para a indagação anterior, especialmente a autonomia para instituir tributos de sua competência.

Segundo Paulo de Barros Carvalho, os municípios possuem diversas autonomias garantidas na própria Constituição. E uma dessas autonomias é a possibilidade de instituir tributos:

> Justamente para atender às estipulações dessa índole é que a Constituição da República, ao dispor sobre as competências legislativas, estabelece autonomia e competência municipal para dispor sobre matéria tributária. Em seu inciso III, do art. 30, prescreve, de forma abrangente, competir aos Municípios a instituição e arrecadação dos tributos de sua competência, bem como aplicação de suas rendas.(270)

Em que pese o interesse local e dos munícipes, o princípio da indelegabilidade da competência tributária, somado ao fato de o exercício da competência tributária ser uma faculdade e não dever do ente tributante, impede qualquer alteração na norma de competência tributária e alteração na sujeição ativa da relação jurídica tributária.

---

(270) *Direito tributário* — linguagem e método, p. 297.

Não é demais lembrar que, segundo esse princípio, como o legislador constituinte distribuiu as competências privativas tributárias e fixou expressamente a competência de cada pessoa política, elas estão impedidas de transferi-las ou delegá-las para outros entes políticos, seja através de norma reformadora ou infraconstitucional.

Além disso, as competências tributárias privativas estão expressamente previstas no texto constitucional e se revestem de uma grande rigidez, não comportando flexibilidade em seus contornos, exceto aquelas exceções também previstas na Constituição.

A questão que trouxemos agora para o debate também está longe de configurar hipótese de antinomia.

Em que pese estarmos analisando a possibilidade de o pleno atendimento do princípio fundamental da dignidade da pessoa humana, em conjunto com os objetivos da República, em tese, ter o condão de, num aparente conflito de princípios, prevalecer sobre os princípios norteadores da competência tributária, especialmente aqueles chamados de limites ao poder de tributar, e desse modo, alterar a regra de competência formalmente estabelecida na Constituição, não existe contradição entre os princípios.

Ainda que o interesse local justifique uma atuação mais direta, rápida e eficaz para enfrentar os danos decorrentes de acidentes ambientais provocados pelo ser humano, cabe ao município, dentro de sua autonomia, instituir ou majorar apenas os tributos que estão dentro da sua esfera de competência tributária. Esse alargamento da regra de competência não pode ser admitido, sob pena de infringirmos diretamente os limites do sistema e surgir uma norma inconstitucional, cuja validade será posteriormente questionada e a norma excluída do sistema.

Única exceção — e que não se aplica ao caso dos municípios — é a hipótese de a União criar impostos extraordinários, em caso de guerra externa ou sua iminência, compreendidos ou não na competência legislativa tributária da União. Somente uma norma dessa natureza, poderia alterar a resposta à indagação acima.

9.5. Funções dos tributos: Fiscalidade, extrafiscalidade e parafiscalidade

Essas características apontam para a função dada ao tributo no momento de sua instituição. Nesse contexto, Paulo de Barros Carvalho afirma que tributos que carregam a marca da fiscalidade são aqueles "voltados ao fim exclusivo de abastecer os cofres públicos, sem que outros interesses — sociais, políticos ou econômicos — interfiram no direcionamento da atividade impositiva".(271)

Essa é uma situação típica em que o fim é a arrecadação de dinheiro, retirando parcela do patrimônio dos sujeitos passivos da relação jurídica tributária e repassando para o Poder Público — ou para quem este designar.

(271) *Curso de direito tributário*. 21. ed., p. 254-255.

Eduardo Schoueri também destaca que essa é a primeira e mediata função, a arrecadadora, "tendo em vista que é o meio mais relevante para a obtenção de recursos financeiros pelo Estado".(272)

Extrafiscalidade, ao seu turno, é a característica atribuída aos tributos que não têm como fim último a arrecadação de dinheiro. Segundo Regina Helena Costa, extrafiscalidade "consiste no emprego de instrumentos tributários para o atingimento de finalidades não arrecadatórias, mas, sim, incentivadoras ou inibitórias de comportamentos, com vista à realização de outros valores, constitucionalmente contemplados".(273)

Aquilo que a doutrina, em sua maioria, chama de extrafiscalidade, Schoueri classifica como "norma indutora". Nesses casos, o tributo tem relação imediata com a função indutora de comportamentos. É assim que Schoueri enxerga a defesa do meio ambiente como campo fértil para emprego de normas tributárias indutoras, de caráter geral.(274)

Observe que a arrecadação, nesses casos, ocorrerá como decorrência natural do descumprimento de um comportamento que se tentou incentivar ou desestimular, acarretando na ocorrência daquela hipótese de incidência que se tentou evitar.

Mas é importante esclarecer que a extrafiscalidade não se confunde com a imputação de sanção em razão da prática de ilícitos, lembrando que estamos no campo do direito tributário em que, segundo disposição expressa do art. 3º do Código Tributário Nacional, "tributo é prestação pecuniária compulsória, em moeda ou cujo valor nela se possa exprimir, que não constitua sanção de ato ilícito".

Portanto, não há por que confundir as políticas protegidas pela técnica da extrafiscalidade com sanção de ato ilícito, quando o comportamento estimulado ou que se visa inibir não é alcançado, ainda que a tributação em si possa exprimir uma ideia simbólica de punição para aquele que paga o tributo.

Muitos doutrinadores afirmam que os tributos ambientais possuem característica notadamente extrafiscal, posto que têm como finalidade induzir comportamentos compatíveis com a proteção e preservação do meio ambiente e não a arrecadação de dinheiro. Essa tese é sustentada e amparada no art. 170, inciso VI, da Constituição Federal. Segundo essa norma, o grau de impacto ambiental que determinadas atividades causarem — produção de produtos ou prestação de serviços —, será determinante para que a tributação seja maior ou menor.

Observem que aqui não se trata de punição mediante pagamento de tributos, mas sim, de uma política que visa estimular produção e prestação de serviços que causem o

(272) SCHOUERI, Luís Eduardo. *Direito tributário*. São Paulo: Saraiva, 2011. p. 32.

(273) *Curso de direito tributário*, p. 66.

(274) *Direito tributário*, p. 346.

menor impacto ambiental possível, em franca e direta medida de proteção e preservação dos bens ambientais.

Quanto à parafiscalidade, segundo Geraldo Ataliba,[(275)] é um fenômeno consistente em;

> a lei atribuir a titularidade de tributos a pessoas diversas do Estado, que os arrecadam em benefício das próprias finalidades. É o caso de autarquias dotadas de capacidade tributária ativa (IAPS, DNER, OAB, CONFEA, CEF) ou entidades paraestatais, pessoas de direito privado chamadas pela lei a colaborar com a administração pública, como as define Celso Antonio Bandeira de Mello.

Ainda nos ensinamentos de Geraldo Ataliba, encontramos um aprofundamento do conceito jurídico do instituto da parafiscalidade.

> Que significa parafiscalidade? Significa a atribuição, pela lei, da capacidade de serem sujeito ativo de tributos – que a arrecadam em benefício de suas próprias finalidades — pessoas diversas da União, Estados e Municípios (autarquias, empresas estatais delegadas de serviço público, entes paraestatais).
>
> (...)
>
> São tributos parafiscais aqueles criados (evidentemente por lei) para certas pessoas diversas do estado e arrecadados por elas próprias. Essas pessoas podem ser públicas autárquicas — meramente administrativas, como as designa, com rigor, Ruy Cirne Lima — ou mesmo privadas, desde que com finalidades de utilidade pública. São tributos parafiscais as taxas de pedágio das autarquias ou entidades rodoviárias, a taxa de esgoto das autarquias ou empresas estatais que prestem tais serviços, as taxas cobradas pelas autarquias, os tributos destinados ao IAPAS, ao SESC, ao SENAC, ao SENAI, ao SESI, ao INCRA, à OAB, ao CREA etc.
>
> Desde que se trate de tributo de que seja titular pessoa não política (União, Estados e Municípios), o tributo se chama parafiscal. Isto é uma convenção, quase universal (...).[(276)]

Diante do exposto, podemos afirmar que a tributação dos bens ambientais deve ter natureza apenas extrafiscal?

---

(275) *Hipótese de incidência tributária*, p. 76-77.

(276) *Hipótese de incidência tributária*, p. 166-167.

Para responder essa indagação, daremos ao tema um tratamento diferente daquele atribuído ainda hoje aos tributos com caráter ambiental, e isso em razão da posição de destaque e proeminência que acreditamos que esse tipo de tributo terá, especialmente para as futuras gerações.

Já afirmamos que parte significativa da doutrina aponta a tributação ambiental sempre com natureza de norma indutora de comportamentos, discriminando os sujeitos passivos da relação jurídica tributária que adotarem comportamentos omissivos ou comissivos que resultem em processos de produção ou prestação de serviços que causem impacto negativo (ou danos) ao meio ambiente, com uma carga tributária maior que a dos demais sujeitos passivos que produzem ou prestam serviços se valendo de meios e métodos mais eficientes e menos poluentes. Esse entendimento encontra respaldo no art. 170, inciso VI, da Constituição Federal, como citamos há pouco.

Celso Antonio Pacheco Fiorillo e Renata Marques Ferreira[(277)] expressam com muita ênfase essa característica, razão pela qual faremos sua transcrição:

> Cabe destacar que, se a finalidade da tributação é angariar recursos para a manutenção do caríssimo Estado de Bem-Estar Social, a utilização dos tributos que fogem a essa perspectiva não pode, por total falta de lógica, submeter-se aos regramentos do sistema tributário de forma inconteste, fria e absoluta. As normas com finalidade extrafiscal, como a própria noção semântica nos apresenta, são normas que escapam do rígido controle do sistema tributário. Encaixam-se em outros ordenamentos constitucionais, a depender da intenção por meio delas manifestada pelo detentor da competência tributária. Ora podem ser direcionadas e regidas pelos princípios conformadores do direito previdenciário, ora do direito econômico e ora, no que mais nos interessa, pelos princípios constitucionais que regulamentam e norteiam os temas ambientais no Brasil, cuja regra-matriz se encontra descrita no art. 225 da CF/88. Assim, a chamada tributação com finalidade extrafiscal não se submete de forma absoluta aos princípios tributários, é norma justificada por outros ramos do direito e por outros princípios. Seguindo os ensinamentos de Tipke e Yamashita, quando o Estado utiliza uma norma tributária para o atingimento de finalidades distintas da verdadeira função do direito tributário, ele o faz sem se concentrar na capacidade econômica dos contribuintes deixando, como consequência, a seara do direito tributário para ingressar em outros campos de atuação, orientados, logicamente, por outros valores e princípios. E mais, nestes casos (utilização de normas tributárias com finalidade extrafiscal) não faz sentido falar em Justiça Fiscal e capacidade contributiva; o que se busca atingir com este

(277) *Direito Ambiental Tributário*, p. 90-91.

> comportamento é a chamada Justiça Social controlada/aferida pelo princípio da proporcionalidade, que para o direito ambiental se traduz na aplicação direta do princípio do desenvolvimento sustentável. Este pressupõe um equilíbrio entre as normas econômicas e as de preservação ambiental. Daí, frise-se novamente, falar-se em direito ambiental tributário e não em direito tributário ambiental. A norma de orientação na imposição dos chamados tributos extrafiscais buscará seu fundamento de validade nos parâmetros e regras do direito ambiental constitucional e não ao contrário. São os regramentos ambientais, a determinação categórica do texto de 1988 de preservação por meio de condutas preventivas e repressivas, que farão nascer a regra de indução. A atividade tributária deve buscar a distribuição justa e igualitária da carga impositiva entre os contribuintes; já as normas com finalidade social buscam o direcionamento econômico, a estruturação ou a reestruturação social, o desenvolvimento sustentável e, consequentemente, a proteção às normas ambientais.

Contudo, entendemos que esse é um pensamento restritivo, que não atende efetivamente o princípio fundamental da dignidade da pessoa humana e os objetivos fundamentais da República, especialmente a construção de uma sociedade livre, justa e solidária; a garantia do desenvolvimento nacional; a erradicação da pobreza e da marginalização; a redução das desigualdades sociais e regionais; assim como a promoção do bem de todos, sem preconceitos de origem, raça, sexo, cor, idade e quaisquer outras formas de discriminação.

Ainda que a busca por tais princípios e objetivos seja constante, fruto também da evolução das relações humanas e da sociedade em geral, as ações voltadas a garantir a maior eficácia do direito fundamental a uma vida digna, ao "mínimo existencial", em um meio ambiente saudável e equilibrado, não pode abrir mão de instrumentos fiscais para atingir tal meta.

Não realizaremos de forma adequada os objetivos fundamentais relacionados com o direito ao meio ambiente saudável, apenas com normas indutoras de comportamento.

A norma indutora tem em seu interior uma característica que caminha em sentido contrário ao cumprimento e atingimento dos fundamentos e objetivos acima citados: o livre-arbítrio do sujeito passivo, que pode não se importar em pagar um tributo mais elevado se ainda assim tiver garantido seus lucros, de forma que não adote o comportamento esperado pelo ente tributante.

Acrescente-se a esse elemento o fato de que não basta apenas a imposição de normas indutoras para que o sujeito passivo adote meios de produção e prestação de serviços mais sustentáveis e com menor impacto ambiental. É necessário que o consumidor deixe de adquirir produtos ou serviços que causem impacto ambiental.

Se os consumidores de produtos e serviços continuarem pagando o preço desses produtos e serviços, a norma indutora não terá nenhum efeito prático, pois a grande maioria dos tributos acaba sendo repassado ao consumidor final. E aqui reina uma das máximas do capitalismo: se há demanda, há produto.

Outra característica dos tributos com função extrafiscal é a sua provisoriedade, porque sua vigência geralmente está associada ao cumprimento dos objetivos para os quais foram instituídos. Depois que aquela situação de fato que se pretendia impor um determinado comportamento se concretizou, o tributo deixa de existir, suas alíquotas são reduzidas ou os sujeitos passivos daquela relação jurídica tributária se restringem a um número menor ainda.

Ocorre que, para cumprir o objetivo de contribuir positivamente para a implantação e desenvolvimento de políticas públicas de Estado aptas a defender e preservar o meio ambiente ecologicamente equilibrado para a atual e as futuras gerações, ampliando as oportunidades de inclusão social, dando plenitude ao princípio fundamental da dignidade da pessoa humana e realizando, na medida do possível, os objetivos da República Federativa do Brasil, obrigatoriamente temos que utilizar tributos ambientais com natureza fiscal também. Além disso, tributos com essa função devem assumir a proeminência em um subsistema tributário ambiental. Explico.

Observamos que, quando se trata de defender e preservar o meio ambiente ecologicamente equilibrado para as presentes e as futuras gerações, estamos zelando e tratando do Estado de Bem-Estar Social. E para isso, é condição *sine qua non* possuir recursos financeiros.

Costuma-se relacionar o Estado de Bem-Estar Social às prestações positivas que o Estado deve proporcionar ao cidadão, especialmente aos menos favorecidos economicamente, tais como educação, saúde, segurança, educação, assistência social, entre outros.

Nossa leitura sobre essa questão nos leva a entender que são os tributos de natureza fiscal que cumprem a função de sustentar todas essas "prestações" que o Estado deve garantir ao cidadão, gerando receitas para tanto.

Pelos motivos acima expostos, a tributação dos bens ambientais que integram o meio ambiente, deve ter natureza fiscal também, além da já conhecida natureza extrafiscal adotada pela doutrina majoritária, aqui representada pelos pensamentos de Celso Antonio Pacheco Fiorillo e Renata Marques Ferreira, já expostos.

Mas como afirmamos, um olhar crítico sobre os fundamentos da doutrina predominante associado ao tempo em que vivemos hoje, especialmente quando analisamos as necessidades da atual geração e das futuras, os objetivos da política nacional do meio ambiente, as mudanças na forma de viver e conviver em sociedade, exigem mudanças na natureza dos tributos ambientais bem como a urgência na adoção de medidas protetivas do direito à vida relacionado ao direito a um meio ambiente ecologicamente equilibrado e adequado, especialmente para as gerações futuras.

Capítulo 10

Tributos Ambientais

O Estado é titular de um importante *munus*: a promoção e a proteção do interesse público. Através do exercício da função ambiental (meio) chega-se ao fim de promover e proteger o meio ambiente.

A proteção ao meio ambiente busca mecanismos e instrumentos para estancar a degradação ambiental, preservando o ambiente para a atual e as futuras gerações e, também, melhorar a qualidade do meio ambiente. O Estado exerce essa função formulando, propondo, impondo e sancionando medidas com esses objetivos.

Portanto, um tributo será ambiental quando sua instituição for feita para atender as finalidades mencionadas: estancar a degradação e melhorar a qualidade do meio ambiente, segundo a tríade defender-reparar-preservar.

Quando tratamos do tema meio ambiente, de forma genérica, a tendência é que seja associado imediatamente ao meio ambiente natural.

Entretanto, os bens ambientais não se limitam aos recursos naturais. O meio ambiente possui uma dimensão bem mais ampla, revelada na própria Constituição Federal de 1988, que tutela não apenas o meio ambiente natural, mas também o meio ambiente cultural, o meio ambiente artificial e o meio ambiente laboral, com destaque a alguns temas específicos como florestas, fauna, flora, propriedade, material genético, energia e saúde entre outros.

O conjunto de normas jurídicas expressas na Constituição Federal também revela a importância da utilização de instrumentos tributários para dar plenitude ao disposto no art. 225, ou seja, assegurar a plenitude do direito ao meio ambiente ecologicamente equilibrado por meio de ações voltadas à preservação e restauração dos processos ecológicos essenciais, manejo ecológico das espécies e ecossistemas; preservação da diversidade e integridade do patrimônio genético do País; controle da produção, comercialização e o emprego de técnicas, métodos e substâncias que comportem risco para a vida, a qualidade de vida e o meio ambiente; promoção da educação ambiental em todos os níveis de ensino; proteção da fauna e da flora; preservação das manifestações culturais, registradas como bem de natureza imaterial integrante do patrimônio cultural brasileiro.

De acordo com todas as dimensões do meio ambiente é que passaremos a analisar a tributação como técnica de preservação e defesa do meio ambiente ecologicamente equilibrado para as presentes e as futuras gerações, bem como de todos os meios para assegurar a efetividade do direito fundamental ao meio ambiente.

O Direito Tributário Ambiental, segundo Heleno Taveira Tôrres, pode ser definido como o ramo da ciência do direito tributário que tem por objeto o estudo das normas jurídicas tributárias elaboradas em concurso com o exercício de competências ambientais, para determinar o uso de tributo na função instrumental de garantia, promoção ou preservação de bens ambientais.[(278)]

Para Regina Helena Costa,[(279)] "a tributação ambiental pode ser singelamente conceituada como o emprego de instrumentos tributários para orientar o comportamento dos contribuintes a protesto do meio ambiente, bem como para gerar os recursos necessários à prestação de serviços públicos de natureza ambiental".

Segundo a doutrina,[(280)] os meios mais comuns de utilização dos instrumentos tributários voltados à proteção e preservação do meio ambiente para a atual e as futuras gerações são as concessões de benefícios e incentivos fiscais, como isenções. Também são utilizadas a técnica da progressividade do tributo e a diferenciação de alíquotas, notadamente utilizadas para impor tratamento discriminatório a produtos e serviços mais poluentes, resultando em carga tributária mais elevada para esses produtos e serviços.

Vladimir Passos de Freitas destaca o ICMS como um dos tributos com maior vocação para atender aos interesses ambientais, bem como protegê-lo e preservá-lo, ou em outras palavras, para ter uma função ecológica:

> Seguramente, o Imposto sobre Circulação de Mercadorias e Prestação de Serviços (ICMS) é o que pode ser utilizado com maior sucesso. No Estado do Paraná, a Constituição, no art. 132, parágrafo único, determina tratamento especial aos municípios que tenham parte de seu território integrado por unidades de conservação ambiental, ou que sejam diretamente influenciados por elas. Obedecendo ao comando constitucional estadual, a Lei n. 9.491, de 21.12.1990, fixou em 5% o que fosse arrecadado a título de ICMS para os municípios. E o Decreto n. 974, de 09.12.1991, fixou os critérios para que se desse o recebimento.

---

(278) TÔRRES, Heleno Taveira. "Da relação de competências constitucionais tributária e ambiental – os limites dos chamados 'tributos ambientais'". In: TORRES, H. T. (org.). *Direito Tributário Ambiental.* São Paulo: Malheiros, 2005. p. 101.

(279) COSTA, Regina Helena. "Tributação ambiente". In: FREITAS, Vladimir Passos de. *Direito ambiental em evolução.* Curitiba: Juruá, 1998. p. 297.

(280) Celso Antonio Pacheco Fiorillo, Fábio Nieves, Renata Marques Ferreira, Vladimir Passos de Freitas entre outros.

Na doutrina encontramos quem já defenda a existência de um subsistema do direito ambiental tributário. Os defensores dessa designação sustentam a tese de que as normas ambientais é que são direcionadoras e estimuladoras das atividades tributárias do Estado.(281)

Mas esses elementos são insuficientes para autorizar esse tipo de afirmação, especialmente diante dos inúmeros requisitos que apontamos no capítulo 2 para que um subsistema realmente exista.

Outras situações concretas também nos levam a não concordar com essa afirmação.

A inexistência de normas jurídicas tributárias que tutelem, por exemplo, o patrimônio genético nacional, é uma demonstração de que ainda não são as normas ambientais que dão o tom sobre a utilização de instrumentos tributários para a proteção dos bens ambientais.

Observaremos que os tributos e demais instrumentos tributários existentes na atualidade receberam o adjetivo "ambiental" muito mais em razão de um esforço interpretativo do que decorrente de uma efetiva norma tributária instituída em concurso e conformidade com as normas ambientais.

O esforço exegético para classificar certos tributos com "ambientais" é muito maior do que a existência real de uma política tributária ambiental ou ambiental tributária.

Por tudo isso, inobstante a doutrina já tenha construído o conceito de direito tributário ambiental e direito ambiental tributário, isso não é suficiente para afirmarmos que já existe de fato esse subsistema.

Considerando em conjunto o princípio da dignidade da pessoa humana, os objetivos fundamentais da República, as normas tributárias voltadas à instituição dos tributos — notadamente as limitações ao poder de tributar e as competências tributárias — o direito fundamental ao meio ambiente, o princípio da tutela dos bens ambientais para a presente e as futuras gerações, o ideal será chegarmos ao momento em que, de fato, teremos um subsistema de normas tributárias que tutelem o meio ambiente, mas fundamentado nesses citados princípios, normas e premissas.

Quando isso ocorrer, aí sim teremos concretamente um direito tributário ambiental, esse sim, aquele que nos parece ter sido a intenção do legislador constituinte. E não um direito ambiental tributário.

Não podemos deixar de mencionar que a análise a seguir tem como objetivo, também, demonstrar como os tributos ambientais podem auxiliar de forma direta e significativa na implementação de uma política nacional do meio ambiente, que vá além da letra da lei.

---

(281) É o caso de Celso Antonio Pacheco Fiorillo e Renata Marques Ferreira.

10.1. Espécies de tributos ambientais

É na própria Constituição Federal de 1988 que encontraremos as possíveis espécies de tributos ambientais que podem ser instituídos pelos entes políticos da República Federativa do Brasil.

Como já afirmamos anteriormente, a partir da definição das normas de competência tributária o legislador constituinte definiu também as possíveis regras-matrizes de incidência dos tributos. Desse modo, só podem ser instituídos tributos que já tenham seu arquétipo delineado no texto constitucional.

Para tratar das espécies de tributos, inicialmente vamos classificá-los. Mas antes ainda, devemos tecer algumas considerações sobre o que significa classificar.

Segundo Paulo de Barros:

> Classificar é distribuir em classes, é dividir os termos segundo a ordem da extensão ou, para dizer de modo mais preciso, é separar os objetos em classes de acordo com as semelhanças que entre eles existam, mantendo-os em posições fixas e exatamente determinadas em relação às demais classes. Os diversos grupos de uma classificação recebem o nome de espécies e de gêneros sendo que espécies designam os grupos contidos em um grupo mais extenso, enquanto gênero é o grupo que contém espécies.(282)

A importância dos conceitos da teoria das classes para a Ciência do Direito está diretamente relacionada com o conceito de subsunção, já que este advém do conceito de inclusão entre classes e das correspondentes subclasses. Sem mencionar que a classe universal, ou universo do discurso, é formada pelas normas jurídicas na Ciência do Direito.

Definir as espécies tributárias, ou a natureza específica dos tributos, conforme dispõe o art. 4º do Código Tributário Nacional, é fundamental para aplicarmos o regime jurídico correto a cada espécie tributária.

Sobre a classificação dos tributos, escreveu Geraldo Ataliba:

> O próprio sistema constitucional adota uma classificação dos tributos e faz derivarem consequências do discernimento que estabelece entre as espécies e subespécies tributárias. Isto é: o texto constitucional consagra uma determinada classificação e atribui regimes jurídicos diferentes a serem aplicados às espécies tributárias. No próprio texto constitucional estão princípios e regras diferentes, e peculiares, aplicáveis com exclusividade — e relevantes efeitos — às diversas espécies e subespécies de tributos.

---

(282) *Direito tributário* — linguagem e método, p. 117-118.

> Conforme um tributo se configure como inserto numa ou noutra categoria, as consequências serão diferentes. No Brasil, é de fundamental importância proceder com rigor na tarefa de identificar as peculiaridades de cada espécie, porque a rigidez do sistema constitucional tributário fulmina de nulidade qualquer exação não obediente rigorosamente aos moldes constitucionais escritos.[283]

Assim, como a classificação é um ato inerente ao intérprete, há diversas teorias sobre a classificação dos tributos, que variam de acordo com o critério eleito por ele.

A Constituição Federal de 1988 estabeleceu, em seu art. 145:

> Art. 145. A União, os Estados, o Distrito Federal e os Municípios poderão instituir os seguintes tributos:
>
> I - impostos;
>
> II - taxas, em razão do exercício do poder de polícia ou pela utilização, efetiva ou potencial, de serviços públicos específicos e divisíveis, prestados ao contribuinte ou postos a sua disposição;
>
> III - contribuição de melhoria, decorrente de obras públicas.

De acordo com o teor desse art. 145, doutrinadores como Geraldo Ataliba[284] e Roque Antonio Carraza[285] entendem que existem três espécies de tributos, a saber, impostos, taxas e contribuição de melhoria. Celso Pacheco Fiorillo e Renata Marques Ferreira também classificam os tributos nessas três espécies.[286] Os adeptos dessa classificação a chamam de "tripartite" ou "tricotômica".

Luciano Amaro classifica os tributos em quatro espécies: impostos, taxas (de serviço, de polícia, de utilização de via pública e de melhoria), contribuições e empréstimos compulsórios.[287]

O STF[288] também aponta quatro espécies de tributos. Vejamos:

> Os tributos, nas suas diversas espécies, compõem o Sistema Constitucional Tributário brasileiro, que a Constituição inscreve nos seus arts. 145 a 162. Tributo, sabemos todos,

---

(283) *Hipótese de incidência tributária*, p. 110.

(284) Obra citada, p. 111.

(285) Obra citada, p. 326.

(286) Obra citada, p. 110. "A bem da verdade, o legislador de 1988 acabou indicando as espécies tributárias admitidas, oferecendo uma classificação jurídica dos tributos. Esse direcionamento se traduz no art. 145, no qual o legislador constituinte confere às pessoas políticas competência tributária para criar impostos, taxas e contribuição de melhoria."

(287) AMARO, Luciano. *Direito tributário brasileiro*. 14. ed. rev. São Paulo: Saraiva, 2008. p. 81.

(288) ADI 447, rel. Min. Octavio Gallotti, voto do Min. Carlos Velloso, j. 5.6.1991, P, *DJ* de 5.3.1993.

> encontra definição no art. 3º do CTN, definição que se resume, em termos jurídicos, no constituir ele uma obrigação que a lei impõe às pessoas, de entrega de uma certa importância em dinheiro ao Estado. As obrigações são voluntárias ou legais. As primeiras decorrem da vontade das partes, assim, do contrato; as legais resultam da lei, por isso são denominadas obrigações *ex lege* e podem ser encontradas tanto no direito público quanto no direito privado. A obrigação tributária, obrigação *ex lege*, a mais importante do direito público, "nasce de um fato qualquer da vida concreta, que antes havia sido qualificado pela lei como apto a determinar o seu nascimento". (Geraldo Ataliba, "Hermenêutica e Sistema Constitucional Tributário", *in Direto e pratica tributaria*, volume L, Padova, Cedam, 1979). As diversas espécies tributárias, determinadas pela hipótese de incidência ou pelo fato gerador da respectiva obrigação (CTN, art. 4º), são a) os *impostos* (CF, art. 145, I, arts. 153, 154, 155 e 156), b) as *taxas* (CF, art. 145, II), c) as *contribuições*, que são c.1) de melhoria (CF, art. 145, III), c.2) sociais (CF, art. 149), que, por sua vez, podem ser c.2.1) de seguridade social (CF, art. 195, CF, 195, § 4º) e c.2.2) salário educação (CF, art. 212, § 5º) e c.3) especiais: c.3.1.) de intervenção no domínio econômico (CF, art. 149) e c.3.2) de interesse de categorias profissionais ou econômicas (CF, art. 149). Constituem, ainda, espécie tributária, d) os *empréstimos compulsórios* (CF, art. 148).

Entendemos e adotamos a classificação do STF, especialmente no que tange à forma como classifica as contribuições, diante da literalidade do texto constitucional, que a nosso ver, é responsável por certa dose de discussão acerca da classificação dos tributos.

Mas o que nos leva a adotar a classificação do STF é o fato de que as espécies ali citadas guardam, todas elas, as características que um tributo deve carregar consigo para existir e ser classificado como tal, a teor dos arts. 3º e 4º, do CTN, além de serem obrigados a respeitar o regime jurídico tributário, formado pelo conjunto de princípios e normas constitucionais, que regulam a exigência coativa de prestações pecuniárias e permitem ao Estado exigi-las dos sujeitos passivos, no momento de sua instituição ou majoração. E é disso que nos ocuparemos na sequência: dos tributos ambientais e suas espécies.

10.2. Impostos

De acordo com o art. 16 do Código Tributário Nacional, "imposto é o tributo cuja obrigação tem por fato gerador uma situação independente de qualquer atividade estatal específica, relativa ao contribuinte".

Assim, o que caracteriza a espécie impostos é o fato de as receitas decorrentes da arrecadação desse tributo não serem vinculadas a nenhuma atuação estatal e tampouco ter uma destinação legal já determinada.

A propósito desse tema "vinculação", na verdade estamos tratando do critério intrínseco de classificação dos tributos, ao passo que a destinação legal da receita proveniente da arrecadação dos impostos trata do critério extrínseco.

Em clássica lição sobre a matéria e alinhado ao art. 4º do CTN, já afirmava Alfredo Augusto Becker que a destinação legal do produto da arrecadação do tributo em nada afeta a sua natureza jurídica.

> No plano jurídico tributário, a finalidade do tributo é simplesmente a de satisfazer o dever jurídico tributário. A natureza jurídica do tributo (e a do dever jurídico tributário) não depende da destinação financeira ou extrafiscal que o sujeito ativo da relação jurídica tributária vier a dar ao bem (dinheiro ou coisa ou serviço) que conferia a consistência material ao tributo que foi ou deve ser prestado.
>
> Nenhuma influência exerce a natureza jurídica do tributo, a circunstância de o tributo ter uma destinação determinada ou indeterminada, ser ou não ser, mais tarde, devolvido ao próprio e mesmo contribuinte em dinheiro, em títulos ou em serviços. Nada disto desnatura o tributo que continuará sendo, juridicamente, tributo, até mesmo se o Estado lhe der uma utilização privada (não estatal) e esta utilização privada estiver predeterminada por regra jurídica.(289)

Mas em que pese a importância da lição do saudoso mestre, a classificação atual dos tributos não pode abrir mão desse elemento extrínseco para a sua classificação.

Nesse sentido, escreveu Luís Eduardo Schoueri:

> É somente a partir do reconhecimento dos dois critérios de classificação (intrínseco e extrínseco) que se pode entender o art. 4º do Código Tributário Nacional, acima analisado: adotado o critério intrínseco, concluir-se-á, com SACHA CALMON, que o "CTN está, no tangente à qualificação do tributo, rigorosamente certo. O que importa é analisar o fato gerador e a base de cálculo do tributo para verificar se o mesmo está ou não vinculado a uma atuação estatal, específica, relativa à pessoa do contribuinte, indiferentes o *nomen juris*, características jurídico-formais e o destino da arrecadação. É sob o critério extrínseco, alerta EURICO SANTI, que se conclui comprometido o referido art. 4º, pois "se o imposto não pode ser destinado especificamente a nenhum órgão, não basta ser tributo não vinculado; exige-se que seja não destinado".(290)

Essas características intrínseca (não vinculação) e extrínseca (não destinação) dos impostos conferem liberdade ao agente público para gastar os recursos arrecadados com

(289) BECKER, Alfredo Augusto. *Teoria geral do direito tributário.* 2. ed. São Paulo: Saraiva, 1972. p. 260.

(290) *Direito tributário*, p. 159.

eles da forma que entender mais adequada e priorizando, em tese, as necessidades mais urgentes do povo.

Na esteira do que afirmado na doutrina de Celso Fiorillo e Renata Marques Ferreira,(291) a tributação no Brasil tem como fim último a pessoa humana e os bens ambientais considerados essenciais à sadia qualidade de vida, e estão vinculados e destinados, direta ou indiretamente, à tutela da vida da pessoa humana com dignidade.

O que é uma vida humana digna, segundo a própria Constituição Federal de 1988? A resposta está no art. 6º da Constituição Federal, que estabelece como direitos sociais de natureza fundamental a educação, a saúde, a alimentação, o trabalho, a moradia, o transporte, o lazer, a segurança, a previdência social, a proteção à maternidade e à infância, a assistência aos desamparados.

Segundo o STF, a dignidade da pessoa humana compreende o "mínimo existencial":

> A noção de "mínimo existencial", que resulta, por implicitude, de determinados preceitos constitucionais (CF, art. 1º, III, e art. 3º, III), compreende um complexo de prerrogativas cuja concretização revela-se capaz de garantir condições adequadas de existência digna, em ordem a assegurar, à pessoa, acesso efetivo ao direito geral de liberdade e, também, a prestações positivas originárias do Estado, viabilizadoras da plena fruição de direitos sociais básicos, tais como o direito à educação, o direito à proteção integral da criança e do adolescente, o direito à saúde, o direito à assistência social, o direito à moradia, o direito à alimentação e o direito à segurança. Declaração Universal dos Direitos da Pessoa Humana, de 1948 (art. XXV).(292)

Aliás, importante decisão do STF deixa claro que o Estado não tem discricionariedade no que tange à implementação dos direitos fundamentais. Ele é obrigado a implementá-los e só tem faculdade para decidir sobre a forma de implementação. Vejamos:

> Direito fundamental à moradia. Imóvel público. Loteamento irregular. Inércia do poder público. (...) O exercício do poder de polícia de ordenação territorial pode ser analisado a partir dos direitos fundamentais, que constituem, a toda evidência, o fundamento e o fim da atividade estatal. Na presença de instrumentos do Estatuto das Cidades (Lei n. 10.257/2001) para efetivar as diretrizes constitucionais, é razoável exigir do poder público medidas para mitigar as consequências causadas pela demolição de construções familiares erigidas em terrenos irregulares. Diante da previsão constitucional expressa do direito à moradia (art. 6º, CF) e do princípio da dignidade humana (art. 1º, III, CF),

(291) "Tendo em vista o fato de que o fim último da tributação no Brasil, conforme já afirmado, há que ser sempre a pessoa humana, e que os bens ambientais correspondem àqueles bens considerados, no plano normativo, essenciais à sadia qualidade de vida, reprisamos que a definição jurídica de bem ambiental está vinculada de forma direta e imediata não só à tutela da pessoa humana, mas antes à tutela da vida da pessoa humana com dignidade. Esta será preenchida de forma adequada de acordo com o preceito normativo indicado pelo legislador de 1988 no art. 6º da Constituição Federal, com a implementação do que chamamos de piso vital mínimo". Obra citada, p. 112.

(292) ARE 639.337 AgR, rel. Min. Celso de Mello, j. 23.8.2011, 2ª T., *DJE* de 15.9.2011.

é consentâneo com a ordem normativa concluir não ser discricionário ao poder público a implementação de direitos fundamentais, mas apenas a forma de realizá-la.[293] (Grifo nosso)

Outro relevante julgado do STF dispõe no mesmo sentido, qual seja, de que o Estado tem a obrigação de criar condições objetivas que possibilitem o efetivo acesso aos direitos fundamentais, o que nos permite afirmar e estender o mesmo conceito para o direito ao meio ambiente ecologicamente equilibrado e minimamente garantidor de uma vida digna:

> *O direito à segurança é prerrogativa constitucional indisponível, garantido mediante a implementação de políticas públicas, impondo ao Estado a obrigação de criar condições objetivas que possibilitem o efetivo acesso a tal serviço.* É possível ao Poder Judiciário determinar a implementação pelo Estado, quando inadimplente, de políticas públicas constitucionalmente previstas, sem que haja ingerência em questão que envolve o poder discricionário do Poder Executivo.[294] (Grifo nosso)

Celso A. P. Fiorillo e Renata M. Ferreira[295] entendem que os impostos não se caracterizam como uma espécie de tributo apta a tutelar os bens ambientais especialmente em sua dimensão voltada a garantir a dignidade da pessoa humana, porque essa espécie tributária se caracteriza pelo fato de sua arrecadação não ter destinação específica, tampouco ter vinculação com alguma atividade ou serviço estatal, conforme disposição expressa do art. 167,[296] inciso IV, da Constituição Federal de 1988.

Porém, esses autores reconhecem que esse entendimento não é absoluto, na medida em que o IPTU, na concepção deles, é tipicamente um imposto usado para tutelar bens ambientais artificiais, no caso, as cidades.[297]

(293) ARE 908.144-AgR, rel. Min. Edson Fachin, j. 17.8.2018, 2ª T., *DJE* de 27.8.2018.

(294) RE 559.646 AgR, relª. Minª. Ellen Gracie, j. 7.6.2011, 2ª T., *DJE* de 24.6.2011 e ARE 654.823 AgR, rel. Min. Dias Toffoli, j. 12.11.2013, 1ª T., *DJE* de 5.12.2013.

(295) "Expliquemos melhor. Os valores provenientes da arrecadação por meio dos impostos não podem ser destinados, por exemplo, a custear, financiar a proteção ambiental, em nenhuma de suas formas, por força de imperativo constitucional traduzido por princípio expresso na Carta Maior". Obra citada, p. 114.

(296) Art. 167. São vedados:

(...)

IV – a vinculação de receita de impostos a órgão, fundo ou despesa, ressalvadas a repartição do produto da arrecadação dos impostos a que se referem os arts. 158 e 159, a destinação de recursos para as ações e serviços públicos de saúde, para manutenção e desenvolvimento do ensino e para realização de atividades da administração tributária, como determinado, respectivamente, pelos arts. 198, § 2º, 212 e 37, XXII, e a prestação de garantias às operações de crédito por antecipação de receita, previstas no art. 165, § 8º, bem como o disposto no § 4º deste artigo;

(297) "Isso não quer dizer, no entanto, que nossa Constituição não tenha amparado determinados impostos e lhes conferido, indiscutivelmente, como no caso do IPTU, natureza típica de tributo ambiental, imposto direcionado à viabilização de um bem ambiental, como as cidades" Obra citada, p. 114.

Discordamos desse entendimento, porque não vislumbramos no princípio da não vinculação de receita dos impostos a órgão, fundo ou despesa, vedação à utilização dessa espécie de tributo para tutelar o direito ao meio ambiente e os bens ambientais.

A não vinculação é um comando dirigido ao legislador no momento de exercer a competência tributária e instituir o imposto. Ao descrever o critério material da hipótese de incidência, o legislador não vinculará a ocorrência do fato jurídico tributário a qualquer atividade estatal específica, relativa ao contribuinte. E assim estará plenamente respeitado o princípio da não vinculação.

Do recurso arrecadado com os impostos, uma parcela expressiva é distribuída para os estados, o Distrito Federal e os municípios, tudo conforme disposição expressa dos arts. 157 a 162 da Constituição Federal de 1988, que cuida exatamente da distribuição das receitas tributárias. Portanto, ainda que grande parcela dos impostos não fique no caixa do ente político que instituiu e cobrou os impostos, eles são utilizados para diversas finalidades determinadas no orçamento anual, no plano plurianual e nas diretrizes orçamentárias.

O fato de o produto da arrecadação dos impostos não estar vinculado a uma atividade estatal e não ter destinação legal específica, não significa que não possa ser utilizado para custear programas de defesa do meio ambiente, políticas ambientais, campanhas de preservação e conservação dos bens ambientais, entre outras atividades, voltadas a garantir o "mínimo existencial" relacionado aos bens ambientais essenciais para uma vida digna e a realização dos objetivos da República, se assim dispuser a lei orçamentária, o plano plurianual ou as diretrizes orçamentárias.

Entendemos que essa característica marcante dos impostos representa uma certa liberdade para as pessoas políticas utilizarem esse tributo e sua arrecadação de forma mais flexível, para não engessar a administração pública, especialmente diante de situações urgentes, imprevisíveis ou ambas. E o simples fato de existir uma lei orçamentária anual, o plano plurianual e as diretrizes orçamentárias, já retiram dos impostos o que poderíamos chamar de desvinculação absoluta de suas receitas, já que as diretrizes dos gastos estão fixadas nos citados instrumentos legais.

Por fim, resta informar que a espécie tributária impostos tem vocação de tributo com natureza ambiental, como já demonstramos em passagens anteriores deste trabalho, quando analisamos o princípio da essencialidade utilizado como fundamento para redução de alíquotas do IPI dos produtos industrializados da chamada linha branca, quando destacamos algumas normas que asseguram tratamento tributário diferenciado no caso do IPVA e, também, quando abordamos alguns casos de isenção extrafiscal do IPTU em diversos municípios do país.

Por esse motivo, agora passaremos a analisar as características ambientais — existentes ou potenciais — do Imposto sobre a Propriedade Territorial Urbana (IPTU), do Imposto sobre Propriedade Territorial Rural (ITR), do Imposto sobre Operações Relativas à Circulação de Mercadorias e sobre Prestações de Serviços de Transporte Interestadual e Intermunicipal e de Comunicação (ICMS).

10.2.1. Imposto sobre a Propriedade Territorial Urbana — IPTU

O Estatuto da cidade, também conhecido como lei do meio ambiente artificial, provocou mudanças na estrutura do IPTU, como passaremos a discorrer. Mas antes, vamos ao dispositivo constitucional, que trata da instituição desse imposto:

Dispõe o art. 156, da Constituição Federal de 1988:

> Art. 156. Compete aos Municípios instituir impostos sobre:
>
> I - propriedade predial e territorial urbana.
>
> (...)
>
> § 1º Sem prejuízo da progressividade no tempo a que se refere o art. 182, § 4º, inciso II, o imposto previsto no inciso I poderá
>
> I - ser progressivo em razão do valor do imóvel; e
>
> II - ter alíquotas diferentes de acordo com a localização e o uso do imóvel.

Estamos diante da norma que dispõe expressamente que a competência para instituir o IPTU é dos municípios. Ao passo que o sujeito passivo dessa relação jurídica tributária será o titular de propriedade territorial localizada na zona urbana de certo município.

Debates sobre os limites da zona urbana sempre foram comuns, sendo que a maioria dos doutrinadores entende que zona urbana é aquela definida pelos critérios fixados nos §§ 1º e 2º, do art. 32 do CTN, ou seja, a existência de pelo menos dois equipamentos públicos expressamente citados nos incisos I a V, do § 1º, do art. 32, do CTN, à disposição dos munícipes.

Ocorre que esse entendimento foi superado com o advento da Lei n. 10.257/2001 — conhecida como Estatuto da cidade ou Lei do meio ambiente artificial — pois é essa lei que determinou que a definição de zona urbana é competência exclusiva do município e deve constar de seu plano diretor, até mesmo para efeito de aplicação da norma jurídica tributária instituidora do IPTU, mais precisamente naquilo que diz respeito à definição do aspecto espacial da hipótese de incidência.

Essa disposição expressa do Estatuto da cidade apenas regulamentou o art. 182 da Constituição Federal, que dispõe: "A política de desenvolvimento urbano, executada pelo Poder Público municipal, conforme diretrizes gerais fixadas em lei, tem por objetivo ordenar o pleno desenvolvimento das funções sociais da cidade e garantir bem-estar de seus habitantes". E a política de desenvolvimento urbano está bem delimitada nos arts. 1º, 2º, 39 e 40, da Lei n. 10.257/2001, nos seguintes termos:

> Art. 1º Na execução da política urbana, de que tratam os arts. 182 e 183 da Constituição Federal, será aplicado o previsto nesta Lei.
>
> Parágrafo único. Para todos os efeitos, esta Lei, denominada Estatuto da Cidade, estabelece normas de ordem pública e interesse social que regulam o uso da propriedade urbana em prol do bem coletivo, da segurança e do bem-estar dos cidadãos, bem como do equilíbrio ambiental.
>
> Art. 2º A política urbana tem por objetivo ordenar o pleno desenvolvimento das funções sociais da cidade e da propriedade urbana, mediante as seguintes diretrizes gerais:
>
> I - garantia do direito a cidades sustentáveis, entendido como o direito à terra urbana, à moradia, ao saneamento ambiental, à infraestrutura urbana, ao transporte e aos serviços públicos, ao trabalho e ao lazer, para as presentes e futuras gerações.
>
> (...)
>
> Art. 39. A propriedade urbana cumpre sua função social quando atende às exigências fundamentais da ordenação da cidade expressas no plano diretor, assegurando o atendimento das necessidades dos cidadãos quanto à qualidade de vida, à justiça social e ao desenvolvimento das atividades econômicas, respeitadas as diretrizes previstas no art. 2º desta Lei.
>
> Art. 40. O plano diretor, aprovado por lei municipal, é o instrumento básico da política de desenvolvimento e expansão urbana.

Essas normas deixam evidente que a partir do advento da Constituição Federal de 1988 e, depois, com o Estatuto da cidade,[(298)] as cidades — e não só as propriedades que ali se encontram — passaram a ter natureza jurídica de bem ambiental artificial,[(299)]

---

(298) Celso Pacheco Fiorillo e Renata Marques Ferreira traçam a seguinte distinção entre cidade e município: "Temos, dessa forma, que a delimitação do que venha a ser cidade no âmbito do direito constitucional pátrio pode ser traduzida na realização do trinômio vida trabalho consumo 101, dentro de um território comum que compreenda os espaços construídos e habitáveis pela pessoa humana. E o Município? O Município, por sua vez, é abstração jurídica criada por lei, distanciando-se de forma singular do conceito de cidade". Obra citada, p. 133.

(299) "Como já afirmamos, com a edição da Constituição de 1988, fundamentada em sistema econômico capitalista que necessariamente tem seus limites impostos pela dignidade da pessoa humana (art. 1º, III e IV), a cidade — e suas duas realidades, a saber, os estabelecimentos regulares e os estabelecimentos irregulares — passa a ter natureza jurídica de bem ambiental, ou seja, a partir de 1988, a cidade deixa de ser observada no plano jurídico de regramentos adaptados tão somente aos bens privados e públicos, passando a ser disciplinada em face da estrutura jurídica de bem ambiental (art. 225 da CF) de forma mediata e de forma imediata, em decorrência das determinações constitucionais emanadas dos arts. 182 e 183 da Carta Magna (meio ambiente artificial). Portanto, a cidade, a partir da Constituição Federal de 1988, passa a obedecer à denominada ordem urbanística, dentro dos parâmetros jurídicos adaptados às necessidades do final do século XX e início do século XXI". Celso Pacheco Fiorillo e Renata M. Ferreira. Obra citada, p. 131.

realizando no sistema do direito positivo brasileiro, princípios que já eram preconizados na famosa Carta de Atenas.[300]

Na medida em que o IPTU é o imposto que incide sobre propriedades localizadas nos limites territoriais urbanos das cidades brasileiras, não há como deixar de observar aspectos ambientais nesse tributo. E mais do que isso, de atribuir a esse imposto a finalidade de atender aos princípios constitucionais da dignidade da pessoa humana em sua dimensão ambiental, voltado à tutela da proteção e preservação do meio ambiente artificial, essencial para a qualidade de vida da atual e das futuras gerações.

Esse conjunto de normas citadas, com o acréscimo das normas sobre autonomia e competência dos municípios, não só em matéria tributária, nos permitem afirmar que o IPTU, especialmente após a edição da Lei n. 10.257/2001, adquiriu características de tributo ambiental, posto que seu critério material da hipótese de incidência é ser proprietário de um bem ambiental localizado dentro do meio ambiente artificial que é a área urbana do município, aqui caracterizado no critério espacial da hipótese de incidência.

A questão polêmica aos nossos olhos é que a destinação dos recursos arrecadados com o IPTU nem sempre estão voltadas à preservação e proteção do meio ambiente, especialmente porque os impostos são tributos caracterizados pela não vinculação a uma atividade estatal e pela não destinação legal do produto de sua arrecadação.

Contudo, as cidades compõem o meio ambiente artificial, criado pelo ser humano. Nesse contexto, o uso de recursos arrecadados com o IPTU para manutenção das vias públicas, saneamento, infraestrutura urbana, transporte público etc., pode ser compreendido como uma forma de preservação do meio ambiente artificial?

Entendemos que a resposta é afirmativa porque o uso desse recurso arrecadado com o imposto está destinado, entre outras coisas, para garantir aos cidadãos o direito a cidades sustentáveis e atender as suas necessidades quanto à qualidade de vida, justiça social e desenvolvimento.[301]

O fato de a Lei n. 10.257/2001 definir essa política ambiental e quais os fins a que ela visa — obviamente indicando onde o dinheiro deve ser investido — não retira do imposto sua característica de tributo não vinculado a uma atividade estatal, tampouco confere destinação legal ao produto arrecadado.

Mas não nos parece que atualmente a utilização dos recursos, ainda que voltados aos fins ambientais que citamos, ocorra de forma planejada. Nosso entendimento é que essa proteção ao meio ambiente artificial às vezes ocorre e nem é percebida pelas autoridades que exercem o Poder Público. E dessa forma, a proteção e preservação do meio ambiente acabam por ocorrer quase que por acaso.

---

(300) Manifesto urbanístico resultante do IV Congresso Internacional de Arquitetura Moderna (CIAM), realizado em Atenas em novembro de 1933.

(301) Art. 39 da referida Lei.

É aqui que nosso entendimento difere daqueles que entendem que o IPTU já nasceu como um tributo ambiental.

Nosso entendimento, portanto, é no sentido de que os tributos ambientais têm que ter em sua gênese, no momento da sua instituição, a definição dos fins ambientais a que se destinam, em atendimento a uma política pública ambiental. Ainda que isso esteja apenas implícito.

A proteção e preservação casuística do meio ambiente, como ocorre com alguns tributos que analisaremos, não dão a eles a natureza de genuíno tributo ambiental. Para que isso ocorra, deve estar associado a uma política ambiental definida como política de Estado.

Mas no caso do IPTU, após o advento da Lei n. 10.257/2001, esse imposto ganhou definitivamente o contorno de tributo ambiental, como pode ser comprovado pelas modernas teorias da interpretação e pela política pública veiculada na lei.

10.2.2. Imposto sobre Propriedade Territorial Rural — ITR

A Lei n. 9.393/96, que dispõe sobre o Imposto sobre a Propriedade Territorial Rural — ITR — estabeleceu em seu art. 1º o critério material da hipótese de incidência tributária: "O Imposto sobre a Propriedade Territorial Rural — ITR, de apuração anual, tem como fato gerador a propriedade, o domínio útil ou a posse de imóvel por natureza, localizado fora da zona urbana do município, em 1º de janeiro de cada ano".

Portanto, o aspecto material da hipótese de incidência é ser proprietário, ter o domínio útil ou a posse de imóvel rural, compreendido como aquele fora da zona urbana do município, em 1º de janeiro de cada ano. E fixou como base de cálculo desse tributo o valor da terra nua tributável - VTNt - assim considerado o valor obtido pela multiplicação do valor da terra nua - VTN - pelo quociente entre a área tributável e a área total, tudo conforme disposição expressa do art. 10, inciso III, da citada lei.

Essas duas situações são tratadas pelo art. 10, da Lei n. 9.393/96, nos seguintes termos:

> Art. 10. A apuração e o pagamento do ITR serão efetuados pelo contribuinte, independentemente de prévio procedimento da administração tributária, nos prazos e condições estabelecidos pela Secretaria da Receita Federal, sujeitando-se a homologação posterior.
>
> § 1º Para os efeitos de apuração do ITR, considerar-se-á:
>
> I - *VTN, o valor do imóvel, excluídos os valores relativos a*:
>
> *a)* construções, instalações e benfeitorias;
>
> *b)* culturas permanentes e temporárias;

c) pastagens cultivadas e melhoradas;

d) florestas plantadas;

II – *área tributável*, a área total do imóvel, *menos as áreas*:

a) de *preservação permanente e de reserva legal*, previstas na Lei n. 12.651, de 25 de maio de 2012;

b) de *interesse ecológico para a proteção dos ecossistemas*, assim declaradas mediante ato do órgão competente, federal ou estadual, e que ampliem as restrições de uso previstas na alínea anterior;

c) comprovadamente imprestáveis para qualquer exploração agrícola, pecuária, granjeira, aquícola ou florestal, declaradas de interesse ecológico mediante ato do órgão competente, federal ou estadual;

d) sob *regime de servidão ambiental*;

e) cobertas por *florestas nativas*, primárias ou secundárias em estágio médio ou avançado de regeneração. (Grifo nosso)

Fica patente que tanto o valor da terra nua quanto o quociente da área tributável sofrem alterações em razão de critérios estabelecidos pela própria lei, e ao estabelecer regras que reduzem parcialmente o tributo a pagar, mediante a retirada de elementos que integram a base de cálculo do ITR, o legislador criou uma isenção parcial.

Afirmamos que a isenção é parcial porque além de haver saldo a pagar do imposto após cálculo do VTNT, nos arts. 3º e 3º-A da mesma Lei n. 9.393/96, com redação dada pela Lei n. 13.043/2014, o legislador estabeleceu as hipóteses de isenção total:

Art. 3º São isentos do imposto:

I – o imóvel rural compreendido em programa oficial de reforma agrária, caracterizado pelas autoridades competentes como assentamento, que, cumulativamente, atenda aos seguintes requisitos:

a) seja explorado por associação ou cooperativa de produção;

b) a fração ideal por família assentada não ultrapasse os limites estabelecidos no artigo anterior;

c) o assentado não possua outro imóvel.

II – o conjunto de imóveis rurais de um mesmo proprietário, cuja área total observe os limites fixados no parágrafo único do artigo anterior, desde que, cumulativamente, o proprietário:

a) o explore só ou com sua família, admitida ajuda eventual de terceiros;

b) não possua imóvel urbano.

Art. 3º-A. Os imóveis rurais oficialmente reconhecidos como áreas ocupadas por remanescentes de comunidades de quilombos que estejam sob a ocupação direta e sejam explorados, individual ou coletivamente, pelos membros destas comunidades são isentos do Imposto sobre a Propriedade Territorial Rural — ITR.

As hipóteses de isenção parcial também estão expressamente elencadas no art. 10, do Decreto n. 4.382/2002, que regulamenta a tributação, fiscalização, arrecadação e administração do Imposto sobre a Propriedade Territorial Rural – ITR.

Também já estavam elencadas no art. 3º da IN RFB 256/2002, alterada pela IN RFB 861/2008, praticamente as mesmas hipóteses de isenção total que haviam sido estabelecidas pela Lei. 9.393/96, antes de ser incluído o art. 3-A, pela Lei n. 13.043/2014.

No que tange à definição das áreas tributáveis, a técnica utilizada pelo legislador foi determinar que áreas com vocação ambiental ou bens ambientais devem ser excluídos da área tributável para efeito do cálculo do VTNt. Na prática, o legislador afasta as citadas áreas ambientais da regra de incidência, daí a confirmação da isenção, ainda que parcial. Essa disposição, além de prevista no inciso II do art. 10 da Lei n. 9.393/96, também foi reiterada na IN RFB 256/2002, alterada pela IN RFB 861/2008, em seu art. 9º. A instrução normativa inovou em relação à lei, acrescentando às hipóteses já citadas as áreas de reserva particular do patrimônio natural e as alagadas para fins de constituição de reservatório de usinas hidrelétricas autorizada pelo Poder Público. Eis a disposição da instrução normativa referida:

> Art. 9º Área tributável é a área total do imóvel rural, excluídas as áreas:
>
> I – de preservação permanente;
>
> II – de reserva legal;
>
> III – de reserva particular do patrimônio natural;
>
> IV – sob regime de servidão florestal ou ambiental;
>
> V – de interesse ecológico para a proteção dos ecossistemas, assim declaradas mediante ato do órgão competente, federal ou estadual, e que ampliem as restrições de uso previstas para as áreas de preservação permanente e de reserva legal;
>
> VI – comprovadamente imprestáveis para a atividade rural, declaradas de interesse ecológico mediante ato do órgão competente, federal ou estadual.
>
> VII – cobertas por florestas nativas, primárias ou secundárias em estágio médio ou avançado de regeneração;
>
> VIII – alagadas para fins de constituição de reservatório de usinas hidrelétricas autorizada pelo poder público.
>
> (...)
>
> § 3º Para fins de exclusão da área tributável, as áreas do imóvel rural a que se refere o *caput* deverão:
>
> I – ser obrigatoriamente informadas em Ato Declaratório Ambiental (ADA), protocolado pelo sujeito passivo no Instituto Brasileiro do Meio Ambiente e dos Recursos Naturais Renováveis (Ibama), observada a legislação pertinente;
>
> (...)

Diante dessas normas é que se pode afirmar que o ITR, após a publicação da Lei n. 9.393/96 e suas alterações, tem características de tributo ambiental utilizado para preservar e proteger o meio ambiente. Os instrumentos tributários aqui utilizados para fins ambientais foram a isenção parcial e total, ambas resultando em redução do tributo potencialmente a pagar ou até mesmo a completa dispensa do pagamento do tributo.

Das hipóteses previstas na lei, uma delas exige uma declaração do órgão competente para que a seja válida e eficaz. Trata-se das áreas de interesse ecológico para a proteção dos ecossistemas, consoante disposição do art. 10, § 1º, letra *'b'*, da Lei n. 9.393/96.

Essa mesma regra está disposta no inciso I, § 3º, do art. 9º, da IN RFB 256/2002.

Em outras palavras, cabe ao IBAMA emitir um ato declaratório ambiental atestando a vocação ambiental da propriedade e qual a sua natureza específica que permite a sua não inclusão na base de cálculo do ITR.

Vale observar que a exigência desse ato declaratório ambiental tem sido dispensada em casos de área de preservação permanente, conforme jurisprudência do STJ:

> TRIBUTÁRIO. AGRAVO REGIMENTAL NO RECURSO ESPECIAL. IMPRESCINDIBILIDADE DA AVERBAÇÃO PARA O DEFERIMENTO DA ISENÇÃO DE ITR DECORRENTE DO RECONHECIMENTO DA ÁREA DE RESERVA LEGAL. AGRAVO REGIMENTAL DA SOCIEDADE EMPRESÁRIA A QUE SE NEGA PROVIMENTO. Este Superior Tribunal de Justiça firmou o entendimento de que ser inexigível, para as áreas de preservação permanente, a apresentação do Ato Declaratório Ambiental com vistas à isenção do ITR. Porém, tratando-se de área de reserva legal, é imprescindível a sua averbação no respectivo registro imobiliário (Resp. 1.638.210/MG, rel. Min. OG FERNANDES, *DJe* 5.12.2017; REsp. 1.450.344/SC, rel. Min. HERMAN BENJAMIN, *DJe* 19.12.2016; AgInt no AREsp. 666.122/RN, rel. Min. BENEDITO GONÇALVES, *DJe* 10.10.2016; EDcl no AREsp 550.482/RS, rel. Min. SÉRGIO KUKINA, *DJe* 21.8.2015) 2. Agravo Regimental da Sociedade Empresária a que se nega provimento.[302]

Mas há um entendimento no sentido de que foi a Emenda Constitucional n. 42 que deu ao ITR natureza jurídica de imposto ambiental, ao alterar a redação dos arts. 153 e 158 da Constituição Federal, nos seguintes termos:

> Art. 153. Compete à União instituir impostos sobre:
>
> VI – propriedade territorial rural;
>
> § 4º O imposto previsto no inciso VI do *caput*:
>
> III – será fiscalizado e cobrado pelos Municípios que assim optarem, na forma da lei, desde que não implique redução do imposto ou qualquer outra forma de renúncia fiscal.
>
> Art. 158. Pertencem aos Municípios:
>
> II – cinquenta por cento do produto da arrecadação do imposto da União sobre a propriedade territorial rural, relativamente aos imóveis neles situados, cabendo a totalidade na hipótese da opção a que se refere o art. 153, § 4º, III;

(302) AgRg no REsp 1429841/SC, publicado no *DJe* em 25.2.2019.

Não estamos de acordo com esse entendimento, pois ainda enxergamos esse mérito na Lei n. 9.393/96 e suas alterações. Mas uma inovação da Emenda 42 é que o ITR pode ser cobrado e fiscalizado pelos municípios que fizerem essa opção em lei própria.

Os municípios que fizerem a opção em fiscalizar e cobrar o ITR receberão 100% da receita do ITR arrecadado em seu território. E se analisarmos essa situação em conjunto com a tributação das propriedades urbanas, podemos afirmar que esses dois impostos — IPTU e ITR — conferem aos municípios a possibilidade de controlar a totalidade das receitas tributárias decorrentes das propriedades urbanas e rurais localizadas em seu território.

A Lei n. 11.250/2005 permite que a União celebre convênios com o Distrito Federal e os municípios para a fiscalização, lançamento e cobrança do tributo.[(303)]

Assim, está claro que a competência para instituir o imposto é da União, mas essa pode delegar para os municípios e o Distrito Federal a cobrança, fiscalização e lançamento.

Nota-se, desse modo, que os fundamentos jurídicos do ITR estão em harmonia com a tutela jurídica das cidades, notadamente relacionada com o pleno desenvolvimento das funções socioambientais e o bem-estar dos seus habitantes, conforme disposto no art. 182, *caput*, da Constituição Federal.

Ao ITR também é aplicado o princípio da progressividade e exigido que a propriedade rural cumpra sua função socioambiental, notadamente dirigida à proteção e preservação do meio ambiente natural.

A progressividade está caracterizada pela possibilidade de aplicação de alíquotas variadas e progressivas, de acordo com a área e o grau de utilização ou subutilização da propriedade rural. Essa alíquota pode variar entre 0,03% até 20%, conforme tabela de alíquotas estabelecida pela Lei n. 9.393/96.

A delimitação dos aspectos da hipótese de incidência do ITR está basicamente na Lei n. 9.393/96 e no Decreto n. 4.382/2002, assim como os demais elementos que levam à caracterização do imposto como instrumento tributário voltado à proteção e preservação ambiental estão na Constituição Federal de 1988, nos arts. 29, 30 e 31 do Código Tributário Nacional, no Estatuto da terra (Lei n. 4.504/64) e no Código Florestal (Lei n. 12.651/2012).

---

(303) Art.1º A União, por intermédio da Secretaria da Receita Federal, para fins do disposto no inciso III do § 4º do art. 153 da Constituição Federal, poderá celebrar convênios com o Distrito Federal e os Municípios que assim optarem, visando a delegar as atribuições de fiscalização, inclusive a de lançamento dos créditos tributários, e de cobrança do Imposto sobre a Propriedade Territorial Rural, de que trata o inciso VI do art. 153 da Constituição Federal, sem prejuízo da competência supletiva da Secretaria da Receita Federal.

Da análise de diversas normas jurídicas pertinentes à instituição desse imposto, observamos que mais uma questão ainda merece detalhamento, trata-se do conceito de zona rural, para efeito de definição do aspecto espacial da hipótese de incidência desse imposto.

Sabemos que o aspecto material da hipótese de incidência do ITR é a propriedade, posse ou domínio útil de imóvel localizado fora da zona urbana do município em 1º de janeiro de cada ano, conforme disposição expressa do art. 1º, da Lei n. 9.393/96.

Nosso entendimento é no sentido de que zona rural é toda aquela área que não se enquadre na definição de zona urbana fixada nas leis municipais de zoneamento urbano, isto é, que de acordo com o plano diretor de cada município não se enquadre no conceito de zona urbana.

Essa ideia excludente reflete também o conceito de zona urbana estabelecido no art. 32, § 1º e seus incisos, e no art. 29, ambos do Código Tributário Nacional. Assim, se não é zona urbana, logo, é zona rural.

De qualquer modo, hoje nos parece incontestável que o conceito de zona urbana não é aquele disposto no art. 32, § 1º, do CTN, mas sim, aquele definido no plano diretor das cidades, conforme disposição do Estatuto da cidade (Lei n. 10.257/2001), o qual define as diretrizes constitucionais da política urbana aplicada à estruturação do meio ambiente artificial e anteriormente abordado neste trabalho.

Enfim, todos esses instrumentos tributários utilizados na instituição do ITR resultam no recolhimento de menos imposto, o que é utilizado como estímulo, normas indutoras para o contribuinte, espontaneamente, preservar e proteger especialmente todos esses bens ambientais naturais. E também não deixa de ser uma contrapartida, na medida em que o proprietário desses imóveis rurais excluídos das áreas tributáveis, além de não poderem explorar economicamente essas áreas, ainda podem ter despesas com a sua preservação e defesa. Mais um motivo que autoriza o tratamento diferenciado e a utilização dessa técnica fiscal, até mesmo para se fazer justiça fiscal e assegurar a aplicação do princípio da capacidade contributiva.

10.2.3. Imposto sobre Operações relativas à Circulação de Mercadorias e sobre Prestações de Serviços de Transporte Interestadual e Intermunicipal e de Comunicação, ainda que as operações e as prestações se iniciem no exterior — ICMS

Não há preservação ambiental tampouco defesa do meio ambiente ecologicamente equilibrado, de forma eficiente e planejada, sem recursos para tanto, e o ICMS também é um imposto que não só pode, como deve ser utilizado para gerar recursos em favor da preservação e defesa dos bens ambientais e de uma política ambiental de Estado.

A técnica utilizada com o ICMS é semelhante à técnica aplicada ao IPI, qual seja, utilizar a variação de alíquotas — ora maior, ora menor — conferindo tratamento diferenciado aos produtos e serviços, de acordo com a sua capacidade maior ou menor de causar danos aos bens ambientais. Esse mesmo critério, digamos assim, do poluidor-pagador, também é determinante para a concessão de benefícios fiscais, isenções, especialmente.

O produto da arrecadação do ICMS tem sido utilizado pelos estados-membros para fomentar, induzir atividades nos municípios voltadas à defesa e preservação do meio ambiente natural e, também, do meio ambiente artificial.

É isso que se pode inferir de diversas leis estaduais, inspiradas no inciso II do parágrafo único, do art. 158,[(304)] da Constituição Federal, que dispõe que até um quarto da parcela das receitas do ICMS pertencentes aos municípios será repassada aos municípios que cumprirem requisitos relacionados à preservação e defesa do meio ambiente.

De acordo com a norma constitucional em comento, vinte e cinco por cento do ICMS arrecadado pelos estados-membros da Federação pertencem aos municípios. Mas para que os valores correspondentes a esse percentual sejam creditados aos respectivos municípios, alguns critérios devem ser observados. E quis o legislador constituinte que até um quarto dessa receita tributária fosse distribuído mediante critérios específicos definidos em lei estadual.

Foi assim, valendo-se dessa faculdade delegada ao legislador estadual, que diversos estados-membros começaram a estabelecer como critério de repartição dessa receita, a preservação de bens ambientais nos municípios.

Alguns estados instituíram leis com essa obrigação, como os estados do Acre,[(305)] Mato Grosso do Sul,[(306)] Minas Gerais,[(307)] Paraná,[(308)] Rio Grande do Sul,[(309)] Rondônia,[(310)] São Paulo[(311)]entre outros.[(312)]

---

(304) Art. 158. Pertencem aos Municípios:

IV – vinte e cinco por cento do produto da arrecadação do imposto do Estado sobre operações relativas à circulação de mercadorias e sobre prestações de serviços de transporte interestadual e intermunicipal e de comunicação.

Parágrafo único. As parcelas de receita pertencentes aos Municípios, mencionadas no inciso IV, serão creditadas conforme os seguintes critérios:

(...)

II – até um quarto, de acordo com o que dispuser lei estadual ou, no caso dos Territórios, lei federal.

(305) Lei n. 1.530/2004.

(306) Lei Complementar n. 57/91.

(307) Lei Complementar n. 12.040/95.

(308) Lei Complementar n. 59/91.

(309) Lei n. 11.038/97.

(310) Lei Complementar n. 147/96.

(311) Lei n. 8.510/93.

(312) Acre (Lei n. 1.530/2004), Amapá (Lei n. 322/96), Ceará (Lei n. 14.023/2007), Goiás (Lei Complementar n. 90/2011), Mato Grosso (Lei Complementar n. 73/2000), Mato Grosso do Sul (Lei Complementar n. 57/91), Paraíba (Lei n. 9.600/2011), Pernambuco (Lei n. 11.899/2000), Piauí (Lei n. 5.813/2008), Rio de Janeiro (Lei n. 5.100/2007) e Tocantins (Lei n. 1.323/2002).

Tudo isso cunhou a expressão "ICMS ecológico", que além de citada na doutrina, foi incorporada pelos estados-membros.

De acordo com as disposições dessas leis estaduais, há objetivos comuns a todos os estados-membros, são eles: incentivar municípios a manterem ou até mesmo aumentarem áreas de preservação em seus territórios, compensar municípios pela impossibilidade total ou limitada, de utilização daquele bem ambiental protegido e, por fim, incentivar, ainda que indiretamente, a educação ambiental.

Do exposto, está muito claro que o instrumento utilizado aqui foi a repartição de receitas, instrumento que entendemos ser do direito financeiro e não do direito tributário propriamente dito.

Por esse motivo, parece equivocado o uso do estrato de linguagem "ICMS ecológico" ou "ICMS ambiental", para caracterizar a repartição de receitas decorrentes da arrecadação do ICMS para os municípios, como um instrumento tributário de defesa e preservação dos bens ambientais.

Aliás, essa afirmação é corroborada por informação do próprio governo do estado de São Paulo, que afirma que o critério para repasse da arrecadação é chamado de ICMS ambiental. Vejamos:

> No estado de São Paulo, a matéria foi tratada inicialmente na Lei Estadual n. 3.201/1981. Posteriormente, a *Lei n. 8.510/1993* introduziu as áreas protegidas como critério para repasse da quota municipal do ICMS. Esse critério ambiental é chamado ICMS Ecológico, e é calculado em função da existência de espaços territoriais especialmente protegidos nos municípios paulistas.(313)

Ocorre que o art. 158 da Constituição Federal sofreu alterações em decorrência da reforma tributária promovida pela Emenda Constitucional n. 132/2023, o que alterou os percentuais de distribuição das receitas, bem como dispôs de forma ainda mais clara sobre os critérios que o legislador estadual deve estabelecer para essa distribuição.

Nesse sentido, continua sendo distribuído aos municípios 25% (vinte e cinco por cento) da receita do ICMS, mas o creditamento é diferente. Até o advento da Emenda Constitucional n. 132/2023, um quarto desses mesmos 25% era distribuído mediante critérios definidos em lei estadual.

Agora, com a nova redação do art. 158,(314) desses 25% que pertencem aos municípios, até 35% serão distribuídos de acordo com o que dispuser lei estadual. E desses 35%,

---

(313) Disponível em: https://www.infraestruturameioambiente.sp.gov.br/cpla/icms-ecologico/

(314) Art. 158. Pertencem aos Municípios:

(...)

no mínimo 10% serão distribuídos com base em indicadores de melhoria nos resultados de aprendizagem e de aumento da equidade, considerado o nível socioeconômico dos educandos e o restante poderá ser distribuído livremente, até mesmo com base em indicadores de preservação ambiental, como já era no modelo vigente até dezembro de 2023.

Mas a inovação da reforma tributária não parou por aí. Foi criado um novo tributo, o imposto sobre bens e serviços, chamado de IBS, o qual também terá 25% de suas receitas distribuídas para os municípios. Mas sobre o IBS e seus critérios de distribuição trataremos no próximo capítulo, que versa sobre os novos tributos criados pela reforma tributária.

Não há dúvida de que a exigência dos estados-membros para distribuir parte da receita arrecadada com o ICMS está plenamente de acordo com os princípios fixados no art. 225 da Constituição Federal. Mas isso também não pode ser o suficiente para caracterizarmos o ICMS como efetivo instrumento tributário próprio utilizado para a proteção e preservação dos bens ambientais.

Tampouco é essa repartição de receita que autoriza afirmar que o ICMS é um tributo ambiental. O que essas leis estaduais estão construindo é uma política ambiental não tributária.

Reiteramos aqui a ideia que permeia todo esse trabalho: há necessidade de que os instrumentos tributários ou aqueles vinculados ao direito tributário sejam criados com essa finalidade específica para falarmos em direito tributário ambiental. E, mais precisamente, em tributo ambiental.

A existência de normas que, sobretudo mediante interpretação, ganham alguma relevância ambiental e são citadas como normas que visam dar plenitude aos arts. 1º, III, art. 3º e art. 225 da Constituição Federal, não são necessariamente instrumentos tributários ou que possam integrar um subsistema do direito tributário ambiental caso não preencham os requisitos mínimos que o qualifiquem como ambientais. Pelo contrário.

Vale observar, também, que o ICMS continuará sendo cobrado dos sujeitos passivos desta relação jurídico-tributária e arrecadado normalmente, independentemente de qualquer ação ou omissão do município voltada à preservação e defesa do meio ambiente.

IV – 25% (vinte e cinco por cento):

a) do produto da arrecadação do imposto do Estado sobre operações relativas à circulação de mercadorias e sobre prestações de serviços de transporte interestadual e intermunicipal e de comunicação;

(...)

§ 1º As parcelas de receita pertencentes aos Municípios mencionadas no inciso IV, *"a"*, serão creditadas conforme os seguintes critérios:

(...)

II – até 35% (trinta e cinco por cento), de acordo com o que dispuser lei estadual, observada, obrigatoriamente, a distribuição de, no mínimo, 10 (dez) pontos percentuais com base em indicadores de melhoria nos resultados de aprendizagem e de aumento da equidade, considerado o nível socioeconômico dos educandos.

Da mesma forma, parcela significativa do próprio ICMS continuará sendo repassada aos municípios, ainda que estes não façam absolutamente nada para preservar e defender o meio ambiente, por determinação expressa do inciso I, do parágrafo único, do art. 158,[(315)] da Constituição Federal, que elegeu tão somente o critério territorial para distribuir três quartos do valor a que cada município fizer jus.

Também, quando os estados-membros efetuam o repasse, já ocorreu o fato gerador, já nasceu a obrigação tributária e já foi estabelecida no plano fático a relação jurídica entre o sujeito ativo e o sujeito passivo da relação tributária. Ou seja, ocorreu a materialização de todos os aspectos da hipótese de incidência, esgotando a relação jurídico-tributária entre o sujeito ativo e o sujeito passivo.

Aliás, segundo Alfredo Augusto Becker, recolhido o tributo, efetuada a prestação, a relação jurídico-tributária está extinta: "Uma vez efetuada a prestação, a relação jurídica tributária se extingue".[(316)]

Portanto, entendemos que essa exigência para repasse de parcela do ICMS arrecadado constitui, na verdade, uma norma indutora de políticas ambientais públicas, não necessariamente tributária, nos termos do art. 225, da Constituição Federal, que vise à efetividade e plenitude desse direito ao meio ambiente equilibrado e essencial à qualidade de vida.

O critério preservação e defesa do meio ambiente ecologicamente equilibrado para as presentes e as futuras gerações, para fins de repasse de um quarto do ICMS pertencente aos municípios, é apenas um dos critérios de repasse passíveis de adoção pelo legislador estadual, mas não o único, já que a Constituição federal nada estabelece nesse sentido.

Por fim, vale destacar que outros impostos como o ITBI, o IRPJ e o IRPF, também podem ser usados como instrumentos tributários voltados à plena realização da política ambiental estabelecida na Constituição Federal de 1988, mediante a concessão de isenções, redução de alíquotas e de base de cálculo, doações dedutíveis do imposto a pagar, entre outros métodos, já que não há nenhum impedimento legal que afete a criatividade do legislador.

10.3. Taxas

O conceito de taxa está definido no art. 77, do Código Tributário Nacional:

> Art. 77. As taxas cobradas pela União, pelos Estados, pelo Distrito Federal ou pelos Municípios, no âmbito de suas respectivas atribuições, têm como fato gerador o exercício

(315) Art. 158. Pertencem aos Municípios:

Parágrafo único. As parcelas de receita pertencentes aos Municípios, mencionadas no inciso IV, serão creditadas conforme os seguintes critérios:

I – três quartos, no mínimo, na proporção do valor adicionado nas operações relativas à circulação de mercadorias e nas prestações de serviços, realizadas em seus territórios;

(316) *Teoria geral do direito tributário*, p. 261.

regular do poder de polícia, ou a utilização, efetiva ou potencial, de serviço público específico e divisível, prestado ao contribuinte ou posto à sua disposição.

Parágrafo único. A taxa não pode ter base de cálculo ou fato gerador idênticos aos que correspondam a imposto nem ser calculada em função do capital das empresas.

Da simples leitura do *caput* deste art. 77, já observamos uma grande diferença em relação aos impostos. As taxas são tributos chamados de vinculados, uma vez que sua receita está diretamente vinculada a uma atuação específica do Estado.

Nas palavras de Geraldo Ataliba:

> Definem-se os tributos vinculados como aqueles cujo aspecto material da h.i. consiste numa atuação estatal (...) A hipótese de incidência da taxa é uma atuação estatal diretamente (imediatamente) referida ao obrigado (pessoa que vai ser posta como sujeito passivo da relação obrigacional que tem a taxa por objeto).(317)

Segundo Paulo de Barros Carvalho, taxa é:

> tributo cuja hipótese de incidência consiste na descrição de atividade estatal diretamente vinculada ao contribuinte, enquanto o pagamento do valor prescrito no consequente representará a contraparte devida ao Estado, pelo administrado, a quem o Poder Público voltou sua atenção.(318)

Quanto às espécies, de acordo com o art. 145, inciso II, da Constituição Federal de 1988, existem duas espécies de taxas: taxas cobradas pela prestação de serviços públicos e taxas cobradas em razão do exercício do poder de polícia. E elas se sujeitam ao princípio da capacidade contributiva, como todos os demais tributos, embora temos que reconhecer que em relação às taxas o princípio da capacidade contributiva tem um tratamento específico.

Taxas são tributos vinculados e decorrem de uma atuação estatal específica e direcionada ao contribuinte, quais sejam, a prestação de serviços públicos ou o exercício do poder de polícia, sendo coerente que a dimensão do fato jurídico tributário seja a do valor gasto ou o custo do serviço.

O próprio STF já se posicionou no sentido de que as taxas se sujeitam ao princípio da capacidade contributiva:

> A taxa de fiscalização da CVM, instituída pela Lei n. 7.940/1989, qualifica-se como espécie tributária cujo fato gerador reside no exercício do poder de polícia legalmente atribuído

(317) *Hipótese de incidência tributária*, p. 129.

(318) *Direito tributário* — linguagem e método, p. 787.

> à Comissão de Valores Mobiliários. A base de cálculo dessa típica taxa de polícia não se identifica com o patrimônio líquido das empresas, incorrendo, em consequência, qualquer situação de ofensa à cláusula vedatória inscrita no art. 145, § 2º, da CF. O critério adotado pelo legislador para a cobrança dessa taxa de polícia busca realizar o princípio constitucional da capacidade contributiva, também aplicável a essa modalidade de tributo, notadamente quando a taxa tem, como fato gerador, o exercício do poder de polícia. Precedentes.(319)

O mesmo STF, no julgamento da ADI 2.551 MC-QO, também decidiu pela necessária e obrigatória adequação entre o custo do serviço estatal e o preço efetivamente cobrado do contribuinte:

> Taxa: correspondência entre o valor exigido e o custo da atividade estatal. A taxa, enquanto contraprestação a uma atividade do Poder Público, não pode superar a relação de razoável equivalência que deve existir entre o custo real da atuação estatal referida ao contribuinte e o valor que o Estado pode exigir de cada contribuinte, considerados, para esse efeito, os elementos pertinentes às alíquotas e à base de cálculo fixadas em lei. Se o valor da taxa, no entanto, ultrapassar o custo do serviço prestado ou posto à disposição do contribuinte, dando causa, assim, a uma situação de onerosidade excessiva, que descaracterize essa relação de equivalência entre os fatores referidos (o custo real do serviço, de um lado, e o valor exigido do contribuinte, de outro), configurar-se-á, então, quanto a essa modalidade de tributo, hipótese de ofensa à cláusula vedatória inscrita no art. 150, IV, da CF.(320)

As taxas também são espécies tributárias que podem ser utilizadas como instrumento de preservação e defesa do meio ambiente natural e artificial.

Algumas taxas, inclusive, já são identificadas como taxas ambientais: taxa de licenciamento ambiental e taxa de controle e fiscalização ambiental, ambas cujo valor deverá corresponder ao custo do serviço. Temos ainda a taxa de limpeza municipal, cujo valor corresponderá ao custo do serviço e a taxa de recuperação ambiental, que corresponderá ao custo da recuperação.

Mas a primeira grande iniciativa da União Federal para instituir uma taxa ambiental foi a criação da Taxa de Fiscalização ambiental – TFA, por meio da Lei n. 9.960/2000, que em seu art. 8º, acrescentou o art. 17-B, na Lei n. 6.938, de 31 de agosto de 1981:

> Art. 8º A Lei n. 6.938, de 31 agosto de 1981, passa a vigorar acrescida dos seguintes artigos:
>
> "Art. 17-A. São estabelecidos os preços dos serviços e produtos do Instituto Brasileiro do Meio Ambiente e dos Recursos Naturais Renováveis — Ibama, a serem aplicados em âmbito nacional, conforme Anexo a esta Lei." (AC)

---

(319) RE 216.259 AgR, rel. Min. Celso de Mello, j. 9.5.2000, 2ª T., *DJ* de 19.5.2000.

(320) ADI 2.551 MC-QO, rel. Min. Celso de Mello, j. 2.4.2003, P, *DJ* de 20.4.2006.

> "Art. 17-B. É criada a Taxa de Fiscalização Ambiental – TFA." (AC)
>
> "§ 1º Constitui fato gerador da TFA, o exercício das atividades mencionadas no inciso II do art. 17 desta Lei, com a redação dada pela Lei nº 7.804, de 18 de julho de 1989." (AC)
>
> "§ 2º São sujeitos passivos da TFA, as pessoas físicas ou jurídicas obrigadas ao registro no Cadastro Técnico Federal de Atividades Potencialmente Poluidoras ou Utilizadoras de Recursos Ambientais." (AC)

Essa iniciativa não foi bem sucedida.

A Confederação Nacional das Indústrias propôs ação direta de inconstitucionalidade,[(321)] visando afastar a cobrança dessa taxa em razão de diversas inconstitucionalidades apontadas.

O Supremo Tribunal Federal decidiu deferir a medida cautelar proposta e suspendeu a eficácia do art. 8º, da Lei n. 9.960/2000, sob o argumento de que o fato gerador não era o serviço prestado ou posto à disposição do contribuinte, pelo ente público, no exercício do poder de polícia, mas a atividade por esses exercida; que os contribuintes eram pessoas físicas ou jurídicas que exerciam atividades potencialmente poluidoras ou utilizadoras de recursos ambientais, não especificadas em lei. E, ainda, por desobediência ao princípio da isonomia ao não indicar alíquotas ou o critério a ser utilizado para o cálculo do valor devido, tendo-se limitado a estipular valores uniformes por classe de contribuintes.[(322)]

Mas a ADIn não foi julgada em seu mérito,[(323)] tendo em vista que perdeu o objeto diante da promulgação da Lei n. 10.165, de 27 de dezembro de 2000, que alterou a redação dos arts. 17-B, 17-C, 17-D, 17-F, 17-G, 17-H e 17-I da Lei n. 6.938/81.

---

(321) ADIn 2.178-8/DF, rel. Min. Ilmar Galvão.

(322) Ementa: Ação direta de inconstitucionalidade. Art. 8º da Lei n. 9.960, de 28.01.2000, que introduziu novos artigos na Lei n. 6.938/81, criando a taxa de fiscalização ambiental (TFA). Alegada incompatibilidade com os arts. 145, II; 167, IV; 154, I; e 150, III, b, da Constituição Federal. Dispositivos insuscetíveis de instituir, validamente, o novel tributo, por haverem definido, como fato gerador, não o serviço prestado ou posto à disposição do contribuinte, pelo ente público, no exercício do poder de polícia, como previsto no art. 145, II, da Carta Magna, mas a atividade por esses exercida; e como contribuintes pessoas físicas ou jurídicas que exercem atividades potencialmente poluidoras ou utilizadoras de recursos ambientais, não especificadas em lei. E, ainda, por não haver indicado as respectivas alíquotas ou o critério a ser utilizado para o cálculo do valor devido, tendo-se limitado a estipular , *a forfait*, valores uniformes por classe de contribuintes, com flagrante desobediência ao princípio da isonomia, consistente, no caso, na dispensa do mesmo tratamento tributário a contribuintes de expressão econômica extremamente variada. Plausibilidade da tese da inconstitucionalidade, aliada à conveniência de pronta suspensão da eficácia dos dispositivos instituidores da TFA. Medida cautelar deferida.

(323) Vistos, etc. Trata-se de ação direta de inconstitucionalidade, ajuizada pela Confederação Nacional da Indústria — CNI, tendo por objeto a Lei n. 9.960/2000, que, introduzindo dispositivos na Lei n. 6.938/81, estabeleceu preços públicos do Instituto Brasileiro do Meio Ambiente e dos Recursos Naturais Renováveis — Ibama e instituiu, em seu favor, a taxa de fiscalização ambiental — TFA. O pedido de declaração de inconstitucionalidade veio acompanhado de requerimento de medida liminar, que foi deferido em 29.3.2000.

Com o advento da Lei n. 10.165/2000, foi criada a Taxa de Controle e Fiscalização Ambiental — TCFA:

> Art. 1º Os arts. 17-B, 17-C, 17-D, 17-F, 17-G, 17-H, 17-I e 17-O da Lei nº 6.938, de 31 de agosto de 1981, passam a vigorar com a seguinte redação:
>
> "Art. 17-B. Fica instituída a Taxa de Controle e Fiscalização Ambiental — TCFA, cujo fato gerador é o exercício regular do poder de polícia conferido ao Instituto Brasileiro do Meio Ambiente e dos Recursos Naturais Renováveis — Ibama para controle e fiscalização das atividades potencialmente poluidoras e utilizadoras de recursos naturais."

A hipótese de incidência da TCFA é o "exercício regular do poder de polícia conferido ao Instituto Brasileiro do Meio Ambiente e dos Recursos Naturais Renováveis — Ibama para controle e fiscalização das atividades potencialmente poluidoras e utilizadoras de recursos naturais".

Também foi alegada a inconstitucionalidade da TCFA em inúmeras ações judiciais país afora, submetendo a referida taxa ao controle difuso de sua constitucionalidade. O principal argumento era de que a base de cálculo da TCFA era a mesma dos impostos.

Mas diferente da TFA, os Tribunais Superiores no Brasil se posicionaram no sentido de que a TCFA é constitucional.

Abaixo transcrevemos na íntegra ementa de acórdão na apelação cível 0014349-31.2005.4.03.6105/SP, processo de origem 2005.61.05.014349/SP, pelo fato de trazer inúmeros esclarecimentos gerais sobre a TCFA:

> **EMENTA**
>
> CONSTITUCIONAL. TRIBUTÁRIO. INSTITUIÇÃO DE TRIBUTO. LEI ORDINÁRIA. BASE DE CÁLCULO. TAXA DE CONTROLE E FISCALIZAÇÃO AMBIENTAL — TCFA. IBAMA. COMPETÊNCIA. EFETIVO EXERCÍCIO. ATIVIDADE ENQUADRADA COMO POTENCIALMENTE POLUIDORA.
>
> **1.** O art. 146 da Constituição Federal não trata de instituição de tributos, a esse respeito determinando tão somente caber à Lei Complementar estabelecer normas gerais, a exemplo da definição de tributos ou, especificamente quanto a impostos previstos na CF, fatos geradores, bases de cálculo e contribuintes; a única exceção relativa à instituição de impostos, pela União, refere-se a impostos não previstos no art. 153 da própria Constituição, a teor do art. 154, I, da CF — não se aplicando à hipótese em comento, haja vista ora se tratar de Taxa. Desse modo, não se verifica qualquer ilegalidade na instituição da TCFA por lei ordinária de n. 10.165/2000 — inclusive em vista do reconhecimento da constitucionalidade pelo Supremo Tribunal Federal. Precedentes.

Ocorre, entretanto, que a Lei n. 10.165, de 27.12.2000, alterou a redação dos arts. 17-b, 17-c, 17-d, 17-f, 17-g, 17-h e 17-i da Lei n. 6.938/81, introduzidos pela mencionada Lei n. 9.960/2000 e impugnados nesta ação direta. Evidente, portanto, a perda de objeto do presente feito, conforme pacífica jurisprudência do Supremo Tribunal Federal. Dessa forma, julgo prejudicada esta ADI 2.178, na forma do art. 21, IX, do RI/STF. Publique-se.

2. Tratando-se da espécie tributária "Taxa", é vedada a utilização de base de cálculo correspondente a imposto — a exemplo de capacidade contributiva — ou em função do capital do sujeito passivo, conforme ocorreria no caso em tela, no entender da autora. O fato gerador da Taxa de Controle e Fiscalização Ambiental é, a teor do art. 17-B da Lei n. 6.938/81, "o exercício regular do poder de polícia conferido ao Instituto Brasileiro do Meio Ambiente e dos Recursos Naturais Renováveis — IBAMA para controle e fiscalização das atividades potencialmente poluidoras e utilizadoras de recursos naturais". Por sua vez, os critérios utilizados para a base de cálculo do tributo são a receita bruta da empresa, o potencial de poluição e o grau de utilização de recursos naturais de cada uma das atividades sujeitas à fiscalização, conforme prevê o art. 17-D da mesma Lei.

3. Oportuno ainda rememorar que o tema foi abordado pelo Superior Tribunal de Justiça, decidindo-se pela legalidade da base de cálculo (STJ, REsp 1661547/PE, rel. Min. Herman Benjamin, 2ª Turma, *DJe* 19.6.2017).

4. Do exposto é de se concluir que, diversamente do alegado, não houve utilização de base de cálculo imprópria, sendo razoável imaginar que os critérios utilizados correspondam ao custo da atividade estatal, atribuindo-se patamares justamente de acordo com o potencial poluidor da empresa passível de fiscalização.

5. A proteção do meio ambiente é de competência comum à União, Estados, Distrito Federal e Municípios, conforme previsão contida no art. 23, VI, da Constituição Federal, cabendo ao IBAMA exercer o poder de polícia ambiental e executar ações das políticas nacionais de meio ambiente, bem como ações supletivas de competência da União, nos termos da Lei n. 7.735/89, com redação dada pela Lei n. 11.516/07, além do próprio art. 17-B da Lei n. 6.938/81, que dispõe sobre a Taxa em questão, como visto acima. Em adição aos dispositivos legais, a jurisprudência pertinente entende haver competência do IBAMA para o exercício do poder de polícia administrativa quanto à fiscalização das atividades nocivas ao meio ambiente; portanto, não há que se falar em dupla onerosidade ou invasão de competência por parte do IBAMA, não obstante a identidade entre a Lei n. 6.938/81 e a Resolução 237/97-CONAMA no que se refere às atividades tidas como potencialmente poluidoras. Precedentes.

6. O próprio art. 17-P da Lei n. 6.839/81, em inequívoco reconhecimento do caráter comum da competência da proteção ao meio ambiente, prevê a possibilidade de compensação de até 60% da TCFA com os montantes pagos a título de Taxas de fiscalização estaduais ou municipais.

7. Quanto à comprovação do efetivo exercício da atividade fiscalizatória pelo IBAMA, novamente não assiste razão ao inconformismo da parte autora. Uma vez mais o decidido no âmbito do RE 416.601 baliza a solução da controvérsia e de decisões posteriores acerca do tema ao explicitar a desnecessidade de fiscalização exclusivamente por meio de visitações, de forma que a não comprovação dessa modalidade de exercício do poder de polícia não se presta a demonstrar a ausência do efetivo exercício do poder de policial ambiental daquela autarquia federal, competente para tanto. Precedentes.

8. O Anexo VIII da Lei n. 6.938/81, incluído pela Lei n. 10.165/00, elenca as atividades potencialmente poluidoras e utilizadoras de recursos naturais. Seu código 16 trata da indústria de produtos alimentares e bebidas, mencionando as atividades de "*beneficiamento, moagem, torrefação e fabricação de produtos alimentares*; matadouros, abatedouros, frigoríficos, charqueadas e derivados de origem animal; fabricação de conservas;

preparação de pescados e fabricação de conservas de pescados; beneficiamento e industrialização de leite e derivados; fabricação e refinação de açúcar; refino e preparação de óleo e gorduras vegetais; produção de manteiga, cacau, gorduras de origem animal para alimentação; fabricação de fermentos e leveduras; fabricação de rações balanceadas e de alimentos preparados para animais; fabricação de vinhos e vinagre; fabricação de cervejas, chopes e maltes; fabricação de bebidas não alcoólicas, bem como engarrafamento e gaseificação e águas minerais; fabricação de bebidas alcoólicas".

9. Em seu contrato social, datado de 20.6.1989 (fls. 16 a 18), a parte autora registra ter por objetivo social "a indústria e comércio de produtos preparados à base de cacau, similares no mercado nacional ou para exportação", entre outras atividades. Em 2.10.2003 foram atualizadas suas cláusulas (fls. 19 a 25), passando a ser definido como o objetivo social da empresa "as atividades de preparo, mistura, empacotamento, industrialização e comercialização, no mercado interno e externo, de produtos destinados a alimentação, inclusive e especialmente os que contenham cacau, café, soja, açúcar, e seus derivados" (fls. 21).

10. Da leitura tanto do exposto pelo dispositivo legal quanto do objetivo social da empresa se constata não haver qualquer diferença entre a atividade a ser fiscalizada e a exercida pela autora. Não há sentido algum na alegação de que a CINALP, por não produzir manteiga, cacau ou gorduras de origem animal para alimentação, restringindo-se à produção de derivados do cacau (fls. 117), está à margem da fiscalização. Afinal, suas atividades estão contidas entre as de *beneficiamento, moagem, torrefação e fabricação de produtos alimentares*, conforme previsto pelo código 16 do Anexo VIII. Conclui-se, então, que há por parte da autora o efetivo exercício de atividade classificada como potencialmente poluidora, tornando-a sujeita à fiscalização por parte do IBAMA e, consequentemente, sendo exigível a TCFA e perfeitamente legal sua cobrança no caso concreto.

11. Apelo improvido.

ACÓRDÃO

Vistos e relatados estes autos em que são partes as acima indicadas, decide a Egrégia Quarta Turma do Tribunal Regional Federal da 3ª Região, por unanimidade, negar provimento à Apelação, nos termos do relatório e voto que ficam fazendo parte integrante do presente julgado.

São Paulo, 7 de dezembro de 2017.

MARCELO SARAIVA

Desembargador Federal Relator

No STF, o acórdão paradigma sobre a constitucionalidade da TCFA está no RE 416.601, relator min. Carlos Velloso, julgado em plenário no dia 10.8.2005. Eis a ementa:

EMENTA: CONSTITUCIONAL. TRIBUTÁRIO. IBAMA: TAXA DE FISCALIZAÇÃO. Lei n. 6.938/81, com a redação da Lei n. 10.165/2000, arts. 17-B, 17-C, 17-D, 17-G. C.F., art. 145, II. I. – Taxa de Controle e Fiscalização Ambiental — TCFA — do IBAMA: Lei n. 6.938, com a redação da Lei n. 10.165/2000: constitucionalidade. II. — R.E. conhecido, em parte, e não provido.

Superada a questão sobre a constitucionalidade da TCFA, voltemos à classificação das taxas.

A doutrina classifica as taxas como tributo vinculado à prestação de serviço público ou ao exercício do poder de polícia. Portanto, é um tributo tipicamente fiscal.

Mas também encontramos quem admita taxas com característica de norma indutora, extrafiscal.(324) Debate que ganhou outros contornos com a instituição da TCFA, cuja base de cálculo foi julgada constitucional pelo STF, como acabamos de demonstrar.

O debate gira em torno do art. 17-D, da Lei n. 6.938/81, com a redação que lhe deu a Lei n. 10.165/2000, a qual definiu como base de cálculo da TCFA a receita bruta da empresa, o potencial de poluição e o grau de utilização de recursos naturais de cada uma das atividades sujeitas à fiscalização.

Podemos concluir que o aumento do valor da taxa em questão, na proporção da utilização dos recursos naturais e do potencial de poluição, caracteriza a progressividade desse tributo? E assim sendo, estamos diante de uma norma indutora de comportamento?

Entendemos que a questão deve ser tratada sob dois enfoques. O primeiro deles é sob a ótica da comparação entre contribuintes distintos. Nesses casos, a existência de taxa com valores diferentes em razão de critérios como receita bruta, potencial de poluição e o grau de utilização dos recursos naturais, não é progressiva, pois corresponde tão somente ao aspecto quantitativo individual concreto de cada contribuinte, impactados por um ou mais desses citados critérios, prestigiando até mesmo o princípio da capacidade contributiva.

Mas quando lançamos um segundo olhar e analisamos a questão sob o ponto de vista do mesmo contribuinte, é forçoso reconhecer que se de um período para outro o contribuinte aumentar ou reduzir seu potencial de poluição ou utilização de recursos naturais, o aspecto quantitativo sofrerá variação para mais ou para menos e isso fatalmente resultará em tributação progressiva na hipótese de aumento dos fatores de risco ou utilização dos bens ambientais. Há de ser observado, nesse caso específico, que a fiscalização sobre o mesmo contribuinte não implica aumento ou redução do custo da fiscalização, demonstrando ainda mais o caráter progressivo do tributo nesse caso específico.

Mas há na doutrina quem discorde dessas conclusões. Fábio Nieves é um deles e o faz com os seguintes argumentos:

> Partindo da premissa de que um contribuinte excede o outro em tamanho e possui potencialidade de causar ônus ambiental maior, o dispêndio público à fiscalização dos sujeitos passivos estará enquadrado em patamares diferentes.

(324) Esse o entendimento de Luís Eduardo Schoueri, por exemplo.

> Nesse passo, o montante exigido a título de taxa deve guardar proporção com o custo que o Estado tem na prestação do serviço de polícia. Assim, a TCFA não é norma indutora, extrafiscal, progressiva; ao contrário, sua natureza é fiscal, e o valor exigido observa relação custo e prestação do serviço de polícia, encaixando-se, exatamente, no critério da regra-matriz da Constituição atinente à espécie tributária.(325)

Ocorre que Nieves considera apenas a situação de contribuintes distintos, com tamanhos não uniformes e que levam o Poder Público a ter dispêndios diferentes para fiscalizar cada um deles.

Já no caso do mesmo contribuinte, o tamanho da empresa não muda, seu dispêndio para fiscalização é o mesmo e, ainda assim, se ocorrer variação no potencial de poluição ou utilização de recursos naturais, a taxa sofrerá variação sem alteração no custo do serviço de fiscalização, caracterizando sim, a progressividade.

Outra típica taxa ambiental é a taxa de preservação ambiental, do arquipélago de Fernando de Noronha. Essa taxa foi criada pela Lei Estadual 10.403/1989, do estado de Pernambuco.

Essa taxa tem como objetivo assegurar a manutenção, preservação do meio ambiente natural do arquipélago, onde está presente uma das maiores riquezas naturais e biodiversidade de nosso país. A taxa será cobrada de todas as pessoas não residentes ou domiciliadas no arquipélago, que estejam em visita, de caráter turístico, conforme redação do § 1º, do art. 83, da Lei n. 10.403/89, com redação dada pelo art. 1º da Lei n. 11.305, de 28 de dezembro de 1995.

Iniciativas como essa do estado de Pernambuco também estão ocorrendo em países europeus. Um exemplo é a ecotaxa já cobrada em algumas cidades da Alemanha e proposta pelo partido verde alemão, para ser instituída em Berlim, cidade com maior impacto turístico da Alemanha. De acordo com a proposta, a ecotaxa terá valor de cinco euros e será cobrada dos turistas que visitarem Berlim. O valor arrecadado com a ecotaxa será destinado ao financiamento do transporte público e para atenuar os efeitos do turismo na capital alemã.

No estado de São Paulo, temos também taxas cobradas pela Companhia de Tecnologia e Saneamento Ambiental — CETESB — para fiscalização, análise e autorização, especialmente para aprovar o encaminhamento de resíduos de interesse ambiental a locais de reprocessamento, armazenamento, tratamento ou disposição final. Essa fiscalização tem como supedâneo as normas da Lei estadual n. 118/73 e suas alterações, a Lei n. 997/76, o Decreto n. 8.468/76, todas elas normas infraconstitucionais recepcionadas pela Constituição Federal de 1988.

(325) *Tributação ambiental* — a proteção do meio ambiente natural, p. 156-157.

Especificamente em relação à atividade de movimentação de resíduos, a CETESB exerce a atividade de poder de polícia, notadamente a fiscalização e o *gerenciamento da coleta, transporte e tratamento dos resíduos sólidos*, cobrando para tanto uma taxa para emissão do CADRI, que é um certificado de movimentação de resíduos de interesse ambiental exclusivo do estado de São Paulo. É uma ferramenta que demonstra que o *resíduo está sendo transportado* do proprietário ou empreendimento gerador do resíduo para um local de *reprocessamento*, armazenamento, tratamento ou *disposição final*, com licença e autorização da Companhia Ambiental do Estado de São Paulo (CETESB).

Mais recentemente, essa fiscalização passou a ser regulamentada pelo Decreto n. 62.973, de 28 de novembro de 2017, que modificou a redação do art. 74, inciso I, do Regulamento da Lei n. 997/76, aprovado pelo Decreto n. 8.468/76. E desde o novembro de 2019, também está em vigor o Decreto n. 64.512/2019, que deu nova redação a dispositivos do Regulamento da Lei n. 997/76, que dispõe sobre a prevenção e o controle da poluição do meio ambiente, referentes ao licenciamento ambiental.

Essas citadas taxas estaduais, diretamente relacionadas a questões ambientais, demonstram como a taxa é uma espécie tributária com grande vocação ambiental.

10.4. Contribuições sociais e especiais

Analisar o tema contribuições nos remete aos arts. 149 e 195 da Constituição Federal de 1988.

No *caput* do art. 149, encontramos duas espécies de contribuições, a saber, a contribuição social e a contribuição especial. O critério que as distingue é a destinação legal do produto de sua arrecadação e os fins almejados, que também podemos chamar de vinculação indireta, em razão de estar apenas indiretamente vinculada a uma atuação estatal.

As contribuições sociais se dividem em contribuições para a seguridade social e contribuição do salário educação. As contribuições especiais, por sua vez, se subdividem em contribuições especiais de intervenção no domínio econômico e de interesse das categorias profissionais e econômicas. A utilização de palavras como seguridade social, salário, interesse de categorias profissionais, aproxima esse tema do meio ambiente laboral.

Conforme já tivemos a oportunidade de expor, entendemos que as contribuições têm natureza de tributo, como já asseverou o STF e como sustentam, também, Paulo de Barros Carvalho, Tácio Lacerda Gama, entre outros.

Quando o tema é contribuições, deparamo-nos, naturalmente, com palavras e expressões como seguridade social, salário, interesse de categoria profissional que, em tese, estabelecem alguma proximidade linguística entre os temas tributo e trabalho, contribuições e meio ambiente do trabalho.

Nesta parte do trabalho, temos especial interesse pelas contribuições sociais para a seguridade social e pela contribuição de intervenção no domínio econômico, notadamente em relação às suas utilizações ou não como instrumentos tributário, social e econômico aptos a preservar e defender o meio ambiente ecologicamente equilibrado.

Iniciaremos pela contribuição de intervenção no domínio econômico.

10.4.1. Contribuição de Intervenção no Domínio Econômico — CIDE

Quando foi promulgada a Constituição Federal de 1988, a ordem econômica, fundada na valorização do trabalho humano e na livre-iniciativa, tinha por fim assegurar a todos existência digna, conforme os ditames da justiça social, observado entre outros, o princípio da defesa do meio ambiente.

Com a reforma da Constituição promovida pela Emenda Constitucional n. 42, de 19 de dezembro de 2003, o inciso VI do art. 170 ganhou nova redação e foi inserida nessa norma a defesa do meio ambiente, inclusive mediante tratamento diferenciado conforme o impacto ambiental dos produtos e serviços e de seus processos de elaboração e prestação, revelando uma maior importância e preocupação com o meio ambiente. Assim ficou redigida citada norma:

> Art. 170. A ordem econômica, fundada na valorização do trabalho humano e na livre-iniciativa, tem por fim assegurar a todos existência digna, conforme os ditames da justiça social, observados os seguintes princípios:
>
> (...)
>
> VI – defesa do meio ambiente, inclusive mediante tratamento diferenciado conforme o impacto ambiental dos produtos e serviços e de seus processos de elaboração e prestação;

A competência para instituir contribuições de intervenção no domínio econômico é exclusiva da União Federal, como instrumento de atuação nas atividades da economia ou voltadas para a realização dos princípios da ordem econômica. Outro elemento integrante da norma de competência que regulamenta a criação de CIDE é a destinação do tributo.(326)

Afirma Tácio Lacerda Gama: "a ordem econômica prescreve um conjunto de competências que podem ser exercidas pelo Estado no domínio econômico, qualificado como estrato de linguagem descritiva das relações sociais, diretamente relacionadas a atividade de produção, circulação de bens e prestação de serviços para o mercado".(327)

---

(326) GAMA, Tácio Lacerda. *Contribuição de intervenção no domínio econômico.* São Paulo: Quartier Latin, 2003. p. 227.

(327) *Contribuição de intervenção no domínio econômico*, p. 230-239.

Tácio Lacerda Gama afirma que o Estado tem duas grandes competências para atuar no domínio econômico: ação normativa e ação participativa. "Na primeira, o Estado edita normas e fiscaliza o seu cumprimento. Na segunda, atua como agente econômico, produzindo e fazendo circular bens ou prestando serviços".[328]

No sentido que nos interessa neste trabalho, a CIDE é utilizada como ação normativa, voltada a intervir na ordem econômica, seja para fomentar atividades econômicas sustentáveis ou fiscalizar processos de elaboração de produtos e prestação de serviços, de forma que, ao constatar que referidos processos causam impacto ambiental danoso aos bens ambientais, medidas discriminatórias contra esses agentes possam ser adotadas. E quando estamos falando de tributação, a medida discriminatória necessariamente passará por uma tributação mais elevada e onerosa para o agente poluidor ou que não utiliza de forma sustentável recursos ambientais em seu processo produtivo ou na prestação de serviço.

Essa situação há de ser destacada porque representa, também, a vontade do povo, expressão da soberania popular e manifestada pela atuação do legislador, que no exercício da função legislativa, exerceu o poder reformador que lhe foi atribuído pelo poder constituinte originário e reformou a redação do inciso VI do art. 170 por meio da Emenda Constitucional n. 42, de 19 de dezembro de 2003.

Dessa afirmação, chegamos a outra: as contribuições de intervenção no domínio econômico, quando utilizadas como instrumento de preservação e defesa do meio ambiente, além das já citadas funções fomentadora e fiscalizadora da atividade econômica, deve acrescentar outras funções para ser validamente considerada tributo ambiental, quais sejam, o tratamento discriminatório de produtos e serviços que causem impacto ambiental negativo e, obviamente, estudo de impacto ambiental que demonstre que as atividades econômicas em questão se utilizam ou podem se utilizar de processos que prejudicam a preservação e defesa do meio ambiente.

Entendemos que esse estudo de impacto ambiental preferencialmente deveria ser prévio, antes do início das atividades potencialmente poluidoras ou danosas ao meio ambiente, mas temos que reconhecer a impossibilidade de realização prévia desses estudos em todas as atividades econômicas. Além de representar uma burocracia enorme que atenta contra os próprios princípios da atividade econômica, algumas atividades podem se tornar poluentes ou degradadoras do meio ambiente após o início de suas atividades, e aí sim se mostra muito importante o trabalho de fiscalização, a nosso ver, mais eficiente do que o estudo prévio de impacto ambiental em muitos casos. E obviamente está fora desse raciocínio aquelas atividades que previamente já são de conhecimento público que causarão impacto ambiental, como a construção de grandes obras, como usinas hidrelétricas, por exemplo.

(328) *Contribuição de intervenção no domínio econômico*, p. 239.

Essa nossa posição contraria parte da doutrina, que enxerga no estudo prévio de impacto ambiental um requisito obrigatório para que a intervenção da União no domínio econômico, voltada à proteção e preservação dos bens ambientais, seja constitucional. Aliás, Fábio Nieves resume esse outro entendimento, apontando os seguintes requisitos para validade e legalidade da intervenção da União no domínio econômico para proteção do meio ambiente: intervenção criada por lei, instituída em um setor específico da economia, o produto da arrecadação for integralmente voltado ao custeio da intervenção, a União for sujeito interveniente, os princípios gerais da atividade econômica forem respeitados, conferir tratamento diferenciado a produtos e serviços na proporção da agressão ambiental e, por fim, houver estudo de impacto ambiental.(329)

No sistema do direito positivo brasileiro, temos a Lei n. 10.336/01, como exemplo de CIDE criada para a proteção e preservação do meio ambiente.

Essa lei instituiu Contribuição de Intervenção no Domínio Econômico incidente sobre a importação e a comercialização de petróleo e seus derivados, gás natural e seus derivados, e álcool etílico combustível (CIDE-importação), e outras providências. No art. 1º da lei, encontramos a instituição do tributo e no § 1º e seus incisos, a destinação do produto da arrecadação. Vejamos:

> Art. 1º Fica instituída a Contribuição de Intervenção no Domínio Econômico incidente sobre a importação e a comercialização de petróleo e seus derivados, gás natural e seus derivados, e álcool etílico combustível (Cide), a que se referem os arts. 149 e 177 da Constituição Federal, com a redação dada pela Emenda Constitucional no 33, de 11 de dezembro de 2001.
>
> § 1º O produto da arrecadação da Cide será destinado, na forma da lei orçamentária, ao:
>
> I - pagamento de subsídios a preços ou transporte de álcool combustível, de gás natural e seus derivados e de derivados de petróleo;
>
> II financiamento de projetos ambientais relacionados com a indústria do petróleo e do gás; e
>
> III - financiamento de programas de infraestrutura de transportes.

Da leitura do inciso II, fica claro que parte da arrecadação dessa CIDE deverá ser utilizada para o financiamento de projetos ambientais relacionados à indústria do petróleo e do gás. Isso é o que chamamos de vinculação indireta a uma atividade estatal que visa proteger e preservar o meio ambiente.

Entretanto, a Lei n. 10.866/2004 alterou a redação da Lei n. 10.336/01, acrescentando os arts.1º-A e 1º-B à lei, com o objetivo de regulamentar a partilha do produto arrecadado por meio da Contribuição de Intervenção no Domínio Econômico incidente

(329) *Tributação ambiental* — a proteção do meio ambiente natural, p. 142.

sobre a importação e a comercialização de petróleo e seus derivados, gás natural e seus derivados, e álcool etílico combustível, com os estados, o Distrito Federal e os municípios da arrecadação. E após a inclusão desses dispositivos legais na aludida lei que instituiu a CIDE-importação, ficou ainda mais explícito que esta tem diversas finalidades além da defesa e preservação do meio ambiente.

Porém, em que pese a lei ter sido instituída em 2001, ainda não temos nenhuma regulamentação de como parte dos recursos provenientes da arrecadação dessa contribuição será aplicada no financiamento de projetos ambientais. Diferente, por exemplo, da destinação de recursos para os estados e municípios financiarem programas de infraestrutura de transportes, conforme está expressamente previsto na lei.

Assim, a ausência dessa definição explícita de como e quais projetos ambientais relacionados com a indústria do petróleo e do gás serão financiados nos leva à conclusão de que realmente a política tributária ambiental ainda não integra aquele rol de prioridades voltadas ao atendimento do "mínimo existencial" realizador do princípio da dignidade da pessoa humana e dos objetivos fundamentais da República. Em outras palavras, a norma ora em comento, no que tange aos projetos ambientais nesse segmento, não tem eficácia, na medida em que faltam elementos para a sua aplicação. Isso, mais uma vez, nos impõe a dúvida se atualmente podemos falar na existência de um subsistema de direito tributário ambiental.

Relevante apontar que situações como essa e outras já expostas ao longo deste trabalho indicam a ausência daqueles elementos mínimos de integração e unidade necessários para a formatação de um subsistema do direito, especialmente quando cuidamos de um que é tão relevante para nosso sistema como um todo.

O que postulamos é a instituição de normas tributárias que não só nascem com essa vocação ambiental e principiológica voltada ao cumprimento dos princípios fundamentais da República e dos seus respectivos objetivos, mas efetivamente sejam realizadas e tenham validade, vigência e eficácia plena no que diz respeito à defesa e preservação do meio ambiente.[(330)]

Mesmo diante dessas considerações, a contribuição de intervenção no domínio econômico pode ser utilizada para a proteção do meio ambiente, nos termos fixados na Constituição Federal de 1988?

A resposta também é afirmativa.

Como o próprio nome já indica, as contribuições de intervenção no domínio econômico — CIDE — são contribuições regulatórias, utilizadas como instrumento de

(330) Defender esse ponto de vista não me impede de reconhecer que pela interpretação podemos atribuir a uma norma a característica de "tributo ambiental". Sustento, porém, que um subsistema não pode ser totalmente resultado da atividade interpretativa.

política econômica para enfrentar determinadas situações que exijam a intervenção da União na economia do país. Nesse sentido, a contribuição de intervenção no domínio econômico, espécie de contribuição especial, possui como característica principal sua vinculação a uma necessidade constitucional determinada: promoção da intervenção no domínio econômico.

Como o regime econômico e financeiro adotado pela Constituição Federal expressamente previsto no art. 170 dispõe que "A ordem econômica, fundada na valorização do trabalho humano e livre iniciativa, tem por fim assegurar a todos a existência digna, conforme os ditames da justiça social", as CIDE's devem ser apenas um instrumento interventivo, a serem adotadas excepcionalmente e quando detectado o desequilíbrio econômico de mercado que deva ser superado.

Entretanto, quando se fala em proteção ao meio ambiente, o debate ganha outro contexto, pois o meio ambiente ecologicamente equilibrado é um bem comum de uso coletivo e direito de todo cidadão brasileiro e estrangeiro que vive no território brasileiro e, também, um dos pressupostos fundamentais para se garantir a vida digna, devendo ser protegido e preservado de forma perene e não eventual.

Mas independentemente dessa observação, já demonstramos acima como a CIDE é utilizada na defesa do meio ambiente.

Ante todo o exposto, outra questão se apresenta: contribuições de intervenção no domínio econômico devem ter apenas função extrafiscal ou podem ter função fiscal?

Dispõe expressamente o art. 149 da Constituição Federal:

> Compete exclusivamente à União instituir contribuições sociais, de intervenção no domínio econômico e de interesse das categorias profissionais ou econômicas, como instrumento de sua atuação nas respectivas áreas, observado o disposto nos arts. 146, III, e 150, I e III, e sem prejuízo do previsto no art. 195, § 6º, relativamente às contribuições a que alude o dispositivo.

Da leitura desse dispositivo constitucional observamos que a CIDE é um tributo não vinculado, na medida em que não existe nenhuma contraprestação do Estado em razão do pagamento do tributo. Por outro lado, sua receita tem destinação específica geral, qual seja, deve ser empregada na sua área de respectiva atuação, onde pretende intervir.

Importante deixar claro que apesar de não ser um daqueles chamados tributos vinculados, a CIDE deve ter finalidade específica como elemento essencial para sua instituição. Essa finalidade essencial é a intervenção que o tributo visa estabelecer.

Essa característica da CIDE fica muito evidente quando analisamos o princípio da referibilidade.

Esse é um princípio aplicado especificamente para alguns tributos — CIDE, Taxa — e determina que deve existir um vínculo entre o aspecto material da hipótese de incidência, os sujeitos passivos e a finalidade do tributo. A inexistência desse vínculo afeta a constitucionalidade do tributo.

> A taxa, espécie de tributo vinculado, tendo em vista o critério jurídico do aspecto material do fato gerador, que Geraldo Ataliba denomina de hipóteses de incidência (*Hipótese de incidência tributária.* 4. ed. Revista dos Tribunais, 1991. p. 128 et seq.), ou é de polícia, decorrente do exercício do poder de polícia, ou é de serviço, resultante da utilização, efetiva ou potencial, de serviços públicos específicos e divisíveis, prestados ao contribuinte ou postos a sua disposição (CF, art. 145, II). A materialidade do fato gerador da taxa, ou de sua hipótese de incidência, é, "sempre e necessariamente um fato produzido pelo Estado, na esfera jurídica do próprio Estado, em referibilidade ao administrado" (ATALIBA, Geraldo. Sistema tributário na Constituição de 1988. *Revista de Direito Tributário,* 51/140).(331)

Portanto, ao ser instituída, a CIDE deve ter uma finalidade específica e ser dirigida a um grupo específico de contribuintes e não para toda a coletividade. Essa é a característica marcante desse princípio, a referência a um grupo, setor. Tácio Lacerda Gama(332) está de acordo com esses critérios:

> Mais especificamente é possível afirmar que os enunciados que tratam da intervenção no domínio econômico integram o consequente da norma de competência, compondo o objeto da relação jurídica estabelecida entre a União — sujeito ativo da obrigação — e os destinatários da norma — sujeitos passivos. Os enunciados que tratam da intervenção estatal no domínio econômico indicam o destino que a arrecadação do tributo deve ter.(333)

Já analisamos a CIDE-importação e a lei que a instituiu, medida para o setor de energia, especificamente nas atividades de importação ou comercialização de petróleo e seus derivados, gás natural e seus derivados e álcool combustível, que encontra no art. 177, § 4º da Constituição, seu fundamento de validade:

> Art. 177. Constituem monopólio da União:
>
> § 4º A lei que instituir contribuição de intervenção no domínio econômico relativa às atividades de importação ou comercialização de petróleo e seus derivados, gás natural

---

(331) ADI 447, rel. Min. Octavio Gallotti, voto do Min. Carlos Velloso, j. 5.6.1991, P, *DJ* de 5.3.1993.

(332) Deve-se, no tratamento das contribuições interventivas, delimitar o setor, ramo ou segmento da economia. Sem esse elemento não se pode falar em intervenção estatal na economia, mas em atuação do Estado em favor de toda a coletividade, o que descaracterizaria a contribuição. *Contribuição de intervenção no domínio econômico*, p. 160.

(333) *Contribuição de intervenção no domínio econômico*, p. 227-228.

> e seus derivados e álcool combustível deverá atender aos seguintes requisitos: (Incluído pela Emenda Constitucional n. 33, de 2001)
>
> (...)
>
> II – os recursos arrecadados serão destinados:
>
> *a)* ao pagamento de subsídios a preços ou transporte de álcool combustível, gás natural e seus derivados e derivados de petróleo;
>
> *b)* ao financiamento de projetos ambientais relacionados com a indústria do petróleo e do gás;
>
> *c)* ao financiamento de programas de infraestrutura de transportes.

As receitas arrecadadas com essa contribuição, por sua vez, têm destinação específica, conforme disposto no inciso II do § 4º do referido artigo e na Lei n. 10.336/2001 e vinculação indireta a uma atividade estatal interventiva. E isso não a transforma em um tributo vinculado, pelo contrário.

O fato de o produto da arrecadação da CIDE ter destinação específica lhe confere ainda mais a possibilidade de sua utilização com natureza fiscal, já que sua instituição visa arrecadar dinheiro para projetos ambientais naquela atividade econômica específica e não apenas intervir na economia ou induzir a prática de alguma conduta. Nesses casos, portanto, as receitas são utilizadas para implementar os instrumentos de atuação estatal no domínio econômico.

Assim, valendo-nos do caso citado, especialmente por se tratar de intervenção no domínio econômico, entendemos que essas contribuições podem ter ao mesmo tempo natureza indutora e arrecadatória, posto que uma característica necessariamente não exclui a outra.

10.4.2. Contribuições sociais destinadas ao custeio da seguridade social

No art. 195 da Constituição Federal o legislador definiu quais são as contribuições sociais destinadas ao custeio da seguridade social, bem como suas hipóteses de incidência.

No § 4º desse mesmo artigo, encontramos a competência residual pela qual podem ser criadas novas contribuições sociais destinadas ao custeio da seguridade social, ou seja, pelo exercício da competência residual, nova contribuição social pode ser criada por lei complementar, mas desde que seja não cumulativa e não tenha hipótese de incidência ou base de cálculo próprias das já existentes.

As contribuições sociais, assim, são tributos marcados pelas finalidades constitucionais que lhe são atribuídas. E ao fixar como finalidade a proteção à saúde, à previdência e à assistência social, direitos essenciais a uma vida digna, temos que as contribuições sociais expressamente previstas no art. 195 da Constituição Federal indicam aparentemente vocação para serem utilizadas para a proteção do meio ambiente, especialmente quando suas ações forem voltadas a programas de implementação e melhoria da saúde do trabalhador no meio ambiente laboral.

Feita essa breve introdução, pergunta-se: as contribuições sociais expressamente elencadas no art. 195 e seus incisos têm natureza de tributo ambiental?

Considerando que a destinação legal do produto da arrecadação é a característica marcante e que diferencia as espécies de contribuições, a destinação específica dessas contribuições ao custeio da seguridade social, especificamente à saúde, previdência e assistência social, já informam que essas contribuições sociais não se referem a tributos ambientais, refutando aquela aparência inicial por cuidar do direito à seguridade social.

Partindo desse pressuposto, será então que ao exercer a competência residual o legislador poderá, aí sim, instituir contribuições sociais ambientais, marcadas pela destinação de recursos arrecadados para a defesa e preservação do meio ambiente?

Nossa resposta continua sendo negativa, porque a disposição expressa do § 4º, do art. 195, autoriza a instituição de novas contribuições sociais destinadas a garantir a manutenção e expansão da seguridade social, ou seja, contribuições que terão o mesmo regime jurídico das atuais.

Portanto, a destinação legal do produto da arrecadação de uma nova contribuição social, criada com base no permissivo do § 4º, do art. 195, já tem destinação específica e que não é para a defesa e preservação do meio ambiente, seja ele qual for, mas sim, a tutela dos direitos à saúde, à previdência e à assistência social.

Mas será que nem mesmo a norma disposta no § 9º, desse mesmo art. 195, com a redação dada pela Emenda Constitucional n. 103/2019, tem o condão de aproximar as contribuições sociais destinadas ao custeio da seguridade social para um possível subsistema do direito tributário ambiental?

Antes de responder ao questionamento, vale destacar que citada norma prescreve que:

> As contribuições sociais previstas no inciso I do *caput* deste artigo poderão ter alíquotas diferenciadas em razão da atividade econômica, da utilização intensiva de mão de obra, do porte da empresa ou da condição estrutural do mercado de trabalho, sendo também autorizada a adoção de bases de cálculo diferenciadas apenas no caso das alíneas *"b"* e *"c"* do inciso I do *caput*.

Em outro capítulo deste trabalho, já tratamos da existência de pelo menos quatro espécies de meio ambiente tutelados pela nossa Constituição, a saber, o meio ambiente natural, o meio ambiente artificial, o meio ambiente cultural e o meio ambiente laboral.

Em relação ao meio ambiente laboral, ganham relevância normas legais voltadas ao bem-estar do trabalhador, da salubridade de seu ambiente de trabalho e, por que não dizer, da saúde do trabalhador de uma forma mais abrangente, mas sempre associadas ao local do trabalho.

Nesse contexto e já reformulando a questão anterior, quando as contribuições sociais destinadas ao custeio da seguridade social, especialmente as destinadas ao custeio da saúde, da previdência e da assistência social, elas não têm relação com a saúde do trabalhador em seu ambiente laboral, estariam elas protegendo o meio ambiente do trabalho? Indo um pouco além, quando o § 9º do art. 195 estabelece que as contribuições sociais do inciso I do art. 195 poderão ter alíquotas ou base de cálculo[334] diferenciadas em razão da utilização intensiva de mão de obra e da condição estrutural do mercado de trabalho, não quis o legislador estabelecer critérios de defesa do meio ambiente do trabalho para o aumento ou redução da contribuição a pagar, em clara indicação de norma indutora de comportamento ambiental?

Não podemos ignorar o fato de que a intenção do legislador no momento em que criou a norma é importante para a intepretação jurídica. Porém, temos que reconhecer que essa interpretação é muito restrita, especialmente diante da evolução das relações sociais e da necessidade de a norma se adequar ao tempo em que é aplicada. Da mesma forma, reconhecemos que muitas vezes, ao interpretar, vale mais o alcance das proposições do que a sua mera literalidade, de onde se pode afirmar que o espírito da norma deve prevalecer sobre a letra e também sobre a exposição de motivos que levaram à criação da norma. Nunca é demais reiterar que entendemos a interpretação como um processo de construção da norma, por meio do qual o intérprete, valendo-se da linguagem, atribui um significado ao estrato de linguagem e assim encontra a norma jurídica a ser aplicada aos casos concretos.

Diante do exposto, um grande esforço exegético poderia nos autorizar a afirmar que se é fato que as contribuições sociais destinadas ao custeio da seguridade social têm entre suas finalidades a tutela do direito à saúde, à previdência e à assistência social, se essa é uma de suas finalidades, não podemos entender que se a proteção e defesa do meio ambiente ecologicamente equilibrado é essencial à sadia qualidade de vida e, por que não dizer, à saúde de brasileiros e estrangeiros residentes no Brasil, ao tutelar o direito à saúde, essas contribuições sociais também não estariam protegendo e preservando o meio ambiente laboral, ainda que de forma indireta?

Não é demais reiterar que, nos termos do art. 194 da Constituição Federal, a seguridade social compreende um conjunto integrado de ações de iniciativa dos Poderes Públicos e da sociedade, destinadas a assegurar os direitos relativos à saúde, à previdência e à assistência social.

---

(334) Apenas nas hipóteses das alíneas *"a"* e *"c"*, do inciso I, do *caput*, do art. 195.

Já os arts. 196 ao 200 da Constituição Federal de 1988 cuidam especificamente do direito à saúde, asseverando no art. 196 que a saúde "é direito de todos e dever do Estado, garantido mediante políticas sociais e econômicas que visem à redução do risco de doença e de outros agravos e ao acesso universal e igualitário às ações e serviços para sua promoção, proteção e recuperação". Ainda nesse conjunto de normas que versam sobre o direito à saúde, o § 1º do art. 198 dispõe expressamente que "o sistema único de saúde será financiado, nos termos do art. 195, com recursos do orçamento da seguridade social, da União, dos Estados, do Distrito Federal e dos Municípios, além de outras fontes".

Também não há como identificar no § 9º do mesmo art. 195 nenhum fundamento para encaixar as contribuições sociais já existentes dentro de um subsistema de direito tributário ambiental, ainda que apenas em tese. E isso porque esse § 9º está direcionado apenas às contribuições sociais já existentes e expressamente previstas no inciso I do art. 195, ou seja, essa norma autoriza tão somente que as contribuições do empregador, da empresa e da entidade a ela equiparada na forma da lei, incidentes sobre (i) a folha de salários e demais rendimentos do trabalho pagos ou creditados, a qualquer título, à pessoa física que lhe preste serviço, mesmo sem vínculo empregatício, (ii) a receita ou o faturamento e (iii) o lucro, poderão ter alíquotas ou bases de cálculo diferenciadas, em razão da atividade econômica, da utilização intensiva de mão de obra, do porte da empresa ou da condição estrutural do mercado de trabalho.

Portanto, não temos nesse § 9º nenhuma alteração nos fins ou na destinação legal do produto da arrecadação das contribuições sociais que tenham hipótese de incidência definidas no inciso I do art. 195 que nos autorize a afirmar que agora, sim, essas contribuições sociais passam a proteger ou preservar o local do trabalho propriamente dito.

O que temos, efetivamente nessa norma, é a autorização para se estabelecer um tratamento diferenciado para contribuintes que já pagam esse tributo, consistente em aumento ou redução do tributo a pagar, em razão da possibilidade de alteração em suas alíquotas ou base de cálculo decorrente da atividade econômica que realizam, da utilização intensiva de mão de obra, do porte da empresa ou da condição estrutural do mercado de trabalho.

O § 9º autoriza a imposição de um gravame mais ou menos oneroso para os contribuintes dessas contribuições sociais já existentes e expressamente previstas no inciso I do art. 195 da Constituição Federal, e não é fundamento para a instituição de novas contribuições sociais, tampouco autoriza alterar a destinação legal do produto da arrecadação.

Essas normas constitucionais que acabamos de mencionar esgotam qualquer possibilidade de ampliarmos o alcance das contribuições sociais destinadas à seguridade social, mediante uma interpretação mais arrojada, como apresentamos.

Elas deixam muito claro que qualquer interpretação possível do que consiste esse direito à saúde e a destinação legal dos recursos arrecadados com as contribuições sociais estão limitados à saúde médica e utilização dos recursos para financiamento do sistema único de saúde, atendendo direitos individuais do cidadão.

Não há nenhuma interpretação flexível o suficiente para atribuir às contribuições sociais destinadas à seguridade social natureza de instrumento tributário que possa ser utilizado para a proteção do meio ambiente, nem mesmo o meio ambiente laboral, o que nos leva a concluir e afirmar que as contribuições sociais já existentes e destinadas ao custeio da seguridade social não têm nem terão natureza de tributo ambiental, da mesma forma que novas contribuições sociais instituídas por meio do exercício da competência tributária residual não o terão.

Admitir o contrário significaria afirmar que o direito à saúde individual do trabalhador tem a mesma conotação de saúde no meio ambiente do trabalho, que é um bem de uso coletivo daqueles que trabalham no mesmo meio ambiente laboral, é claro. E isso não é possível.

Vale reiterar que nosso trabalho interpretativo está baseado no constructivismo lógico-semântico, e dessa forma estamos atribuindo aos estratos de linguagem as significações que entendemos adequadas e pertinentes ao nosso tempo e meio social.

Contudo, essa nossa postura diante do objeto interpretado não nos impede de defender, por esses motivos, a instituição de tributos efetivamente voltados à proteção ambiental como resultado de uma política de Estado tributária ambiental, isso sim capaz de dar plenitude ao princípio da dignidade da pessoa humana e, ao mesmo tempo, caminhar para a realização dos objetivos expressamente previstos no art. 3º da Constituição Federal.

Última questão a tratar referente às contribuições diz respeito a uma exceção. Trata-se das contribuições sociais instituídas nos termos do art. 22, da Lei n. 8.212/91, o qual cuida da organização da seguridade social e do plano de custeio:

> Art. 22. A contribuição a cargo da empresa, destinada à Seguridade Social, além do disposto no art. 23, é de:
>
> II – para o financiamento do benefício previsto nos arts. 57[(335)] e 58[(336)] da Lei n. 8.213, de 24 de julho de 1991, e daqueles concedidos em razão do grau de incidência de incapacidade laborativa decorrente dos riscos ambientais do trabalho, sobre o total das remunerações pagas ou creditadas, no decorrer do mês, aos segurados empregados e trabalhadores avulsos:

---

(335) Art. 57. A aposentadoria especial será devida, uma vez cumprida a carência exigida nesta Lei, ao segurado que tiver trabalhado sujeito a condições especiais que prejudiquem a saúde ou a integridade física, durante 15 (quinze), 20 (vinte) ou 25 (vinte e cinco) anos, conforme dispuser a lei. *(Redação dada pela Lei n. 9.032, de 1995)*

(336) Art. 58. A relação dos agentes nocivos químicos, físicos e biológicos ou associação de agentes prejudiciais à saúde ou à integridade física considerados para fins de concessão da aposentadoria especial de que trata o artigo anterior será definida pelo Poder Executivo. *(Redação dada pela Lei n. 9.528, de 1997)*

> *a)* 1% (um por cento) para as empresas em cuja atividade preponderante o risco de acidentes do trabalho seja considerado leve;
>
> *b)* 2% (dois por cento) para as empresas em cuja atividade preponderante esse risco seja considerado médio;
>
> *c)* 3% (três por cento) para as empresas em cuja atividade preponderante esse risco seja considerado grave.

Como se pode inferir do acima exposto, para financiar benefícios concedidos por conta de aposentadoria especial e em razão do grau de incidência de incapacidade laborativa decorrente dos riscos ambientais do trabalho, as empresas também pagam contribuição social sobre o total das remunerações pagas ou creditadas, no decorrer do mês, aos segurados empregados e trabalhadores avulsos, com alíquotas variadas, que têm como fundamento da distinção o grau de risco de acidente de trabalho. Nesse sentido, as alíquotas são de 1% para as empresas em cuja atividade preponderante o risco de acidentes do trabalho seja considerado leve; 2% quando o risco for médio; 3% com risco considerado grave.

Esses percentuais, correspondentes ao risco de acidente de trabalho, podem ser reduzidos em até cinquenta por cento ou aumentados em até cem por cento, dependendo do desempenho da empresa em relação à sua atividade, aferido pelo Fator Acidentário de Prevenção (FAP), conforme disposto no art. 202, § 1º e art. 202-A, ambos do Decreto n. 3.048/1999.

Esse aumento ou redução da alíquota também se aplica em casos específicos de aposentadoria especial do cooperado de cooperativa de trabalho ou de produção, conforme disposto no art. 10 da Lei n. 10.666/2003.

Há nesses dispositivos legais uma clara e direta relação com o meio ambiente laboral, especialmente entre o grau de risco ambiental e a (in)capacidade laborativa do trabalhador ou a aposentadoria especial em razão de condições de trabalho prejudiciais à saúde ou integridade física. E essa relação direta resulta, ao final, em uma tributação maior ou menor a ser paga pelo empregador para suportar o futuro benefício pretendido pelo empregado.

Aqui, sim, o fator meio ambiente do trabalho foi diretamente considerado pelo legislador ao instituir a norma tributária, sem eventualidades, sem acasos, resultando, inclusive, na adoção de uma técnica de tributação que favorece as empresas que expõem seus empregados a grau de riscos menores, com um valor inferior a ser pago, caracterizando, por que não, uma contribuição social ambiental com função extrafiscal, indutora de conduta.

Do exposto, reiteramos que tributo ambiental é aquele cuja hipótese de incidência versa sobre fatos econômicos relacionados de forma direta ou indireta a um bem ambiental (microbem) e tenha uma finalidade relacionada à proteção ou desenvolvimento do meio ambiente, conforme estabelecido nas políticas públicas.

No caso específico, o fato econômico tributado está diretamente relacionado ao meio ambiente laboral e tem como finalidade a tutela da saúde e a qualidade desse meio ambiente específico.

Entendemos que somente a finalidade de proteger o meio ambiente não dá ao tributo a natureza de tributo ambiental, posto que a destinação do produto da arrecadação não faz parte da regra-matriz de incidência tributária.

10.5. Empréstimo compulsório

O empréstimo compulsório é um tributo que encontra seu fundamento no art. 148 da Constituição:

> Art. 148. A União, mediante lei complementar, poderá instituir empréstimos compulsórios:
>
> I – para atender a despesas extraordinárias, decorrentes de calamidade pública, de guerra externa ou sua iminência;
>
> II – no caso de investimento público de caráter urgente e de relevante interesse nacional, observado o disposto no art. 150, III, "b".
>
> Parágrafo único. A aplicação dos recursos provenientes de empréstimo compulsório será vinculada à despesa que fundamentou sua instituição.

Da leitura do artigo transcrito acima se pode inferir que o empréstimo compulsório poderá ser instituído em três hipóteses: a) para atender a despesas extraordinárias decorrentes de calamidade pública; b) para atender a despesas extraordinárias de guerra externa ou sua iminência; e, c) no caso de investimento público de caráter urgente e de relevante interesse nacional.

Outra característica singular desse tributo é a devolução posterior do valor arrecadado aos contribuintes. E o fato de o produto arrecadado ser devolvido posteriormente aos contribuintes não retira do empréstimo compulsório sua natureza jurídica de tributo, posto que esse tributo preenche todos os requisitos do art. 3º, do Código Tributário Nacional, e a devolução posterior não acrescenta nem modifica a natureza do tributo.

Para efeito de preservação e defesa do meio ambiente ecologicamente equilibrado, podemos utilizar essa espécie tributária? Em caso positivo, em quais circunstâncias e quais os requisitos?

Nosso entendimento é no sentido de que pode ser utilizado esse instrumento tanto para atender despesas extraordinárias decorrentes de calamidade pública ambiental, como no caso de investimento público ambiental urgente e de relevante interesse nacional.

Segundo Paulo de Barros Carvalho, por calamidade pública "se deve entender não somente as catástrofes provocadas por agentes da natureza circundante, mas também outros eventos, de caráter socioeconômico, que ponham em perigo o equilíbrio do organismo social, considerado em sua totalidade".[(337)]

Portanto, em casos de calamidade pública, na hipótese de uma lei complementar instituir empréstimo compulsório, o produto de sua arrecadação deverá ser totalmente aplicado na recuperação do meio ambiente afetado, seja esse meio ambiente o natural ou até mesmo o social, considerado em sua totalidade, aí incluído o cultural, o artificial e o laboral.

Exemplos recentes de calamidade pública resultam dos rompimentos das barragens da Companhia Vale do Rio Doce, nos municípios de Brumadinho e Mariana, no estado de Minas Gerais.

Esses desastres ocorridos nos municípios de Mariana e Brumadinho, ainda que decorrentes de negligência humana, ao que tudo indica, resultaram em calamidades públicas locais e regionais, não só pelos danos causados ao meio ambiente natural (rios, fauna e flora), ao meio ambiente artificial (a cidade em si, diversos equipamentos públicos e propriedades públicas e privadas tiveram prejuízos) e aos demais bens ambientais.

Ainda que essas calamidades tenham sido locais e regionais, entendemos que continua presente o pressuposto para uma eventual instituição de empréstimo compulsório voltado a recuperar ou mitigar os danos ambientais causados pelos acidentes, já que a norma constitucional em nenhum momento estabelece como condição para sua instituição que a calamidade seja de alcance nacional.

É legal instituir empréstimo compulsório, tributo de âmbito nacional e incluir no polo passivo dessa relação jurídico-tributária, contribuintes que não estão nos locais onde ocorreram as calamidades?

Entendemos que não há nenhuma ilegalidade nesse fato. Consoante determinação expressa do art. 225 da Constituição, ao mesmo tempo que todos os cidadãos têm direito ao meio ambiente ecologicamente equilibrado, todos esses mesmos cidadãos também têm o dever de defender e preservar o meio ambiente para a atual e as futuras gerações, de forma que o custo de recuperação ambiental ou mitigação decorrente de calamidades públicas pode ser distribuído entre todos os sujeitos aptos a recolherem tributos, independentemente do local onde a calamidade tenha ocorrido. Trata-se da aplicação do princípio da solidariedade.

Assim, toda a coletividade nacional tem o dever de contribuir, pagando o empréstimo compulsório com a finalidade específica de recuperar o meio ambiente — ou ao menos reduzir o impacto destruidor — degradado pelo evento calamidade pública.

---

(337) *Curso de direito tributário*, 21. ed., p. 32.

Já no caso de caso de investimento público de caráter urgente e de relevante interesse nacional, deparamo-nos com algumas dificuldades maiores, começando pela definição do que realmente é urgente e relevante para os interesses nacionais. Há uma dose elevada de subjetividade na definição dos conceitos de urgência e relevância, o que entendemos ser um limitador na utilização deste instrumento com finalidade ambiental.

Porém, quando falamos em investimento, ainda que urgente, um mínimo de planejamento há de ser feito. Nesse sentido, entendemos que é o estudo de impacto ambiental que trará esse elemento objetivo para a instituição desse tributo ambiental.

A tecnologia atualmente existente permite que seja mitigado o caráter urgente do investimento público, haja vista que o estudo poderá ser feito de maneira relativamente rápida.

De qualquer modo, essa dificuldade conceitual não impede que, tecnicamente, esse instrumento tributário seja utilizado para a defesa e preservação do meio ambiente. Basta que seja introduzido no sistema por lei complementar e o produto de sua arrecadação seja totalmente direcionado para esse investimento público urgente e relevante para a proteção e preservação do meio ambiente.

10.6. Contribuição de melhoria

Reconhece a doutrina nesse tributo a assim chamada, mais típica contribuição.

A espécie de tributo contribuição de melhoria tem seu fundamento de validade no art. 145, inciso III, da Constituição Federal: "A União, os Estados, o Distrito Federal e os Municípios poderão instituir os seguintes tributos: III – contribuição de melhoria, decorrente de obras públicas".

Já o Código Tributário Nacional assim dispõe sobre esse tributo no art. 81:

> Art. 81. A contribuição de melhoria cobrada pela União, pelos Estados, pelo Distrito Federal ou pelos Municípios, no âmbito de suas respectivas atribuições, é instituída para fazer face ao custo de obras públicas de que decorra valorização imobiliária, tendo como limite total a despesa realizada e como limite individual o acréscimo de valor que da obra resultar para cada imóvel beneficiado.

Da análise conjugada da norma constitucional com a infraconstitucional, verifica-se que o fundamento da instituição desse tributo, portanto, é a valorização de imóveis urbanos ou rurais circunvizinhos de obra pública, desde que exista uma relação de causalidade entre a obra pública e a valorização imobiliária.

Segundo Roque Antonio Carrazza:

> A contribuição de melhoria é um tipo de tributo que tem por hipótese de incidência uma atuação estatal, indiretamente referida ao contribuinte.

> Esta atuação estatal — porque assim exige o art. 145, III da Constituição da República — só pode consistir numa obra pública que causa a valorização imobiliária, isto é, que aumenta o valor de mercado dos imóveis localizados em suas imediações.(338)

Há dois limites quantitativos para a cobrança desse tributo: o limite total caracterizado pelo custo da obra pública e o limite individual decorrente do acréscimo no valor do imóvel, fruto exclusivo da execução da obra.

E contribuição de melhoria ambiental poderá existir desde que tenha como pressuposto a valorização do imóvel decorrente de uma obra pública ambiental. Esse, portanto, o fato econômico tributável, a obra pública com finalidade ambiental.

Toda essa análise deixa claro que a contribuição de melhoria visa, em tese, devolver para a sociedade em forma de tributo, o ganho "sem esforço" que alguns particulares tiveram na valorização do seu imóvel, exclusivamente em razão da execução de uma obra pública e com recursos de toda a coletividade.

Mas a valorização econômica do imóvel é realmente um requisito para a cobrança desse tributo? Não é possível sustentar a tese de que a valorização do imóvel pode ser econômica ou social, especialmente se verificarmos que o texto atual da Constituição silencia em relação ao signo "valorização", enquanto a Constituição de 1967, em seu art. 18, inciso II, com redação dada pela Emenda Constitucional 23/1983, utilizava o estrato de linguagem "proprietários beneficiados por obras públicas"?(339)

Entendemos que do ponto de vista de uma obra pública ambiental, em um primeiro momento, a valorização econômica poderia ser substituída pela valorização socioambiental para efeito de instituição e cobrança dessa contribuição de melhoria. Observem que uma obra pública de saneamento, por exemplo, certamente traz uma valorização social, de caráter ambiental, diretamente relacionada às condições sanitárias que impactam a saúde das pessoas. Imaginem um local onde exista esgoto a céu aberto. Uma obra de saneamento ali, inegavelmente, traria benefícios à saúde de inúmeras pessoas, notadamente aquelas que residem próximas ao local, resultando em ganho para o meio ambiente artificial diante da melhoria das condições sanitárias. Porém, se não ocorrer uma valorização econômica nos imóveis naquela localidade, não poderá ser instituída a contribuição de melhoria? Não é possível presumir a valorização imobiliária decorrente de um "ganho" socioambiental?

---

(338) Obra citada, p. 303.

(339) "Art. 18, inc. II – contribuição de melhoria, arrecadada dos proprietários beneficiados por obras públicas, que terá como limite total a despesa realizada", redação dada pela Emenda Constitucional n. 23/1983.

Ainda assim não será possível, pois o critério que enseja a exigência do tributo é a valorização do imóvel, conforme disposição expressa do art. 81 do Código Tributário Nacional — lei complementar em matéria tributária — que exige expressamente o requisito valorização do imóvel para que o tributo seja exigido.

O STJ, no julgamento do Resp. 615.495-RS, também corrobora a tese da necessária valorização do imóvel:

> TRIBUTÁRIO. CONTRIBUIÇÃO DE MELHORIA. FATO GERADOR. VALORIZAÇÃO DO IMÓVEL. ARTS. 81 E 82, DO CTN. DL N. 195/67. PRECEDENTES DO STJ E DO STF.
>
> 1. A entidade tributante, ao exigir o pagamento de contribuição de melhoria, tem de demonstrar o amparo das seguintes circunstâncias: a) a exigência fiscal decorre de despesas decorrentes de obra pública realizada; b) a obra pública provocou a valorização do imóvel; c) a base de cálculo é a diferença entre dois momentos: o primeiro, o valor do imóvel antes da obra ser iniciada; o segundo, o valor do imóvel após a conclusão da obra. 2. "É da natureza da contribuição de melhoria a valorização imobiliária" (Geraldo Ataliba). 3. Diversidade de precedentes jurisprudenciais do STJ e do STF. 4. Adoção, também, da corrente doutrinária que, no trato da contribuição da melhoria, adota o critério de mais valia para definir o seu fato gerador ou hipótese de incidência (no ensinamento de Geraldo Ataliba, de saudosa memória). 5. Recurso provido.

Capítulo 11

Os Novos Tributos Ambientais Instituídos pela Reforma Tributária do Consumo

Até o advento da Emenda Constitucional n. 132/2023, a preservação e defesa do meio ambiente tinham um caráter complementar para as normas tributárias, encontrando seu fundamento de validade em uma norma de natureza programática, voltada ao desenvolvimento da atividade econômica em geral.

A defesa do meio ambiente que já era um dos princípios gerais da atividade econômica, conforme disposição expressa do art. 170, inciso VI, da Constituição Federal, após a promulgação da reforma tributária, passou a ser um princípio geral do Sistema Tributário Nacional. Desta vez, a norma constitucional tem natureza tributária expressa, pois prevista no art. 145, § 3º, da Constituição Federal de 1988, *verbis:*

> Art. 145 (...)
>
> (...)
>
> § 3º O Sistema Tributário Nacional deve observar os princípios da simplicidade, da transparência, da justiça tributária, da cooperação e da defesa do meio ambiente.

Nesse sentido, se alguém ainda tinha dúvida a respeito da aplicação do princípio da defesa do meio ambiente às normas tributárias em geral, essa dúvida não existe mais, pois o comando da norma estampada no § 3º, do art. 145, da Constituição Federal de 1988, é claríssimo e, como já afirmamos, ganhou o *status* de princípio geral do Sistema Tributário Nacional, e não mais de norma programática indutora de comportamento.

Seguindo a linha do trabalho até aqui desenvolvida, passaremos a analisar na reforma tributária do consumo, os novos tributos aos quais podemos atribuir a qualificação de instrumento tributário voltado à defesa do meio ambiente, também chamados de tributos ambientais, bem como outras normas tributárias que também exercem essa função tributária ambiental.

E tudo isso com a expectativa de que, ao ganhar esse novo status de princípio do Sistema Tributário Nacional, a defesa do meio ambiente empreendida com a utilização efetiva de tributos e outras normas com essa função tributária ambiental, passem a partir de agora a auxiliar de forma mais objetiva e direta na implementação de uma política nacional do meio ambiente.

Com essa reforma, pelo menos no papel, observamos uma importante evolução na instituição de tributos que já nascerão com a finalidade direta de defesa do meio ambiente, o que justifica serem chamados de tributo ambiental ou instrumento tributário ambiental.

Na sequência, portanto, trataremos dos tributos criados e afetados pela reforma tributária, mas não sem antes afirmar que, em linhas gerais, a reforma tributária promovida pela Emenda Constitucional n. 132/2023, referendou uma de nossas teses desenvolvida neste livro pois agora a função tributária ambiental está expressa em um princípio geral do Sistema Tributário Nacional.

11.1. Imposto seletivo

Com fundamento no art.153, inciso VIII, da Constituição Federal de 1988, foi criada a Lei Complementar n. 214, de 16 de janeiro de 2025, a qual instituiu em seu art. 409, o imposto seletivo. Vejamos:

> Art. 409. Fica instituído o Imposto Seletivo, de que trata o inciso VIII do art. 153 da Constituição Federal, incidente sobre a produção, extração, comercialização ou importação de bens e serviços prejudiciais à saúde ou ao meio ambiente.
>
> § 1º Para fins de incidência do Imposto Seletivo, consideram-se prejudiciais à saúde ou ao meio ambiente os bens classificados nos códigos da NCM/SH e o carvão mineral, e os serviços listados no Anexo XVII, referentes a:
>
> I – veículos;
>
> II – embarcações e aeronaves;
>
> III – produtos fumígenos;
>
> IV – bebidas alcoólicas;
>
> V – bebidas açucaradas;
>
> VI – bens minerais;
>
> VII – concursos de prognósticos e *fantasy sport*.

Como este livro é dedicado às questões relacionadas a tributação ambiental, doravante trataremos do imposto seletivo apenas no que tange ao meio ambiente. E das características ambientais dessas normas tributárias.

Nesse sentido, esta lei complementar fixou novos aspectos materiais da hipótese de incidência para a criação do imposto seletivo que incidirá sobre bens que prejudicam o meio ambiente. São eles: a produção, extração, comercialização ou importação de bens com essas características.

A lei complementar excluiu do alcance do imposto seletivo, pelo menos por enquanto, a importação de serviços prejudiciais ao meio ambiente.

E este imposto seletivo, da forma como foi delineado, é uma típica norma indutora de comportamento, porque nasceu para onerar atividades potencialmente ou comprovadamente prejudiciais ao meio ambiente e, quem sabe, restringir sua produção ou estimular a busca por práticas menos lesivas.

Temos aqui, portanto, mais um tributo com função tributária ambiental ou tributo ambiental, como parte da doutrina prefere se referir.

Sobre o alcance do imposto, entendemos que sua instituição será tanto em situações potencialmente lesivas ao meio ambiente quanto às lesivas de fato, porque o legislador, ao criar a norma tributária com todos os seus aspectos da hipótese de incidência, terá como base as situações concretas existentes bem como estudos indicativos do potencial lesivo. E tanto em uma modalidade ou outra, ficará ainda mais evidente a função tributária ambiental das normas instituidoras do novo imposto.

A lei complementar também fixou quais bens são considerados prejudiciais ao meio ambiente e à saúde, para fins de incidência deste imposto, classificando-os em determinadas NMC[(340)]/SH[(341)], mas todos referentes a: veículos; embarcações, aeronaves; produtos fumígenos; bebidas alcoólicas; bebidas açucaradas e bens minerais extraídos.

Os bens que trazem consigo o maior potencial poluente, lesivo ao meio ambiente, são os veículos. Corrobora essa afirmação a disposição expressa dos artigos 419 e 420, da Lei Complementar n. 214/25, que estabelecem o seguinte:

> Art. 419. As alíquotas do Imposto Seletivo aplicáveis aos veículos classificados nos códigos da NCM/SH relacionados no Anexo XVII serão estabelecidas em lei ordinária.
>
> Parágrafo único. As alíquotas referidas no caput deste artigo serão graduadas em relação a cada veículo conforme enquadramento nos seguintes critérios, nos termos de lei ordinária:
>
> I – potência do veículo;
>
> II – eficiência energética;
>
> III – desempenho estrutural e tecnologias assistivas à direção;

(340) Norma comum do Mercosul.

(341) Sistema harmonizado.

IV – reciclabilidade de materiais;

V – pegada de carbono;

VI – densidade tecnológica;

VII – emissão de dióxido de carbono (eficiência energético-ambiental), considerado o ciclo do poço à roda;

VIII – reciclabilidade veicular;

IX – realização de etapas fabris no País; e

X – categoria do veículo.

Art. 420. A alíquota do Imposto Seletivo fica reduzida a zero para veículos que sejam destinados a adquirentes cujo direito ao benefício do regime diferenciado de que trata o art. 149 desta Lei Complementar haja sido reconhecido pela RFB, nos termos do art. 153.

§ 1º No caso de o adquirente ser pessoa referida no inciso II do *caput* do art. 149 desta Lei Complementar, a redução de alíquota de que trata o caput alcança veículo cujo preço de venda ao consumidor, incluídos os tributos incidentes caso não houvesse as reduções, não seja superior a R$ 200.000,00 (duzentos mil reais).

Já a instituição desse novo imposto, encontrou na norma constitucional expressa no parágrafo 6º, do art. 153, limitações específicas ao exercício do poder de tributar, bem como alguns requisitos para que a tributação seja concretizada. Vejamos quais são esses limites.

Um limite diz respeito às regras de não incidência, na qual o legislador excluiu determinadas matérias do campo de incidência e exercício da competência tributária, tudo conforme o disposto art. 413, da Lei Complementar n. 214/25[(342)], de onde se pode inferir que assim como nas operações com energia elétrica e telecomunicações, o imposto seletivo também não incidirá sobre os bens e serviços cujas alíquotas padrão do IBS e da CBS sejam reduzidas em 60% (sessenta por cento), nos termos do § 1º, do art. 9º, da Emenda Constitucional n. 132/2023[(343)].

---

(342) Art. 413. O Imposto Seletivo não incide sobre:

I – (VETADO);

II – as operações com energia elétrica e com telecomunicações; e

III – os bens e serviços cujas alíquotas sejam reduzidas nos termos do § 1º do art. 9º da Emenda Constitucional n. 132, de 20 de dezembro de 2023.

(343) Art. 9º (...)

§ 1º A lei complementar definirá as operações beneficiadas com redução de 60% (sessenta por cento) das alíquotas dos tributos de que trata o caput entre as relativas aos seguintes bens e serviços:

I – serviços de educação;

II – serviços de saúde;

III – dispositivos médicos;

IV – dispositivos de acessibilidade para pessoas com deficiência;

V – medicamentos;

Ainda por expressa determinação constitucional, reafirmada no art. 417, inciso I, da Lei Complementar n. 214/25, o imposto seletivo não integrará sua própria base de cálculo, mas poderá integrar a base de cálculo do ICMS, do ISSQN, do IBS e da CBS. E também poderá ter o mesmo fato gerador e base de cálculo de outros tributos.

As alíquotas do imposto seletivo serão fixadas em lei ordinária, e poderão ser graduadas conforme critérios de sustentabilidade ambiental, podendo ser específicas, *ad valorem* ou até mesmo *ad valorem* cumulada com específica.

Destaca-se, ainda, que este novo imposto já poderá ser cobrado a partir de 2027, conforme disposição expressa do art. 126, inciso I, letra *"b"*, do Ato das Disposições Constitucionais Transitórias.

A extração de bens minerais, também é uma atividade potencialmente lesiva ao meio ambiente razão pela qual será tributada pelo imposto seletivo.

Neste caso específico, o § 2º, do art. 422[(344)], dá tratamento diferenciado à fixação das alíquotas, ao dispor que na extração de bens minerais, será cobrado independentemente da sua destinação, alíquota máxima de 0,25% (vinte e cinco centésimos por cento) do valor de referência do bem.

Observa-se no art. 423, mais uma norma tributária voltada à defesa do meio ambiente, desta vez, associada à utilização do gás natural. Vejamos:

> Art. 423. Caso o gás natural seja destinado à utilização como insumo em processo industrial e como combustível para fins de transporte, a alíquota estabelecida na forma do § 2º do art. 422 desta Lei Complementar deverá ser fixada em zero.

Esta é uma típica norma indutora de comportamento, visando estimular a utilização do gás natural como insumo em processos industriais e como combustível, já que é um

---

VI – produtos de cuidados básicos à saúde menstrual;

VII – serviços de transporte público coletivo de passageiros rodoviário e metroviário de caráter urbano, semiurbano e metropolitano;

VIII – alimentos destinados ao consumo humano;

IX – produtos de higiene pessoal e limpeza majoritariamente consumidos por famílias de baixa renda;

X – produtos agropecuários, aquícolas, pesqueiros, florestais e extrativistas vegetais in natura;

XI – insumos agropecuários e aquícolas;

XII – produções artísticas, culturais, de eventos, jornalísticas e audiovisuais nacionais, atividades desportivas e comunicação institucional;

XIII – bens e serviços relacionados a soberania e segurança nacional, segurança da informação e segurança cibernética.

(344) Art. 422. Observado o disposto nos arts. 419 e 420, as alíquotas do Imposto Seletivo aplicáveis nas operações com os bens e os serviços referidos no Anexo XVII são aquelas previstas em lei ordinária.

(...)

§ 2º As alíquotas do Imposto Seletivo estabelecidas nas operações com bens minerais extraídos respeitarão o percentual máximo de 0,25% (vinte e cinco centésimos por cento).

insumo menos poluente do que os combustíveis fósseis. E o estímulo foi estabelecido mediante a fixação de alíquota zero para operações dessa natureza.

Por fim, é importante mencionar que parte das receitas arrecadadas com esse imposto seletivo serão repartidas entre os Estados, o Distrito Federal e os Municípios.

É essa a regra que se extrai do § 3º, do art. 159 da Constituição Federal(345).

Assim, de uma parcela correspondente a 10% (dez por cento) da arrecadação do IPI e do IS, que a União deverá creditar aos Estados, estes, por sua vez, também destinarão 25% (vinte e cinco por cento) deste montante para os municípios obedecendo aos mesmos critérios utilizados na distribuição dos tributos estaduais ICMS e IBS, conforme observaremos logo adiante.

11.2. Imposto sobre a Propriedade de Veículos Automotores — IPVA

Ainda que não seja efetivamente um novo tributo, encontramos no § 6º, inciso II, do art. 155(346), mais um tributo ambiental, desta vez, o IPVA. E essa característica de tributo com função ambiental associada ao IPVA é de fato uma inovação em nosso sistema promovida pela reforma, como demonstraremos.

Em que pese já existir esse tributo no sistema anterior, a partir da reforma tributária o IPVA ganha novos contornos e essa característica de tributo ambiental.

A nova norma dispõe expressamente que o imposto sobre propriedade de veículos automotores poderá ter alíquotas diferenciadas em função do tipo, do valor, da utilização e do impacto ambiental.

Observaremos que todos esses critérios levam em consideração a preservação do meio ambiente e o potencial lesivo e/ou poluidor dos mesmos.

---

(345) Art. 159. A União entregará:

(...)

II – do produto da arrecadação do imposto sobre produtos industrializados e do imposto previsto no art. 153, VIII, 10% (dez por cento) aos Estados e ao Distrito Federal, proporcionalmente ao valor das respectivas exportações de produtos industrializados;

(...)

§ 3º Os Estados entregarão aos respectivos Municípios 25% (vinte e cinco por cento) dos recursos que receberem nos termos do inciso II do *caput* deste artigo, observados os critérios estabelecidos no art. 158, § 1º, para a parcela relativa ao imposto sobre produtos industrializados, e no art. 158, § 2º, para a parcela relativa ao imposto previsto no art. 153, VIII.

(346) "Art. 155. Compete aos Estados e ao Distrito Federal instituir impostos sobre:

(...)

III – propriedade de veículos automotores.

(...)

§ 6º O imposto previsto no inciso III:

(...)

II – poderá ter alíquotas diferenciadas em função do tipo, do valor, da utilização e do impacto ambiental;

Aqui temos a demonstração clara da relação que foi estabelecida entre uma norma tributária com função ambiental e uma política pública voltada ao incentivo à produção de veículos menos poluentes, notadamente os elétricos e híbridos. A norma inserida no sistema tributário pela Emenda Constitucional n. 132/2023 e regulamentada pela Lei Complementar n. 214/25 nada mais é do que a autorização para que o legislador utilize o critério maior ou menor produção de poluentes, para definir alíquotas diferenciadas do IPVA, ou seja, uma norma indutora de comportamento. E aqui estamos nos referindo ao conceito de automóvel sustentável estabelecido no § 1º, do art. 405.

11.3. Imposto sobre Bens e Serviços — IBS

Outra inovação da reforma tributária foi a inclusão do imposto sobre bens e serviços, chamado de IBS, em nosso sistema tributário através do art. 156-A. E este imposto de competência compartilhada entre Estados, Municípios e o Distrito Federal, já nasceu com uma grande missão: substituir totalmente o ICMS e o ISSQN.

Eis a redação da nova norma constitucional:

> Art. 156-A. Lei complementar instituirá imposto sobre bens e serviços de competência compartilhada entre Estados, Distrito Federal e Municípios.

Na sistemática da reforma tributária, o ICMS será substituído pelo IBS gradativamente, e isto significa que durante alguns anos vamos conviver com os dois tributos e com regras de transição. Dito isto, é muito importante destacar logo de início que todas as observações que fizemos no tópico 10.2.3 sobre a utilização do ICMS como instrumento tributário voltado à realização das políticas públicas ambientais, se aplicam também ao IBS. Estamos nos referindo a utilização do imposto com o critério poluidor-pagador, o uso de parte do produto arrecadado para fomentar ações municipais voltadas à preservação e defesa do meio ambiente natural e artificial, leis estaduais que dispõe sobre critérios para repartição das receitas, entre outros.

Obviamente a criação do novo imposto traz consigo regras rígidas para sua instituição, notadamente algumas limitações ao poder de tributar, como a obrigatória observância do princípio da neutralidade e, também, regras mais diretas como os limites ao campo de incidência do imposto, entre outras. Mas voltaremos a esses limites logo adiante, após tratarmos dos aspectos gerais da nova contribuição sobre bens e serviços.

11.3.1. Critérios ambientais para a repartição da receita arrecadada com o IBS

Sobre a repartição das receitas tributárias do IBS, conforme também já destacamos no tópico 10.2.3 deste livro, a reforma tributária já incluiu parte do produto da arrecadação deste novo imposto, nas mesmas regras de repartição do produto de arrecadação do ICMS, por razões obvias, uma vez que durante toda a fase de transição entre os modelos tributários, que se estenderá durante sete (07) anos, teremos a cobrança desses dois tributos estaduais.

Ainda que os modelos de repartição das receitas do ICMS e do IBS sejam semelhantes, há algumas pequenas diferenças em alguns critérios para o creditamento dos valores. Para dirimir essas diferenças, analisaremos a nova redação do art. 158[(347)] da Constituição Federal naquilo que se aplica ao IBS.

A reforma tributária, além de manter a distribuição de 25% (vinte e cinco por cento) do ICMS para os municípios, estendeu a distribuição para os mesmos 25% (vinte e cinco por cento) do produto de arrecadação do IBS. Só que neste caso já deixou expresso na Constituição Federal que a preservação ambiental é um requisito objetivo para o creditamento dos valores, diferente do modelo anterior, que deixou essa decisão facultativamente para o legislador estadual.

Essa norma do § 2º, do art. 158, da Constituição Federal, dispõe expressamente sobre a distribuição de 25% (vinte e cinco por cento) do total de todas receitas arrecadadas do imposto sobre bens e serviços de competência compartilhada entre Estados, Distrito Federal e Municípios — IBS. E no inciso III, estabelece como critério objetivo para distribuição de uma parcela de 5% (cinco por cento) o atendimento aos indicadores de preservação ambiental fixados em lei estadual. Aqui, trata-se de um comando obrigatório para o legislador estadual.

Portanto, a preservação ambiental como requisito para creditar parte da receita tributária — que até a promulgação da Emenda Constitucional n. 132/2023 dependia apenas da vontade do legislador estadual — agora passou a ser um requisito constitucional obrigatório que o legislador estadual deve observar. E isto reforça ainda mais a importância da inclusão da defesa do meio ambiente como um dos princípios gerais do Sistema Tributário Nacional.

Nesse sentido, a preservação do meio ambiente pelos entes federativos em questão, quais sejam, os municípios, está diretamente relacionada a existência e efetividade de políticas públicas. O critério de distribuição de receitas tributárias, neste caso específico,

---

(347) Art. 158. Pertencem aos Municípios:

(...)

IV – 25% (vinte e cinco por cento):

(...)

b) do produto da arrecadação do imposto previsto no art. 156-A distribuída aos Estados.

§ 2º As parcelas de receita pertencentes aos Municípios mencionadas no inciso IV, "b", serão creditadas conforme os seguintes critérios:

(...)

III – 5% (cinco por cento) com base em indicadores de preservação ambiental, de acordo com o que dispuser lei estadual;

ainda que não seja na essência uma norma tributária — já que o tema distribuição de receitas está muito mais afetado ao direito financeiro do que tributário — indiretamente, reforça a importância da função tributária ambiental deste instituto, como elemento indispensável para a elaboração, desenvolvimento e implementação de políticas públicas ambientais.

11.4. Contribuição Social sobre Bens e Serviços

Chegamos agora a nova contribuição social criada pela reforma tributária. Se trata da contribuição social sobre bens e serviços — CBS, expressamente prevista no art. 195, inciso V, da Constituição Federal:

> Art. 195. A seguridade social será financiada por toda a sociedade, de forma direta e indireta, nos termos da lei, mediante recursos provenientes dos orçamentos da União, dos Estados, do Distrito Federal e dos Municípios, e das seguintes contribuições sociais:
>
> (...)
>
> V - sobre bens e serviços, nos termos de lei complementar.

Há algumas similaridades entre o IBS e a CBS, especialmente no que diz respeito às limitações para sua instituição[(348)].

Contudo, a principal abordagem deste trabalho não é sobre a forma de instituição desse novo tributo, e sim, sobre a possibilidade ou não de caracteriza-lo como um tributo ambiental ou um instrumento tributário apto a realizar políticas públicas ambientais.

E sob esse aspecto, esta nova contribuição não alterou nossa conclusão exposta no item 10.4.2 no sentido de que não há nenhuma interpretação flexível o suficiente para atribuir às contribuições sociais destinada à seguridade social natureza de instrumento tributário que possa ser utilizado para a proteção do meio ambiente, nem mesmo o meio ambiente laboral. E desta conclusão podemos afirmar que tanto as contribuições sociais já existentes e destinadas ao custeio da seguridade social bem como a nova CBS, não têm e nem terão natureza de tributo ambiental.

Destacamos, por fim, que esta contribuição não se trata de uma nova contribuição criada nos termos do § 4º, do art. 195, da Constituição Federal. É uma contribuição criada

(348) Art. 195. A seguridade social será financiada por toda a sociedade, de forma direta e indireta, nos termos da lei, mediante recursos provenientes dos orçamentos da União, dos Estados, do Distrito Federal e dos Municípios, e das seguintes contribuições sociais:

(...)

V - sobre bens e serviços, nos termos de lei complementar.

(...)

§ 16. Aplica-se à contribuição prevista no inciso V do *caput* o disposto no art. 156-A, § 1º, I a VI, VIII, X a XIII, § 3º, § 5º, II a VI e IX, e §§ 6º a 11 e 13.

com o objetivo de substituir o PIS e a Cofins, da mesma forma que o IBS substituirá ao longo do tempo o ICMS e o ISSQN.

11.5. Regras específicas para instituição do IBS e da CBS

Deixamos para tratar das regras para instituição do IBS e da CBS em tópico comum tendo em vista a grande similaridade de regras que se aplicam aos dois tributos em questão.

Nesse sentido, já vale afirmar que ambos os tributos são marcados pelo princípio da neutralidade. Isto significa que tributos com essa natureza, devem evitar distorcer as decisões de consumo e de organização da atividade econômica, conforme disposição expressa do art. 2º, da Lei Complementar n. 214/25.

Essas regras específicas para instituição do IBS e da CBS estão previstas no § 1º, do art. 156-A[349] e no § 16, do inciso V, do art. 195, ambos da Constituição Federal, todas detalhadas na Lei Complementar n. 214/25.

---

(349) Art. 156-A – Lei complementar instituirá imposto sobre bens e serviços de competência compartilhada entre Estados, Distrito Federal e Municípios.

§ 1º O imposto previsto no *caput* será informado pelo princípio da neutralidade e atenderá ao seguinte:

I – incidirá sobre operações com bens materiais ou imateriais, inclusive direitos, ou com serviços;

II – incidirá também sobre a importação de bens materiais ou imateriais, inclusive direitos, ou de serviços realizada por pessoa física ou jurídica, ainda que não seja sujeito passivo habitual do imposto, qualquer que seja a sua finalidade;

III – não incidirá sobre as exportações, assegurados ao exportador a manutenção e o aproveitamento dos créditos relativos às operações nas quais seja adquirente de bem material ou imaterial, inclusive direitos, ou serviço, observado o disposto no § 5º, III;

IV – terá legislação única e uniforme em todo o território nacional, ressalvado o disposto no inciso V;

V – cada ente federativo fixará sua alíquota própria por lei específica;

VI – a alíquota fixada pelo ente federativo na forma do inciso V será a mesma para todas as operações com bens materiais ou imateriais, inclusive direitos, ou com serviços, ressalvadas as hipóteses previstas nesta Constituição;

VII – será cobrado pelo somatório das alíquotas do Estado e do Município de destino da operação;

VIII – será não cumulativo, compensando-se o imposto devido pelo contribuinte com o montante cobrado sobre todas as operações nas quais seja adquirente de bem material ou imaterial, inclusive direito, ou de serviço, excetuadas exclusivamente as consideradas de uso ou consumo pessoal especificadas em lei complementar e as hipóteses previstas nesta Constituição;

IX – não integrará sua própria base de cálculo nem a dos tributos previstos nos arts. 153, VIII, e 195, I, *"b"*, IV e V, e da contribuição para o Programa de Integração Social de que trata o art. 239;

X – não será objeto de concessão de incentivos e benefícios financeiros ou fiscais relativos ao imposto ou de regimes específicos, diferenciados ou favorecidos de tributação, excetuadas as hipóteses previstas nesta Constituição;

XI – não incidirá nas prestações de serviço de comunicação nas modalidades de radiodifusão sonora e de sons e imagens de recepção livre e gratuita;

XII – resolução do Senado Federal fixará alíquota de referência do imposto para cada esfera federativa, nos termos de lei complementar, que será aplicada se outra não houver sido estabelecida pelo próprio ente federativo;

XIII – sempre que possível, terá seu valor informado, de forma específica, no respectivo documento fiscal.

De acordo com as normas citadas, os dois tributos serão informados pelo princípio da neutralidade e deverão incidir sobre operações onerosas expressamente citadas no § 2º e § 5º, do art. 4º, da própria lei complementar bem como nas situações expressamente previstas no § 1º, do art. 6º. E também incidirá, sobre operações não onerosas com bens e serviços, expressamente citadas no parágrafo 5º e incisos, deste mesmo art. 4º.

Da mesma forma, incidirá sobre as importações de serviços ou bens (materiais e imateriais), inclusive direitos nos termos dos arts. 63 e 64 da lei complementar.

São imunes ao IBS e CBS as exportações[(350)] de bens e serviços para o exterior, garantindo ao exportador a manutenção e aproveitamento de créditos[(351)]. E vale destacar que a imunidade se estende para exportações sem saída do território nacional, em situações expressamente mencionadas no art. 81, incisos I a VII, da Lei Complementar n. 214/25.

Ter legislação única e uniforme em todo o território nacional, exceto quando especificado é outro requisito importante, assim como permitir que cada ente federativo fixe sua alíquota própria, que será a mesma para todas as operações.

Ainda se aplicam aos dois tributos as exigências de que eles serão não cumulativos, compensando-se o tributo devido com o montante cobrado em operações nas quais seja adquirente de bens ou serviços, exceto para uso ou consumo pessoal especificado em lei. Além disso, tanto IBS quanto CBS não serão objeto de incentivos fiscais ou regimes diferenciados, exceto conforme previsto na Constituição.

Por fim, nenhum desses dois tributos poderá incidir sobre serviços de radiodifusão sonora e de imagens de recepção gratuita.

Em que pese a grande similaridade nas regras comuns, a instituição do IBS exige outros dois requisitos específicos à ele, que são a possibilidade de ser cobrado pelo somatório das alíquotas do Estado e do Município de destino e não integrar sua própria base de cálculo nem a de outros tributos.

A alíquota de referência destes dois tributos será fixada por resolução do Senado Federal, nos termos do art. 18, da Lei Complementar n. 214/25. Aplicar-se-á a alíquota de referência caso outra não tenha sido estabelecida pelo próprio ente federativo.

E por último, mas não menos importante, em homenagem ao princípio da transparência, sempre que possível, os tributos terão seu valor informado no documento fiscal.

11.6. Fundo Nacional de Desenvolvimento Regional

A reforma tributária em questão não ficou restrita à criação de novos tributos. Temos outras novidades e uma delas prevista no art. 159-A, o qual instituiu um Fundo

(350) Art. 8º, da LC 214/25.

(351) Art. 79, da LC 214/25.

Nacional de Desenvolvimento Regional, que tem como objetivo dar plenitude a um dos mais importantes objetivos fundamentais da República, que é a redução das desigualdades sociais e regionais.

O Fundo será constituído com recursos da União Federal que serão repassados para os Estados e o Distrito Federal. A norma constitucional fixa, também, as hipóteses de destinação dos recursos deste Fundo, caracterizando uma lista taxativa de situações. São elas: a) realização de estudos, projetos e obras de infraestrutura; b) fomento a atividades produtivas com elevado potencial de geração de emprego e renda, incluindo a concessão de subvenções econômicas e financeiras; e, c) promoção de ações com vistas ao desenvolvimento científico e tecnológico e à inovação.

Além disso, o legislador fixou uma condição para a destinação dos recursos, diretamente relacionada ao meio ambiente. Foi nesse sentido que o § 2º, do art. 159-A, dispôs expressamente que *"Na aplicação dos recursos de que trata o caput, os Estados e o Distrito Federal priorizarão projetos que prevejam ações de sustentabilidade ambiental e redução das emissões de carbono"*.

11.7. Outras questões tributárias ambientais

11.7.1. Regime fiscal favorecido

Apesar de tratarmos inicialmente dos novos tributos criados e suas repercussões fiscais ambientais, a verdade é que a primeira alteração promovida pela reforma tributária, cuidou do regime de concessão de incentivos. É o que se pode inferir da nova redação do § 4º, do art. 43, da Constituição Federal, no sentido de que "*Sempre que possível, a concessão dos incentivos regionais a que se refere o § 2º, III, considerará critérios de sustentabilidade ambiental e redução das emissões de carbono*".

Já está consolidada na doutrina brasileira a ideia de que a concessão de benefícios e incentivos fiscais são instrumentos tributários voltados à proteção e preservação do meio ambiente para a atual e as futuras gerações. Mas a nova redação do § 4º, do art. 43, vai além.

Ela dá ênfase a utilização de outros critérios ambientais — sustentabilidade ambiental e redução das emissões de carbono — como requisitos para a concessão dos incentivos fiscais regionais. Portanto, estamos diante de uma norma constitucional que além de ser um instrumento tributário com as características acima expostas, expressa o que chamamos de função tributária ambiental, já que é utilizada, também, como instrumento de redução da carga tributária na modalidade "incentivos".

Com isso, podemos observar que não são apenas através dos tributos que a norma jurídica pode se revestir de uma função tributária ambiental realizadora de políticas públicas. Normas de desoneração fiscal, isenção, diferimento, entre outras, que dão suporte a condutas omissivas ou comissivas voltadas à proteção e defesa do meio ambiente, possuem função tributária ambiental porque visam proteger o bem jurídico ambiental.

A reforma tributária promovida pela Emenda Constitucional n. 132/2023 não poderia deixar de tratar, também, de questões relacionadas às normas constitucionais ambientais, especialmente em relação às normas programáticas dispostas no art. 225, da Constituição Federal.

Nesse sentido, foi alterada a redação do inciso VIII, do § 1º, do art. 225, "*verbis*":

> Art. 225. (...)
>
> § 1º (...)
>
> (...)
>
> VIII – manter regime fiscal favorecido para os biocombustíveis e para o hidrogênio de baixa emissão de carbono, na forma de lei complementar, a fim de assegurar-lhes tributação inferior à incidente sobre os combustíveis fósseis, capaz de garantir diferencial competitivo em relação a estes, especialmente em relação às contribuições de que tratam o art. 195, I, *"b"*, IV e V, e o art. 239 e aos impostos a que se referem os arts. 155, II, e 156-A.

Estamos agora diante de uma norma constitucional que cuida de um regime fiscal favorecido para estimular algumas políticas públicas ambientais. Neste caso específico, tratamos de políticas públicas voltadas à redução da emissão de agentes poluentes, nitidamente voltada à proteção da qualidade do ar que se respira. E a primeira iniciativa nesse sentido foi com a Emenda Constitucional n. 123/2022.

Estimular a produção mais limpa possível de energia mediante a redução das emissões de carbono, é a política pública por trás dessa norma constitucional. E o estímulo vem em forma de redução dos tributos, mediante aplicação de um regime fiscal favorecido.

Esta é mais uma evidência e confirmação da função tributária ambiental da norma, que neste caso, está "vestida" de regime fiscal favorecido.

11.7.2. Da reabilitação urbana de zonas históricas e de áreas críticas de recuperação e reconversão urbanística

A nova lei complementar aprofundou a questão da defesa e preservação do meio ambiente artificial, composto pelas nossas cidades e seus bens, nos arts. 158 e 159, notadamente no que diz respeito à reabilitação urbana de zonas históricas e de áreas críticas de recuperação e reconversão urbanística.

Toda zona histórica traz em si um traço cultural, integrando-a ao que chamamos de meio ambiente cultural.

A reabilitação urbana de zonas históricas e de áreas críticas de recuperação e reconversão urbanística dos Municípios tem por objetivo a preservação patrimonial, a qualificação de espaços públicos, a recuperação de áreas habitacionais, a restauração de imóveis e melhorias na infraestrutura urbana e de mobilidade, objetos de tutela do meio ambiente artificial(352).

Em passagem anterior deste livro(353) afirmamos que o bem jurídico ambiental tutelado pelos tributos ambientais, são microbens supraindividuais, com natureza pública de uso comum ou privada de interesse coletivo. Nesse sentido, o objeto da função tributária ambiental são os microbens públicos e privados.

Destacamos em importante observação anterior que normas com esse conteúdo, visam tutelar e proteger bens e valores coletivos, que somadas a outras normas com o mesmo objetivo, além de se atraírem, formam um importante e interessante arcabouço jurídico, típico de um subsistema organizado com normas entrelaçadas entre si.

E este objetivo está expressamente determinado no art. 159 da lei complementar, que é a preservação patrimonial, a qualificação de espaços públicos, a recuperação de áreas habitacionais, a restauração de imóveis e melhorias na infraestrutura urbana e de mobilidade.

Estas normas, portanto, exercem importante função tributária voltada à preservação e defesa do meio ambiente cultural e artificial.

E cumprindo a determinação expressa no art. 225 da Constituição Federal, no sentido de que a preservação e defesa do meio ambiente é dever do Poder Público e da coletividade em geral, o legislador estimula a iniciativa privada a se envolver nos projetos de reabilitação urbana de zonas históricas e de áreas críticas de recuperação e reconversão ambiental.

Fez isso reduzindo as alíquotas do IBS e da CBS em 60% sobre operações relacionadas a projetos de reabilitação urbana de zonas históricas e de áreas críticas de recuperação e reconversão urbanística dos Municípios ou do Distrito Federal, a serem delimitadas por lei municipal ou distrital, conforme disposição expressa do art. 158, da Lei Complementar n. 214/25.

E a possibilidade redução das alíquotas é ainda maior, chegando a 80% (oitenta por cento), na hipótese de locação de imóveis prevista no inciso VI do caput do art. 162 da Lei Complementar, conforme disposição do parágrafo único deste mesmo art. 158.

11.7.3. Dos resíduos e demais materiais destinados à reciclagem, reutilização ou logística reversa adquiridos de pessoa física, cooperativa ou outra forma de organização popular

Ao longo desse trabalho estamos destacando diversas normas que exercem uma função tributária ambiental e não são essencialmente tributos.

(352) O conceito de meio ambiente natural, artificial, cultural e laboral foram desenvolvidos no capítulo 3 deste livro.

(353) Página. 49.

E aqui nos deparamos com mais uma norma com esta mesma característica. Estamos nos referindo ao art. 170 da Lei Complementar n. 214/25, o qual dispõe que o contribuinte de IBS e de CBS sujeito ao regime regular poderá apropriar créditos presumidos dos referidos tributos relativos às aquisições de resíduos sólidos de coletores incentivados para utilização em processo de destinação final ambientalmente adequada.

Esta possibilidade de se apropriar de créditos presumidos, obviamente observando os requisitos legais para tanto, também é uma norma indutora de comportamento dirigida para a iniciativa privada e que encontra seu fundamento em ações voltadas à preservação do meio ambiente. E isto porque, ao autorizar o creditamento, o contribuinte terá uma efetiva redução em sua carga tributária, sentindo-se incentivado a destinar resíduos e outros materiais lesivos ao meio ambiente para a reciclagem, reutilização ou logística reversa.

Mais uma norma que, ao final, reforça a aplicabilidade do princípio da defesa do meio ambiente em nosso sistema tributário.

11.8. Regras de transição

As regras de transição de um sistema para o outro, foram fixadas nos Atos das Disposições Transitórias, com a redação da Emenda Constitucional n. 132/2023.

De uma forma geral, a transição ocorrerá pelo prazo de 07 (sete) anos, se iniciando no ano de 2026 com o início da cobrança de alguns dos novos tributos e terminando em 2032, com a extinção de outros.

Nesse período, alguns tributos serão cobrados com alíquotas diferenciadas, outros terão alíquotas zeradas, os novos tributos começarão a ser cobrados com alíquotas progressivas, de forma que a tributação total suportada pelos contribuintes não seja demasiadamente elevada e onerosa, superior àquela existente antes da reforma.

As regras de transição também determinam as datas a partir das quais, alguns tributos serão extintos.

Os primeiros tributos serão extintos a partir do ano de 2027, por força do disposto no art. 126, inciso II, do ADCT[354] e serão a COFINS, a COFINS IMPORTAÇÃO e o PIS. Para que isso se concretize, é necessário que a CBS já esteja devidamente instituída.

---

(354) Art. 126. A partir de 2027:

I – serão cobrados:

a) a contribuição prevista no art. 195, V, da Constituição Federal;

b) o imposto previsto no art. 153, VIII, da Constituição Federal;

II – serão extintas as contribuições previstas no art. 195, I, *"b"*, e IV, e a contribuição para o Programa de Integração Social de que trata o art. 239, todos da Constituição Federal, desde que instituída a contribuição referida na alínea *"a"* do inciso I;

Já o imposto sobre produtos industrializados, o IPI, terá sua alíquota reduzida a zero e não será extinto, porque ainda poderão existir produtos que tenham industrialização incentivada na Zona Franca de Manaus.

Aqui vale destacar que a reforma tributária promovida pela Emenda Constitucional n. 132/2023, não extinguiu os regimes diferenciados já existentes na Zona Franca de Manaus e nem nas áreas de livre comércio existentes em 31 de maio de 2023, conforme disposição expressa do art. 92-B, do ADCT[(355)].

Alguns anos depois, especificamente em janeiro do ano de 2033, ocorrerá a extinção definitiva de outros impostos, como o ICMS e o ISSQN.

Nesse sentido, dispõe expressamente o art. 129, do ato das disposições constitucionais transitórias que "*Ficam extintos, a partir de 2033, os impostos previstos nos arts. 155, II, e 156, III, da Constituição Federal*"."

Fato inconteste é que a reforma sobre o consumo foi muito diluída ao longo do tempo e seus efeitos, na prática, ainda demorarão para ocorrer, o que pode reduzir alguns dos seus efeitos e sua importância, a depender da forma como a legislação infraconstitucional tratar determinadas matérias.

---

(355) Art. 92-B. As leis instituidoras dos tributos previstos nos arts. 156-A e 195, V, da Constituição Federal estabelecerão os mecanismos necessários, com ou sem contrapartidas, para manter, em caráter geral, o diferencial competitivo assegurado à Zona Franca de Manaus pelos arts. 40 e 92-A e às áreas de livre comércio existentes em 31 de maio de 2023, nos níveis estabelecidos pela legislação relativa aos tributos extintos a que se referem os arts. 126 a 129, todos deste Ato das Disposições Constitucionais Transitórias.

Capítulo 12

Particularidades a Respeito da Tributação de Alguns Microbens Ambientais

A análise que empreendemos até aqui levou em consideração diversos aspectos tributários e ambientais. Destacamos em diversas passagens as quatro dimensões do meio ambiente, natural, cultural, artificial e laboral para justificar a tributação.

Ocorre que durante o percurso, observamos que alguns microbens ambientais específicos, especialmente na dimensão do meio ambiente natural, ganharam destaque tanto na Constituição quanto na legislação infraconstitucional.

Decidimos, então, dedicar um capítulo ao tratamento específico de alguns desses microbens ambientais e suas relações com os instrumentos tributários, mais precisamente o patrimônio genético e as fontes de energia.

12.1. Patrimônio genético e fontes de energia

A amplitude do que vem a ser conceituado como bem ambiental nos dias de hoje é enorme, especialmente quando tomado como macrobem e microbem, conforme já foi exposto no início deste trabalho, o que também amplia muito as possibilidades materiais para criação de tributos voltados à tutela desse bem jurídico.

Confirmando o que acabamos de afirmar, temos alguns microbens específicos tutelados em nossa Constituição Federal, que autorizam a criação de um arcabouço tributário ambiental muito grande. Estamos nos referindo à proteção e preservação do patrimônio genético e das fontes de energia.

A proteção do patrimônio genético está expressamente prevista no texto constitucional, no art. 225, § 1º, inciso II:

> Art. 225. Todos têm direito ao meio ambiente ecologicamente equilibrado, bem de uso comum do povo e essencial à sadia qualidade de vida, impondo-se ao Poder Público e à coletividade o dever de defendê-lo e preservá-lo para as presentes e futuras gerações.

> § 1º Para assegurar a efetividade desse direito, incumbe ao Poder Público:
>
> (...)
>
> II – preservar a diversidade e a integridade do patrimônio genético do País e fiscalizar as entidades dedicadas à pesquisa e manipulação de material genético.

A novel lei da biodiversidade, Lei n. 13.123/2015, regulamentada pelo Decreto n. 8.772/2016, além do patrimônio genético, também regulamenta a utilização da Floresta Amazônica brasileira, a Mata Atlântica, a Serra do Mar, o Pantanal Mato-Grossense e a Zona Costeira.

> § 4º A Floresta Amazônica brasileira, a Mata Atlântica, a Serra do Mar, o Pantanal Mato-Grossense e a Zona Costeira são patrimônio nacional, e sua utilização far-se-á, na forma da lei, dentro de condições que assegurem a preservação do meio ambiente, inclusive quanto ao uso dos recursos naturais.

O conceito de patrimônio genético também foi definido por essa lei, em seu art. 2º, inciso I, nos seguintes termos: "patrimônio genético: informação de origem genética de espécies vegetais, animais, microbianas ou espécies de outra natureza, incluindo substâncias oriundas do metabolismo destes seres vivos".

A esse conceito, acrescentamos a finalidade, qual seja, aptidão para reproduzir seres vivos de todas essas espécies.

A Lei da Biodiversidade não se aplica ao patrimônio genético humano, conforme disposição expressa do art. 4º da referida lei.(356)

Mas essa limitação diz respeito muito mais a questões de ordem moral e religiosa, que pretendem evitar ou restringir pesquisas com material genético humano, notadamente aquelas voltadas à criação de novos seres.

Essa proibição também está expressamente prevista no art. 6º da Lei n. 11.105/2005, a qual regulamenta os incisos II, IV e V do § 1º do art. 225 da Constituição Federal:

> Art. 6º Fica proibido:
>
> I – implementação de projeto relativo a OGM sem a manutenção de registro de seu acompanhamento individual;
>
> II – engenharia genética em organismo vivo ou o manejo *in vitro* de ADN/ARN natural ou recombinante, realizado em desacordo com as normas previstas nesta Lei;
>
> III – engenharia genética em célula germinal humana, zigoto humano e embrião humano;
>
> IV – clonagem humana;

---

(356) Art. 4º Esta Lei não se aplica ao patrimônio genético humano.

V – destruição ou descarte no meio ambiente de OGM e seus derivados em desacordo com as normas estabelecidas pela CTNBio, pelos órgãos e entidades de registro e fiscalização, referidos no art. 16 desta Lei, e as constantes desta Lei e de sua regulamentação;

VI – liberação no meio ambiente de OGM ou seus derivados, no âmbito de atividades de pesquisa, sem a decisão técnica favorável da CTNBio e, nos casos de liberação comercial, sem o parecer técnico favorável da CTNBio, ou sem o licenciamento do órgão ou entidade ambiental responsável, quando a CTNBio considerar a atividade como potencialmente causadora de degradação ambiental, ou sem a aprovação do Conselho Nacional de Biossegurança — CNBS, quando o processo tenha sido por ele avocado, na forma desta Lei e de sua regulamentação;

VII – a utilização, a comercialização, o registro, o patenteamento e o licenciamento de tecnologias genéticas de restrição do uso.

Parágrafo único. Para os efeitos desta Lei, entende-se por tecnologias genéticas de restrição do uso qualquer processo de intervenção humana para geração ou multiplicação de plantas geneticamente modificadas para produzir estruturas reprodutivas estéreis, bem como qualquer forma de manipulação genética que vise à ativação ou desativação de genes relacionados à fertilidade das plantas por indutores químicos externos.

Contudo, a engenharia genética avança rapidamente e novas possibilidades de vida, em sua acepção mais ampla, são descobertas a cada dia.

Aqui há de ficar muito claro que a vida mencionada não é apenas vida do ser humano, mas sim toda espécie de vida existente no planeta, também ligadas à flora e à fauna.

A Lei de Biodiversidade dispõe sobre o acesso ao patrimônio genético, sobre a proteção e o acesso ao conhecimento tradicional associado e sobre a repartição de benefícios para conservação e uso sustentável da biodiversidade em nosso país.

São objetivos arrojados e que não podem prescindir de instrumentos adequados para que atinja plenamente seu escopo.

Apesar da importância que o tema tem hoje, não apenas em nosso país mas em todo o mundo, ainda não temos nenhuma espécie de tributo que tenha vocação específica para a preservação e defesa da diversidade e integridade do patrimônio genético de nosso país, o que abre um enorme campo para utilização de instrumentos tributários com essa finalidade.

Podemos até notar uma tendência do legislador brasileiro em criar taxas voltadas à fiscalização de certas atividades que representam violação a algumas espécies animais, por exemplo.

Estamos nos referindo especificamente à Lei n. 5.197/67, que dispõe sobre a proteção à fauna. Encontramos nessa lei a possibilidade de cobrança de licenças em diversas ocasiões, todas elas com o objetivo último de atender aos interesses da pessoa humana e, por que não dizer, do princípio fundamental da dignidade da pessoa humana.[(357)]

Mas como já afirmamos, no que tange ao patrimônio genético, ainda não temos nenhum instrumento tributário sendo utilizado para preservá-lo e defendê-lo para a atual e as futuras gerações. Não devemos aguardar que, casuisticamente, alguma norma disponha sobre a repartição de receitas tributárias e distribua recursos para atender à finalidade constitucional.

O patrimônio genético está diretamente relacionado à ideia de preservação e proteção da vida em suas mais amplas acepções, e por isso tem estreita ligação com o princípio da dignidade da pessoa humana, além de promover ações fundamentais para que os objetivos da República sejam plenamente atendidos.

Celso Pacheco Fiorillo e Renata Marques Ferreira citam diversos exemplos de tributos que poderiam ser instituídos com o objetivo específico de proteção e preservação da diversidade e integridade do nosso patrimônio genético. Pela extensão das sugestões, é recomendável a citação expressa de suas ideias:

> Quanto à instituição de taxas fundadas no poder de polícia, o valor arrecadado pode e deve ser revertido e direcionado à proteção e preservação ambiental, que revela em última e primeira análise a pessoa humana, com o atributo da dignidade, e mais a possibilidade de utilização dos chamados impostos regulatórios do mercado, como, por exemplo, o imposto de importação e o de exportação, a traduzir em dado momento a indicação mais adequada aos interesses da nação brasileira.
>
> Seria o caso de, por exemplo, aumentar o imposto de exportação de determinados componentes da fauna brasileira para impedir ou minimizar os efeitos nocivos e nefastos da chamada biopirataria, ou, ainda, diminuir o imposto de importação, estimulando a pesquisa e o desenvolvimento dos chamados alimentos transgênicos, quando, é claro, a ciência necessitar de matéria-prima que não esteja disponível no amplo espectro de espécimes brasileiras.

---

(357) Art. 3º É proibido o comércio de espécimes da fauna silvestre e de produtos e objetos que impliquem na sua caça, perseguição, destruição ou apanha.

§ 2º Será permitida mediante *licença da autoridade competente*, a apanha de ovos, lavras e filhotes que se destinem aos estabelecimentos acima referidos, bem como a destruição de animais silvestres considerados nocivos à agricultura ou à saúde pública.

Art. 13. Para exercício da caça, é obrigatória a *licença anual*, de caráter específico e de âmbito regional, expedida pela autoridade competente.

Art. 14. Poderá ser concedida a cientistas, pertencentes a instituições científicas, oficiais ou oficializadas, ou por estas indicadas, *licença especial para a coleta de material destinado a fins científicos*, em qualquer época.

> A possibilidade ainda de isenção de impostos relacionados ao desenvolvimento de atividades de pesquisa vinculadas à agricultura, à alimentação (consumo) e inexoravelmente ao auxílio a pesquisas vinculadas à área da saúde, com o incentivo concedido por meio de todo o amplo espectro oferecido pelo direito tributário no sentido de viabilizar pesquisas direcionadas a ajudar na descoberta da cura de doenças como o mal de Alzheimer, o mal de Parkinson e assim por diante. Verificamos, assim, que a partir de 1988 o direito tributário pode e deve contribuir ativamente para preservar e proteger a vida de brasileiros e estrangeiros residentes no País, destinatários das normas traduzidas pela Constituição de 1988 que tiveram o atributo da dignidade da pessoa humana alçado a fundamento da República Federativa do Brasil, repercutindo em todos os subsistemas que derivam e devem irrestrita obediência aos regramentos do Texto Maior. O direito tributário é, sem sombra de dúvida, um dos subsistemas que podem colaborar de forma mais direcionada para o atendimento do fundamento maior do Estado brasileiro.(358)

Passaremos agora à análise da tributação ambiental em face da energia e suas fontes.

Assim como o patrimônio genético e a biodiversidade, a energia também é um bem de uso comum de todos e essencial à sadia qualidade de vida de brasileiros e estrangeiros residentes no País, conforme disposto no art. 225 da Constituição Federal.

Mas a energia apresenta uma característica: ela é resultado de alguma atividade humana que extrai de um bem ambiental natural (ou recurso natural), renovável ou não, energia, que é bem transformador de vidas, produtos, serviços, enfim, essencial para a sadia qualidade de vida dos indivíduos.

Bem natural costuma ser compreendido como aquele que não pode ser criado pelo ser humano. Já recursos renováveis são aqueles que não se esgotam, como o sol, por exemplo. Não renováveis, por sua vez, são aqueles que podem se esgotar, como a água doce, espécies vegetais, minerais etc., sem possibilidade de renovação.

Voltando à questão da energia, ela pode ser produzida a partir de bens naturais renováveis ou não, como o vento, água corrente, minerais fósseis, plantas, bem como armazenada em matéria como os combustíveis fósseis (carvão mineral, gás, petróleo etc.). O Brasil possui não só uma grande reserva energética renovável, derivada da cana-de-açúcar como também a energia solar.

---

(358) *Direito Ambiental Tributário*, p. 197-198.

Em nossa Constituição Federal, ganha destaque e tratamento especial os bens ambientais naturais que têm vocação para a produção de energia. Essa constatação decorre da análise conjunta de diversas normas constitucionais e outras infraconstitucionais, demonstrando a importância que a energia tem no contexto de elemento indispensável à sadia qualidade de vida, pressuposto da dignidade da pessoa humana e realizador dos objetivos fundamentais da República.

Esse conjunto de normas já começa a ganhar o citado destaque no art. 20, que estabelece nos incisos I a XI, os recursos ambientais que pertencem à União, especialmente o inciso VIII, que dispõe expressamente que os potenciais de energia hidráulica são bens da União Federal, da mesma forma que no § 1º, assegura à União, aos estados, ao Distrito Federal e aos municípios a participação no resultado ou compensação financeira por exploração de petróleo, gás natural, recursos hídricos para fins de geração de energia elétrica e de outros recursos minerais.(359)

No art. 176,(360) também está expresso que as jazidas, em lavra ou não, e demais recursos minerais e os potenciais de energia hidráulica constituem propriedade distinta da do solo, para efeito de exploração ou aproveitamento, mas pertencem também à União.

Notamos que quase todos esses bens ambientais citados, quais sejam, petróleo, gás natural, recursos hídricos para fins de geração de energia elétrica e de outros recursos minerais têm potencial para produzir energia.

Mas o legislador constituinte também se preocupou em estabelecer a competência das pessoas políticas, seja para administrar ou para legislar sobre bens ambientais com essa vocação para produzir energia.

Nesse sentido, as normas veiculadas nos incisos XII e XIII, ambos do art. 21, dispõem sobre a competência da União para administrar esses bens ambientais ao limitar à União a exploração — direta ou mediante autorização, concessão ou permissão — dos serviços e instalações de energia elétrica e o aproveitamento energético dos cursos de água, em articulação com os estados onde se situam os potenciais hidroenergéticos.

---

(359) Art. 20. São bens da União:

VIII – os potenciais de energia hidráulica;

IX – os recursos minerais, inclusive os do subsolo;

§ 1º É assegurada, nos termos da lei, à União, aos Estados, ao Distrito Federal e aos Municípios a participação no resultado da exploração de petróleo ou gás natural, de recursos hídricos para fins de geração de energia elétrica e de outros recursos minerais no respectivo território, plataforma continental, mar territorial ou zona econômica exclusiva, ou compensação financeira por essa exploração. (Redação dada pela Emenda Constitucional n. 102, de 2019)

(360) Art. 176. As jazidas, em lavra ou não, e demais recursos minerais e os potenciais de energia hidráulica constituem propriedade distinta da do solo, para efeito de exploração ou aproveitamento, e pertencem à União, garantida ao concessionário a propriedade do produto da lavra.

Da mesma forma, assegura à União explorar exclusivamente os serviços e instalações nucleares de qualquer natureza e exercer monopólio estatal sobre a pesquisa, a lavra, o enriquecimento e reprocessamento, a industrialização e o comércio de minérios nucleares e seus derivados.(361)

O legislador constituinte também optou em estabelecer competência legislativa privativa da União para legislar sobre águas, energia, jazidas, minas e outros recursos minerais, ou seja, recursos naturais, tudo nos termos do art. 22, incisos IV e XII.(362)

Todo esse conjunto normativo que acabamos de apresentar revela as inúmeras possibilidades de critérios materiais de possíveis hipóteses de incidência à disposição do legislador, caso faça a opção em utilizar cada vez mais instrumentos tributários para a proteção e preservação do meio ambiente. E essa multiplicidade enorme de opções, quando comparadas com o que temos efetivamente de produção legislativa em matéria tributária ambiental, justifica nossa dúvida principal investigada neste trabalho, qual seja, se existe ou não um subsistema de direito tributário ambiental no Brasil.

Um dos pontos fundamentais deste trabalho é que as fontes de energia, assim como outros bens ambientais consagrados pela Constituição Federal de 1988, bens públicos de uso comum e de titularidade do povo brasileiro, ao serem tributados, deveriam estar articulados e inseridos em um contexto mais amplo, norteado por uma política de Estado realizadora dos princípios e objetivos fundamentais da República, expressos nos arts. 1º e 3º da Constituição Federal.

Mas voltando à tributação sobre a energia, as mais comuns são aquelas que gravam o etanol e petróleo, bens de uso comum e pertencentes ao povo brasileiro, especialmente por meio do ICMS, bem como o imposto de importação e o imposto de exportação, tudo nos termos do § 3º, do art. 155, especialmente quando se referem à tributação incidente sobre operações relativas a energia elétrica, derivados de petróleo, combustíveis e minerais:

> Art. 155. Compete aos Estados e ao Distrito Federal instituir impostos sobre:
>
> (...)

---

(361) Art. 21. Compete à União:

XII – explorar, diretamente ou mediante autorização, concessão ou permissão:

b) os serviços e instalações de energia elétrica e o aproveitamento energético dos cursos de água, em articulação com os Estados onde se situam os potenciais hidroenergéticos;

(...)

XIII – explorar os serviços e instalações nucleares de qualquer natureza e exercer monopólio estatal sobre a pesquisa, a lavra, o enriquecimento e reprocessamento, a industrialização e o comércio de minérios nucleares e seus derivados, atendidos os seguintes princípios e condições:

(362) Art. 22. Compete privativamente à União legislar sobre:

IV – águas, energia, informática, telecomunicações e radiodifusão;

(...)

XII – jazidas, minas, outros recursos minerais e metalurgia;

§ 3º À exceção dos impostos de que tratam o inciso II do *caput* deste artigo(363) e o art. 153, I e II,(364) nenhum outro imposto poderá incidir sobre operações relativas a energia elétrica, serviços de telecomunicações, derivados de petróleo, combustíveis e minerais do País. *(Redação dada pela Emenda Constitucional n. 33, de 2001)*

Estamos, portanto, diante de uma norma que restringe a espécie impostos, como único instrumento tributário que poderá ser utilizado para instituir tributo ambiental incidente sobre operações relativas a energia elétrica, derivados de petróleo, combustíveis e minerais, tributos que ao serem instituídos terão natureza de tributo ambiental, caso também respeitem e tenham como sustentação os princípios do desenvolvimento sustentável, da prevenção e do poluidor-pagador, dentre outros.

Não foi apenas a Constituição Federal que se ocupou da tutela de bens ambientais naturais para a produção de energia em nosso país. A legislação infraconstitucional também é rica nesse sentido. As principais iniciativas são a Lei n. 6.938/81, que dispõe sobre a Política Nacional do Meio Ambiente, seus fins e mecanismos de formulação e aplicação, e a Lei n. 9.478/97, que dispõe sobre a política energética nacional, as atividades relativas ao monopólio do petróleo, institui o Conselho Nacional de Política Energética e a Agência Nacional do Petróleo, e dá outras providências e, ainda, a Lei n. 9.985/2000, que regulamenta o art. 225, § 1º, incisos I, II, III e VII da Constituição Federal, instituindo o Sistema Nacional de Unidades de Conservação da Natureza.

Carece, ainda, de regulamentação específica apenas o inciso VIII do referido § 1º, do art. 225, inserido na Constituição Federal por meio da Emenda Constitucional n. 132/2023.

O que se destaca nessas leis acima mencionadas são as definições de meio ambiente e de recursos ambientais, no caso da Lei n. 6.938/81, em seu art. 3º, incisos I e V.(365) Já a Lei n. 9.478/97 dispõe expressamente que toda política nacional, ou seja, a política de Estado, voltada para o aproveitamento racional das fontes de energia, tem

(363) II – operações relativas à circulação de mercadorias e sobre prestações de serviços de transporte interestadual e intermunicipal e de comunicação, ainda que as operações e as prestações se iniciem no exterior.

(364) Art. 153. Compete à União instituir impostos sobre:

I – importação de produtos estrangeiros;

II – exportação, para o exterior, de produtos nacionais ou nacionalizados;

(365) Art. 3º – Para os fins previstos nesta Lei, entende-se por:

I – meio ambiente, o conjunto de condições, leis, influências e interações de ordem física, química e biológica, que permite, abriga e rege a vida em todas as suas formas;

(...)

V – recursos ambientais: a atmosfera, as águas interiores, superficiais e subterrâneas, os estuários, o mar territorial, o solo, o subsolo, os elementos da biosfera, a fauna e a flora.

como objetivo proteger o meio ambiente e promover a conservação de energia a teor do disposto no inciso IV, do art. 1º, da referida lei.(366)

Essa lei ainda reforça o conceito de que os depósitos de petróleo, gás natural e outros hidrocarbonetos fluidos existentes no território nacional pertencem à União.

As atividades de exploração e comercialização dos bens ambientais petróleo, gás e biocombustíveis, fontes de energia largamente utilizadas no Brasil, são fiscalizados pela Agência Nacional de Petróleo.

E esse exercício do poder de polícia de fiscalização é exercido por essa agência, que também tem como finalidade promover a regulação, a contratação e a fiscalização das atividades econômicas integrantes da indústria do petróleo, do gás natural e dos biocombustíveis.(367)

Mas como são financiadas as atividades de fiscalização da ANP? De acordo com o art. 15, da Lei n. 9.478/1997, constituem receitas da agência as dotações consignadas no Orçamento Geral da União, créditos especiais, transferências e repasses que lhe forem conferidos; parcela das participações governamentais referidas nos incisos I e III do art. 45 desta Lei, de acordo com as necessidades operacionais da ANP, consignadas no orçamento aprovado; os recursos provenientes de convênios, acordos ou contratos celebrados com entidades, organismos ou empresas, excetuados os referidos no inciso anterior; as doações, legados, subvenções e outros recursos que lhe forem destinados; o produto dos emolumentos, taxas e multas previstos na legislação específica, os valores apurados na venda ou locação dos bens móveis e imóveis de sua propriedade, bem como os decorrentes da venda de dados e informações técnicas, inclusive para fins de licitação, ressalvados os referidos no § 2º do art. 22 desta Lei.(368)

---

(366) Art. 1º As políticas nacionais para o aproveitamento racional das fontes de energia visarão aos seguintes objetivos:

IV – proteger o meio ambiente e promover a conservação de energia;

(367) Lei n. 9.478/97, art. 8º A ANP terá como finalidade promover a regulação, a contratação e a fiscalização das atividades econômicas integrantes da indústria do petróleo, do gás natural e dos biocombustíveis (...).

(368) Art. 15. Constituem receitas da ANP:

I – as dotações consignadas no Orçamento Geral da União, créditos especiais, transferências e repasses que lhe forem conferidos;

II – parcela das participações governamentais referidas nos incisos I e III do art. 45 desta Lei, de acordo com as necessidades operacionais da ANP, consignadas no orçamento aprovado;

III – os recursos provenientes de convênios, acordos ou contratos celebrados com entidades, organismos ou empresas, excetuados os referidos no inciso anterior;

IV – as doações, legados, subvenções e outros recursos que lhe forem destinados;

V – o produto dos emolumentos, taxas e multas previstos na legislação específica, os valores apurados na venda ou locação dos bens móveis e imóveis de sua propriedade, bem como os decorrentes da venda de dados e informações técnicas, inclusive para fins de licitação, ressalvados os referidos no § 2º do art. 22 desta Lei.

Dentre todas essas receitas, interessa-nos aquela resultante de taxas expressamente previstas no inciso V, do art. 15, porque já houve uma iniciativa na Câmara dos Deputados em instituir algumas taxas. A iniciativa foi feita por meio do PL 2.450/2003, em que a proposta era criar uma taxa de autorização, uma taxa de fiscalização e uma taxa de registro. Referido projeto de lei não foi aprovado e acabou sendo arquivado em 31 de janeiro de 2007, denotando a dificuldade na aprovação daquelas que seriam taxas de natureza ambiental.

Enfim, de todo o exposto, reafirmamos que o conjunto de normas constitucionais e infraconstitucionais[(369)] sobre energia deixa clara sua natureza de bem público ambiental de uso comum e essencial à sadia qualidade de vida de todos que residem neste país.

Por outro lado, fica evidente que a Lei n. 6.938/89, com a redação dada pela Lei n. 10.165/2000, é tímida no que diz respeito à indicação dos instrumentos tributários a serem utilizados pela política nacional do meio ambiente, pois só trouxe a previsão da taxa de licenciamento ambiental referente ao disposto no art. 10 da Lei n. 6.938/81 (com valor determinado no item II, do subitem 1, do anexo dessa mesma lei) e a Taxa de controle e fiscalização ambiental — TCFA —, expressamente prevista no art. 17-B, cobrada pela fiscalização do IBAMA no seu exercício do poder de polícia.

(369) Lei n. 9.478/97 com redação dada pela Lei n. 11.097/2005.

Capítulo 13

Isenções Extrafiscais

A doutrina tradicional, representada inicialmente por Rubens Gomes de Souza e Amílcar de Araújo Falcão, conceitua a isenção como dispensa legal do pagamento do tributo. Para aqueles que adotam esse conceito, ocorre o fato gerador, nasce a obrigação tributária e, posteriormente, a lei dispensa do pagamento do tributo.

Adotando conceito diverso do tradicional, Paulo de Barros Carvalho entende que não ocorre o fenômeno da incidência quando o fato é isento, o que o leva a afirmar que por esse motivo não ocorre o fato jurídico tributário, tampouco nasce a obrigação tributária. E conclui: "Importa salientar, para os fins deste estudo, que a norma isentiva tem objetivo determinado: mutilar, parcialmente, a regra-matriz de incidência tributária".[370]

Observamos, então, que Paulo de Barros Carvalho analisa o tema dando enfoque especial ao fato de que a norma de isenção existe para inibir, neutralizar um ou mais dos critérios da regra-matriz de incidência tributária.

Roque Antonio Carraza defende que a norma que isenta e a norma que tributa convivem em harmonia, formando apenas uma norma jurídico-tributária. E chega a essa conclusão citando conceito proposto por Eliud José Pinto da Costa, segundo o qual "não há uma norma jurídica tributária (anterior) e uma norma jurídica isentiva (posterior). O que há, sim, é a resultante das leis tributárias e das leis isentivas, que é a norma jurídica tributária com a conformação que estas lhe imprimiram". E conclui Roque: "Percebemos, pois, que a lei isentiva, ao contrário do que se apregoa, não mutila (senão metaforicamente) a norma jurídica tributária. Apenas lhe empresta novas feições".[371]

Ganhou força também o conceito de isenção como hipótese de não incidência legalmente qualificada, nos termos desenvolvidos por José Souto Maior Borges.[372] Segundo o professor pernambucano, há duas normas distintas com pressupostos de incidência diferentes também a serem comparados, quando o tema isenção é estudado: a norma obrigacional e a norma isentante. Quando incide a norma obrigacional, afasta-se a isenção.

---

(370) CARVALHO, Paulo de Barros. "Isenções Tributárias do IPI, em Face do Princípio da Não Cumulatividade". *Revista Dialética de Direito Tributário*, n. 33, Dialética, São Paulo, jun. 1998. "Isenções", p. 157.

(371) *Curso de direito constitucional tributário*, p. 383.

(372) BORGES, José Souto Maior. *Teoria geral da isenção tributária*. 3. ed. 3. tir. São Paulo: Malheiros, 2011. p. 119-201.

Por outro lado, incidindo a norma de isenção, impossível incidir a norma obrigacional, pois uma exclui a outra.

Paulo de Barros Carvalho critica esse conceito de isenção como hipótese de não incidência legalmente qualificada, argumentando que a tese carrega o vício da definição pela negativa e não explica como ocorre a harmonização com a norma de incidência.

Refutando essa crítica do Prof. Paulo de Barros Carvalho em outro momento de reflexão, José Souto Maior Borges,(373) que já tratava a definição de isenção como hipótese de não incidência das normas obrigacionais tributárias, afirmou que:

> se for afastada a literalidade da expressão: "hipótese de não incidência da norma tributária" ela pode ser reconduzida a estoutra: "hipótese de incidência de isenção". Nenhuma definição, portanto, pela negativa, insista-se. E se houvesse, não implicaria contraindicação lógica.

E assim finaliza seu pensamento:

> Não há motivo plausível para invalidar, no plano lógico, proposição negativa redutível a proposição afirmativa. A isenção é hipótese de não incidência da norma obrigacional tributária e simetricamente a norma obrigacional tributária é hipótese de não incidência da norma isencional. A simetria aí é patente. Se isenção, então não obrigação, se obrigação, então não isenção.(374)

Particularmente entendo que existe uma norma de isenção que atinge diretamente o dever jurídico de o contribuinte satisfazer a obrigação tributária mediante o pagamento do débito tributário, afetando e desfigurando a relação jurídica estabelecida entre o sujeito ativo e o sujeito passivo, conforme disposto no consequente da regra matriz de incidência do tributo.

Embora o dever jurídico de pagar o tributo seja afetado diretamente, essa afetação sempre se dará mediante a exclusão de um dos critérios da regra-matriz de incidência tributária, promovida pela incidência da regra de isenção.

Para fins ambientais, as isenções tributárias também têm que ser utilizadas para a promoção da defesa e preservação do meio ambiente ecologicamente equilibrado. Fugimos aqui do lugar comum que coloca as isenções extrafiscais apenas como instrumento de intervencionismo ou promoção do desenvolvimento econômico.

---

(373) *Teoria geral da isenção tributária*, p. 204.

(374) *Teoria geral da isenção tributária*, p. 206.

Isso ocorre porque a isenção é utilizada como instrumento tributário de política ambiental também e não apenas como instrumento de política socioeconômica.

Como não poderia deixar de ser, aqui também se cogita da questão da possível violação do princípio da isonomia.

Entendemos que não existe essa suposta violação porque estamos diante da situação típica em que todos os contribuintes que se encontrarem na mesma situação e preencherem os requisitos da isenção, se beneficiarão dela.

Assim, se a isenção resultar em tratamento favorecido para um determinado grupo de contribuintes, em razão de atividades que resultem em preservação e defesa do meio ambiente ecologicamente equilibrado, não há que se falar em violação ao princípio da isonomia ou igualdade. Pelo contrário.

A isenção, como norma indutora de condutas, extrafiscal, deve servir de estímulo para que outros contribuintes procurem preencher os requisitos da isenção e assegurem a redução do ônus fiscal para si também.

Diversos exemplos de isenção extrafiscal com caráter de proteção ambiental são encontrados em nosso ordenamento jurídico. É o caso da Lei n. 5.106/66, que em seu art. 1º dispõe expressamente que "as importâncias empregadas em florestamento e reflorestamento poderão ser abatidas ou descontadas nas declarações de rendimento das pessoas físicas e jurídicas, residentes ou domiciliados no Brasil, atendidas as condições estabelecidas na presente lei".(375)

Outro exemplo é a Lei n. 8.171/91, que dispõe sobre a política agrícola. Essa referida lei, no art. 104, dispõe que são isentas de tributação e do pagamento do Imposto Territorial Rural as áreas dos imóveis rurais consideradas de preservação permanente e de reserva legal, previstas na Lei n. 4.771, de 1965, com a nova redação dada pela Lei n. 7.803, de 1989. O parágrafo único desse mesmo artigo amplia a hipótese de isenção,

(375) Art. 1º As importâncias empregadas em florestamento e reflorestamento poderão ser abatidas ou descontadas nas declarações de rendimento das pessoas físicas e jurídicas, residentes ou domiciliados no Brasil, atendidas as condições estabelecidas na presente lei.

§ 1º Revogado pelo Decreto-lei n. 1.338, de 1974.

§ 2º No cálculo do rendimento tributável previsto no art. 53 da Lei número 4.504, de 30 de novembro de 1964, não se computará o valor das reservas florestais, não exploradas ou em formação.

§ 3º As pessoas jurídicas poderão descontar do imposto de renda que devam pagar, até 50% (cinquenta por cento) do valor do imposto, as importâncias comprovadamente aplicadas em florestamento ou reflorestamento, que poderá ser feito com essências florestais, árvores frutíferas, árvores de grande porte e relativas ao ano-base do exercício financeiro em que o imposto for devido.

§ 4º O estímulo fiscal previsto no parágrafo anterior poderá ser concedido, cumulativamente, com os de que tratam as Leis ns. 4.216, de 6 de maio de 1963, e 4.869, de 1 de dezembro de 1965, desde que não ultrapasse, em conjunto, o limite de 50% (cinquenta por cento) do imposto de renda devido.

ao dispor que a isenção do Imposto Territorial Rural (ITR) se estende às áreas da propriedade rural de interesse ecológico para a proteção dos ecossistemas, assim declarados por ato do órgão competente federal ou estadual, e que ampliam as restrições de uso previstas no *caput* desse artigo.(376)

Temos também a Lei n. 12.305/10,(377) a qual instituiu a Política Nacional de Resíduos Sólidos. Nessa lei, cujo objetivo é o desenvolvimento sustentável, incentivos fiscais são expressamente citados como instrumentos da política ambiental em questão.(378)

Na cidade de São Paulo, o Decreto municipal n. 51.357/2010, em seus arts. 36 e 37, também cuidam de hipóteses de isenção com caráter ambiental, quando atendidos os requisitos do Decreto:

> Art. 36. Os imóveis revestidos de vegetação arbórea, declarada de preservação permanente ou perpetuada nos termos do art. 6º do Código Florestal, terão um desconto de até 50% (cinquenta por cento) no imposto, aplicado em consonância com o índice de

---

(376) Art. 104. São isentas de tributação e do pagamento do Imposto Territorial Rural as áreas dos imóveis rurais consideradas de preservação permanente e de reserva legal, previstas na Lei n. 4.771, de 1965, com a nova redação dada pela Lei n. 7.803, de 1989.

Parágrafo único. A isenção do Imposto Territorial Rural (ITR) estende-se às áreas da propriedade rural de interesse ecológico para a proteção dos ecossistemas, assim declarados por ato do órgão competente federal ou estadual e que ampliam as restrições de uso previstas no caput deste artigo.

(377) Art. 8º São Instrumentos da Política Nacional de Resíduos Sólidos, entre outros:

IX – os incentivos fiscais, financeiros e creditícios;

(...)

Art. 44. A União, os Estados, o Distrito Federal e os Municípios, no âmbito de suas competências, poderão instituir normas com o objetivo de conceder incentivos fiscais, financeiros ou creditícios, respeitadas as limitações da Lei Complementar no 101, de 4 de maio de 2000 (Lei de Responsabilidade Fiscal), a:

I – indústrias e entidades dedicadas à reutilização, ao tratamento e à reciclagem de resíduos sólidos produzidos no território nacional;

II – projetos relacionados à responsabilidade pelo ciclo de vida dos produtos, prioritariamente em parceria com cooperativas ou outras formas de associação de catadores de materiais reutilizáveis e recicláveis formadas por pessoas físicas de baixa renda;

III – empresas dedicadas à limpeza urbana e a atividades a ela relacionadas.

(378) Art. 8º São instrumentos da Política Nacional de Resíduos Sólidos, entre outros:

IX – os incentivos fiscais, financeiros e creditícios;

(...)

Art. 44. A União, os Estados, o Distrito Federal e os Municípios, no âmbito de suas competências, poderão instituir normas com o objetivo de conceder incentivos fiscais, financeiros ou creditícios, respeitadas as limitações da Lei Complementar n. 101, de 4 de maio de 2000 (Lei de Responsabilidade Fiscal), a:

I – indústrias e entidades dedicadas à reutilização, ao tratamento e à reciclagem de resíduos sólidos produzidos no território nacional;

II – projetos relacionados à responsabilidade pelo ciclo de vida dos produtos, prioritariamente em parceria com cooperativas ou outras formas de associação de catadores de materiais reutilizáveis e recicláveis formadas por pessoas físicas de baixa renda;

III – empresas dedicadas à limpeza urbana e a atividades a ela relacionadas.

área protegida, pela utilização da seguinte fórmula (art. 17 da Lei n. 10.365, de 22.09.87): Desconto no Imposto Territorial Urbano (%) = área protegida do imóvel x 50 área total do imóvel

(...)

Art. 37. Fica concedido desconto de 50% (cinquenta por cento) no Imposto Territorial Urbano incidente sobre os terrenos considerados não construídos, nos termos dos incisos I, II e IV do art. 26 desta Consolidação, localizados na Área de Proteção aos Mananciais, definida nas Leis Estaduais n.s 898, de 18 de dezembro de 1975 e 1.172, de 17 de novembro de 1976 (art. 2º da Lei n. 11.338, de 30.12.92).

Outros municípios também utilizam a estratégia da isenção para reduzir o imposto a pagar, IPTU no caso, em situações que visam à preservação dos bens ambientais. Vejamos agora o exemplo do município do Rio de Janeiro, que trata da matéria no art. 12, incisos I e III, do Decreto n. 14.327/95:

Art.12. Estão isentos do Imposto sobre a Propriedade Predial e Territorial Urbana:

I – os imóveis de interesse histórico, cultural ou ecológico, ou de preservação paisagística e ambiental, assim reconhecidos pelo órgão municipal competente, com observância da legislação específica, respeitadas as características do prédio;

(...)

III – as áreas que constituam reserva florestal, definidas pelo Poder Público, e as áreas com mais de 10.000m2 (dez mil metros quadrados) efetivamente ocupadas por florestas;

O município de Manaus, como não poderia deixar de ser, também cuida da isenção com caráter ambiental. Nesse município, é o Decreto n. 3.748/2017 que regulamenta a Lei n. 1.628/2011, que dispõe sobre o Imposto sobre a Propriedade Predial e Territorial Urbana — IPTU incidente sobre as chamadas Reservas Particulares do Patrimônio Natural — RPPN. As disposições estão expressas nos arts. 16 e 17:

Art. 16. A área do imóvel reconhecida pelo Poder Público Municipal como Reserva Particular do Patrimônio Natural — RPPN, nos termos da Lei n. 886, de 14 de outubro de 2005, está isenta do pagamento do IPTU, devendo o contribuinte observar os seguintes procedimentos:

(...)

Art. 17. Ficam isentos do pagamento do IPTU, pelo prazo de 03 (três) anos, os imóveis de interesse histórico ou cultural, assim reconhecidos pelo órgão municipal competente, que tenham suas fachadas e coberturas restauradas em suas características arquitetônicas originais, mediante requerimento dirigido ao setor competente da SEMEF, instruído com a seguinte documentação:

Interessante observar que o município de Manaus também se preocupou em tutelar os chamados bens ambientais cultural e artificial, conforme disposição expressa do art. 17 da citada lei. E assim, inúmeros municípios brasileiros usam a técnica da isenção extrafiscal para preservar e defender o meio ambiente.

Capítulo 14

Tributação Ambiental como Instrumento de Política Pública

Antes de chegarmos ao derradeiro capítulo de nosso trabalho, em que a principal dúvida suscitada e posta desde o início será devidamente respondida, teceremos algumas importantes considerações sobre a relação entre tributos e política pública.

Já começamos definindo a premissa que norteia nosso pensamento: políticas públicas adequadas devem ser adotadas para reduzir as desigualdades e promover uma sociedade mais justa e equilibrada, especialmente mediante a distribuição de riqueza.

Vamos agora ao conceito de política pública construído por Flávia Sousa Dantas Pinto:

> Políticas públicas são decisões coletivamente vinculantes eletivas de prioridades, que direcionam e coordenam as atividades públicas e privadas envolvidas nas medidas adotadas para sua implementação, com a finalidade de universalização das possibilidades de inclusão nos subsistemas sociais, mediante o estímulo à inclusão individual e de terceiros, a remoção de obstáculos ao gozo de direitos fundamentais e, portanto, por intermédio da recomposição de mecanismos subsistêmicos deficientes ou insuficientes para o cumprimento deste mister, medidas essas instrumentalizadas e controladas pelo sistema jurídico, financiadas (com recursos públicos e/ou privados) e avaliadas pelo sistema econômico e que comportam aferição de legitimidade pelo aspecto democrático de sua concepção, pela legalidade da vinculação e da adequação entre os meios e fins constatável do ponto de vista normativo e pela eficiência, eficácia e efetividade das respostas dadas a esse específico problema social.[379]

Diante do exposto, sustentaremos que um tributo poderá receber o adjetivo "ambiental", na medida em que for instrumento de implementação e concretização de

---

(379) PINTO, Flávia Sousa Dantas. *Tributos, tribunos, tribunais e policies:* uma análise sistêmica da participação estratégica dos tributos nas políticas públicas. Tese (Doutorado) – Pontifícia Universidade Católica de São Paulo, São Paulo, 2010. p. 335.

uma política pública voltada à preservação e defesa do direito fundamental ao meio ambiente ecologicamente saudável e equilibrado, promoção e desenvolvimento sustentável do meio ambiente, ampliando as possibilidades de inclusão social mediante a garantia do "mínimo existencial" para uma vida digna saudável, em uma sociedade livre, justa e solidária, onde possa ser almejado o desenvolvimento nacional, a erradicação da pobreza e da marginalização, bem como a redução das desigualdades sociais e regionais, assim como a promoção do bem de todos, sem preconceitos de origem, raça, sexo, cor, idade e quaisquer outras formas de discriminação.

Em outras palavras, uma norma tributária ganhará esse adjetivo ambiental quando ela efetivamente exercer uma função tributária ambiental.

Mas uma importante advertência foi feita por Flávia Sousa Dantas Pinto a respeito da concretização de direitos fundamentais por meio de políticas públicas. A autora afirma que "as políticas públicas não são responsáveis pela concretização dos direitos fundamentais ou pela satisfação mínima de requisitos de inclusão social, mas pelo alargamento dos efeitos dessa concretização".(380)

Essa afirmação faz todo o sentido porque ainda que as políticas públicas sejam gerais e abstratas, dirigidas indistintamente a toda a sociedade, inúmeras características e condições pessoais de cada cidadão, diferenças culturais, particularidades regionais entre tantos outros fatores, exercem influência no resultado e na efetividade de uma política pública.

Almejar o máximo possível ou o mínimo existencial para o maior número possível de pessoas deve ser a meta de qualquer política pública, e é a busca pela totalidade — ainda que utópica, sob o ponto de vista prático, diante de todas as diversidades e diferenças econômicas, sociais e culturais do povo brasileiro — que resultará no alargamento dos efeitos de sua concretização.

Assim, políticas públicas têm um caráter de generalidade e são potencializadoras de inclusão social. Isso significa que, se por um lado, a política pública em si não é responsável pela concretização direta de direitos fundamentais — o que pode ser materializado independentemente de políticas públicas — ela potencializa os efeitos da concretização alcançando o maior número de pessoas.

Nesse sentido, entendemos que é do próprio sistema a existência de desigualdades, as quais, segundo Thomas Piketty, não são necessariamente um mal, desde que ela seja

(380) "Tributos, tribunos, tribunais e policies: uma análise sistêmica da participação estratégica dos tributos nas políticas públicas", p. 334.

justificada e apresente razões concretas para sua existência. Ainda sobre desigualdade, ele afirmou:

> a reascenção da desigualdade depois dos anos 1970-1980 se deve, em parte às mudanças políticas oriundas nas últimas décadas, principalmente no que tange à tributação e às finanças". E continuou: "A história da desigualdade é moldada pela forma como os atores políticos, sociais e econômicos enxergam o que é justo e o que não é, assim como pela influência relativa de cada um desses atores e pelas escolhas coletivas que disso decorrem. Ou seja, ela é fruto da combinação do jogo de forças de todos os atores envolvidos. [381]

Retornando à questão tributária — inspiradora do título deste trabalho, inclusive — nossa compreensão de que os tributos são instrumentos efetivos e concretos para dar plenitude às políticas públicas ambientais decorre do fato de que, qualquer política pública é implementada mediante várias decisões políticas que escolhem as medidas, técnicas e instrumentos que estejam dentro de suas competências, para atender às finalidades da política pública.

O exercício das competências tributárias é uma dessas aptidões do ente público que o autoriza a eleger os tributos como instrumento de realização de suas políticas públicas, seja na função fiscal de geração de receitas para implementar suas ações ou na função extrafiscal, induzindo comportamentos compatíveis com a política pública.

Em tese, caso a cidadania fiscal ganhe realmente efetividade a partir da reforma tributária promovida pela Emenda Constitucional n. 132/2023, espera-se uma maior participação do cidadão, inclusive, na definição das políticas públicas, sobretudo em razão do princípio da transparência fiscal, que visa estimular, entre outras coisas, a participação do contribuinte em debates dessa natureza, já que qualquer política pública envolve medidas de implementação, execução e avaliação, especialmente do cidadão.

14.1. Fundamento de validade das políticas públicas

As políticas públicas costumam encontrar seu fundamento de validade nas normas programáticas, nos princípios gerais do direito, nos direitos fundamentais ou em outras políticas públicas. Cada um desses fundamentos pode ser utilizado isolada ou conjuntamente.

Normas programáticas e princípios gerais costumam ser os fundamentos mais comuns das políticas públicas.

---

(381) PIKETTY, Thomas. *O capital no século XXI*. Rio de Janeiro: Intrínseca, 2014. p. 27.

Assim o STF tem se manifestado a respeito das normas programáticas:

> O direito à saúde — além de qualificar-se como direito fundamental que assiste a todas as pessoas — representa consequência constitucional indissociável do direito à vida. O poder público, qualquer que seja a esfera institucional de sua atuação no plano da organização federativa brasileira, não pode mostrar-se indiferente ao problema da saúde da população, sob pena de incidir, ainda que por censurável omissão, em grave comportamento inconstitucional. A interpretação da norma programática não pode transformá-la em promessa constitucional inconsequente. O caráter programático da regra inscrita no art. 196 da Carta Política — que tem por destinatários todos os entes políticos que compõem, no plano institucional, a organização federativa do Estado brasileiro — não pode converter-se em promessa constitucional inconsequente, sob pena de o poder público, fraudando justas expectativas nele depositadas pela coletividade, substituir, de maneira ilegítima, o cumprimento de seu impostergável dever, por um gesto irresponsável de infidelidade governamental ao que determina a própria Lei Fundamental do Estado. (...) O reconhecimento judicial da validade jurídica de programas de distribuição gratuita de medicamentos a pessoas carentes, inclusive àquelas portadoras do vírus HIV/aids, dá efetividade a preceitos fundamentais da Constituição da República (arts. 5º, *caput*, e 196) e representa, na concreção do seu alcance, um gesto reverente e solidário de apreço à vida e à saúde das pessoas, especialmente daquelas que nada têm e nada possuem, a não ser a consciência de sua própria humanidade e de sua essencial dignidade. Precedentes do STF.(382)

Muitos doutrinadores questionam a juridicidade normativa das normas programáticas. Paulo Bonavides informa que a crítica "se concentra em três pontos que ela julga extremamente vulneráveis: o fato de as normas programáticas terem por conteúdo princípios implícitos do ordenamento jurídico, a circunstância de enunciarem programas políticos não vinculantes e, finalmente, estamparem fórmula tão genérica, vaga e abstrata, que parecem escapar a toda aplicação positiva".(383)

A crítica que se faz às normas programáticas, especialmente a generalidade de suas proposições prescritivas, podem explicar as lacunas que ainda devem ser preenchidas pela legislação infraconstitucional ou a dificuldade em se estabelecer todos os elementos de um subsistema tributário ambiental.

Paulo Bonavides traz o conceito de normas programáticas desenvolvido pelo italiano Crisafulli, em que é destacado o programa de ação veiculado pela norma programática constitucional:

> Nesta acepção, programáticas se dizem aquelas normas jurídicas com o que o legislador, ao invés de regular imediatamente um certo objeto, preestabelece a si mesmo um programa de ação, com respeito ao próprio objeto,

---

(382) RE 271.286 AgR, rel. Min. Celso de Mello, j. 12.9.2000, 2ª T., *DJ* de 24.11.2000. No mesmo sentido, os seguintes julgados: STA 175 AgR, rel. Min. Gilmar Mendes, j. 17.3.2010, P, *DJE* de 30.4.2010; RE 668.722 AgR, rel. Min. Dias Toffoli, j. 27.8.2013, 1ª T., *DJE* de 25.10.2013; AI 734.487 AgR, relª. Minª. Ellen Gracie, j. 3.8.2010, 2ª T., *DJE* de 20.8.2010.

(383) BONAVIDES, Paulo. *Curso de direito constitucional.* 13. ed. rev. e ampl. 2. tir. São Paulo: Malheiros, 2003. p. 246.

> obrigando-se a dele não se afastar sem um justificado motivo. Com referência àquelas postas não numa lei qualquer, mas numa Constituição do tipo rígido, qual a vigente entre nós, pode e deve dar-se um passo adiante, definindo como programáticas as normas constitucionais, mediante as quais um programa de ação é adotado pelo Estado e cometido aos seus órgãos legislativos, de direção política e administrativa, precisamente como programa que obrigatoriamente lhe incumbe realizar nos modos e formas da respectiva atividade. Em suma, um programa político, encampado pelo ordenamento jurídico e traduzido em termos de normas constitucionais, ou seja, provido de eficácia prevalente com respeito àquelas normas legislativas ordinárias: subtraído, portanto, às mutáveis oscilações e à variedade de critérios e orientações de partido e de governo e assim obrigatoriamente prefixados pela Constituição como fundamento e limite destes.(384)

Diante do que foi exposto, podemos afirmar que o art. 225 da Constituição Federal de 1988, que traz explicitamente em seu conteúdo o direito fundamental ao meio ambiente, e não um princípio constitucional, é uma norma programática?

Segundo esse pensamento do italiano Crisafulli, exposto por Paulo Bonavides, o art. 225 da Constituição Federal de 1988 é uma norma programática em sua essência, na medida em que estabelece diversos programas de ação, que veiculam programas de Estado e não programas de governo, estes sim sujeitos a caprichos, vaidades e até desejos pessoais de alguns políticos e/ou de seus próprios partidos, programas que são alterados e interrompidos até com certa facilidade.

De forma diversa, os programas de Estado que marcam as normas constitucionais programáticas devem ser encampados pelo ordenamento jurídico mediante a produção de normas jurídicas que reiteram o caráter de estabilidade e longevidade das políticas de Estado.

14.2. Finalidades das políticas públicas

Afinal, para que servem as políticas públicas de Estado, quais os fins perseguidos?

Flávia Sousa Dantas Pinto(385) afirma que as políticas públicas são respostas à necessidade de universalização da inclusão social. Nesse sentido, afirma:

> Essas respostas surgem no sistema político, mediante uma compreensão social democratizada pela distribuição efetiva do poder, de modo a permitir

(384) *Curso de direito constitucional*, p. 248-249.

(385) "Tributos, tribunos, tribunais e policies: uma análise sistêmica da participação estratégica dos tributos nas políticas públicas", p. 330.

> o ingresso dos mais diversos e heterogêneos reclames sociais em sua composição, respeitando-se o consenso quanto aos procedimentos envolvidos e sem destruir as diferenças que marcam a sociedade contemporânea. Tecnicamente considerando, as políticas públicas não seriam um instrumento da Política ou do Estado, mas a própria política em atividade, por constituírem, essencialmente, decisões coletivamente vinculantes eletivas de uma finalidade a ser perseguida, normalmente (mas não exclusivamente) constante de uma norma programática e necessariamente comprometida com a eficácia ou suficiência de meios necessários ao gozo integral dos direitos fundamentais e, portanto, com a remoção de obstáculos que se interponham aos mesmos, universalizando-se, assim, as possibilidades de inserção nos mais diversos subsistemas sociais. Além das normas programáticas, outros dispositivos constitucionais podem servir de fundamento para a concretização das políticas públicas, como os princípios fundamentais contidos no art. 1º da Constituição Federal, os objetivos fundamentais encerrados no art. 3º, ou os direitos fundamentais espalhados em todo o texto constitucional, a exemplo daqueles veiculados pelo art. 5º.

Estamos de acordo com essa finalidade de universalização da inclusão social, mais especificamente, com o alargamento das possibilidades.

Mas entendemos que inclusão social, como expressão linguística, é um termo muito amplo, que permite muitas interpretações subjetivas. Diante disso, preferimos explicitar as finalidades, preferencialmente com métricas que permitam a aferição concreta da citada inclusão. É por isso que nosso entendimento é no sentido de que as políticas de Estado devem perseguir a efetivação do princípio da dignidade da pessoa humana e a realização dos objetivos fundamentais da República.

Para que isso ocorra, é fundamental a distribuição de riqueza, a construção de uma estrutura social que suporte isso, além de equilíbrio político na sociedade.

A dignidade da pessoa humana será alcançada quando for assegurado ao indivíduo o mínimo existencial, que de acordo com o conceito construído pelo STF e já expresso neste trabalho, corresponde a um "complexo de prerrogativas cuja concretização revela-se capaz de garantir condições adequadas de existência digna, em ordem a assegurar, à pessoa, acesso efetivo ao direito geral de liberdade e, também, a prestações positivas originárias do Estado, viabilizadoras da plena fruição de direitos sociais básicos, tais como o direito à educação, o direito à proteção integral da criança e do adolescente, o direito à saúde, o direito à assistência social, o direito à moradia, o direito à alimentação e o direito à segurança".(386)

(386) ARE 639.337 AgR, rel. Min. Celso de Mello, j. 23.8.2011, 2ª T., *DJE* de 15.9.2011.

Ampliar as possibilidades de acesso ao mínimo existencial é o fim a ser perseguido pelas políticas públicas, que encontram nos tributos um poderoso instrumento de implementação e concretização dessas políticas de Estado.

14.3. Classificação das políticas públicas

Segundo Flávia S. Dantas Pinto, as políticas públicas são classificadas em política de promoção, política de preservação e política de desenvolvimento.[(387)] E a política ambiental é classificada como política de preservação. Segundo a autora, políticas de promoção "promovem a inclusão eminentemente pela via do acesso, ou seja, criando oportunidades diretas de ingresso nos mais diferentes subsistemas sociais, concretizando-se por meio de transferências monetárias, prestações de serviços públicos ou assistência social, entre outras possibilidades".[(388)]

Já política de preservação, ainda segundo a autora, "destina-se à preservação da vida, do meio ambiente, da ordem social, do patrimônio histórico-social, ou seja, preocupa-se em promover a inclusão a partir da construção de um ambiente seguro e saudável para o indivíduo, condição imprescindível para que a inserção social possa se efetivar".[(389)] Portanto, é aqui que se encaixa a política ambiental. E continua:

> As técnicas de estímulo social mais compatíveis com essa modalidade são a persuasão, a regulamentação, o desincentivo e o subsídio. A preservação ambiental tanto pode ser atendida pela imposição de limites ao desmatamento, pela aplicação de sanções administrativas e penais aos infratores, pela concessão de benefícios fiscais ao reflorestamento, quanto por companhias de conscientização ambiental, por exemplo.[(390)]

Por fim, e já fazendo distinção ente política de promoção e política de desenvolvimento, uma vez que ambas visam à universalização das possibilidades de inclusão social, Flávia S. Dantas Pinto afirma que:

> enquanto as políticas promocionais se vinculam à universalização das condições básicas para a inserção social, as de desenvolvimento se destinam a incentivar o indivíduo a se manter inserido, a incrementar qualitativamente

(387) "Tributos, tribunos, tribunais e policies: uma análise sistêmica da participação estratégica dos tributos nas políticas públicas", p. 314.

(388) "Tributos, tribunos, tribunais e policies: uma análise sistêmica da participação estratégica dos tributos nas políticas públicas", p. 314.

(389) "Tributos, tribunos, tribunais e policies: uma análise sistêmica da participação estratégica dos tributos nas políticas públicas", p. 315.

(390) "Tributos, tribunos, tribunais e policies: uma análise sistêmica da participação estratégica dos tributos nas políticas públicas", p. 315.

> sua inclusão, bem como a promover a inclusão de terceiros, guardando estreita vinculação com a universalização das possibilidades de inclusão social, mediante forte apelo à cidadania solidária.(391)

Não há como falarmos em vida digna, na acepção ampla do termo, a qual engloba o "mínimo existencial", e as condições dos objetivos da República, sem um meio ambiente saudável.

14.4. Política Nacional do Meio Ambiente — PNMA

A Política Nacional do Meio Ambiente está fixada na Lei n. 6.938/81, mediante exercício da competência fixada nos arts. 22, IV, 24, VI e VII e 225, todos da Constituição Federal, conforme dispõe a própria lei, que é regulamentada pelo Decreto n. 99.274/90, e tem como fins gerais os mesmos das políticas públicas, que são as ampliações das possibilidades de universalização da inclusão social.

Quanto à sua natureza, encontramos na doutrina uma forte tendência a atribuir à Lei n. 6.938/81, um viés notadamente preservacionista.

Flávia S. Dantas Pinto diz que:

> uma atuação preservacionista melhor se associa à inclusão social pela generalização dos deveres sistêmicos, isto é, por imposições de limites à vida em sociedade e ao uso de recursos naturais, culturais, entre outros, razão pela qual a técnica mais utilizada é a regulamentação, acompanhada de perto pelos demais mecanismos de inclusão indireta, como subsidio, desincentivo e persuasão, o que obviamente não obsta a utilização da técnicas diretas, ainda que em menor intensidade.(392)

Mas o *caput* do art. 2º da Lei n. 6.938/81 nos leva a entender que a Política Nacional do Meio Ambiente também é uma política de recuperação de ambientes degradados e desenvolvimento econômico sustentável. Vejamos:

> Art 2º A Política Nacional do Meio Ambiente tem por objetivo a preservação, melhoria e recuperação da qualidade ambiental propícia à vida, visando assegurar, no País, condições ao desenvolvimento socioeconômico, aos interesses da segurança nacional e à proteção da dignidade da vida humana, atendidos os seguintes princípios:

---

(391) "Tributos, tribunos, tribunais e policies: uma análise sistêmica da participação estratégica dos tributos nas políticas públicas", p. 317.

(392) "Tributos, tribunos, tribunais e policies: uma análise sistêmica da participação estratégica dos tributos nas políticas públicas", p. 452.

Mas não adianta a norma jurídica simplesmente estabelecer esses objetivos e não dar ferramentas para a sua implementação. José Afonso da Silva faz acertada crítica a respeito das dificuldades em executar os ditames dessa lei:

> A questão mais delicada da Política Nacional do Meio Ambiente reside na qualidade dos meios normativos de sua execução. Habituou-se, desde o regime militar, a atuar nessa matéria por meio de portarias e resoluções de órgãos do Sistema Nacional do Meio Ambiente, o que facilita a sua criação e alteração. Essa flexibilidade, se por um lado é conveniente, em face de situações de emergência, por outro importa insegurança jurídica para os destinatários desses instrumentos infralegais, cumprindo, mesmo, verificar, em cada caso, até que ponto a situação regulada não exigiria lei, a fim de resguardar o princípio da legalidade, que se acha inscrito no art. 5º, II, da Constituição da República.[393]

E dá continuidade à sua análise, adentrando na importância das diretrizes como parte integrante das políticas públicas:

> Tal Política não pode ser fundada em diretrizes rígidas, fixadas de uma vez em lei, sendo, pois, de louvar a disposição legal segundo a qual as diretrizes da Política Nacional do Meio Ambiente serão formuladas em normas e planos destinados a orientar a ação dos governos da União, dos Estados, do Distrito Federal, dos Territórios e dos Municípios no que se relaciona com a preservação da qualidade ambiental e a manutenção do equilíbrio ecológico, em consonância com as quais serão exercidas as atividades empresariais públicas ou privadas (art. 5º).[394]

As diretrizes da Lei n. 6.938/81, consoante expressamente disposto no art. 5º, serão formuladas em normas e planos, destinados a orientar a ação dos governos da União, dos estados, do Distrito Federal, dos territórios e dos municípios no que se relaciona com a preservação da qualidade ambiental e manutenção do equilíbrio ecológico, observados os princípios estabelecidos no art. 2º desta Lei, que traz um rol extensivo de princípios.

Entre eles, destacamos alguns.

O primeiro é o patrimônio público de uso coletivo que, obrigatoriamente, deve ser protegido e preservado. Desse princípio se pode inferir que o meio ambiente saudável e ecologicamente equilibrado prevalece sobre interesses desenvolvimentistas, sobre a propriedade privada e quaisquer interesses particulares, posto que o meio ambiente é um bem público de uso coletivo.

---

(393) *Direito ambiental constitucional*, p. 219.

(394) *Direito ambiental constitucional*, p. 219.

Outro é o planejamento e fiscalização do uso dos recursos ambientais: temos aqui dois princípios, o do planejamento e o da fiscalização. O princípio do planejamento encontra seu fundamento nos arts. 21, inciso IX e 174, § 1º.[395]

Essas normas constitucionais deixam clara a importância do planejamento das políticas públicas, acentuando a necessidade de que a proteção do meio ambiente seja feita de forma planejada e não casual, esporádica, sobretudo em se tratando o meio ambiente de bem público de uso coletivo.

Também destacamos o princípio da fiscalização que, ao seu turno, está diretamente relacionado ao exercício do poder de polícia do Estado. E aqui, ainda que não explicitamente, temos o fundamento que justifica a existência de taxas, espécie tributária, como um instrumento tributário voltado à preservação e defesa do meio ambiente.

O princípio da educação ambiental em todos os níveis de ensino, inclusive a educação da comunidade, objetivando capacitá-la para a participação ativa na defesa do meio ambiente, ganhou destaque de Antonio Herman Benjamin, que o destacou como expressão da conquista democrática de participação do cidadão no processo decisório administrativo ambiental.[396]

No art. 4º dessa lei temos ainda objetivos da Política Nacional do Meio Ambiente, mas que pelo seu conteúdo, acabam complementando (ou explicitando) os princípios do art. 2º. Mais uma vez, agora no art. 4º, temos a menção expressa à necessidade de compatibilizar desenvolvimento com preservação ambiental.

Os instrumentos para implementação da política ambiental foram fixados expressamente nos arts. 9º a 18º da Lei n. 6.938/81.

Entre os instrumentos previstos, temos apenas dois tributários: a taxa de licenciamento ambiental referente ao disposto no art. 10 da Lei n. 6.938/81 (com valor determinado no item II, do subitem 1, do anexo dessa mesma lei) e a Taxa de controle e fiscalização ambiental — TCFA —, expressamente prevista no art. 17-B, cobrada pela fiscalização do IBAMA no seu exercício do poder de polícia.

---

(395) Art. 21. Compete à União:

IX – elaborar e executar planos nacionais e regionais de ordenação do território e de desenvolvimento econômico e social;

Art. 174. Como agente normativo e regulador da atividade econômica, o Estado exercerá, na forma da lei, as funções de fiscalização, incentivo e planejamento, sendo este determinante para o setor público e indicativo para o setor privado.

§ 1º A lei estabelecerá as diretrizes e bases do planejamento do desenvolvimento nacional equilibrado, o qual incorporará e compatibilizará os planos nacionais e regionais de desenvolvimento.

(396) BENJAMIN, Antonio Herman V. e. "Função ambiental". In: BENJAMIN, Antonio Herman V. e. (Coord.). *Dano ambiental:* prevenção, reparação e repressão. São Paulo: Revista dos Tribunais, 1993.

No capítulo 7 deste trabalho, dedicamo-nos a analisar os tributos ambientais atualmente existentes e quais as espécies tributárias que podem ser utilizadas para a instituição de novos tributos ambientais. E vimos que o rol de alternativas é bem amplo.

Dessa forma, é com frustração que constatamos a timidez com que a política pública do meio ambiente tratou os tributos como instrumento de implementação e realização de seus fins e objetivos. E isso porque a arrecadação de tributos é fundamental para viabilizar a distribuição de riquezas, que segundo Piketty, "é construída em torno de uma lógica de direitos e um princípio de igualdade de acesso a certo número de bens julgados fundamentais".(397)

Mas quem sabe a partir da Emenda Constitucional n. 132/2023, que promoveu a defesa do meio ambiente à condição de princípio geral do Sistema Tributário Nacional, esse cenário não começa a mudar.

Para concluir, registramos que essas duas taxas são norteadas pelo princípio do poluidor-pagador, que exerce duas funções na aplicação da política ambiental: a) redistribuição do ônus de preservação ambiental: quem polui deve arcar com o maior ônus com as medidas de proteção a serem adotadas; b) desincentivo à poluição, na medida em que o tributo é progressivo em razão do potencial poluidor e do grau de utilização de recursos naturais. Aqui temos mais uma vez a extrafiscalidade (norma indutora de condutas) como função do tributo.

(397) *O capital no século XXI*, p. 467.

Capítulo 15

Requisitos e Limites da Tributação Ambiental

A palavra "tributo", tomada exclusivamente em sua acepção gramatical, é um substantivo masculino, que ao receber o adjetivo "ambiental", ganha uma qualidade que o modifica. Esse brevíssimo e descomplicado retorno ao aspecto meramente gramatical dos dois signos de linguagem tem um objetivo muito claro: demonstrar que o substantivo "tributo" acrescido do adjetivo "ambiental" tem algo de diferente do substantivo masculino "tributo" tomado isoladamente, o que justifica uma análise individualizada do substantivo gravado por esse adjetivo.

Isso é importante em nosso trabalho, especialmente neste capítulo, em que vamos apontar características, fins e limites que conferem a alguns tributos o *status* de "ambiental" e, em última análise, o distinguem dos tributos gerais.

No capítulo 7, analisamos alguns tributos ambientais já existentes em nosso sistema do direito positivo, as características que lhe deram essa "qualidade" ou *status* de ambiental, as espécies tributárias com vocação para servirem de veículos introdutores de novos tributos ambientais no sistema, aquelas que estão legalmente impedidas de serem utilizadas com esse fim, princípios específicos aplicados a esses tributos ambientais, as funções tributárias que desempenham e podem desempenhar, enfim, todo um repertório de normas tributárias ambientais que mostram como o tema evoluiu a partir da Constituição Federal de 1988.

Como resultado de nossa análise, concluímos que tributo será qualificado como "ambiental" quando preencher os seguintes requisitos: *a)* o bem jurídico diretamente tutelado será o microbem ambiental supraindividual; *b)* no aspecto material da hipótese de incidência deverá ter apenas fatos — direta ou indiretamente — relacionados à tutela dos microbens ambientais; *c)* sua finalidade imediata será servir de instrumento de implementação da política pública ambiental voltada à preservação, promoção, desenvolvimento e reparação do ambiente degradado; *d)* sua finalidade mediata será a concretização da universalização do acesso ao 'mínimo existencial'; *e)* quando instituído com função fiscal, o produto da arrecadação deverá ser revertido apenas para ações voltadas à preservação, promoção, desenvolvimento e reparação do ambiente degradado; *f)* instituído com função extrafiscal, deverá induzir comportamentos compatíveis com os objetivos, princípios, diretrizes, fins e instrumentos da Política Nacional do Meio Ambiente ou outras normas ambientais que tutelem o bem jurídico ambiental; *g)* nenhum tributo ambiental pode ser instituído para reparar danos ambientais.

Agora passaremos a discorrer sobre esses requisitos.

O bem jurídico diretamente tutelado será apenas o microbem ambiental supraindividual.

Como já tivemos a oportunidade de expor no capítulo 3, a natureza imaterial, abstrata do macrobem não se enquadra na estrutura rígida das normas tributárias ambientais, impossibilitando a descrição pormenorizada de todos os aspectos da hipótese de incidência, notadamente aqueles aspectos que caracterizam a tipicidade dos tributos.

Esse o motivo pelo qual apenas os microbens que carregam a natureza da materialidade serem o bem jurídico diretamente tutelados pelos tributos ambientais. E também não é qualquer microbem, mas tão somente os supraindividuais, isto é, aqueles que protegem toda a coletividade, que extrapola o individual para alcançar toda a coletividade.

Obviamente não ignoramos o fato de que todas as ações voltadas à proteção e defesa do meio ambiente ecologicamente equilibrado para a atual e as futuras gerações alcançarão o macrobem ambiental, pois os microbens estão todos inseridos dentro dessa realidade imaterial.

O segundo requisito, naturalmente decorrente do primeiro, é que no aspecto material da hipótese de incidência deverá ter apenas fatos — direta ou indiretamente — relacionados à tutela dos microbens ambientais.

A verdade é que qualquer fato pode ser objeto de uma norma tributária, até mesmo fatos relacionados aos bens ambientais. Nesse sentido, tributar fatos relacionados ao meio ambiente ou bens ambientais não é suficiente para caracterizar um tributo como ambiental, pois qualquer fato do mundo empírico pode ser juridicizado e transformado em proposição normativa tributária cujo aspecto material da hipótese de incidência é um fato relacionado ao meio ambiente. Daí a limitação específica para que apenas fatos — direta ou indiretamente — relacionados à tutela dos microbens ambientais sejam considerados tributos ambientais. Ampliar esse rol nos afastará da tributação ambiental e nos aproximará da tributação regular.

Temos, também, os requisitos das finalidades imediata e mediata.

Imediatamente, os tributos ambientais deverão ser instituídos para servir de instrumento de implementação da política pública ambiental voltada à preservação, promoção, desenvolvimento e reparação do ambiente degradado.

Já a finalidade mediata será a concretização da universalização do acesso ao "mínimo existencial". Ainda que os tributos ambientais sejam instrumentos vocacionados para a concretização de políticas públicas de inclusão social, não há como pular etapas até que isso ocorra. E essa é a razão pela qual as finalidades imediatas são todas implementadoras de políticas e não realizadoras.

As funções fiscais e extrafiscais também se revestem da condição de requisito para a instituição dos tributos ambientais. As condições são claras. Tributo ambiental instituído com função fiscal, o produto da arrecadação deverá necessariamente ser revertido apenas para ações voltadas à preservação, promoção, desenvolvimento sustentável e reparação do ambiente degradado.

Observem que a tributação fiscal, se não reverter o produto de sua arrecadação para ações voltadas à proteção, preservação, promoção, desenvolvimento e reparação do ambiente degradado, perderá o atributo "ambiental" e passará a ser um tributo como outro qualquer, voltado para o cumprimento dos objetivos genéricos do Estado.

Já os tributos ambientais com função extrafiscal deverão induzir comportamentos compatíveis com os objetivos, princípios, diretrizes, fins e instrumentos da Política Nacional do Meio Ambiente ou de outras normas ambientais que tutelem o bem jurídico ambiental.

Portanto, tributos ambientais têm como característica a sua instituição para implementar políticas públicas voltadas à proteção, preservação, promoção, desenvolvimento sustentável e reparação do ambiente degradado e concretizar a universalização do acesso ao mínimo individual.

Na prática, para gastar, fazer investimentos em consonância com uma política pública ambiental — e outras políticas públicas também — não exige necessariamente tributos ambientais, basta a autoridade pública usar recursos oriundos de tributos não vinculados e ter previsão orçamentária para os respectivos gastos.

O que caracteriza, então, um tributo ambiental e os distingue dos demais? A finalidade do tributo e o bem jurídico tutelado.

Finalmente, temos o requisito de que nenhum tributo ambiental poderá ser instituído para reparar danos ambientais.

Essa é, na verdade, uma limitação da tributação ambiental. Nesse sentido, afirmamos que nenhum tributo ambiental pode ser instituído para reparar danos ambientais, com caráter indenizatório.

Eles podem ser instituídos como norma indutora de condutas e para arrecadar recursos para uma determinada política ambiental que vise à recuperação de um bem já degradado, mas jamais para reparar danos.

Eis o que diz sobre essa questão Marcelo Abelha Rodrigues,[(398)] ao comentar o *caput* do art. 225 da Constituição Federal:

> Numa escalada, pode-se dizer que se protegem os elementos bióticos e abióticos e sua respectiva interação, para se alcançar a proteção do meio ambiente ecologicamente equilibrado, porque este bem é responsável pela conservação de todas as formas de vida, Possui importância fundamental a identificação do meio ambiente ecologicamente equilibrado como sendo um bem autônomo e juridicamente protegido, de fruição comum (dos elementos que o formam), porque, em última análise, o dano ao meio ambiente é aquele que agride o equilíbrio ecológico, e uma eventual reparação deve ter em conta a recuperação desse mesmo equilíbrio ecológico.

Portanto, do que foi exposto até aqui, tributo ambiental tem como característica principal a sua instituição voltada para ampliar as possibilidades de inclusão social, universalizando o acesso ao "mínimo existencial".

Ainda sobre limites da tributação ambiental, cabe mais uma palavra.

Quando falamos do limite da tributação, entendemos que tributos ambientais só podem ser instituídos desde que voltados à tutela direta dos componentes ou entidades ambientais. Fora disso, estamos ultrapassando os limites das finalidades dos tributos ambientais como instrumento de defesa e preservação do meio ambiente para a atual e as futuras gerações.

Nessa mesma linha de pensamento, afirma Guilherme Câmara:

> Entendemos, aliás, que é a direta tutela dos componentes ou entidades ambientais (microbens, bases naturais da vida) que se revelará condição indispensável para o desfrute e o sustentado proveito de um meio ambiente ecologicamente equilibrado por todos os seres humanos. Daí que o meio ambiente "só adquire a sua condição de bem jurídico (autônomo) pela função que exerce para as pessoas, cuja autorrealização parece difícil sem a proteção direta e imediata do ambiente em que se encontra". Neste ritmo, a ideia de meio ambiente como bem jurídico (coletivo), só merecerá aclamação quando a referência ao Homem não cair no esquecimento — Homem, impende reforçar, contemplado em sentido supraindividual.[(399)]

---

(398) RODRIGUES, Marcelo Abelha. *Instituições de direito ambiental*. vol. 1. São Paulo: Max Limonad, 2002. p. 58.

(399) *O direito penal do ambiente e a tutela das gerações futuras*: contributo ao debate sobre o delito cumulativo, p. 399.

Nunca é demais clamar por um Estado eficiente, participativo e promotor de políticas públicas voltadas à efetiva proteção do meio ambiente para a atual e as futuras gerações. Essa reivindicação também ganha vozes na doutrina. Uma delas é de José Cavalcanti dos Santos:[400]

> A participação do Estado na defesa do meio ambiente é de alta relevância e pode se manifestar tanto de forma positiva como de forma negativa. O Estado deve estabelecer critérios e parâmetros legais capazes de evitar danos ao meio ambiente e, ao mesmo tempo, atuar fiscalizando as atividades potencialmente poluidoras.

De tudo que foi exposto neste capítulo, podemos observar claramente o papel relevante que os entes públicos exercerão para a coletividade, na tutela do bem jurídico ambiental, ao instituírem tributos ambientais observando os requisitos apontados.

(400) In: TOCHETTO, Domingos (Org.). *Perícia ambiental criminal*. 3. ed. Campinas: Millennium, 2014. p. 7.

Capítulo 16

O Subsistema Tributário Ambiental: Realidade ou Ficção?

Chegamos definitivamente ao momento de enfrentar a dúvida e responder a principal indagação deste trabalho: existe ou não um subsistema do direito tributário ambiental?

Após toda a pesquisa e análises que empreendemos na investigação do objeto de estudo, concluímos que ainda não temos um subsistema do direito tributário ambiental, falta estrutura, em que pese o vasto repertório esparso sobre essas matérias, que foram objeto de análise neste trabalho também.

Resta explicar os argumentos que sustentam nosso entendimento.

Segundo Paulo de Barros Carvalho, um sistema deve ser "um eficiente produto da experiência jurídica, política e econômica do nosso país, curtido, demoradamente, no dia a dia das discussões administrativas e judiciais, bem como no pensamento aturado da dogmática".(401)

Não há nenhum argumento que afaste de um subsistema essa mesma característica quanto à sua origem. Um subsistema jurídico também nasce após um longo período de lapidação, aqui representado pelas experiências jurídica, política, econômica do país, bem como por meio das discussões judiciais e administrativas, além das diversas construções doutrinárias.

Entendemos que um subsistema tributário ambiental há de ser resultado concreto, efetivo dos anseios conscientes de uma sociedade e, especialmente, da comunidade jurídica. Não pode surgir por acaso, quase sem querer, apenas em razão da atividade do hermeneuta.

Logo no início do trabalho, no capítulo 2, apresentamos a principal indagação que seria objeto de nossa investigação. Após colocarmos a pergunta, discorremos acerca das características e requisitos do sistema jurídico e dos subsistemas, tudo para delimitar a

(401) *Direito tributário* — linguagem e método, p. 233.

pesquisa e indicar objetivamente as características de um subsistema que seriam objeto de investigação.

Naquela oportunidade, elencamos as seguintes características específicas de um subsistema, além das características gerais do sistema que naturalmente deveria ter: delimitação de campos de atuação; lei geral; normas decorrentes de construções doutrinárias assimiladas pela jurisprudência, consolidando conceitos, competências e fixando limites; institutos próprios; normas articuladas de forma operativa e eficiente, criando condições para classificação, tipificação e sistematização dos fatos relevantes(402) no mesmo período do tempo e no mesmo espaço; repertório próprio significativo integrado por princípios próprios consolidados, normas e conceitos que lhe confiram identidade; e, normas com conteúdo compatível de modo que se agrupem num todo consistente, interiormente coerente.

Ou seja, o conceito de subsistema também traz em seu interior as mesmas características do sistema, com unidade, estrutura, conjunto ordenado com elementos internos organizados e interligados mediante relações de coordenação e subordinação, além das características próprias acima apontadas.

Pois bem, nossa análise retornou às seguintes constatações que passaremos a expor, começando pela matéria propriamente.

Em relação à extensão da matéria, ao repertório próprio, não se discute a existência de vasta legislação tributária e ambiental no interior do sistema jurídico. Esse é o traço mais marcante do tema pesquisado e que autoriza vários doutrinadores a afirmarem que já existe esse subsistema do direito tributário ambiental. E se focássemos a análise apenas nos tributos ambientais existentes e naqueles que podem ser instituídos, provavelmente nossa conclusão seria outra. Mas quando incluímos nessa análise questões como o conceito de bem jurídico ambiental a ser tutelado pelos tributos ambientais, a dinâmica política pública x seus tributos realizadores, além de outras questões que abordamos, fica evidente que grande parte desse repertório ainda está disperso, sem estruturação orgânica, ou seja, existe ainda de forma assistemática.

Carecemos de doutrinas homogêneas nessa área de pesquisa. A extensão relativamente falha, com lacunas ainda a serem preenchidas, evidenciam essa carência. Talvez o maior exemplo dessa lacuna sejam os reduzidos estudos a respeito do conceito de bem jurídico ambiental tutelado pelos tributos ambientais. Nós mesmos experimentamos essa carência e nos socorremos no direito penal para construir o nosso conceito.

Não temos também princípios tributários ambientais específicos para funcionar como centro aglutinador, mas entendemos que essa função poderia girar em torno de

(402) Conforme lição de Maria Helena Diniz. Artigo: "Sistematização: problema central da ciência jurídica". *Revista de Direito Brasileira,* São Paulo, SP, v. 13, n. 6, p. 89.

um conceito base: no presente caso, a função tributária ambiental realizadora de políticas públicas, como tratamos no capítulo 10.

Algumas normas ambientais parecem dispersas e assistemáticas no interior do sistema jurídico, é o caso, por exemplo, da lei que cuida do patrimônio genético. Normas "soltas", sem conexão com o todo, sem esse liame que as liguem ao conjunto de normas tributário ambiental denota efetivamente a inexistência do subsistema estruturado.

Mesmo em matéria tributária, apesar da vastíssima produção legislativa, o subsistema acusa a carência de normas específicas que tratem do tema tributário ambiental de forma que preencham essas lacunas e deem o caráter de unidade, conjunto ao referido subsistema.

Quando analisamos a autonomia aparente do subsistema, sob o prisma dos métodos para conhecimento do objeto, identificamos que doutrinas próprias já existem sobre diversos temas tributários ambientais, ainda que não exista uma homogeneidade doutrinária.

O mesmo não podemos dizer em relação à jurisprudência, que ainda é restrita nos tribunais judiciais e praticamente inexistente nos administrativos, quando se trata de questões tributárias ambientais.

Conforme destacamos na parte inicial deste trabalho, ao tratar das características de um subsistema, é fundamental a existência de jurisprudência que evidencie a assimilação pelos nossos tribunais de questões tributárias ambientais, o que significa a expressão concreta de que construções doutrinárias nessa área foram repercutidas e assimiladas, representando a importância dada pela sociedade em geral para a tutela do bem jurídico ambiental pelo direito tributário.

Os institutos existentes dizem respeito ora ao direito tributário ora ao direito ambiental, mas institutos próprios, ainda que não exclusivos, talvez nem existam porque os ramos tributário e ambiental têm vida própria, independentes um do outro. Porém, ainda que os institutos sejam os mesmos já existentes, a fixação de competências específicas é fundamental para conferir estrutura para esse subsistema.

Quando afirmamos que ainda não existe um subsistema do direito tributário ambiental é porque ainda faltam determinadas proposições, faltam algumas estruturas que resultem nessa interligação e implicação que formem um subsistema organizado. É como se algumas peças de um determinado quebra-cabeça ainda estivessem faltando para completá-lo.

Após várias reflexões, concluímos que a ausência de uma lei geral infraconstitucional, que veicule proposições normativas que cumpram esse papel de agrupar as normas que podem vir a compor o subsistema do direito ambiental tributário é a principal causa da inexistência e da dificuldade em organizar a estrutura desse subsistema tributário ambiental, reunindo elementos de forma estruturada, conectados entre si sob um referencial comum e um princípio unificador.

Essa lei seria o mecanismo de ajuste do direito tributário ambiental, papel que a Lei n. 6.938/81, da Política Nacional do Meio Ambiente, não foi capaz de exercer, mesmo porque não tem ferramentas para tanto em seu bojo. E na oportunidade que teve para estabelecer os instrumentos tributários voltados para a implementação da política ambiental, ela foi bem modesta, cuidando tão somente da Taxa de controle e fiscalização ambiental — TCFA — e da taxa de licenciamento ambiental, caracterizando um grande desinteresse do legislador pelo tema tributário ambiental.

O que temos em nosso repertório legislativo são leis que cuidam isoladamente de matéria tributária e outras que cuidam isoladamente de matéria ambiental, o que reitera a noção comum e corrente de que temos reportório sobre referidas disciplinas, mas não exatamente um subsistema ordenado, articulado, organizado de forma operativa e eficiente em relações de subordinação e coordenação.

Acrescente-se, a tudo que foi exposto, o fato de que os tributos ambientais que hoje existem, em sua maioria, não são marcados incisivamente pela fiscalidade. Conforme foi exposto ao longo de todo o trabalho, a extrafiscalidade ainda é reconhecida como a função natural do tributo ambiental.

Diante do que analisamos no capítulo 10, dos mecanismos necessários para que a tributação ambiental seja de fato um importante instrumento de implementação da política pública ambiental e realizador da ambiciosa tarefa de universalizar a inclusão social por meio da garantia do mínimo existencial para o maior número possível de cidadãos brasileiros e estrangeiros residentes neste país, entendemos que tributos com função fiscal devem assumir a proeminência em um subsistema tributário ambiental porque tributos ambientais extrafiscais já se mostraram insuficientes para atender demandas da política nacional do meio ambiente e contribuir decisivamente para sua implementação e concretização.

Portanto, este é mais um importante elemento que falta para a construção do subsistema tributário ambiental, revelando a desconexão existente entre a Política Nacional do Meio Ambiente e os tributos ambientais. Em contrapartida, se essa conexão já existisse, seria um largo passo em direção do surgimento desse subsistema, na medida em que reforçaria os atributos internos de sua funcionalidade e efetividade.

Renovamos, assim, mais uma vez nosso entendimento no sentido de que, após os estudos que empreendemos, concluímos que ainda não temos efetivamente um subsistema do direito tributário ambiental com estrutura e repertório próprios capazes de assegurar aos cidadãos brasileiros e estrangeiros residentes no Brasil, o direito fundamental ao meio ambiente ecologicamente equilibrado, para a atual e as futuras gerações. Portanto, ainda é ficção!

Entretanto, nosso posicionamento não nos impede de reconhecer a importância que o tema possui em todo o mundo hoje, bem como as exigências da própria sociedade brasileira a reclamar uma tutela mais efetiva do meio ambiente e dos bens ambientais, para as presentes e as futuras gerações, o que nos autoriza afirmar que não seremos surpreendidos se em pouco tempo esse subsistema se materializar.

Conclusões

Diante dos estudos, pesquisas e tudo que foi exposto, chegamos às seguintes conclusões:

Os tributos ambientais, dentro de uma acepção mais ampla, são importantes instrumentos que garantem ao Estado condições de desempenhar seu papel de resguardar a saúde e bem-estar do cidadão, aí incluída a proteção do meio ambiente, na busca pelo mínimo existencial, necessário para que se tenha uma vida digna, conforme preceitua o art. 1º, inciso III, da Constituição Federal de 1988.

Sistema é um conjunto de normas — válidas, homogêneas e compatíveis — organizadas e interligadas de forma estruturada pelas relações de coordenação e subordinação que ocorrem entre essas mesmas normas segundo um princípio unificador que dá unidade ao sistema.

Um subsistema, por sua vez, além de reunir todas as características do sistema, deve ter princípios e normas próprias que giram em torno de um conceito base: no presente caso, a função tributária ambiental, realizadora de políticas públicas.

Demais requisitos de um subsistema independente: delimitação de campos de atuação; lei geral; normas decorrentes de construções doutrinárias assimiladas pela jurisprudência, consolidando conceitos, competências e fixando limites; institutos próprios; normas articuladas de forma operativa e eficiente, criando condições para classificação, tipificação e sistematização dos fatos relevantes no mesmo período do tempo e no mesmo espaço; repertório próprio significativo integrado por princípios próprios consolidados, normas e conceitos que lhe confiram identidade; e, normas com conteúdo compatível de modo que se agrupem num todo consistente, interiormente coerente.

O conceito mais amplo e abrangente de meio ambiente engloba o meio ambiente natural, o meio ambiente cultural, o meio ambiente artificial (espaço urbano) e o meio ambiente laboral.

O meio ambiente é uma realidade construída, que não se confunde com a natureza. Por esse motivo, seu conceito é chamado de relacional, posto que é indissociável do ser humano, está voltado para o ser humano e se expressa nas diversas relações entre o homem e o macro e microbem ambiental.

Bem jurídico ambiental tutelado pelos tributos ambientais são apenas os microbens supraindividuais, com natureza pública de uso comum ou privada de interesse coletivo. Nesse sentido, o objeto da função tributária ambiental são os microbens públicos e privados.

O bem ambiental amplo, macrobem, é um bem público de uso comum porque não é suscetível de apropriação com exclusividade por quem quer que seja, e sua tutela sempre é feita em proveito da coletividade.

O meio ambiente tomado como macrobem é sempre bem público de uso comum, e na sua conotação fragmentada, como microbem, pode ser tanto bem público como bem privado de interesse público.

A tutela do meio ambiente, em que pese ser direcionada ao Poder Público e aos agentes investidos em funções públicas, também é dever de toda a coletividade, pois ela é a beneficiária final dos bens tutelados.

A tributação ambiental, mais do que reativa ou limitada às necessidades atuais, tem os olhos para o futuro e a justiça intergeracional.

Os requisitos que autorizam que um tributo seja qualificado como "ambiental" são os seguintes: *a)* o bem jurídico diretamente tutelado será o microbem ambiental supraindividual; *b)* no aspecto material da hipótese de incidência deverá ter apenas fatos — direta ou indiretamente — relacionados à tutela dos microbens ambientais; *c)* sua finalidade imediata será servir de instrumento de implementação da política pública ambiental voltada à preservação, promoção, desenvolvimento e reparação do ambiente degradado; *d)* sua finalidade mediata será a concretização da universalização do acesso ao "mínimo existencial"; *e)* quando instituído com função fiscal, o produto da arrecadação deverá ser revertido apenas para ações voltadas à preservação, promoção, desenvolvimento e reparação do ambiente degradado; *f)* instituído com função extrafiscal, deverá induzir comportamentos compatíveis com os objetivos, princípios, diretrizes, fins e instrumentos da Política Nacional do Meio Ambiente ou de outras normas ambientais que tutelem o bem jurídico ambiental; *g)* nenhum tributo ambiental pode ser instituído para reparar danos ambientais.

Os tributos que atualmente preenchem os requisitos apontados para serem qualificados como tributos ambientais são os seguintes: IPTU, ITR, Taxa de Controle e Fiscalização Ambiental — TCFA, Taxa de Licenciamento Ambiental e a CIDE-combustível.

A Contribuição Social do art. 22, da Lei n. 8.212/91, devida pelo empregador e destinada à seguridade social, não tutela diretamente um microbem ambiental porque a seguridade social não é um microbem.

Tributos ambientais são aqueles que tiverem em seus aspectos materiais da hipótese de incidência fatos relacionados direta ou indiretamente à tutela dos microbens ambientais supraindividuais, e forem instrumento de implementação de uma política pública voltada à proteção, preservação, promoção, desenvolvimento sustentável e reparação do ambiente degradado, e concretização da universalização das possibilidades de inclusão social mediante a garantia do "mínimo existencial" para uma vida digna saudável, em uma sociedade livre, justa e solidária, onde possa ser almejado o desenvolvimento nacional, a erradicação da pobreza e da marginalização, bem como a redução das desigualdades sociais e regionais, assim como a promoção do bem de todos, sem preconceitos de origem, raça, sexo, cor, idade e quaisquer outras formas de discriminação.

O conjunto de obrigações que o legislador constituinte atribuiu ao Poder Público no que tange à defesa e preservação do meio ambiente, assim como os objetivos e finalidades da Política Nacional do Meio Ambiente, são incompatíveis com a utilização dos tributos ambientais apenas com característica extrafiscal.

Tributos ambientais com função fiscal devem ser instituídos para atender demandas da Política Nacional do Meio Ambiente e contribuir decisivamente para sua implementação e concretização, uma vez que tributos ambientais extrafiscais já se mostraram insuficientes para esse fim.

E finalmente, não temos um subsistema de direito tributário ambiental, porque apesar do amplo repertório, falta-lhe estrutura, especialmente um conjunto de normas suficientemente homogêneas, organizadas e interligadas de forma estruturada pelas relações de coordenação e subordinação mediante um princípio unificador; uma lei geral; normas decorrentes de construções doutrinárias assimiladas pela jurisprudência; normas articuladas de forma operativa e eficiente, repertório próprio significativo integrado por princípios próprios consolidados, normas e conceitos que lhe confiram identidade; e, normas com conteúdo compatível de modo que se agrupem num todo consistente, interiormente coerente.

Esperamos que a reforma tributária, ao alçar a defesa do meio ambiente como um dos princípios gerais do Sistema Tributário Nacional, realmente seja um instrumento importante para avançarmos em um sistema tributário que sirva às metas fixadas na Constituição, e uma delas é a própria defesa do meio ambiente e a implementação definitiva da função tributária ambiental.

Essas as conclusões que entendemos oportunas apresentar em breves palavras ao concluir nosso trabalho.

Referências Bibliográficas

ABBAGNANO, Nicola. *Dicionário de filosofia.* 3. ed. rev. e ampl. 2. tir. São Paulos: Martins Fontes, 1999.

AMARO, Luciano. *Direito tributário brasileiro.* 14. ed. rev. São Paulo: Saraiva, 2008.

ARAUJO, Luiz Alberto David; NUNES JR., Vidal Serrano. *Curso de direito constitucional.* 9. ed. rev. e atual. São Paulo: Saraiva, 2005.

ARAUJO, Clarice von Oertzen de. *Semiótica do direito.* São Paulo: von Oertzen de Latin, 2005.

ATALIBA, Geraldo. *Hipótese de incidência tributária.* 5. ed. 4.tir. São Paulo: Malheiros, 1995.

______. *República e Constituição.* 2. edição, atualizada por Rosalea Miranda Folgosi. São Paulo: Malheiros, 1998.

BANDEIRA DE MELLO, Celso Antonio. *Elementos de direito administrativo.* São Paulo: Revista dos Tribunais, 1984.

BARRETO, Paulo Ayres. "Ordenamento e sistemas jurídicos". In: CARVALHO, Paulo de Barros (Coord.) e CARVALHO, Aurora Tomazini (Org.). *Constructivismo lógico-semântico.* vol. 1, São Paulo: Noeses, 2014.

BASTOS, Celso Ribeiro. *Hermenêutica e interpretação constitucional.* 2. ed. rev. e ampl. São Paulo: Celso Bastos Editor: Instituto Brasileiro de Direito Constitucional, 1999.

BECKER, Alfredo Augusto. *Teoria geral do direito tributário.* 2. ed. São Paulo: Saraiva, 1972.

BENJAMIN, Antonio Herman V. e. "Função ambiental". In: BENJAMIN, Antonio Herman V. e. (Coord.). *Dano ambiental:* prevenção, reparação e repressão. São Paulo: Revista dos Tribunais, 1993.

______. "O princípio poluidor-pagador e a reparação do dano ambiental". In: *Dano ambiental*: prevenção, reparação e repressão.

BOAVENTURA, Edivaldo M. "Um ensaio de sistematização do direito educacional". *Revista de informação Legislativa.* Brasília, ano 33, n. 131 jul./set. 1996.

BOBBIO, Norberto; MATTEUCCI, Nicola; PASQUINO, Gianfranco. *Dicionário de Política.* volume I. 12. ed. Brasília: Editora UnB, 1999.

BONAVIDES, Paulo. *Curso de direito constitucional.* 13. ed. rev. e ampl. 2. tir. São Paulo: Malheiros, 2003.

BORGES, José Souto Maior. *Teoria geral da isenção tributária.* 3. ed. 3. tir. São Paulo: Malheiros, 2011.

CÂMARA, Guilherme Costa. *O direito penal do ambiente e a tutela das gerações futuras:* contributo ao debate sobre o delito cumulativo. Rio de Janeiro: Lumen Juris, 2016.

CARRAZZA, Roque Antonio. *Curso de direito constitucional tributário.* 7. ed. rev. e ampl. São Paulo: Malheiros, 1995.

CARVALHO, Aurora Tomazini de. *Curso de teoria geral do direito:* o constructivismo lógico--semântico. São Paulo: Noeses, 2014.

______. *Curso de teoria geral do direito.* São Paulo: Noeses, 2009.

CARVALHO, Paulo de Barros. *Curso de direito tributário.* 15. ed. rev. e atual. São Paulo: Saraiva, 2003.

______. *Curso de direito tributário.* 21. ed. São Paulo: Saraiva, 2009.

______. *Direito tributário* — linguagem e método. 4. ed. rev. e ampl. São Paulo: Noeses, 2011.

______. *Direito tributário* — Fundamentos jurídicos da incidência. 10. ed. rev. e atual. São Paulo: Saraiva, 2015.

______. "Isenções Tributárias do IPI, em Face do Princípio da Não Cumulatividade". *Revista Dialética de Direito Tributário*, n. 33, Dialética, São Paulo, jun. 1998. Isenções.

______. "Princípios e sobreprincípios na interpretação do direito". Disponível em: https://www.ibet.com.br/wp-content/uploads/2019/05/Princ%C3%ADpios-PBC.pdf.

COSTA, Regina Helena. *Curso de direito tributário* — Constituição e código tributário. 2. ed. rev. e atual. São Paulo: Saraiva, 2012.

______. "Tributação ambiente". In: FREITAS, Vladimir Passos de. *Direito ambiental em evolução.* Curitiba: Juruá, 1998.

DINIZ, Maria Helena Diniz. "Sistematização: problema central da ciência jurídica". *Revista de Direito Brasileira*, São Paulo, v. 13, n. 6, jan./abr. 2016.

FERRAZ, Tércio Sampaio. *Introdução ao Estudo do Direito.* 2. ed. São Paulo: Atlas, 1996,

FERREIRA, Luiz Pinto. "O meio ambiente e a defesa da Amazônia". In: GRAU, Eros Roberto; GUERRA FILHO, Willis Santiago (Orgs.). *Direito constitucional* — estudos em homenagem a Paulo Bonavides. São Paulo: Malheiros, 2001.

FERREIRA, Renata Marques; FIORILLO, Celso Pacheco. *Direito Ambiental Tributário.* 4. ed. São Paulo: Saraiva, 2017.

FINK, Daniel Roberto, ALONSO JR., Hamilton; DAWALIBI, Marcelo. *Aspectos jurídicos do licenciamento ambiental.* Rio de Janeiro: Forense Universitária, 2000.

FREITAS, Vladimir Passos de. *A constituição federal e a efetividade das normas ambientais.* 2. ed. rev. São Paulo: Editora Revista dos Tribunais, 2002.

GAMA, Tácio Lacerda. *Competência tributária:* fundamentos para uma teoria da nulidade. 2. ed., rev. e amp. São Paulo: Noeses, 2011.

______. *Contribuição de intervenção no domínio econômico.* São Paulo: Quartier Latin, 2003.

GRAU, Eros Roberto. *A ordem econômica na Constituição de 1988*. 6. ed. rev. e atual. São Paulo: Malheiros, 2001.

GUEDES, Sérgio Wolney de Oliveira Batista. "Princípios de direito ambiental". *Coleção Jornada de Estudos ESMAF*, II Jornada de direito ambiental/TRF da 1ª Região. Escola de magistratura federal da 1ª região – Brasília: ESMAF, 2013.

GUERRA FILHO, Willis Santiago. "Princípio da proporcionalidade e teoria do direito". In: GRAU, Eros Roberto; GUERRA FILHO, Willis Santiago (Orgs.). *Direito constitucional* — estudos em homenagem a Paulo Bonavides. São Paulo: Malheiros, 2001.

______. *Teoria processual da Constituição*. São Paulo: Celso Bastos Editor, 2000.

HOUAISS, Antonio; VILLAR, Mauro de Salles. *Dicionário Houaiss da língua portuguesa*. Rio de Janeiro: Objetiva, 2001.

KELSEN, Hans. *Teoria pura do direito*. Trad. João Baptista Machado. 8. ed. São Paulo: WMF Martins Fontes, 2009.

LINS, Robson Maia. "Considerações sobre o conceito de norma jurídica e a pragmática da comunicação na decisão judicial na jurisprudência do Supremo Tribunal Federal". In: CARVALHO, Paulo de Barros (Coord.) e CARVALHO, Aurora Tomazini (Org.). *Constructivismo lógico-semântico*. vol. 1, São Paulo: Noeses, 2014.

LORENZETTI, Ricardo Luis. *Teoria do direito ambiental*. Tradução de Fábio Costa Morosini e Fernanda Nunes Barbosa. São Paulo: Revista dos tribunais, 2010.

MACHADO, Paulo Affonso Leme. *Direito ambiental brasileiro*. 22. ed. rev., ampl. e atual. São Paulo: Malheiros, 2014.

MARTINS, Sérgio Pinto. *Teoria geral do Estado*. 2. ed. São Paulo: Saraiva, 2018.

MAXIMILIANO, Carlos. *Hermenêutica e aplicação do direito*. 21. ed. Rio de Janeiro: Forense, 2017.

MILARÉ, Édis. *Direito do ambiente:* doutrina, jurisprudência, glossário. 3. ed. rev., atual. e ampl. São Paulo: Revista dos Tribunais, 2004.

MORAES, Alexandre de. *Direito Constitucional*. 23. ed. 2. reimp. São Paulo: Atlas, 2008.

MORCHÓN, Gregório Robles. *As regras do direito e as regras dos jogos* — Ensaio sobre a teoria analítica do direito. São Paulo: Noeses, 2011.

MOTA FILHO, Humberto Eustáquio César. *Introdução ao princípio da capacidade contributiva*. Rio de Janeiro: Forense, 2006.

NIEVES, Fábio. *Tributação ambiental* — a proteção do meio ambiente natural. São Paulo: Quartier Latin, 2012.

OLIVEIRA, Ricardo Mariz de. "Sujeição passiva tributária e capacidade contributiva: peculiaridades". Disponível em: Fesdt.org.br/web2012/revistas/8/sujeição-passiva-tributaria.pdf. Acesso em: 14 out. 2019.

NOGUEIRA, Ruy Barbosa. *Da interpretação e da aplicação das leis tributárias*. Tese para concurso de livre-docência da cátedra de Direito Tributário na Faculdade de Direito da Universidade de São Paulo. São Paulo: 1963.

PIKETTY, Thomas. *O capital no século XXI.* Rio de Janeiro: Intrínseca, 2014.

PINTO, Flávia Sousa Dantas. *Tributos, tribunos, tribunais e* policies*:* uma análise sistêmica da participação estratégica dos tributos nas políticas públicas. Tese (Doutorado) – Pontifícia Universidade Católica de São Paulo, São Paulo, 2010.

PIRES, Eduardo; REIS, Jorge Renato dos. "A vinculação dos particulares ao direito fundamental ao meio ambiente ecologicamente equilibrado". In: CUSTÓDIO, André Viana; BALDO, Lumar Junior (Orgs.). *Meio ambiente:* constituição de políticas públicas. Curitiba: Multideia, 2011.

PONTES DE MIRANDA, Francisco Cavalcanti. *Comentários à Constituição de 1967 com a Emenda n. 01, de 1969.* 3. ed. Rio de Janeiro: Forense, 1987. t. 5.

PRADO, Luiz Regis. *Direito penal ambiental* — problemas fundamentais. São Paulo: Revista dos Tribunais, 1992.

REALE, Miguel. *Teoria do direito e do Estado.* 5. ed. rev. 2. tir. São Paulo: Saraiva, 2003.

RODRIGUES, Marcelo Abelha. *Instituições de direito ambiental.* vol. 1. São Paulo: Max Limonad, 2002.

SALVADOR NETTO, Alamiro Velludo e SOUZA, Luciano Anderson de (coord.). *Comentários à lei de crimes ambientais* — Lei n. 9.605/1998. São Paulo: Quartier Latin, 2009.

SANTILLI, Juliana. "Os novos direitos socioambientais". In: FREITAS, Vladimir P. de (Coord.). *Direito ambiental em evolução* — n. 5, 3. reimp. Curitiba: Juruá, 2011.

SCHOUERI, Luís Eduardo. *Direito tributário.* São Paulo: Saraiva, 2011.

SILVA, Daniel Neves. "Política". *Brasil Escola.* Disponível em: https://brasilescola.uol.com.br/politica. Acesso em: 26 jul. 2024.

SILVA, José Afonso. *Direito ambiental constitucional.* 9. ed. atual. São Paulo: Malheiros, 2011.

______. *Curso de direito constitucional positivo.* 16. ed. São Paulo: Malheiros, 1999.

SIRVINSKAS, Luís Paulo. *Tutela penal do meio ambiente.* 3. ed. rev., atual. e ampl. São Paulo: Saraiva, 2004.

SOARES, Ricardo Maurício Freire. *Hermenêutica e interpretação jurídica.* 4. ed. São Paulo: Saraiva Educação, 2019.

TAVARES, Alexandre Macedo. *Fundamentos de direito tributário.* 4. ed. São Paulo: Saraiva, 2009.

TAVARES, André Ramos. *Curso de direito constitucional.* 2. ed. rev. e ampl. São Paulo: Saraiva, 2003.

TÔRRES, Heleno Taveira. "Da relação de competências constitucionais tributária e ambiental — os limites dos chamados 'tributos ambientais'". In: TORRES, H. T. (org.). *Direito Tributário Ambiental.* São Paulo: Malheiros, 2005.

VILANOVA, Lourival. *As estruturas lógicas e o sistema de direito positivo.* 4. ed. São Paulo: Noeses, 2010.

______. Direito Educacional: ementário jurisprudencial. *Mensagem*, Fortaleza, n. 8, p. 53, 1982/1983.